每天读点中国史

姚富祥 编著

中国出版集团公司
華文出版社

图书在版编目(CIP)数据
每天读点中国史 / 姚富祥编著 . -- 北京 : 华文出版社 , 2018.1
ISBN 978-7-5075-4788-7

Ⅰ . ①每… Ⅱ . ①姚… Ⅲ . ①中国历史 - 通俗读物
Ⅳ . ① K209

中国版本图书馆 CIP 数据核字 (2017) 第 275291 号

每天读点中国史

编 著 者:姚富祥
责任编辑:郭俊萍
投稿邮箱:gjpyuan@126.com
出版发行:華文出版社
社　　址:北京市西城区广外大街 305 号 8 区 2 号楼
邮政编码:100055
网　　址:http://www.hwcbs.com.cn
电　　话:总编室 010-58336239　发行部 010-58336270
责任编辑 010-58336254
经　　销:新华书店
印　　刷:三河市祥宏印务有限公司
开　　本:710*1000 1/16
印　　张:25.5
字　　数:335 千字
版　　次:2018 年 6 月第 1 版
印　　次:2020 年 6 月第4次印刷
标准书号:ISBN978-7-5075-4788-7
定　　价:48.00 元

序言

张瑞君

中国是世界文明古国，而今更加生机盎然，其发展速度令世界瞩目，中国特色社会主义道路越走越宽广，中国梦催人奋进。

中国古代历史文化是中华民族的精神宝藏，取之不尽，用之不竭。习近平总书记构建人类命运共同体的理念与“一带一路”的倡议，都从中国历史文化中汲取营养，又充分体现了中国人民着眼推动世界发展和维护人类长远利益的远见卓识。中国历史中具有的“国家兴亡、匹夫有责”的爱国主义精神，为万世开太平的理想追求，以及坚强、勇敢、勤劳、诚信、探索、创新、乐于助人的光荣传统，都是中华民族不断繁荣昌盛的动力。

每个时代的人都在特定的具体的有限的时空中生存、思考，但由于生命的有限性，每个人都难以超越个体生命的时空，再加上历史不可能完全复原，从这一意义上讲，人不可能真正认识过去，更不可能真正认识未来。然而人类超越生命有限性的努力却一刻也没有停止过。正如德国哲学家卡西尔所言：“为了认识我自己，我不能力图超越我自己，这正像我不能越过我的影子一样。我必须选择相反的道路。在历史中，人不断地返回他自身，他力图追忆并实现他过去的全部经验。”学习历史，特别是学习本民族的历史，无疑是今天提高生命质量的手段，更是寻找今天答案的途径。明末清初的著名思想家王夫之就说：“所贵乎史者，述往以为来者师也。”

富祥学兄年近古稀，退而不休，勤奋笔耕，作《每天读点中国史》，为弘扬传统文化献上一瓣心香。全书通俗易懂，语言流畅风趣，在历史故事的书写中显示出自己独特的匠心，可以作为中小学生的课外读物，相信一定能够得到广大读者的欢迎。

目录

第一部分　先秦

第二部分　秦汉

第三部分　三国两晋南北朝

第四部分　隋唐五代十国

第五部分　宋辽金夏

第六部分　元朝

第七部分　明朝

第八部分　清朝

第一部分

先秦

阪泉之战

相传，公元前4000多年，在我国历史上爆发了黄帝和炎帝之间的阪泉之战。

黄帝是姬姓部落的首领，号轩辕氏（或有熊氏），兴起于陕西北部，沿北洛水南下，然后向东发展到中原地区。炎帝是姜姓部落的首领，号烈山氏（或历山氏），始居姜水流域（今属陕西），后沿渭水流域向东发展到中原地区。这两个部落是同源共祖的远缘亲属关系。炎帝族在发展过程中侵害了其他部落的利益，这些部落纷纷归顺黄帝，求他当家作主。于是，黄帝训练士兵，与炎帝在阪泉（今河北涿鹿东南）之野发生了战争。

开战之后，黄帝率领熊、罴、狼、豹、貙、虎六部军队在阪泉之野摆开战场。六部军队的旗帜上，画着各自崇拜的猛兽。黄帝作为六部统帅持一面大旗，坐镇指挥。炎帝先发制人，用火围攻。浓烟滚滚，遮天蔽日，黄帝处于不利境地。黄帝请应龙帮助灭火，把炎帝赶回阪泉之谷。

黄帝追到阪泉河谷，竖起七面大旗，摆开星斗七旗阵。阵法千变万化，令炎帝将士眼花缭乱。炎帝无计可施，只能躲回营中，利用崖头作屏障，远处观望，不敢应战。

黄帝仰慕炎帝部落的医药和农耕技术，有心与他携手创建文明国家，因此嘱咐手下，只能和炎帝斗智斗勇，不能伤害他的性命。

三年多，黄帝一边以演练星斗七旗阵作掩护，一边让士兵日夜掘进，把洞穴挖到炎帝军营的后方。忽一日，黄帝兵将从洞穴突袭，活捉了炎帝。

黄帝礼遇炎帝。炎帝心服口服，发誓甘愿称臣，不再与黄帝抗衡。黄帝早有联合炎帝的心愿，两人终于冰释前嫌，握手言欢。

阪泉之战后，黄帝、炎帝连同分别从属于他们的一些部落结成联盟。这个部落联盟后来成为华夏民族的核心，所以后人自称为炎黄子孙。

阪泉之战的传说有许多神话色彩，这和实际情况肯定会有较大出入，但黄帝、炎帝结盟，以黄帝为核心开创华夏新时代，应当是历史的真实。

涿鹿之战

相传，约公元前4000年，继阪泉之战后，又爆发了黄帝和蚩尤之间的涿鹿之战。

那时候，在今山东省及河南省东南部、安徽省北部生活着一个九黎族部落联盟，它属于东夷部落集团。这个部落联盟的生产力水平比华夏部落联盟略高一筹，而且已经开始使用铜制工具了。九黎族部落联盟的首领名叫蚩尤。

九黎族部落联盟想争夺适于放牧和浅耕的中原地区，就向西发展。靠近它的炎帝部落首当其冲。九黎族部落联盟武器先进，士兵作战勇敢，所向披靡。炎帝部落抵挡不住，节节败退，居地尽失。炎帝无奈，只好向黄帝求援。

黄帝率领华夏各部落军队，与蚩尤的军队在涿鹿（今河北涿鹿东南）之野展开战斗。黄帝九战不胜。蚩尤制作大雾，弥漫三天三夜，让人分辨不清东南西北。黄帝之臣风后在北斗星的启示下，发明指南车，冲出大雾。困境中的黄帝得到九天玄女的帮助，制作了80面夔皮鼓，击鼓声响500里，威震天下，与蚩尤长期相持。黄帝派遣有翼的应龙蓄水，想淹没蚩尤的军队。蚩尤也请风伯、雨师相助，一时风雨大作，使黄帝的军队再次陷入困境。危难中，黄帝只得请天女旱魃阻止风雨，使天气突然晴朗起来。趁蚩尤军队惊诧之际，黄帝指挥大军掩杀过去，终于取得最后的胜利，并擒杀了蚩尤。

相关传说众说纷纭。我们依稀看到两个部落联盟决战的惨烈程度。

涿鹿之战后，黄帝乘胜征讨四方。许多氏族不是归顺华夏族就是被华夏族同化，使华夏族形成强大的部落集团。还有说，黄帝获胜后，蚩尤降服，华夏部落集团和东夷部落集团冰释前嫌，解仇结盟了。

各种传说光怪陆离。然而透过层云迷雾，我们不难看出，经过涿鹿之战，华夏部落联盟在中原地区的势力进一步扩大，各氏族部落进一步融合，黄帝从此成为中华民族的共同始祖。

尧舜禹禅让

黄帝以后，黄河流域的华夏族又先后出现了几位杰出的部落联盟首领，就是尧、舜、禹。

尧，姓伊祁，号放勋，又称唐尧。舜，姓姚，名重华，又称虞舜。禹，姓姒，名文命，又称夏禹，通常尊称为大禹。

尧德高望重。他团结族人，和睦相处，人民倾心于他。他生活非常简朴，吃粗茶淡饭，喝野菜汤，住简易房，人民爱戴他。尧年纪大了，要求部落联盟推荐他的继承人。四方首领一致推荐了舜。舜到底行不行？尧心里没谱。他决定微服私访，调查研究。

尧来到历山田间，看到一位身材魁伟的青年，正赶着一头黄牛和一头黑牛耕地。奇怪的是这个青年人从不用鞭子打牛，而是在犁辕上挂个簸箕，隔一会儿敲一下簸箕。尧等青年犁到地头，就问他为什么这样。青年人彬彬有礼，拱手回答说："牛为人耕田出力流汗很辛苦。再用鞭子打，于心何忍！我打簸箕，黑牛以为我打黄牛，黄牛以为我打黑牛，就都卖力拉犁了。"尧听了心头一震，这个青年心地善良又有智慧，正是治国理政的必备条件。他和青年人细细攀谈一番，才知道这人正是他要了解的舜。尧又作了大量调查，然后让舜回朝做虞官。三年后，舜代尧行政。尧死后，舜继任为华夏部落联盟的首领。

禹是鲧的儿子。尧授命鲧治水。他用堵塞的办法治理，九年也没有成功。舜命禹子承父业，继续治水。禹吸取父亲教训，采用疏导的办法，把全国主要河流引入大海，终于平息了水患。他公而忘私，13 年治水，三过家门而不入。经过治水考验，人们公认禹是德才兼备的人物。舜死后，大家推举禹接任了首领。

在氏族社会时期，部落首领老了，就用推荐考察的方法确定接班人，叫做禅让。它反映了我国原始社会末期的军事民主化传统。

由于尧、舜、禹治理有方，社会呈现出一片安宁、祥和的太平景象，因此被后人广泛称颂。毛泽东有诗赞道："春风杨柳万千条，六亿神州尽舜尧。"

家 天 下

相传，氏族社会末期，部落联盟的首领继任都采用禅让制的方式。禹去世前，仍按照传统的禅让制把首领职位传给益。但益的威信不高，禹去世后各部落都背益向启。启是禹的儿子。启继父位，建立夏朝，就开始了中国历史上“家天下”的局面。

启“家天下”的行为违背祖制，因此遭到不少部落的不满。有扈氏部落仗义起兵，与启大战于甘。但因为启占绝对优势，所以最终击败有扈氏，并把这个部落的人都罚贬为牧奴。以启为代表的奴隶主统治奴隶，中国的奴隶制社会就开始了。

夏朝的最后一个君主是桀。他执政期间，夏王室与方国部落的关系日渐破裂，前来进贡的方国部落不断减少。桀因此常常起兵讨伐那些不顺从的方国部落。桀贪图女色。他从被打败的部落中挑选美女，作为自己的妃子，妻妾成群，荒淫无度。桀只顾自己享乐，不管民众疾苦，致使民怨沸腾。大约在公元前 1600 年，商部落首领汤率领方国部落军队讨伐桀。商势力强大，桀抵挡不住，逃至鸣条。汤尾随而来，与桀大战。桀被彻底打败，夏朝灭亡了。

关于夏朝的历史主要靠后世的文献记载，出土文物几乎没有，因此只能看作是传说。这些文献记载也来源于口口相传的故事。

夏朝的国都开始定为阳城（今河南登封东），后多次迁徙。夏朝的核心领土范围并不大，它沿黄河两岸，西起今河南省西部、山西省南部，东至河南、河北和山东三省交界，南达湖北省北部，北及河北省南部。

从公元前 21 世纪到公元前 16 世纪，夏朝历时 470 年左右。“家天下”的社会制度却历经奴隶社会和封建社会，延续 4000 年左右。

启与有扈氏大战前，就声称他是“恭行天”的，这实际是周朝天子论的雏形。“家天下”局面的出现，标志着我国氏族制的瓦解和奴隶制国家制度的确立，这实际上也是人类历史发展的必由之路。

牧野之战

商朝是迄今为止我国第一个有当代文字记载的朝代。大约公元前1600年，商汤率领方国部落的军队，在鸣条彻底打败夏桀，建立商朝。开始，商朝定都于亳（今河南商丘）。后来频繁迁都。到殷地（今河南安阳）才稳定下来，所以商朝也称殷商。到公元前11世纪，传位到第三十一代君主帝辛亦即纣王。

纣王生活特别腐化。他耗费巨资，修建鹿台、矩桥，营造酒池肉林，使国库空虚；宠信爱妃妲己，重用奸佞小人，残害王族重臣，使诸侯臣属众叛亲离；穷兵黩武，对东南夷族用兵，树敌甚多。凡此种种，都表明商朝气数将尽。

与此同时，生活在渭水中游的周部落，依靠优越的自然环境逐步发展起来。到文王姬昌时，对内重用贤臣，国力日渐增强；对外宣扬德教，积极调停方国争端，在方国中树立了威信。公元前11世纪中期，姬昌先后三次用兵，打败商朝西部属国，切断了商朝同它们的联系，孤立了商朝。姬昌死后，武王姬发继位，继续进行着消灭商朝的准备。

公元前1046年1月26日，周武王见时机成熟，亲率战车300辆、虎贲（古代勇士或武士）3000名、步兵数万人，东征商都朝歌（今河南淇县）。各路诸侯武装也来助战，总兵力达4.5万人。

1月28日拂晓，周联军进兵商都郊外的牧野，与商军对垒。晨光中，商军阵形渐渐显出轮廓。好家伙，人马之多，一望无际，不由得让人凉气倒吸。其实这时朝歌已无兵可用。情急之下，纣王强迫大批奴隶和战俘扮成军队前来应战。貌似强大，其实不堪一击。为了防止他们逃脱，纣王用少量禁卫军在背后督战。双方刚一接战，无心恋战的商军立刻溃退。他们倒戈相向，与督战的禁卫军打成一团，反倒帮了周联军的大忙。周武王见状，亲率主力掩杀过来。商军兵败如山倒，没命地逃窜。纣王见大势已去，便逃回朝歌，爬上鹿台，自焚而死。几百年的大商朝也就此吹灯拔蜡了。

腐化堕落和穷兵黩武是商朝灭亡的根本原因，然而诸多后人并没有从中汲取教训，重蹈覆辙者比比皆是。

周文王访贤

周文王外出访贤，途经一个村庄，又饥又渴，就靠在大树下休息。

恰巧，有个农妇提着一瓦罐稀面糊糊，从跟前走过。文王上前打问。农妇告诉他，要给田里干活的丈夫去送饭。

文王本来饥肠辘辘，见到稀面糊糊，不觉就流出了口水。他请求农妇给他分些吃。农妇十分同情，干脆把罐子递给他。文王接住瓦罐，大口大口地喝下去。好吃极了，比宫里的山珍海味都香。

他谢过农妇，问她这饭是用什么粮食做的。农妇对他说，现在荒春三月，正是青黄不接的时候，芒麦刚成熟，只能用它救急。

日头偏西，田里干活的丈夫还没有见到妻子的身影，就丢下农活儿，回家吃饭。到了村口，远远看见妻子正和一个陌生男人说话，还接过他手中的瓦罐，转身回家去了。丈夫以为妻子行为不端，火冒三丈，追上去就打。

文王看在眼里，心里很是过意不去，想去解释，但又不知从何谈起。丈夫发完脾气，又返回田里干活了。文王尾随农妇，给她道歉。农妇却说，我丈夫怪我不礼貌，没有请客人到家里吃饭，所以打了我。

文王解下一条玉带送给农妇，并告诉她："今后遇上急难，就到京城找我。"

三年后，农妇的家乡遭了大灾，实在活不下去了。她想起那条玉带，就带了它，和丈夫一起来到京城。凭着玉带，夫妻俩顺利找到主人。这时，他俩才明白这人竟是大名鼎鼎的周文王。

文王盛情款待，还当着众多官员，封他俩为"贤德人"。

一天，文王让农妇给他做稀面糊糊。文王尝了一口，觉得很不对味儿。农妇说还是原来那个芒麦面糊糊，只不过"饥时糠也甜，饱时肉也嫌"罢了。文王拍案叫好："贤德人让我明白了一个重要道理，饱时不忘饥时苦，富贵常记贫贱寒。"

这则故事也许是文人创作，不过它却给了人们一些深刻启示：一是行善终有好报；二是成就事业要不忘根本，力戒奢靡。

姜太公钓鱼

姬昌领导周部落的时候，这个部落已经很强盛了。他一心兴周灭商，因此多方网罗人才。虽然身边人才济济，但总觉得缺少一个运筹帷幄、指挥若定的帅才。

姜尚，名望，字子牙，出生于东夷。因祖上封国在吕，所以又名吕尚。他在外求学多年，文韬武略无所不通，但此时的商朝腐败不堪，实在是英雄无用武之地。他听说周部落生机勃勃，姬昌贤明能干，就迁移到渭水北岸的磻溪隐居起来，边观察边等待，想伺机出山，干一番事业。

一天，姬昌来到渭水边，看见一个须发斑白的老人，正稳坐江边，聚精会神地钓鱼，口中还念念有词。姬昌觉得奇怪，就靠近老人，这才听清他叨念："快上钩呀！快上钩！愿意来者快上钩。"仔细看，发现老人的钓钩远离水面，而且钩是直的，上面没挂饵料。姬昌见此人不同寻常，就和他攀谈起来。交谈中才知道他就是姜尚，果然学识渊博，兵法战策样样精通。姬昌高兴地说："祖父在世时曾对我说，将来一定会有一个栋梁之才帮你把周兴盛起来。你就是他所企盼的人呀！"于是，就请姜尚和他一起回宫，拜为太师，主持政务军事。因为姜尚是姬昌祖父所企盼的人，所以大家尊称他"太公望""姜太公"。

姜尚不负众望，辅佐姬昌，发展经济，训练军队，先后灭掉密须、崇等助纣为虐的诸侯国，扩大了周的疆界，奠定了灭商的基础。

姬昌死后，儿子姬发继位，姜尚被姬发尊为"师尚父"，继续帮助他完成灭商大业。公元前 1046 年，在姜尚策划下，姬发调集诸侯国军队，在牧野大败商军，一举灭掉商朝，建立周朝。姬发称周武王，追尊父亲姬昌为周文王。姜尚因大功盖世，被封齐侯，领有齐国。

三千多年来，由于历代统治者的推崇和文艺作品的渲染，姜太公简直成了一尊神。现在看来，他是大器晚成的政治家、军事家。姜太公钓鱼的故事被口口相传，"姜太公钓鱼——愿者上钩"成为脍炙人口的歇后语。

西周的分封制

中国历史上的不同时期，曾采用过分封制的政治制度。分封制也称封建制，就是封邦建国。这个封建是狭义的，不等同于广义的封建社会。

不同历史时期，分封制的性质有很大差异。西周实行的是分封制。周天子居于至高无上的绝对支配地位。他把土地和人民分封给王族、功臣和先代贵族，让他们到各地做诸侯，建立诸侯国。这些诸侯被称为“诸侯王”“君主”“国君”，也有称“国王”的，可谓五花八门。诸侯要绝对服从周天子的命令，有为周天子镇守疆土、贡献财物、派兵勤王和朝觐述职的义务。诸侯可以世袭，有相对独立的权力。他把土地和人民分封给卿大夫。卿大夫又分赐给士。士对卿大夫，卿大夫对诸侯，也都有明确的义务和责任。这样就形成了周天子在上、士在下的庞大的金字塔式的统治体系。

西周分封的诸侯，历来有五等的说法，依次是公、侯、伯、子、男。但根据近人研究，并不存在等级森严的五等爵制。周代京畿内贵族兼作王官者多称公；京畿外较大诸侯多称侯；伯是贵族家长之称，后也称一方诸侯；蛮夷之君多称子；华夏小国诸侯则称男。各种爵称并不十分严格。

西周的分封制有利于周王室对整个领土的控制，有利于奴隶制经济的发展，有利于民族融合，也有利于华夏文化的传播。

随着生产力的发展，分封制赖以存在的经济基础逐渐消失了。西周的分封制在持续了几百年后，诸侯国日益强大，周王权江河日下，周王室渐渐失去了对诸侯国的控制。过去“礼乐征伐自天子出”，现在“礼乐征伐自诸侯出”，一切今非昔比。春秋时期，各诸侯国相互攻伐，即使同姓诸侯国也不放过。战国时期，兼并更甚。到了末期，小国一个个被大国吞并，连周天子的东周也被秦国收拾了。在最后的十年里，秦国又灭掉楚、齐、燕、韩、赵、魏六个强国，并于公元前 221 年建立了中央集权的统一国家。秦始皇统一中国后，干脆废除分封制，实行了郡县制。

厉王弭谤

周厉王统治时期，各种社会矛盾进一步激化，统治者的危机日益严重。周厉王重用佞臣，对内封山占林，垄断山川林泽的一切收益，禁止百姓采樵、渔猎，断绝了他们的生计；对外兴师动众，征讨邻邦，加重了百姓负担。他的倒行逆施、横征暴敛，引起了朝野上下的强烈不满，责骂声不绝于耳。

大臣召穆公是有识之士。他对周厉王说老百姓实在忍受不了暴政了。周厉王听了勃然大怒，就让卫国的巫师暗中监视敢于指责自己的人。一经发现立刻杀掉，吓得老百姓之间都不敢说话了。人们路上相遇，只能以目传神，表达内心的愤恨。

周厉王颇为得意。他对召穆公说，我终于把他们治住了，看谁还再敢吭气。召穆公劝谏周厉王说："防民之口，甚于防川。"你这样做就是堵住人们的嘴。堵住人们的嘴，就好比堵塞河水。堵塞河水就会造成决堤，伤人一定很多。人更是这样，堵嘴越厉害，后果越严重。因此，治水的人疏通河道，使它畅通；治人的人只能开导他们，让他们畅所欲言。上至达官贵人，下至平民百姓，让所有的人用自己的方式表达不同意见，把政事的成败得失表露出来，再经过元老大臣整理阐明，君主就可以斟酌取舍，付诸实施。人们的心中所想是通过嘴巴表达的。他们考虑成熟后，就会自然流露出来，怎么可以堵呢？如果硬要堵住老百姓的嘴，那又能堵多久呢？

然而周厉王依然我行我素，硬是不听召穆公的劝谏。当下看来，人们谁也不敢指责他，似乎风平浪静了。周厉王自然扬扬自得。谁料三年后，也就是公元前 841 年，积怨已久的国都镐京（今陕西西安市西南）国人终于暴动，把周厉王赶出国都，放逐到彘地（今山西霍州境内）了。

召穆公讲的这个道理，其实既简单又明了，但周厉王利令智昏就是听不进去，所以招致恶果自在情理中。古往今来，凡是广开言路、发扬民主的执政者大都取得明显政绩；反之，几乎没有好下场。

烽火戏诸侯

周宣王死后，其子周幽王继位。当时，关中一带发生大地震，加之连年旱灾，民众饥寒交迫，社会动荡不安。周幽王是个无道昏君，他不思治国，只图享乐。大臣褒珦劝谏，他非但不听，反而把人家囚禁起来。

褒家人知道周幽王非常好色。为救褒珦，他们找到一个美若天仙的姑娘，取名褒姒，还教她学会唱歌跳舞，然后献给周幽王。

周幽王见到褒姒，馋涎欲滴，立刻封为妃子，并放了褒珦。褒姒虽然艳如桃李，却冷若冰霜，进宫以来从未笑过。周幽王悬赏求计，说谁能让褒姒一笑，就赏黄金一千两。佞臣虢石父拍马屁，建议用烽火台试一试。

西周时，在京城镐京（今陕西西安市西南）附近的骊山一带建有烽火台。烽火台沿不同方向延伸，每隔几里就有一座。京畿有敌情，立刻点燃烽火，各路诸侯看到烟火，就会马上带兵勤王。

按照虢石父的安排，周幽王带着褒姒上了骊山烽火台，命令守兵点燃烽火。顷刻，狼烟四起，火光冲天。各路诸侯闻讯赶来，却不见一个敌人，只有周幽王和褒姒在台上饮酒作乐。周幽王派人转告各路诸侯，这儿没事，只是点火玩玩。诸侯始知被戏弄，都怀怨而去。褒姒见千军万马跑来跑去，很是好玩，禁不住嫣然一笑。周幽王大喜，立刻兑现承诺，重赏虢石父。

公元前771年，被周幽王罢黜的王后的父亲申侯，联合西北犬戎族，突袭镐京。周幽王惊慌失措，急令点燃烽火。然而又见狼烟滚滚，却无一兵救援。诸侯们以为周幽王又在玩耍恶作剧，就没有理睬他。

犬戎兵马攻入镐京，杀死周幽王和太子伯服，掳走褒姒，西周从此灭亡了。

犬戎退兵后，申侯等人于公元前770年立原太子姬宜臼为天子，称周平王。当年，周平王从镐京迁都洛邑（今河南洛阳），史称东周，也就是春秋的开头。

周幽王烽火戏诸侯也许是文人杜撰的故事，但他荒淫无度，引来杀身之祸并断送西周是不争的事实。

平王东迁

西周宣王末年，西北关中一带连年干旱，洛、泾、渭三条大河干涸，农业生产受到严重影响；岐山一带又发生了地震和地崩，老百姓人心惶惶，认为这些都是不吉之兆。自然灾害频发更加剧了京畿地区人民对于周天子的不满。

幽王即位后，宠幸妃子褒姒，废申后而立褒姒为后，废太子姬宜臼而立褒姒之子伯服为太子。褒姒是褒国姒姓的女儿，申后是申侯的女儿，姓姜，由此引发了姒姓和姜姓两派间的激烈争斗，为西周灭亡埋下了祸根。

公元前 771 年，申后的父亲申侯联络西北犬戎族进攻都城镐京（今陕西西安市西南）。周幽王被杀，王宫被洗劫一空，京畿土地荒芜，镐京一片衰败。

各路诸侯赶来勤王，赶走犬戎，立原来的太子姬宜臼为天子，也就是周平王。周平王面对残破的镐京，与群臣商议迁都到洛邑（今河南洛阳）。周公竭力阻挠。他说洛邑虽然居于天下之中，但四面受敌；镐京左有崤山、函谷关，右有陇国、蜀国，沃野千里，称得上天府之国，迁都洛阳不如固守镐京。但平王不听劝谏，执意要迁。公元前 770 年，周平王在洛邑建都，开始了中国历史上的东周时期。东周前期是春秋，公元前 475 年后为战国。

平王东迁后，失去了原来京城民众的支持，只能依靠诸侯力量来维系，因此就落入诸侯的掌控之中。天子直辖的洛邑王畿逐渐萎缩，最后只剩下方圆 800 里。天子直接拥有的军事力量也日渐丧失。公元前 708 年，周桓王率王师讨伐桀骜不驯的郑国。郑国国君不仅敢领兵抗拒，而且还打败王师，一箭射中周桓王的肩膀。周天子的地位江河日下，只保留了天下共主的虚名。与此相反，势力强大的诸侯国打着周天子的旗号，“挟天子以令诸侯”，进一步扩张自己的势力。到了公元前 367 年，周王室分裂成东西两部分。公元前 249 年，竟被秦国一起收拾了。从结局来看，平王东迁是一步臭棋。

东周在风雨飘摇中度过了 522 年。这一时期，中国社会从分裂逐步走向统一。

齐桓公首霸

西周初年，姜子牙被封为齐侯，领有齐国。此后，齐国不断吞并周围小国，成为东方大国。齐国位于山东半岛及其以西地区，自然条件得天独厚，因此既是军事大国，也是经济强国。

齐襄公执政后，国内政治混乱。公子小白在师傅鲍叔牙保护下逃往莒国躲灾。公子纠在管仲的保护下跑到鲁国避难。

齐国两任国君相继被杀，出现权力真空。公元前685年，齐国大夫高溪和国懿仲等密召公子小白速返齐国。鲁国也送公子纠回齐掌权。管仲带兵堵截小白，一箭射中他的带钩。小白咬舌吐血倒地装死，骗过管仲，然后昼夜兼程，赶在公子纠前回到齐国，被立为国君，就是齐桓公。

齐桓公执政后，大败前来挑战的鲁国。他本想杀死管仲，以报一箭之仇。但鲍叔牙认为管仲实在是不可多得的人才，成就事业非他莫属。齐桓公听从建议，以诛杀仇人为名，逼迫鲁国交回管仲，然后拜他为相，委以重任。

在管仲的主持下，齐国对内政、外交进行重大改革。内政方面，全国设21个乡，实行国、野分治，形成统一整体；实行军政合一，保证常备兵员；对鄙野农民实行“相地而衰征”的税收政策，调动他们的生产积极性；采取措施，大力选拔人才；发展渔盐业，促进贸易，扩充军备。对外则以“尊王攘夷”相号召，出兵打击周边少数民族，帮助中原华夏各国。

管仲的改革使齐国经济军事实力大为加强，在诸侯各国的威望与日俱增。

公元前681年，齐桓公在北杏召集宋、陈、蔡、邾四国诸侯会盟，第一次充当了诸侯盟主。他前后九合诸侯，俨然成为霸主。其中最大的会盟在公元前656年。齐桓公率八国盟军进攻楚国，迫使楚国也参加了以齐为首的会盟。公元前651年，齐桓公又在葵丘（今河南兰考）大会诸侯，他的霸业达到顶峰。

齐桓公执政42年，是春秋第一霸主。春秋五霸有多种版本，但齐桓公都首屈一指。

齐鲁长勺之战

公元前 684 年，实力强大的齐国大兵压境，要攻打鲁国。实力较弱的鲁国被迫应战。战斗胜利的天平似乎早早倾向齐国。

战前，鲁国大夫曹刿求见鲁庄公。曹刿问他凭什么作战。鲁庄公说衣食物品自己从不独用，总要分给身边大臣。曹刿说这些小恩小惠不能遍及百姓，百姓不会顺从你。鲁庄公说祭祀品从不虚报，一定对上天说实话。曹刿说小小信用不能取得神灵信任，神灵不会保佑你。鲁庄公又说，大小案件我一定是据实裁决的，尽量做到合乎情理。曹刿说尽职尽责才是打仗获胜的必备条件。凭借这一条，我们可以应战。曹刿还请求和鲁庄公一起上战场。

决战在长勺（今山东莱芜苗山镇）进行。曹刿同鲁庄公同乘一辆战车。鲁庄公见齐军攻击鲁军阵地，就要擂鼓下达应战命令。曹刿急忙制止。他说齐军兵势正锐，现在出击正中敌人下怀。鲁庄公遂令鲁军固守阵地，弓弩手射住阵脚。齐军稍事休整，又展开第二次攻击。曹刿又劝鲁庄公固守不战。齐军以为鲁军怯战，就开始第三次进攻。曹刿看到这次的进攻势头已大不如前，反击的时机到了，就建议出击。鲁庄公亲自擂响战鼓，鲁军奋勇出击，齐军大败而逃。鲁庄公正要下令追击，曹刿又制止了。他下车察看齐军车辙，又上车极目远望，然后建议鲁庄公乘胜追击。

鲁军大获全胜之后，鲁庄公向曹刿请教战法。曹刿说：“夫战，勇气也。一鼓作气，再而衰，三而竭。彼竭我盈，故克之。夫大国，难测也，惧有伏焉。吾视其辙乱，望其旗靡，故逐之。”曹刿的言行体现了他的军事思想。一是肯定了战争胜负与民心向背的关系。只有取信于民，才能获取胜利。二是运用了避其锋芒、敌疲我打，察看敌情、敌退我追的战术。

曹刿的军事思想被后人继承和发展。毛泽东关于人民战争的军事思想，以及灵活机动的游击战术堪称典范。

庆父乱鲁

公元前662年，鲁庄公姬同得了重病。他躺在病榻上辗转反侧，反思自己32年的执政生涯。虽然没有大的作为，但也没有大的失误，还算说得过去。只是身后之事令他心神不定。夫人哀姜没有儿子，哀姜的妹妹叔姜生了公子启，爱妾孟任生了公子般，另一妾成凤生了公子申，到底该由谁来继位呢？思前想后，七上八下，最后还是决定由公子般接班。

那年秋天，鲁庄公去世了。按照他的遗诏姬般继承了君位。鲁庄公的大弟弟庆父是个贪婪残暴、权利熏心、品行极坏的人。他早年就与哀姜私通，鲁庄公死后更加明火执仗、肆无忌惮。姬般继位不到两个月，庆父就把他杀害，另立姬启当了国君，就是鲁闵公。庆父的倒行逆施引起了鲁庄公三弟季友的恐惧，他赶紧带着公子申逃往邾国避难。第二年，庆父和哀姜密谋，杀害了鲁闵公，准备自己当国君。

两年之内连杀两君，自然引起鲁国局势的剧烈动荡。此时，齐桓公也有点坐不住了。作为中原霸主，他不能对邻国的动乱不闻不问，况且鲁闵公还是他的外孙哩。于是，他派大夫仲孙湫以吊唁为名，到鲁国一探究竟。仲孙湫回来报告说：“不去庆父，鲁难未已。”堂堂中原霸主，怎能任你庆父在我眼皮底下胡作非为？齐桓公终于决定出手了。

鲁国人早就对庆父恨之入骨，听说齐国要收拾他，纷纷响应。这时，逃亡邾国的季友发出讨伐庆父的檄文，并拥戴公子姬申当国君。鲁国人热烈拥护。庆父见势不妙，仓皇逃往莒国。

姬申回国即位，就是鲁僖公。不久，季友买通莒国，将庆父押解回国。庆父自知罪孽深重，在回国途中自缢身亡了。

由仲孙湫的一句话，演绎出“庆父不死，鲁难未已”的成语，原意是不除掉庆父，鲁国的灾难就不会停止。后来人们比喻不清除制造内乱的罪魁祸首，就得不到安宁。

假虞灭虢

晋献公执政后，进行大规模军事扩张，吞并了许多弱小的诸侯国。晋国的国土面积迅速扩张，军事实力进一步增强。接着，他又把贪婪的目光对准虞国和虢国。这两个小国位于晋国南端，晋虞相连，虞虢接壤。虞虢两国结成联盟，互为表里，彼此呼应，是一块难啃的骨头。晋国只有啃掉它，才能清除障碍，向中原地区发展。

公元前661年，晋献公的大臣荀息献上一条妙计。他建议用宝马、玉璧向虞君行贿，借道伐虢，然后各个击破。晋献公认为这是绝好的计谋，但又担心虞国大夫宫之奇十分精明，极有可能识破。再者，他对宝马、玉璧这些稀世之宝也有点舍不得。荀息说，虞君是个目光短浅、贪图小利的人，看到价值连城的宝物，肯定会上钩。宫之奇必然反对，但虞君绝不听从。宫之奇聪明而不固执，虞君只要坚持已见，他就不会强谏。至于宝物，虽然珍贵，但只是在那里放一放而已。晋献公觉得言之有理。

虞君见到宝物，顿时心花怒放，一口答应晋国借道伐虢。宫之奇竭力劝谏，说虞虢是唇齿关系，而且久已结盟。晋国居心叵测，万万不可答应，但虞君就是不听。晋国借道成功，立刻攻打虢国，并占领了下阳（今山西平陆县北）。

三年后，晋国再次借道伐虢，虞君依然慷慨允诺。宫之奇再次劝谏。他说虢亡虞必从之。上次借道已铸成大错，怎能一错再错？他借用谚语“辅车相依，唇亡齿寒”，进一步陈述虞虢关系。可是虞君执迷不悟，一意孤行。

宫之奇不忍心看到虞国灭亡，就带着一家老小离开虞国。临走时，他说：“虞国过不了年终大祭，就在这次借道之行了，以后晋国不用出兵了。”

果然，就在这年冬天，晋国军队借道虞国，灭了虢国。返回途中，又顺手牵羊灭了虞国，连虞君也当了阶下囚。至于宝马、玉璧，自然物归原主了。

宫之奇头脑清醒，目光犀利，不愧为深谋远虑的政治家。虞君鼠目寸光，贪图蝇头小利，到头来只能自食其果。

召陵之盟

公元前656年，齐桓公会盟北方七国，准备南下进攻楚国。楚成王一面集结军队，准备迎战；一面派大夫屈完，与联军理论，进行外交斡旋。

屈完对齐军统帅说，你们在大北方，我们在大南方，两地相距遥远，真是风马牛不相及，不知你们来此有何贵干。齐国国相管仲历数楚国罪状，说不向周天子上贡包茅，误了酿酒祭祀大事；周昭王南征楚国，没有返回去。管仲又说，很久以前，召康公就授予我国先君权力，可以征伐不听王命的诸侯，我们今天是代表天子问责的。屈完不慌不忙地说，没有上贡包茅，的确是我国君的过错，今后一定贡上；至于昭王南征不归，您还是去问问水边上住的人吧。昭王是溺水而死的。管仲心知肚明，他只是强词夺理。

屈完走后，诸侯联军继续推进，一直到达召陵。屈完又奉命来探究竟。齐桓公为炫耀武力，请屈完一同乘战车观看联军各路兵马。屈完一看，果然军容严整，兵强马壮。看罢，齐桓公趾高气扬地说，这么强大的兵马，谁能抵挡得了。岂料屈完竟不卑不亢地回答说："要是仅凭武力的话，我们楚国以方城（楚长城）作城墙，用汉水当壕沟，你的兵马再多也没有用。"屈完四两拨千斤，弄得齐桓公无言以对。

诸侯联军本来师出无名，面对楚国使者的伶牙俐齿，又感到理屈词穷。再说楚国已经认错，算是给足了面子。如果强行进攻，也未必能轻易获胜。齐桓公权衡利弊，提出楚国和中原八国一起在召陵签订盟约。楚国接受。楚国参加会盟，在字面上认可了齐国的霸主地位，联军也只能收兵罢战了。

召陵之盟加强了齐桓公的霸主地位。屈完出色的外交能力化解了一场可能发生的战争。

这里出现的"风马牛不相及"六字成语，对其原意的解释有多种版本，但比喻意却一样，就是事物彼此毫不相干。后人常用它的压缩版，诸如"风马牛""风马不接""风马""风牛"等，和原版是一致的。

宋楚泓水之战

齐桓公死后，中原地区诸侯各国失去了一匡天下的领导人，群龙无首。素有“蛮夷之邦”之称的楚国北上争雄，中原各国忐忑不安。宋国实力不济，但宋襄公却凭仗自己爵位高，想压服各国，当中原霸主。

公元前639年，宋襄公约楚成王及其他诸侯国君在盂地会盟。宋襄公为了争取与会诸侯信任，不听臣下建议，轻车简从来到会场。会场上楚成王发动突然袭击，抓捕宋襄公，并挟持他攻打宋国。后来在鲁僖公调停下，楚成王才于同年冬天释放了宋襄公。

宋襄公回国后，觉得很没面子，加上霸主思想作祟，因此不顾公子目夷和大司马公孙固的劝说，于公元前638年夏天，联合卫、许、藤三国进攻附楚的郑国。楚成王为救郑国，出兵攻宋。宋襄公感觉事态严重，被迫从郑国撤兵迎战楚国，由此拉开了泓水之战的序幕。

宋军返国后，就在泓水（今涡河支流）北岸驻扎，而北上的楚军尚未抵达，情势对宋军有利。楚军抵达泓水南岸后，开始渡河。面对敌强我弱的局势，目夷（一说公孙固）建议立刻出击，而宋襄公不同意，反说君子不应乘人之危。楚军渡河完毕，尚未布阵，目夷（一说公孙固）又奉劝出击，宋襄公再次拒绝，又说君子不该攻击未成阵势的军队。等楚军部署完毕，宋襄公才发令进攻。弱小的宋军哪里是楚师的对手。一阵厮杀，宋军大败，宋襄公的大腿受了重伤，其精锐的禁卫军被悉数歼灭。好在公孙固拼命掩护，宋襄公才突出重围，逃回宋国。泓水之战就以楚胜宋败落下帷幕。第二年，可怜的宋襄公就因腿伤而一命呜呼了。

宋国实力不济，而宋襄公却总是梦想称霸中原，真是自作多情；战场上本可抓住有利机会，而他却以仁义为由放弃，何等迂腐。

泓水之战不大，却彰显意义。毛泽东说：“我们不是宋襄公，不要那种蠢猪式的仁义道德。”可怜可笑的宋襄公，只配作千古笑柄。

晋文公继霸

公元前 11 世纪，周成王灭唐后，封同母弟叔虞在唐国故地（今山西翼城西）建立晋国。晋献公时，迁都于绛（今山西翼城东南）。在陆续攻灭周围小国后，开始强大起来。

晋献公听信宠妃骊姬谗言，逼迫太子申生自杀，想让她的儿子奚齐继位，公子重耳和公子夷吾怕遭受迫害，都流亡国外。献公死后，大臣里克等人杀死奚齐，迎立夷吾为君，也就是晋惠公。重耳流亡 19 年后，于公元前 636 年，由秦穆公护送回国，杀晋怀公而即君位，就是晋文公。

晋文公即位后，任用狐偃、赵衰、先轸等人，整顿内政，发展农商，强化军队，使晋国出现了“政平民阜，财用不匮”的局面。又在“尊王”名义下，出兵平定周王室内乱，迎接周襄王复位。公元前 632 年，晋国针对楚国北进、威胁中原华夏国家的形势，联合齐、秦等国会战于城濮（今山东鄄城临濮集），大胜楚军。同年冬天，晋文公召集齐、鲁等七国诸侯大会于践土（今河南原阳）。与会期间，周襄王正式册命晋文公为“侯伯”。从此，晋文公的霸主地位得到各国诸侯的承认，声名鹊起。

晋文公即位前，长期流亡，备尝艰辛。一次，在离开卫国走到五鹿的时候，实在饿得受不了，就向乡下人讨吃的。乡下人戏弄他们，给了土块。重耳特别生气，要拿马鞭打。随行的赵衰安慰他说，土代表拥有土地，可见他们表示对你臣服。可以想见，他们形容枯槁，如同乞丐，只能聊以自慰。这段经历使他对人间的酸甜苦辣有深切的体验，对百姓的追求和向往有真实的了解。因此，执政后就能励精图治，采用切合实际的策略，使国家在较短时间内迅速强大起来，成为齐桓公稍后的中原霸主，而且使晋国称霸持续在百年以上。

春秋五霸有多种版本。但不管那种版本，晋国都榜上有名，人们素以“齐桓晋文”并称。

晋楚城濮之战

宋楚泓水之战后，楚国势力强盛，声威方振，中原诸国大都拜倒其脚下；而晋国自文公主政以来，国力强大，已具备称霸中原的条件。

公元前634年，楚国不满宋国依附晋国，随即兴兵伐宋。第二年冬天，楚率陈、蔡、许、郑，五国联军包围了宋国。宋国求援。晋文公决定起兵救宋，城濮之战的序幕由此拉开。

战前，晋国确定了政治、外交与军事的总体作战策略。晋国首先讨伐实力较弱的楚国盟友曹国和卫国，引诱楚师北上。公元前632年2月，晋军不战而得卫国，3月又攻下曹国。岂料楚国并不上钩，而是继续进攻宋国。于是，晋国一面让宋国贿赂齐、秦两国，由其出面劝解楚国退兵；一面又把曹卫土地分给宋人，以激怒楚国，反对劝解。劝解不成，齐、秦必然会站到晋国一边。事情果然按晋国的预见发展，齐、秦出兵助晋，晋国的反楚联盟形成了。

楚成王见形势骤变，下令退兵。但令尹子玉不听，坚持要和晋军比划比划。

子玉向晋国提出恢复曹、卫，楚军方可从宋国撤军。晋国识破他一石三鸟的计策，将计就计，私下答应曹、卫复国，让它们和楚国断绝关系；还扣留楚使，以激怒子玉出战。这一招奏效，楚军果然主动出击了。

晋文公下令退避三舍。当年，流亡在外的晋文公受到楚国礼遇。他曾答应楚成王，如果两国不幸交兵，他将退避三舍。晋军退至城濮，静待楚军到来。

4月4日，两军对垒。晋下军用虎皮蒙马，直冲楚右军。楚右军惊骇逃散。子玉大怒，强攻晋中军和上军。晋上军佯败，晋下军也伪装败退。子玉即令楚左军追击晋上军。此时楚军侧翼暴露，晋精锐中军拦腰截击，晋上军也回头夹攻，楚左军顷刻溃败。子玉见状，急令中军停止进攻，撤出战场。

战后，晋军休整三日，班师回国；楚军向西南撤退，子玉羞愤自杀。

晋国兵力虽处于劣势，但总体作战策略正确，统一战线成功，战术运用得当；反观楚国，君臣不睦，主帅轻敌，战术失当，所以胜负自是不言而喻。

烛之武退秦师

公元前630年，晋国联合秦国出兵围攻郑国。其兴师问罪的理由有两个。一是当年晋文公逃亡路过郑国时，郑国没有以礼相待；二是两年前的城濮之战，郑国站在楚国一边。晋秦大兵压境，郑国危在旦夕。郑国大夫佚子狐向国君郑文公建议，派烛之武面见秦穆公，陈明利害，劝其退兵，或许可以挽回危局。

烛之武是郑国三朝元老，但始终没有得到升迁，至今还是一个小小的养马官儿。郑文公说明来意后，烛之武说我壮年的时候，还比不上别人；如今老了，更是无能为力。郑文公十分诚恳地道歉，说没有早早用你是我的罪过，但郑国灭亡了，对你也不利呀。烛之武发了点牢骚，但还是接受了任务。

借着夜色掩护，烛之武被绳子拴着放到城墙外，见到了秦穆公。烛之武说，晋秦围攻郑国，郑国知道自己要灭亡了。晋郑是邻国。灭掉郑国，晋国的领土自然会扩大；而秦国远在西方，扩展疆域是不可能的。秦国兴师动众为晋国开拓疆域值得吗？如果郑国存在，秦国到东方有事，郑国提供给养和休息场所有何不好？从前，晋国曾答应给秦国焦、瑕两邑，诺言至今兑现了吗？再说晋国灭了东南的郑国，必然会向西扩展，它的矛头除了秦国还能指向谁呢？秦穆公听了烛之武的一席话，幡然悔悟。当即决定与郑国签订盟约，撤回军队，并留下杞子、逢孙、杨孙三将协助戍守郑国。

晋国大夫子犯看秦国撤兵，怒不可遏，请求出击秦军，但晋文公不同意。晋文公是依靠秦穆公帮助才回到晋国当上国君的。他认为损害人家是不仁义的，失掉同盟者是不明智的，用散乱的局面代替整齐的局面是不符合武德的。于是晋文公权衡利弊，也撤军了。

烛之武是睿智的外交家。他清楚秦国的痛处在哪里，于是寥寥数语便击中要害，使秦国主动撤军，把声势浩大的秦晋联军瓦解一空，从而使郑国转危为安。不过，通过这个事件也为秦晋联盟埋下隐患。

秦晋崤之战

春秋中期，秦穆公即位后，秦国国势日盛，已有称霸中原的意图。但是东出的道路被晋国阻塞，很伤脑筋。这块心病总得祛除。

公元前 628 年冬天，晋郑两国国君都病死了，两国忙着料理丧事。两年前，晋秦联军围攻郑国，被郑国大夫烛之武外交瓦解。那时，秦国与郑国盟约，留下杞子、逢孙、杨孙帮助郑国戍守。三将掌控着郑国都城北门的防务。他们遣心腹报告秦穆公，说此时偷袭郑国正是时机。他们的建议和秦穆公不谋而合，占领郑国也能打通秦国东出的道路。

秦国老臣蹇叔竭力劝说秦穆公不要出兵。他说秦郑两国相距遥远，千里奔袭，孤军深入，难以取胜；行军时间长，难免走漏风声，使晋国有所防范。秦穆公非但不听，反骂蹇叔是老糊涂。蹇叔的儿子白乙丙是这次带兵的副帅。蹇叔哭着为他送行，说晋军一定会在崤山隘道伏击，我在那儿为你们收尸吧。

秦穆公派孟明视、西乞术、白乙丙率军出发，次年春通过崤山隘道，越过晋国南境，抵达滑国。此时，恰遇郑国商人弦高。机警的弦高判断秦军是来偷袭郑国的。他一边冒充郑国使者，用牛和牛皮犒劳秦军，一边派人回郑国报警。孟明视认为郑国有备，不能再进，于是将滑国掳掠一空，然后调头返秦。杞子等三将知道阴谋败露，各自逃亡他国。

秦军行动尽在晋国掌握之中。公元前 627 年 4 月，晋军元帅先轸率大军秘密赶往崤山，在当地姜戎武装配合下，把毫无戒备的秦军封锁在峡谷之中。晋襄公身穿丧服督战，晋军个个奋勇，全歼秦军三万之众，孟明视、西乞术、白乙丙三帅被俘。

被俘三帅，经文公夫人请求，释放回秦。秦穆公没听蹇叔劝谏，后悔不已。

秦晋崤之战是春秋史上的一次重要战争。它的爆发不是偶然的，而是两国根本战略利益矛盾冲突的结果。以此战为标志，秦晋的友好关系结束，而仇恨和对峙开启了。

秦霸西戎

秦国原先是居住在秦亭（今甘肃张家川）周围的一个嬴姓部落。秦襄公因护送平王东迁有功，被周天子封为诸侯，赐给岐山以西土地，正式建国。此后，秦的疆土不断东移；到穆公继位时，已占有大半个关中。

秦穆公娶晋献公的女儿穆姬为妻。原虞国被俘大夫百里奚作为随嫁人来到秦国。他不愿过奴隶生活，就逃到宛（今河南南阳），后被楚人捉去。

秦穆公胸怀大志，却苦于无贤才辅佐，有人告诉他百里奚是不可多得的人才。秦穆公喜出望外，急忙去请，但发现百里奚已到了楚国。秦穆公派使者到楚国，用五张羊皮去赎。楚国一看此人不值钱，就一口答应了。当70多岁的百里奚被押回秦国时，秦穆公亲自为他打开桎梏，同他密谈了三天。百里奚十分感动，又推荐了蹇叔。秦穆公把蹇叔请来，任命为上大夫。

在百里奚、蹇叔等人辅佐下，秦国实力迅速增长。然而东扩之路被晋国死死扼住，无隙可乘。于是秦国就把矛头转向西方。

在今陕甘宁一带，生活着许多戎狄族部落和小国，统称为西戎。他们常常在秦的边地抢掠，给秦人造成苦难。秦国经过审慎考虑，决定对西戎采取先强后弱、次第征服的策略。绵诸国与秦接壤。恰巧绵诸王派谋臣由余使秦。秦穆公发现此人很有才华，便隆重接待，并强行挽留。与此同时，秦国给绵诸王送去美女乐队。美妙动听的秦国音乐舞蹈，使绵诸王终日享乐，不理朝政。看到时机成熟，秦穆公才放由余回国。由余劝谏绵诸王过问国事，绵诸王非但不听，反而起了猜忌。无奈，由余只好归顺秦国，并和秦穆公一起讨论统一西戎的策略。

接着，秦国以迅雷不及掩耳之势灭掉绵诸；继而乘胜前进，又先后灭掉11个西戎小国，使秦国领土扩大方圆千里之多。周天子闻讯，向秦穆公表示祝贺，并封其伯爵，事实上承认了秦国的西方霸主地位。

秦穆公向西扩张，建立了辽阔的大后方，为今后400年东进并统一天下奠定了坚实基础；客观上，也加快了中国各民族的融合。

楚庄称霸

春秋中期，晋文公、晋襄公相继称霸，楚国不敢与晋国争锋，只能收拾周围小国。晋襄公死后，国内贵族争斗，无暇外顾，这给了楚国争霸中原的机会。

楚庄王是一位雄才大略的君主。他即位后，进行改革，发展了经济，增强了国力。

公元前606年，楚国攻伐陆浑戎族后，在周王室边境陈兵示威，楚庄王还问周大夫王孙满九鼎到底有多大多重。相传，九鼎为夏禹所铸，是天子权力的标志。楚庄王如此问话，其夺取天下的野心昭然若揭。

公元前597年，楚庄王亲率三军北征。楚军围攻郑国三个月后，郑襄公袒胸露臂，请罪求和。楚庄王同意媾和，遂退兵30里，驻扎邲地。其实楚军攻郑是诱饵，他们在静静地等待晋国上钩。

晋军果然南下，并在黄河北岸扎营。面对楚军咄咄逼人的气势，晋军主帅荀林父主张撤兵，而中军佐先谷坚决主战。不等主帅同意，他就指挥所属部队擅自渡过黄河。荀林父唯恐先谷有失，只好率大部队尾随渡河。未曾开战，晋军就步调不一、陷入被动。

此前，楚军曾大败于晋军，因此心有余悸。这次面对晋军，楚庄王并没有必胜的把握。他几番遣使向晋求和，其实是试探虚实，结果发现晋军将帅分歧严重。晋军内部的矛盾公然暴露在敌人面前，反倒增强了楚人获胜的信心。

晋将赵旃、魏锜不经主帅同意，擅自找楚军骂阵。晋军主帅荀林父派荀䓨接二人回营。荀䓨战车一过，疆场上顿时尘土飞扬。楚军以为晋军发起总攻，令尹孙叔敖即刻下令大军倾巢而动，攻击晋军。晋军猝不及防，乱作一团。荀林父向三军下达撤退令，率先渡过黄河的有赏。晋军将士争抢渡船，先上船的砍掉后来攀着船舷人的手指，其状惨不忍睹。楚军没有乘胜追击，而是休整放松。

公元前594年，楚军又围攻宋国九个月。晋国无力援助，宋国只得屈从楚国。至此，鲁、宋、郑、陈等国都看楚国脸色行事，楚庄王一时成为中原霸主。

晋齐鞍之战

春秋中期，随着晋国霸权的衰落，一向站在晋国一边的齐国，对晋国渐渐产生了藐视的态度；再则，晋国忙于保卫周王室的战事，无暇顾及其他，因此齐国不再把晋国这个豆包当干粮了。

公元前 589 年，齐顷公率兵讨伐鲁国和卫国。鲁卫两国抵挡不住，就派使者到晋国求援。晋国对齐国早有不满，因此借机出兵，派执政卿士郤克率战车 800 乘，东伐齐国，以救鲁卫。

6 月 16 日，晋、鲁、卫三国组成的联军，在卫国莘地（今山东莘县）与齐军相遇。齐顷公派人请战，要在第二天决战。当日，齐将高固徒步闯入晋军营寨，生俘晋兵并抢夺战车返回，而后在齐营自我炫耀勇敢。其实，晋军在莘地是故意示弱，以麻痹敌人。晋军迅速东移，企图把齐军引诱到预定的鞍地（今山东济南西北）决战。

17 日清晨，齐军经过一夜急行军赶到鞍地。齐顷公压根就没有把联军放在眼里，马不披甲，人不早餐，就开战了。战斗进行得非常激烈。晋军主帅郤克受了重伤，部下激励他忍耐，不能因小失大。晋军顽强战斗，齐军开始败退。晋中军司马韩厥追赶齐顷公的战车。齐将逢丑父见势不妙，乘机与齐顷公交换了位置。韩厥追住齐顷公战车。扮成齐顷公的逢丑父假意让齐顷公去取水，才逃脱被俘命运。

齐国在鞍之战失败后，被迫与晋议和，它归还了鲁卫两国被侵占的土地，落了个竹篮打水的结果。次年，齐顷公亲自朝晋，建立了晋齐联盟。

这次战斗晋国虽然获胜，但也大大消耗了国家实力。

这次战斗晋国之所以取胜，大致有几方面原因。首先是晋国君臣同仇敌忾，战斗凝聚力强；其次是晋国农耕经济较为发达，强盛的国力是打仗的本钱。

这次战斗的结局表明，晋国虽然没有文公时期那么霸气，但瘦死的骆驼比马大，齐国企图取代它的霸主地位还是一厢情愿的。

晋楚鄢陵之战

公元前575年，郑国背叛晋国，与楚国结盟；同年夏天，又出兵进攻宋国，宋国连吃败仗。

晋厉公闻讯，大为恼火。好你个郑国，一会儿依晋，一会儿附楚，朝三暮四，反复无常，哪有信义可讲？晋厉公决定兴师伐郑，并要求齐鲁卫等国出兵配合。

郑国向楚国求救。楚恭王亲统三军应战，由司马子反执掌中军，令尹子重、右尹子革分别统领左、右两军。

是年农历五月，晋军渡过黄河；六月，与楚军在鄢陵（今河南鄢陵县北）相遇。楚军想在援晋联军到达之前速战速决。于是在农历二十九日，利用晨雾掩护，突然迫近晋军营垒布阵。

晋军营前有泥沼，加之楚军逼近，战车无法出营列阵。晋厉公决定在军营内填井、平灶，扩大空间，就地列阵。

战前，两国国君都登高瞭望，掌握对方的兵力部署情况。晋军决定由中军将、佐各率精锐一部，加强两翼，首先击破楚军薄弱的左、右两军，然后合击中军；楚军判断晋军中军薄弱，决定首先攻击中军。战斗开始了。攻击晋中军的楚军遭到顽强抗击，晋将魏锜用箭射伤楚恭王眼睛，迫使楚中军后退，楚军两翼失援而遭受攻击。楚将养由基则射死晋将魏锜。楚恭王受伤，影响了楚军士气。战斗进行到傍晚，楚军虽然损失大一些，但大局未定，胜负不决。

夜幕降临，交战双方都在准备第二天的战斗。晋军故意放松看守，让楚军战俘逃走，以透露晋军战备情况，诱敌上当。楚恭王召见中军主帅子反讨论对策，岂料他竟喝得大醉，无法议事，大敌当前，严重违反军纪。楚恭王心灰意冷，只好带领军队趁着夜色撤退。楚军退到瑕地时，子反被令尹子重逼迫，畏罪自杀。

鄢陵之战是晋楚争霸继城濮之战、邲之战后的第三场战斗，也是两军主力的最后一次会战。它标志着楚国对中原的争夺走向颓势；晋国虽然取胜，但国力受损，对中原诸侯的控制力也逐渐减弱。

向戌弭兵

公元前575年晋楚鄢陵之战后，楚国遭受重创，国势萎靡，而崛起的吴国更对它构成严重威胁，因此不愿再与晋国争锋。晋国虽然获胜，但公室逐渐衰微，政权下移，国内各种势力互相兼并，再加上齐、秦外患虎视眈眈，因此也产生了与楚国平息兵争的愿望。夹在晋楚两国间的中小国家，特别是宋、郑两国，唯强是从，卷入战争，受尽苦头。它们更渴望平息战事，过两天安稳日子。

宋国执政向戌是个有政治头脑的人物，他看清了当时的形势。凭借他和诸多国家实权人物交往密切的有利条件，穿梭于各国之间，游说弭兵事宜。他先取得晋、楚认可，又获得齐、秦赞同，并被许多中小国家接受。

看到条件成熟了，向戌出面组织，宋国于公元前546年夏天，召集晋、楚、鲁、蔡、卫、陈、许、曹、宋等14国有实权的大夫，在宋国都城商丘（今河南商丘）会盟。会议约定各国间停止战争，奉晋楚两国为共同霸主，两国平分霸权。除齐秦两国外，晋楚各从属国必须定期朝见对方盟主，并向双方盟主同样纳贡。谁破坏盟约，各国就共同讨伐谁。由于晋楚两国势均力敌，难分伯仲，因此就有了这样的结果。

这次会盟后，中原地区的战争大为减少。特别是晋楚两国之间，在其后的40年内，没有发生直接的军事冲突。中原地区的中小国家也有了一个暂时的和平环境。这对恢复、发展各国的社会经济，安定人民生活都有很大好处。不过，中小国家要同时贡奉晋楚两国，经济负担有所加重。

国际间的战争减少了，国内的斗争就加剧了。各国内部贵族之间为斗争需要，都在政治上、经济上采取了一些适应历史潮流的新措施，从而对春秋时期的变局产生巨大影响，推动了历史发展进程。

向戌弭兵成功，显示了他卓越的外交才华，也是弱小宋国的重大贡献。

这次会盟后，中原战场沉寂了，战争转向了东南地区的楚、吴、越、三国。

魏绛和戎

魏绛是春秋中期的晋国大夫。公元前573年，他担任司马，执掌军法。

公元前570年，晋悼公大会诸侯，而他的弟弟杨干却扰乱随从仪卫军队的行列。魏绛处死杨干的车夫。晋悼公认为戮辱杨干就是羞辱自己，因此要杀魏绛。魏绛冒死执法完毕，就上书晋悼公，陈述行刑理由。呈书后，魏绛就要自杀，但被人阻挡了。晋悼公看了魏绛的上书，很受感动，非但没有降罪，反而擢升为新军佐，成为晋国八卿之一。

在晋国北面，生活着诸多戎族部落，人们习惯称他们是戎狄、北戎或山戎。

公元前569年，以无终为首的戎族部落酋长嘉父，派使者到晋国，通过魏绛，送给晋国虎豹毛皮，请求晋国和各戎族建立和睦相处关系。晋悼公认为戎狄没有亲近的国家，而且又贪婪，不如征伐他们。

魏绛却主张和戎，他向晋悼公陈述了五条理由。戎狄是游牧民族，历来轻视土地，看重财货，可以同它贸易，以财货买土地。同戎狄和好，人民可以安居乐业，发展农业生产。戎狄服事晋国，可以震动四邻，威慑诸侯各国。同戎狄维持和平局面，军队得到休整，军备物资不需消耗，可以保存国力。从历史上看，以德服人才能保持长久的安宁和睦局面。经过魏绛入情入理的分析，晋悼公终于被折服，并责成魏绛料理和戎事宜。

晋国的和戎政策实施后很快见到成效。疆域扩大到霍山以北的今山西中北部地区，晋国人和戎族部落相融合，北疆稳定，经济发展，人口增加，国力强盛。

晋悼公高度赞扬魏绛和戎的成就，并把郑国赠送的乐师和乐器分一半转赠魏绛。魏绛婉言谢绝。他对晋悼公说这是国家的福分、国君的威望和大家的努力，我个人没有什么能力。

在攻伐无度的春秋时期，魏绛从国家大局出发，冲破传统偏见的束缚，积极主张和戎并付诸实施，开创了我国历史上汉族争取和团结少数民族的先例。魏绛不愧为具有远见卓识的政治家。

子产不毁乡校

子产是春秋时期郑国的政治家。从公元前554年起，他作为执掌郑国国务大权的大夫，实行一系列政治改革，承认私田的合法性，向土地私有者征收军赋；铸刑书于鼎，为我国最早的成文法律；主张保留乡校，听取国人意见，探索了一条别人不曾走过的路。

春秋时期的乡校是地方上的学校。它既是学习的处所，也是人们聚集的地方，有点像我们今天的会议室或者活动室。当时郑国人闲暇时经常到乡校聚会。他们根据自己的所见所闻所感，议论国家措施的成败得失。对他们的做法，当权者有的赞同，有的反对。郑国大夫然明就看不惯，他建议子产毁掉乡校。

子产不同意。他说人们早晚干完活儿到这里聚一下，议论施政措施的好坏。他们喜欢的，我们就推行；他们讨厌的，我们就改正。这是我们的老师，我们怎能毁掉呢？我听说尽力做好事可以减少怨恨，没听说靠耍威风来防止怨恨。用耍威风是能制止众人议论的，但这就像堵住大河一样危险。河水大决口造成的危害很大，我们挽救不了；开小口子导流，却可以避免大灾难。然明听了感动不已。他说我从现在起，才知道您确实能成大事。相形见绌，我确实没有才能。如果您真的这么做，咱们郑国就有了依靠。

消息传到孔子耳朵里。他说："照这些话看来，人们说子产不行仁政，我是不相信的。"其实子产实行的是宽猛相济的政策，既有儒家思想又有法家思想。

统治者采用高压手段，可以不让老百姓说话，但无法阻止人们心里的估价，无法左右人心向背。所以，沉默并不意味着顺从；相反，沉默中蕴含着可怕的力量。作为政治家，子产看得很透彻。

子产把敞开言路比作开小口导流，形象贴切，饱含哲理。

子产主张的敞开言路，闪烁着民主思想的火花。在奴隶社会末期就有如此见解，实在难能可贵。

子产铸刑书

我国夏、商和西周的法律是完全依附于礼的。春秋时期，随着社会关系的变迁，传统的法律体制越来越暴露出不合理性。首先，以前那种不公开、不成文的法律与新兴地主阶级的利益相冲突；其次，这种法律体系形式保守、内容陈旧，已经不能适应社会变革的新形势，无法满足新的社会关系的发展要求。

公元前 536 年 3 月，郑国执政大夫子产把郑国的法律条文修改后，铸在象征诸侯权力的铁鼎上，并向社会公布，让国民周知这是国家常用的法律，史称“铸刑书”，这是中国历史上第一次公布成文法的活动。

铸刑书可是天大的事儿。一石击起千重浪，自然引起人们莫大的关注，反对者大有人在。晋国大夫叔向就写信给子产，明确反对把法律条文公布出来，反对把法律从礼教中独立出来。他认为人们一旦知道刑书的条文，就不会看重道德、遵守礼仪，而会对照条文，钻法律的空子；刑法一旦公布，人们就可以知道官员审判是否合理合法，社会舆论就会对官员产生强大的监督力。这个严重侵害贵族利益的新生事物是难以揉进叔向眼中的，因为他所代表的是没落的奴隶主贵族。子产回书叔向，表示不能接受他的指责。他坦言，铸刑书的目的就是为了救世。

子产铸刑书后，郑国的社会秩序大为好转，出现了“门不夜关，道不拾遗”的局面。依据结果分析，子产也是带头敬畏法律的。执政 26 年，家里竟没有一点积蓄。他死后，儿子和家人用筐子背土把他埋葬在山岗上。消息传来，大家纷纷捐助。他的儿子不肯接受，人们就把大量珠宝抛到子产封邑的河中，悼念这位值得敬仰的人。珠宝在水中映射出金色光泽，从此这条河就被称为金水河，就是现在河南郑州的金水河。

子产是中国法家学派的鼻祖。他以后的法家人物都是通过变法图强的。

子产铸刑书，公布成文法，开创了我国古代公布法律的先例，否定了“刑不可知，则威不可测”的秘密法，对后世法制建设的影响是巨大的。

三年归报楚王仇

伍员（公元前 559—前 484），字子胥，春秋末期的吴国大夫，著名的军事家。

伍子胥的父亲伍奢是楚国太子建的太傅，他与太子建关系密切。费无忌是太子建的少傅。他害怕太子建即位后冷落自己，就挑拨楚平王与太子建的关系。费无忌诬陷太子建谋反，楚平王信以为真，要杀害太子建。这时候，太子建和伍奢在城父（今河南襄城西）镇守。费无忌对楚平王说，伍奢有两个儿子，大儿伍尚，小儿伍员，都很厉害。如果不把他们一网打尽，将来会给楚国留下祸根。伍尚被召回楚都，与父亲一起被杀了。伍子胥带着太子建的儿子公子胜，历经千辛万苦逃往吴国。

伍子胥逃到吴国后，结识了公子光。公子光有政治野心。伍子胥帮助他，用专诸行刺王僚得逞，继而自立为王，就是吴王阖闾。

吴王阖闾执政后，志得意满，封伍子胥为大夫，与他共商国是。他帮助吴国多次打败楚国。公元前 506 年，伍子胥与孙武用声东击西的策略，偷袭楚国，连战连胜，把楚国打得一败涂地，并攻入都城郢都（今湖北荆州北纪南城）。楚昭王仓皇出逃。

伍子胥攻破郢都后干的第一件事，就是寻找十年前死去的楚平王的陵墓。找了一天没有下落。原来当年楚平王怕陵墓被人知道，就把参与修陵墓的工匠都杀掉了。后来找到一个侥幸逃脱的工匠。经他指点，终于找到楚平王陵墓。伍子胥把他的尸体挖出来，用鞭子抽打解恨。伍子胥一边抽打，一边痛骂楚平王听信奸佞残害忠良，足足打了 300 下。因此才有了伍子胥“鞭尸三百”的典故。

现代史学界引发“鞭尸”和“鞭坟”的争议。有人认为伍子胥并没有鞭尸，而是鞭了楚平王的陵墓。史书上对此记载不周全，事情的真相无法解开。

历史上，大多数人对伍子胥的行为给予同情和推重。20 世纪 30 年代，革命烈士杨超就义时，大声朗读自己的诗作：“漫天风雪漫天愁，革命何须怕断头？留得子胥豪气在，三年归报楚王仇。”

伍子胥过昭关

春秋末期，伍子胥的父亲伍奢与兄长伍尚被楚平王杀害，伍子胥逃奔他国。楚国到处追捕，伍子胥带着公子胜从郑国辗转来到距昭关不远的一座小山下。出了昭关，就是大河，水路径直通往吴国。伍子胥就打算去那里立足。可是楚国到处张贴通缉令，悬赏捉拿伍子胥，昭关有楚将右司马远越领兵把守，要想通过谈何容易。

伍子胥和公子胜坐在山脚下，遥望戒备森严的昭关，眉宇间拧起疙瘩。

名医扁鹊的弟子东皋公就住在这座小山中。他从通缉令的图像中认出山下来人正是伍子胥。东皋公很同情伍子胥的遭遇，决定出手相助。

东皋公把伍子胥带到自己家里，尽其所能，热情招待。可是，一连七天过去了，就是不提过关的事。伍子胥实在熬不住了，就急切地对东皋公说我有大仇要报，在这里简直度日如年，先生一定得帮我想办法出关。东皋公说，我已经给你筹划了可行的计策，但要等一个人来才行。夜里，伍子胥如芒刺在背，辗转反侧，无法入睡。天刚亮，东皋公来找伍子胥。一见面，他不禁大喊起来："你怎么一夜之间，头发全白了？"伍子胥一照镜子，头发果然全白了，心里不由暗暗叫苦。东皋公反而大笑起来："我的计策成功了。"他告诉伍子胥，我有个朋友名叫皇甫讷，长得很像你。几天前我派人去请，想让他扮你蒙混过关。你今天头发变白，不用化妆都认不出来，过关反而更容易了，这是好事啊！

当天，皇甫讷赶到。东皋公把他扮成伍子胥模样，而伍子胥和公子胜扮成仆人。四人一路过关。守关吏命令拿下皇甫讷，而伍子胥和公子胜趁乱溜出了昭关。官兵们发现抓错了人，想盘问究竟，而东皋公与守关将军远越私交不错，事情也就和没有发生一样。东皋公精心设计的金蝉脱壳计成功了。

千百年来，民间一直流传着伍子胥过昭关一夜急白了头的故事。虽然真伪无法考究，但情节十分动人。

吴楚柏举之战

春秋末期，吴王阖闾任用楚国亡臣伍子胥和伯嚭为谋士，齐人孙武为将军，发展生产，壮大国力，教授兵法，操练队伍，使吴国出现了国富兵强的势头。

吴国在灭掉徐国和钟吾国后，吴王采纳伍子胥的建议，将吴军分成三支，轮番骚扰楚军。前后六年，使楚军物资大量消耗，将士疲于奔命。

公元前507年，楚国发兵围攻蔡国。吴国以救蔡为名，出兵伐楚。

第二年冬天，吴军三万人马乘坐战船，由淮河溯水而上，直趋蔡境。船队行进到淮汭（今河南潢川，一说今安徽凤台）后，孙武突然决定舍舟登陆，由向西改为向南。伍子胥不解其意。孙武说兵贵神速。走水路太慢，改走旱路不几天就能进入楚国腹地，达到奇袭效果。接着，孙武挑选3500名精锐士卒为前锋，迅速南插。

当吴军突然出现在汉水东岸时，楚昭王慌了手脚。他急派令尹子常、左司马沈尹戍、大夫史皇等，调动兵力，在汉水西岸布防。

沈尹戍建议，由子常率楚军主力在汉水西岸正面阻击，他率部分兵力迂回到吴军背后，形成前后夹击之势。然而，沈尹戍尚未达到预定地点，子常怕他抢去头功，竟擅自渡过汉水攻击吴军。

吴军见楚军出击，暗暗高兴，便主动撤退到小别山至大别山之间迎敌。吴军三战三捷后，决定停止后退，在柏举与楚军决战。吴军先锋夫概率5000士卒直撞楚营，楚军一触即溃。吴军主力投入战斗，楚军顷刻土崩瓦解。史皇战死，子常弃军逃往郑国。丧失主帅的楚军像没头的苍蝇，半数被吴军俘虏。赶来救援的沈尹戍见大势已去，自刎而死。此后，吴军五战五捷，攻入楚国郢都（今湖北荆州北纪南城），楚昭王带领亲信仓皇出逃。

柏举之战是春秋末期一个以少胜多、速战速决的经典战例。吴国经过六年的"疲楚"战略后，一举战胜多年的劲敌楚国，给长期称雄的楚国以空前的创伤，从而使吴国声威大震，为其争霸中原奠定了基础。

吴越檇李之战

公元前496年5月，越王允常去世。吴王阖闾趁火打劫，出兵讨伐越国。新继位的越王勾践率兵抵抗，双方在檇李（今浙江嘉兴市西）摆开战场。

吴军兵力强大，阵势严整。越军敢死队两次冲锋都失败了。

面对吴军咄咄逼人的态势，勾践召集群臣商量对策。范蠡认为勾践新登王位，应当以议和为上策。而勾践却不认同，他想打好这一仗，用胜利来树立自己的威望。

大臣们一时想不出好的计策，而一个名叫灵姑浮的侍卫统领却献上一条匪夷所思的计策，令人听了毛骨悚然、目瞪口呆。

吴越两军对垒。战鼓声中，越军阵中走出三排奇怪的士兵，他们个个赤脚袒胸，披头散发，还念着解脱的咒语。他们齐刷刷走到吴军阵前，不是举剑刺向吴军，而是当着吴军的面，一排排横剑自刎，鲜血喷涌。越人视死如归的举动令吴军将士大为惊愕。这到底是什么战术？不过他们很快意识到，这些越兵已经没有胆量再来厮杀，只好自行了断。吴军将士完全放松警惕，干脆是看自杀表演了。

这时，越军阵中又走出一队士兵，人数众多。他们齐步走到吴军阵前，吴军将士以为又要自杀表演了。哪里想到这是真正的灵姑浮手下的敢死队。先前那三排自杀的人都是死囚。死囚自杀，麻痹敌人，然后由敢死队发动突然袭击。这就是灵姑浮献出的计策。

灵姑浮的敢死队员个个武功高强，尤其是他们的长剑锋利无比。一时间竟杀得吴军尸横满地。越军乘势大举进攻。灵姑浮手持长戈，直取阖闾，并剁掉他的大脚趾。危难之际，是太子夫差赶来相救，才幸免于难。吴王阖闾在退兵途中死亡。临死前，他叮嘱夫差一定要为他报仇雪恨。

檇李之战虽以吴败越胜而告终，但吴国实力远在越国之上，这就为吴王夫差报复越国埋下祸根。

卧薪尝胆

公元前 496 年，吴越两国在槜李发生一场战斗，谁料实力强大的吴国不仅战败，还搭上吴王阖闾的老命。吴国实在咽不下这口气。阖闾的儿子夫差继位后，一心思念报仇雪恨。他训练军队，筹备军需，做着战争准备。

公元前 494 年，吴王夫差率领全国精兵讨伐越国，在夫椒（今太湖中的椒山）大败越军，攻入越境，占领会稽（今浙江绍兴）城。越王勾践带领仅剩的五千甲士，退守会稽山上。勾践面临绝境。谋臣范蠡出主意，让勾践卑辞厚礼向吴王求和。但由于大臣伍子胥竭力反对，夫差拒绝求和。接着谋臣文种又献一计，给夫差的心腹大臣伯嚭秘密送上美女珍宝，求他从中斡旋。这一招果然灵验。于是，勾践夫妇保了性命，到吴国服役。他为夫差养马驾车，妻子打扫宫室，一切都显得很顺从。

三年后，自以为高枕无忧的夫差放勾践回到越国。勾践回国后，发愤图强，兴国复仇。他晚上枕着兵器，睡在稻草上；早上起来，舔舔房里挂着的猪苦胆，提醒自己不忘复仇。这就是传说中卧薪尝胆的故事。他推行减轻赋税、繁衍人口、发展生产、节省开支的基本国策，而且躬行不悖，夫人织布他耕田，官民备受感动。他接纳贤才，让精明强干的文种和范蠡分别管理政务和军事，国家经济和军事实力日益增强。反观夫差，盲目争霸中原，丝毫不顾民生疾苦。他还听信伯嚭的坏话，杀害了忠臣伍子胥。虽然争霸成功，但国力日渐衰败，已经成了纸老虎，走了下坡路。

20 多年后，吴越两国都已今非昔比。公元前 473 年，勾践亲自率兵攻打吴国。这时的吴国已是强弩之末，抵抗乏力，屡战屡败。夫差向勾践求和，但此时的勾践没有再犯夫差的错误。求和不成，夫差自杀身亡。

吴王夫差荒淫无度，穷兵黩武，结果国力衰竭，不堪一击；越王勾践卧薪尝胆，发愤图强，最终东山再起，一举灭吴。这个历史故事恰恰印证了“生于忧患，死于安乐”的观点。

范蠡下海

公元前491年，越王勾践在吴国幸免于难，返回故土。此后在文种、范蠡等人鼎力相助下，卧薪尝胆，经过18年的发愤图强，终于在公元前473年打败吴国，报仇雪恨，称霸中原。

越国复兴后，劳苦功高的范蠡被尊为上将军，地位显赫。然而就在常人认为应该享受荣华富贵的时候，范蠡却悄然弃官外逃了。临走时，他给宰相文种留下一信。信中说："飞鸟尽，良弓藏；狡兔死，走狗烹。越王为长颈鸟喙，可共患难，不可与共乐。子何不去？"范蠡在与勾践长期相处的日子里，对他的为人处世有深刻的了解。他的出走是明哲保身。文种不听忠告，果然被勾践杀害了。

此后，范蠡埋名隐姓，带着美女西施，泛舟五湖。他到了齐国，在海边结庐而居。垦荒耕作，兼营渔业，没过几年竟积累了数千万家产。

齐王闻讯，拜范蠡为相，由他主持国家政务。三年后，他喟然感叹："居官于卿相，治家能治千金，对于一个白手起家的布衣来说已经到了极点。久受尊名，恐怕不是吉祥的征兆。"于是，他再次急流勇退，向齐王归还相印，把财产分散给至交和穷人，重返商海。

范蠡来到陶（今山东定陶西北）。陶地东临齐鲁，西接秦郑，北通晋燕，南连楚越，居于"天下之中"，是最佳经商之地。他根据时节、气候、民情、风俗等需求，人弃我取，人取我与，顺其自然，伺机而动。几年下来，经商积累又成巨富，自号陶朱公，被当地民众尊为财神，成为我国儒商的鼻祖。

范蠡著有《计然篇》。书中记述了他的经商之道，也是励志之作。

公元前468年越王勾践实现霸业之日，也是范蠡弃官经商之时。此后20年里，除了三年在齐国当相国，其余时间都在经商。当今社会，通常把弃官经商称为"下海"。因此，我们权且把范蠡弃官经商，也称作"下海"。

在那个年代，范蠡能活到88岁已算奇迹；而他"忠以保国，智以保身，商以致富"，面面俱到，在中国历史上更是奇迹。

晏子使楚

晏子（公元前 578—前 500），名婴，春秋末期的齐国上大夫。齐景公时，官至相国，是齐国历史上唯一可与管仲并称的一代名相。

别看晏子身材不高，其貌不扬，但头脑灵活，能言善辩，能倾倒各国诸侯。

有一次，晏子要出使楚国。楚王听到消息，就对身边大臣说，晏婴是齐国最能言善辩的人。这次我想趁机羞辱他，能用什么办法呢？一帮大臣帮着出了馊主意。

晏子来到楚国都城东门。守门人不给开门，非要他走大门一侧的小洞。那洞高不过五尺，人弯腰才能进去。晏子说："出使狗国，才从狗门进。我今天出使楚国，不该从这个门进吧！"守门人无言以对，只好开大门迎他进去。

楚王见了晏子，劈头就问："齐国没有人了吗？"晏子从容回答："齐国都城临淄有无数里巷，人们举起袖子可以遮住太阳，挥把汗就像下雨，人摩肩接踵，怎能没有人呢？"楚王问："既然这样，为什么让你当使臣呢？"晏子回答："齐国任命使臣，各有相应的对象。那些贤德的使臣出使贤德的国家，不才无能的使臣出使不才无能的国家。我无才无德，最适合出使楚国。"楚王不知不觉，当头挨了一棒。

楚王设宴款待。酒兴正浓的时候，两个小吏绑着一个人来到楚王面前。楚王问："绑着的人是干什么的？"小吏回答："是齐国人，犯了偷盗罪。"楚王看着晏子说："齐国人生来就善于偷盗吗？"晏子离席回答说："我听说，橘树生长在淮河以南就是橘树，生长在淮河以北就成了枳树。只有叶子相似，果实味道却不同。为什么呢？水土不一样。人生活在齐国不偷盗，进入楚国就偷盗。该不会是楚国的水土让人变得偷盗了吧？"楚王听了，把头摇成拨浪鼓，苦笑着说："圣人是不能跟他开玩笑的，我反而自讨没趣了。"

晏子不愧是出色的外交家。他以智慧和善辩，委婉地回击了楚王的羞辱，捍卫了齐国的尊严。俗话说"人不可貌相，海水不可斗量"。贸然无礼只能自讨没趣。

赵氏孤儿

春秋时期，晋成公去世，晋景公继位。晋国大夫赵朔辅佐晋景公，他的夫人是晋成公的姐姐（一说是晋成公女儿）赵庄姬。赵朔算是驸马爷了。

公元前597年，晋国司寇屠岸贾不经晋景公允许，便带着军队围攻赵府，将赵朔及其家族满门灭绝。赵庄姬身怀六甲。赵朔的好友程婴是个医生，他把这个天大的秘密告诉了赵朔的忠实门客公孙杵臼。赵庄姬躲进宫内，几个月后生下一个男婴。

屠岸贾得到消息，就亲自到宫中搜查，但没有找到。赵氏母子逃过一劫。

程婴赶紧找公孙杵臼商量对策。公孙杵臼突然问程婴："抚育孤儿成人与死，两者哪种难？"程婴说："死容易，抚育孤儿难。"公孙杵臼坚定地说："那请你承担难的，我承担容易的。"两人找到一个男婴，把他装扮成赵氏孤儿。一切策划妥当，程婴向参与杀害赵家的将军告密，说只要给我一千金，我就说出藏匿孩子的地方。屠岸贾喜出望外，马上给了一千两黄金。程婴带屠岸贾的人来到公孙杵臼住处。公孙杵臼大骂程婴是势利小人，还央求放过无辜的孩子。央求是徒劳的。屠岸贾的人杀死公孙杵臼和可怜的婴儿，沾沾自喜。程婴把赵氏孤儿养育成人，这就是赵武。

晋景公执政15年的时候，得了重病。请人占卜，说成就大业人的子孙后代不顺利，因而作怪。执政大夫韩厥把实情和盘托出。于是君臣商量，把赵武秘密接入宫中。当年参与杀害赵氏家族的官员们入宫问安，被韩厥部下统统拿下。不久，赵武复位，屠岸贾被灭族。

看到赵家报仇雪恨，程婴辞行。赵武苦苦挽留，程婴却说我的事情完成了，我该履行先前的承诺了。说完，就自杀了。

关于赵氏孤儿的记载，有不同的版本，或者原本就是一个传说，但不管哪种版本或者传说，都在赞扬忠义精神。关于赵氏孤儿的文艺作品更多，但不管何种体裁，也在称颂忠义精神。

战 国

史家把公元前475年(周元王元年)至公元前221年(秦统一中国)称为战国时期。还有另外一种分法，把公元前403年(周威烈王册命韩、赵、魏三家诸侯)至公元前221年称为战国时期。还有学者认为，公元前453年韩、赵、魏三家分晋，七国争雄的局面已经形成，应该以此作为战国的开始。史家见仁见智。现今大部分教科书采用第一种划分的观点，而且还把公元前475年作为中国封建社会的开端。

“战国”一词，在当时就已经有人使用，但只是用来指连年参加战争的强国。把战国作为一个时代的名称，是西汉末年刘向编辑《战国策》一书后，才开始使用的。

战国，顾名思义，就是有许多国家进行战争。西周初年，周天子分封了许多诸侯。春秋初期，大大小小的诸侯国有140多个。说是国家，其实平均面积不过1.5万平方公里左右，多是弹丸小国。经过360多年的兼并，战国初期只剩下20多家了，其中以秦、楚、齐、燕、韩、赵、魏最强，史称“战国七雄”。

战国开始后，兼并更为激烈。不仅在夹缝中生存的小国先后被大国吃掉，连天下共主的东周也被秦国灭了。由于小国被兼并，原来的战略缓冲空间不复存在，各个大国不得不面对直接残酷竞争的格局。战争的规模和激烈程度大幅度上升。据史料统计，从公元前475年到公元前221年的255年间，大小战争发生230次。一旦打开，双方动辄几万到几十万人参加。

在彼此间不断激烈的攻伐中，如何富国强兵、求得生存，就成了各国决策层的首要考量目标。于是，就有了李悝、商鞅的变法图强，张仪、苏秦的纵横捭阖，白起、廉颇、王翦、李牧的战场争锋，春申君、孟尝君、信陵君、平原君的政治斡旋等等。秦国率先强大，先后吞并六国，实现统一。

战国时期是中国社会的大变革时期。这一时期孵化出中央集权的君主专制社会的雏形。

三家分晋

春秋末期，社会剧烈动荡。一向称霸中原的晋国日薄西山，国君名存实亡，实权由韩、赵、魏、智、范、中行六家把持。他们各自占有地盘和武装，互相争夺。后来，范氏和中行氏被打散，剩下四家，其中以智家势力最大。

智家想吃掉三家，就以加强国君实力为名，要求韩康子、赵襄子和魏桓子三家大夫各拿出方圆100里土地和其内的户口交给公家。

智家醉翁之意不在酒。韩、赵、魏心知肚明。韩、魏自感实力不济，只好违心照办，而赵家却不买账。

软的不吃来硬的，不买账就收拾你。公元前455年，智家大夫智伯瑶率智、韩、魏三家联军，攻打赵家。赵襄子自知寡不敌众，带领自家军队退守晋阳（今山西太原），凭借坚城利箭，死守两年。第三年雨季，智伯瑶下令掘开晋水（今汾河），浇灌晋阳。城中一片汪洋，百姓苦不堪言。智伯瑶的做法引起韩、魏两家的恐惧，原来他们的封地都有一条河，谁知道晋阳悲剧会不会在他们那里重演？晋阳城里，门客张孟谈为赵襄子献上破敌之策。张孟谈偷偷出城，私会韩、魏两家大夫，讲明唇齿相依、唇亡齿寒的道理。赵家灭亡，韩魏必然步其后尘。韩、魏已有顾虑，经他一点，决定立刻倒戈。在夜幕掩护下，韩、赵、魏联合出击，智家毫无戒备，以致全军覆没，智伯瑶死于非命。

智伯瑶既死，韩、魏两家不仅收回失去的土地和人口，而且智家的土地和人口也由三家平分了。

公元前403年，周天子正式承认韩、赵、魏为诸侯国，地位与晋国平等。晋幽公非但不能号令韩、赵、魏，反而向三家朝贡。

公元前376年，韩、赵、魏三家瓜分晋国剩余土地，晋国寿终正寝了。

想当年，晋国为中原霸主，说话地动山摇；到了末期，竟沦落到下三烂的田地。表面上看，似乎凤凰落地不如鸡，其实这是历史的必然，新兴地主阶级取代奴隶主阶级，登上了历史舞台。

墨子救宋

墨子，名翟，生卒年月不详，春秋战国时期墨家学派的创始人。

墨子是一位伟大的人道主义者。他崇尚和平，反对战争，主张兼爱，厌弃攻伐。为了和平的理想，他常将生死置之度外，善于运用杰出的智慧、不凡的辩才和英勇的胆略，去实现自己的主张。他也是科学家，木匠手艺超过公输盘。

大约公元前440年，楚国请鲁国著名工匠公输盘亦即鲁班制造了云梯等器械，准备攻打宋国。

墨子听到消息十分着急。他一面安排大弟子禽滑厘带领300名精壮弟子，去宋国帮助守城；一面昼夜兼程，从鲁国赶赴楚国，劝阻战事发生。

墨子对楚王说，现在有一个人，舍弃自己的彩饰马车，却想偷邻居的破车；舍弃自己的华丽衣裳，却想偷邻居的粗布衣裳，你说这是个什么人。楚王不假思索地说，这个人有偷盗病。墨子见缝插针继续说，楚国方圆五千里，土地肥沃，物产丰富；而宋国只有五百里，土地贫瘠，资源匮乏。两者相比，正如彩车与破车、锦衣与粗衣。大王攻打宋国，不正如偷窃癖者一样吗？如果进攻宋国，大王丧失道义，也一定会失败。

楚王理屈词穷，又借云梯已造好为理由，坚持伐宋。墨子又说，公输盘造的器械也不是什么制胜法宝，我能破解。大王如果不信，我可以当面演示。接着，墨子解下腰带，围起一座城，用小木片代表守城用的器械。公输盘多次使用假设的云梯和器械攻城，但都被墨子化解了。公输盘输了。

公输盘认输后说，我还有取胜的办法。墨子义正辞严地说，你们以为杀我就有办法了。其实我早就布置好了，我的大弟子禽滑厘已带300多人去了宋国，他能代替我用墨家制造的器械守城。不信，你们去试试。楚王预感取胜无望，只好放弃攻宋。

墨子并非宋国人。他救宋出于自己的哲学大义，是他救世思想的具体体现。他不仅理论上主张“非攻”，而且付诸实践。

李悝变法

公元前403年，魏国在三家分晋后，终于获得周天子承认而成为诸侯国。时值战国初期，魏国的封建经济已逐渐占据社会经济的主导地位，封建政权已经确立。这必然会引起奴隶主贵族的激烈反抗。魏国夹在诸强国之间，经济和军事实力都偏弱。社会发展趋势和本国客观现状，都要求它变法图强。

魏国建立之初，李悝并不在国家权力中枢，他担任过中山相和上地守。这两个地方都在毗邻秦国的西北边境。他多次率军与秦国交战，深得国君魏文侯赏识。李悝主张变法的思想，切中了魏国时弊，再加上他的老师子夏是魏国重臣，所以在经历了地方官的磨砺之后，李悝终于成为魏国丞相。

在魏文侯支持下，李悝在魏国率先变法。政治上，废除奴隶制时代的世袭制度，根据能力选任官吏；取消旧贵族享受的世袭俸禄，用以招募贤才。经济上，采取“尽地力之教”的政策，鼓励农民垦荒；废除井田制，允许土地买卖；测评土地，估算产量，制定合理的税收政策；推行“平籴之法”，丰年时由官府以平价收购粮食，荒年时以平价出售，平抑粮价。实行法治。李悝汇集当时各国刑典，编成代表新兴地主阶级意志的成文法《法经》六篇，把国家法令、政府职能、官员的升迁和奖励，以及军功的奖励都作了完备的规定，以法律的形式把封建法权固定下来。改革军事制度。建立“武卒制”，考核士兵，奖励优秀者，并且按照士兵的不同特点，重新编排队伍，以发挥作战优势。

李悝变法颠覆了魏国的贵族世袭制和传统的井田制度，奠定了中国封建社会各方面的建制，发展了农业生产，强大了军事实力，使魏文侯时期的国势达到高峰，并且称雄于诸侯国50年之久。

李悝是战国时期第一个变法者。以后，各诸侯国纷纷仿效，变法图强。

李悝算是中国变法图强中第一个吃螃蟹的人，所幸他能善始善终，这应该与魏文侯执政时间长不无关联。

西门豹治邺

战国时期，魏文侯派西门豹到邺县当县令，主持那里的政事。当时的邺县土地荒芜，人烟稀少，一片萧条。

上任之初，西门豹向当地德高望重的人了解情况。他们说为河伯也就是河神娶媳妇是老百姓最痛苦的事。原来，地方的三老（掌管教化的乡官）和廷掾（县令助手）每年都要向老百姓搜刮几百万钱财，为河伯娶媳妇。说法是不给河伯娶媳妇，就会大水泛滥。其实娶媳妇的花费只有几十万，剩余的他们就和巫婆私分了。每年，由巫婆巡查，看到小户人家的漂亮女子，就确定为河伯的媳妇，然后下聘礼订亲，并在河边为她备好新房。娶亲前十几天，河伯媳妇穿上丝绸花衣，入住新房，好吃好喝，静静等待。娶亲那天，河伯媳妇坐在装点好的床铺上，顺流而下，漂上一段就没影儿了。这个风俗沿袭已久。有好女子的人家担心选上河伯媳妇，大多带着女儿逃走他乡。因此，邺县越来越萧条。西门豹听了，说到时候告一声，我也参加娶亲仪式。

娶亲那天，河沿上人山人海。西门豹让人扶出河伯媳妇。他瞅了一眼说："这媳妇不漂亮，麻烦大巫婆禀报河伯，再找个漂亮的，过几天送去。"说罢，令衙役们驾起大巫婆，"扑通"一声，抛入河中。过了一会儿，又叫大巫婆的弟子下河催促。不由分说，把一个女弟子也抛入河中。连抛三个女弟子后，西门豹说女人去了说不清，还是请三老辛苦一趟吧。说罢，又把三老扔到河里。又过一会儿，西门豹说再派廷掾、豪绅下去看看。看那廷掾、豪绅早已面如土色，趴到地上只顾磕头了。从此以后，邺县再也没有了人敢为河伯娶媳妇了。

接着，西门豹动员全县老百姓开挖了 12 条水渠，引漳河水灌溉农田，使农业丰收，百姓生活富裕。外逃人员陆续返回，邺县又重新繁荣起来。

西门豹以其人之道还治其人之身，革除了为河伯娶媳妇的陋习，表现了智者风范；同时，兴修水利，发展农业，给老百姓带来实实在在的东西。西门豹的为政之道值得点赞。

阴晋之战

战国初期，首先变法的魏国强盛起来。它攻取了秦国的河西地区（今山西、陕西之间黄河南段以西地区），秦军被迫退守洛水，秦国的安全受到严重威胁。秦国不甘心失败，一心想寻找机会，收复失地。

魏国在河西地区驻守着一支精锐部队。多年来，河西郡守吴起一直激励部队，保持着高昂的士气。每次战后，他就请国君魏武侯主持庆功宴会。宴会上，立头功者坐头排，使用金、银、铜等贵重餐具，猪、牛、羊三牲齐备；立次功者坐中排，贵重餐具适量减少；无功者坐后排，不用贵重餐具。宴会结束后，还要论功赏赐立功者的家属。对死难将士家属则进行慰问，赏赐其父母，免除他们的后顾之忧。

由于采取切实可行的激励政策，魏军士气高涨。每当外国入侵，就有成千上万的士兵自行穿甲戴胄，请求参战杀敌。

公元前389年，秦国调集50万大军进攻魏国阴晋（今陕西华阴东），企图一举攻克这个秦军东进路上的重要城邑。秦军在阴晋城外布下营垒。吴起请战，要带5万名没有立过战功的步兵反击秦军。魏武侯同意，还加派战车500乘、骑兵3000人协同作战。战前，吴起发布命令说，大家跟我一起作战。如果车兵不能俘获敌人的战车，骑兵不能缴获敌人的战马，步兵不能俘虏敌人的步兵，即使打败敌人都不算有功。将士们听了，振臂高呼，誓同敌人决一死战。

在月黑风高的夜晚，吴起带领五万步兵突然迂回到秦军后方。这些战士立功心切，个个如狼似虎，以一当十。他们反复冲杀，竟把50万秦军打得落花流水。

这次战斗是中国古代史上以少胜多的著名战例。吴起以少数兵力击败十倍于己的秦军，保卫河西战略要地，遏制了秦军的东进势头。

人心向背历来是决定战争胜负的重要因素。吴起不愧为著名的军事家，他对这个道理了然于胸，并发挥到了极致。

吴起变法

战国初期，楚国是一个地广人众的大国，能够调集百万大军。但由于政治腐败，经济落后，因此一直受到韩、赵、魏等国的压制。

楚悼王继位后，很想有一番作为。恰在这时，也就是大约公元前 387 年，被魏武侯疏远的吴起从魏国来到楚国。楚悼王久仰吴起的才能。吴起向楚悼王分析了楚国的弊端和解决办法，楚悼王深有感触。

一年后，吴起升任令尹，在楚悼王支持下变法图强。变法的主要内容可以归纳为几点。一是“明法审令”，实行法治。他制定法令，并公布于众。为树立法治的权威性，他还采取了“倚车辕”的办法，就是立起一个车辕，凡能搬动的人即刻兑现奖励。为了使思想认识和舆论相一致，禁止纵横家游说。二是减爵禄，进而废除贵族世卿世禄制。先是对无功劳贵族后代均其爵、平其禄，对有功人员则授以爵禄，以解决分配不公；接着限制封君子孙，只能享受三世爵禄。三是迁徙贵族。把旧贵族迁徙到地广人稀的地区，一方面剥夺其特权，另一方面有助于荒蛮地区开发。四是统一楚国风俗，禁止私人请托。五是加强军事训练，提高军队战斗力。注重耕战并重，亦兵亦农，禁民游手好闲。六是采用四版筑城法，提高筑城质量。

吴起变法使整个楚国经济发展，军队强大，南方平定百越，北方兼并陈、蔡，西方讨伐秦国。然而新法推行时间不长，就因楚悼王的病逝而夭折了，其收效远不能和秦国商鞅变法相提并论。

公元前 381 年，楚悼王病亡。尸骨未寒，旧贵族就突然向吴起发动袭击。吴起跑到楚悼王丧所，扑在他身上大声呼喊。吴起被乱箭射死，又遭到车裂肢解。楚肃王登基后，杀害吴起的凶手因箭射国君尸体而依法极刑处置。

变法本身就是利益重新分配。那些自身利益受到伤害的人必然会以千百倍的疯狂进行报复，而变法倡导者往往面临巨大风险，吴起以身殉法就是一例。

商鞅变法

商鞅（约公元前 395—前 338），战国时期的思想家、政治家、改革家和著名的法家代表人物。他是卫国人，原名卫鞅，后应秦孝公求贤令入秦，被封于商（今陕西商洛），所以后人称之为商鞅。

公元前 362 年，秦孝公继位。此前，秦国因久处偏僻的雍地（今陕西宝鸡一带），已经落伍了。秦孝公雄心勃勃，以恢复秦穆公时期的霸业为己任，颁布了著名的求贤令，以网罗人才，寻求富国强兵之策。

听到消息的商鞅投奔秦国。秦孝公和他多次交谈后，发现他正是自己苦苦寻找的人。于是，商鞅被任命为左庶长，事实上掌握了国家军政大权。

公元前 356 年（一说公元前 359 年），商鞅在秦孝公的支持下，进行第一次变法。一是改革户籍制度，实行连坐法。令民五户为伍、十家为什，在什伍内实行连坐；一户有两个以上男丁必须分居，否则加倍征收赋税。二是重农抑商，奖励耕织。农民多打粮食多织布，可以免除徭役和租税；不努力耕作和舍本逐末者，全家罚为奴隶。三是奖励军功。废除无军功的贵族世袭，立军功者可以获得爵禄。

公元前 350 年，秦国从栎阳（今属陕西西安临潼）迁都到咸阳（今属陕西）。商鞅在秦孝公支持下进行第二次变法。颁布法定的度量衡器，统一度量衡制；把全国集合成 41 个县，由国君派员管理，加强中央集权，旧贵族的封邑被彻底破坏；废除井田制，承认土地私有，为封建经济的发展铺平道路。

商鞅变法是最彻底的变法，它顺应了历史发展的潮流，因而秦国百姓富裕，国力增强，在战国七雄中脱颖而出。公元前 354 年，秦军大败魏军，拉开了收复河西失地的序幕。公元前 352 年至公元前 351 年，秦军进攻魏国，又取得安邑、固阳之战的胜利。军事上的节节胜利有力地印证了商鞅变法的成功。

公元前 338 年秦孝公死后，商鞅失去了支持的背景。当年，旧贵族趁机诬陷商鞅谋反，把他杀害并车裂肢解。商鞅虽然被杀害了，但新法并没有废除。秦国正是从商鞅变法开始，才逐步走向强大，进而吞并六国，一统天下。

桂陵之战

公元前354年，赵国进攻卫国，迫使它屈服于自己。卫国本来是入朝魏国的，现改向亲附赵国。听到消息的魏惠王自然怒火中烧，好你个赵国，竟敢挖我的墙角。于是他决定派大将庞涓兴师问罪。

不到一年，魏军就包围了赵国首都邯郸（今属河北）。面对岌岌可危的形势，赵国一面竭力固守，一面派人火速前往齐国救援。当时，齐与赵是盟国。齐国负有支援赵国的义务。齐国就任命田忌为将军，孙膑为军师，率兵八万，前去救援。

田忌原本打算带领军队去赵国与魏军直接作战，但孙膑不同意。他说解乱丝结绳不能握拳去打，排解争斗不能参与搏击。平息纷争要抓住要害，乘虚取势，双方因受到制约才能自然分开。现在魏军主力都在围攻赵国，其国内兵力是空虚的。莫若避实就虚，派出一支部队做佯攻，吸引敌人注意力，而将主力直接进攻魏国首都大梁（今河南开封），造成兵临城下、大兵压境之势，待魏军回援时再伺机消灭它。田忌觉得孙膑的计谋高明，就派并不会打仗的齐城、高唐率兵佯攻魏国的军事要地襄陵，而主力却绕道而行，直指大梁。

庞涓听到齐军进攻大梁的消息，焦急万分，果然丢弃粮草辎重，星夜撤军回救魏国。而田忌、孙膑早已在魏军必经之地桂陵（今河南长垣西北）设下埋伏，以逸待劳。魏军长途跋涉，疲惫不堪，急着赶路也没有打仗的思想准备。当他们经过桂陵时，齐军猝然出击，把魏军打得落花流水。庞涓只好收拾残部，退回大梁。赵国的邯郸之围迎刃而解。

历史上，这场战斗被称为“桂陵之战”；战术上，被称为“围魏救赵”之术。这种战术被后来的军事家们列为三十六计中的重要一计，并被广泛采用。在中国的抗日战争中，八路军使用的尤为典型，电影《平原游击队》就是这种战术的艺术体现。当今，围魏救赵的典故被汉语作为成语使用，是指袭击敌人的后方迫使进攻之敌退兵的战术。

马陵之战

公元前 344 年，魏国发兵进攻韩国。韩国向齐国求援。齐威王听取孙膑的主张，答应救韩，但并没有马上出兵。待韩军五战五败、魏军实力同时受损之际，才于次年出兵。

第二年，齐军以田忌为主将、孙膑为军师，矛头直指与魏都大梁（今河南开封）近在咫尺的外黄（今河南民权）。

魏军本来胜利在望，却遇齐军搅局，魏惠王恼怒自不必说。于是，他决定从韩国撤军，腾出手来，教训齐国。魏惠王命太子申为上将，庞涓为将军，率领十万雄师，气势汹汹直扑齐军，准备决一雌雄，顺便洗刷十年前桂陵之战的耻辱。

齐军进入魏国纵深地带，魏军尾随而来。孙膑根据魏军蔑视齐军的实际情况，在认真研究了战场形势后，定下减灶诱敌、在马陵（今河北大名东南，一说今河南范县西南）设伏聚歼的作战计划。齐军入魏的第一天造了十万个灶火，第二天减到五万个，第三天减到三万个。自作聪明的庞涓看到齐军灶火锐减，误以为齐军胆怯、士卒大批逃亡，就舍弃步兵，只带领轻骑兵加快追击，企图速战速决。当他昼夜兼程赶到马陵的时候，才发现这里道路狭窄，道路两旁阻碍很多，实在难以通行。恰是傍晚时分，隐约看到一棵剥了皮的树干上写着字。点火把看时，却见赫然写着“庞涓死于此树之下”八个大字。庞涓猛然省悟，正想下令撤退。刹那间，齐军万弩齐发，魏军惊慌失措，四散溃逃。接着齐军伏兵两面夹攻，乘胜追击，十万魏军所剩无几。主帅太子申被俘。庞涓见败局已定，大声喊叫：“一着不慎，遂使竖子成名。”就拔剑自刎了。

马陵之战是中国战史上著名的伏击战例。齐国之所以获胜，主要是采用了孙膑“能而示之不能，用而示之不用”“以利动之，以卒待之”的虚实作战原则。孙膑不愧是著名的军事家。

魏国在桂陵之战和马陵之战连受重创，从而失去了与齐秦两国争霸的军事实力。

合纵连横

合纵连横简称纵横，是战国时期纵横家所宣扬并推行的外交和军事策略。

战国初期，秦、楚、齐、燕、韩、赵、魏七雄并立，势均力敌。它们各自吞并相邻小国以扩大自己的势力，而这些小国为了自保，往往依附某一大国。

战国中期，楚、燕、韩、赵、魏势力稍弱，而东方齐国和西方秦国成为强国。合纵就是南北纵列的国家联合共同对付强国，以阻止齐秦两国兼并弱国；连横就是齐或秦各自拉拢一些国家，共同对付另外一些国家，以达到兼并和扩展土地的目的。当时著名的纵横家有公孙衍、张仪、苏秦和范雎等人。其中，公孙衍、苏秦主张合纵，张仪、范雎主张连横。

战国中期的合纵与连横变化无常。纵横家游说各国，合纵既可以对付齐国，又可以对付秦国；连横既有齐连，又有秦连。战国后期，秦国的势力不断壮大，成为东方六国的共同威胁。于是，合纵成为六国合力抵抗强秦；连横则是六国分别与秦国联盟，以求苟安一时。秦国的连横活动，目的是破坏六国的合纵，以便孤立分化，各个击破。

公元前 318 年，公孙衍联合燕、楚、韩、赵、魏五国进攻秦国。这次合纵行动虽然失败了，但声势却十分显赫。公元前 287 年，苏秦和赵国的奉阳君李兑也联合五国攻秦，使秦被迫废除帝号，可见这次合纵行动产生了很大影响。

张仪在秦国推行的连横策略取得更大成功，使秦国西并巴蜀，北收上郡，南取汉中，拆散六国合纵，使其西向事秦，真正达到兼并目的。

虽然六国合纵在相当长的时间内，在一定程度上对抗了强秦吞并的野心，但由于六国统治集团各自心怀鬼胎，时刻把自身利益放在首位，因而导致连横一方最终取得胜利。

历史的经验值得借鉴，合纵需要团结，连横需要发展。合纵各方必须懂得放弃，才能收获；连横一方必须懂得在与别人合作的同时，强大自我。

秦灭巴蜀

战国时期，巴、蜀两国都在西南。蜀国都城在今成都，巴国都城在今重庆。两国地处中国西南，又有长江上游水网滋润，自然条件得天独厚。

蜀国自从帝起，由于多年承平，国家势力还很强大。但到开明十二世继位后，国家开始衰落。开明十二世几乎集中了昏君的所有毛病：贪婪金钱，沉溺女色，滥用权力。为了享乐，他大兴土木，修建七宝楼和望妃楼，这些建筑上的帘子都是用珍珠串的。为了游荡作乐，他建造了豪华的鹦鹉舟作为水上交通工具。他出巡时，除了文武百官，还有大量后宫美女和警卫部队。沿途经过的地方必须提前准备好所需的一应物品，否则地方官员格杀勿论。

国家的富庶、战略位置的重要，以及国君的荒淫无度，这些因素叠合到一起，就注定蜀国即将走向生命的尽头。

就在秦国君臣为夺取蜀国而绞尽脑汁的时候，巴蜀两国发生了战争。巴国不敌蜀国，向秦国求援。这无疑是瞌睡时送来枕头，秦国自然喜出望外。

公元前 316 年，秦军在大将司马错和相国张仪率领下，沿着崇山峻岭中一条名叫金牛道的崎岖小道逶迤南行，矛头直指蜀国。

秦军入侵的消息传到成都，开明十二世带领军队仓促应战。葭萌关（今四川广元昭化）一战，蜀军大败，开明十二世率残部南逃至彭山，最终被乱军所杀。开明十二世身亡，标志着蜀国精彩而荒诞的历史剧划上苍凉的句号。

巴国无疑是引狼入室。贪图巴国的富饶，背信弃义的张仪在灭蜀之后，又顺道向东灭了巴国，俘虏了巴王。另一小国苴国也难逃厄运，被秦国顺手牵羊收拾了。此后，秦国设置巴、蜀和汉中三郡，下辖 41 县。

秦国灭掉蜀、巴、苴三国后，占领秦岭以南的广大地区，达到了进一步“富国”“广地”“强兵”的目的；战略上还形成对楚国的侧翼包围，为今后南进制造了有利态势，继而为灭掉楚国和统一六国准备了条件。

秦楚丹阳蓝田之战

战国中期，齐楚两国为了抗秦，曾结成联盟；而秦国与韩魏两国也建立了军事同盟，相互关系错综复杂。

公元前 313 年，秦惠文王想对齐国开战，但又顾虑齐楚联盟，于是宣称免去张仪的秦相职务，派他出使楚国，进行离间活动。

张仪劝说楚怀王断绝和齐的关系，加入秦的阵营，秦国愿意献给楚国商於之地方圆 600 里。天上掉下来一个大馅饼。糊涂的楚怀王喜出望外，居然答应张仪要求，与齐国绝交。

当楚国派人到秦国交割土地时，张仪诡称只答应过六里。此时，楚齐断交，木已成舟，秦国的目的已经达到。

楚怀王知道自己被戏耍，怒火中烧，遂于公元前 312 年派大将军屈丐率军攻秦。秦国派庶长魏章及樗里疾、甘茂率军迎战。两军在丹阳摆开战场。秦国施用离间计，使楚将关系不睦，互不配合。此战，秦军大败楚军，俘虏屈丐及裨将逢侯丑等 70 多名将领，斩首士卒八万。随后，秦军又攻取楚地汉中（今属陕西）方圆 600 里，扩大了自己的国土。并设置了汉中郡。

楚怀王像输红了眼的赌徒，执意翻盘。他集中全国最精锐部队约 20 万人，再攻秦国。楚军将士作战非常勇猛，攻克天险武关，并打通了直达秦都咸阳（今属陕西）的道路。接着，楚军逼近蓝田，距咸阳不到 100 里。此时，秦军主力正在外线作战，国内空虚。秦国紧急动员国内 20 万人迎敌，又请韩魏两国出兵相助。秦惠文王带领文武大臣到前线督战，双方搏斗十分惨烈。正当两军胶着之时，韩魏两军攻入楚境。楚军担心后路被切，只得连夜秘密撤退。楚怀王两战皆败，向秦国割让两城求和。

楚怀王利欲熏心，失去盟友；盲目出兵，又连败两战。相继发生的丹阳和蓝田之战，秦军重创楚军，扩大了势力范围，消除了楚国对秦国的直接威胁。

胡服骑射

赵武灵王即位的时候,赵国国势衰落,就连中山那样的邻界小国也经常侵扰它;在和大国的战争中,更是常吃败仗,大将被擒,城邑被占,面临着被兼并的危险。

赵国北面生活着林胡、楼烦、东胡等游牧民族,中原人称他们是胡人。赵武灵王看到了胡人在军事方面的长处。他们穿窄袖短袄,生活起居和狩猎作战都比较方便;作战用骑兵、弓箭,比中原的兵车、长矛灵活机动。

为了提高军队的战斗力,公元前307年赵武灵王提出“着胡服”“习骑射”的主张,决定取胡人之长补中原人之短。其实,他说的“胡服”只是衣短袖窄,交领右衽还保留着中原服饰的特征,充其量只是改进版。尽管如此,他的主张还是遭到诸多皇亲国戚的反对。赵武灵王首先说服公子成,让他支持自己。

赵武灵王冲破保守势力的阻拦,毅然颁布“胡服骑射”的政令。他带头穿胡服会见群臣,并开始训练穿胡服的将士,让他们骑马射箭,还结合围猎活动进行实战演习。

赵武灵王听到还有人散布不满言论,就在都城邯郸(今属河北)召集文武大臣,当着他们的面用箭射穿门楼上的枕木,并严厉地宣布:“有谁胆敢阻挠变法,我的箭就穿透他的胸膛。”此后,反对者就噤若寒蝉了。

胡服骑射的第二年,赵国以骑兵为主体的军队,不但打败中山国,而且夺取林胡、楼烦之地,开拓了疆域。公元前305年,赵军夺取中山国丹丘等七座城邑。公元前300年,赵国的边土北至燕(今北京西南)、代(今河北蔚县),西至云中(今内蒙古克托克东北)、九原(今内蒙古包头市西),国势强大。赵惠文王即位后,又于公元前296年灭掉了中山国。

胡服骑射看似军服改革,但影响是多方面的。它打击了“先王之道不可变”的保守思想,减弱了华夏民族鄙视胡人的心理,增强了胡人对华夏民族的归依心理,为此后的民族大融合和国家大统一奠定了基础。

伊阙之战

公元前296年，韩魏两国国君同年去世，两国局势出现动荡。公元前294年，秦国趁机出兵进攻韩国，韩国就向魏国求援。韩魏两国有军事同盟。魏王命公孙喜领兵前去救援。周王室也派兵加入韩魏联军。

公元前293年，两军在伊阙（今河南洛阳龙门镇）对峙。伊阙两山相对，远望好像门阙，伊水从中间穿过，流向北方。联军由公孙喜担任主帅，总兵力24万。秦军由白起担任主帅，总兵力不及联军一半。

韩军主将暴鸢觉得自己军队势单力薄，希望魏军当先锋。魏军主将公孙喜认为韩军虽然战斗力不太强，但装备精良，要求他们打头阵。

白起站在伊阙的缓山坡上远眺敌阵，发现韩军位置靠前，魏军在韩军侧后。秦军探得情报，知道韩魏两军貌合神离，相互推诿。为了保存自己的实力，谁都不愿意和秦军首先交战。

针对这种情况，白起决定采取避实就虚、各个击破的策略。秦军先用少量疑兵同韩军对阵，摆出进攻的架势。韩军不明对方意图，被牢牢牵制。秦军主力则悄然绕道联军后方，突然向魏军发起攻击。魏军猝不及防，被迫在伊阙山的狭隘地区仓促应战。阵形还未来得及部署，就各自为战，迅速溃败。韩军得知魏军被击溃，军心动摇，士兵哗变，主帅失控。这时，韩军的侧翼已完全暴露在秦军主力面前。主帅来不及部署，韩军就遭到秦军左右夹击，很快陷入被动挨打的境地。功夫不大，韩军也溃散了。

秦军乘胜追击，全歼联军24万，俘虏公孙喜，占领韩国伊阙及五座城池。

伊阙之战以秦军大胜而告终。战后，韩魏两国精锐部队丧失殆尽，被迫献地求和。白起又乘胜率兵渡过黄河，夺取安邑（今山西省运城市夏县西南）以东的大片土地。从此，韩魏两国门户大开，秦军扫平了东进之路。

纵观战国，六国之所以失败主要原因是各国患得患失，只顾自身利益而不关心大局，最终日削月割，走向灭亡。伊阙之战就是很好的注脚。

燕昭王求贤

公元前 311 年，姬职在燕国继位，就是燕昭王。当时的燕国内忧外患，国势衰败。相国子之和太子平的争权内乱刚刚平息，齐国又借机出兵，几乎灭掉燕国。

燕昭王即位后，一心想让燕国强大起来。他拜访老臣郭隗，希望推荐治国理政人才。郭隗给他讲了一个故事。以前有个国君最爱千里马，可是三年没有找到。他的侍臣说，我打听到一匹名贵的千里马，您只要给我一千两金子，准能把它买回来。国君听了挺高兴，就打发他去了。谁料侍臣到了那里，千里马已经死了。侍臣就用五百两金子买了马骨。侍臣回来交差，国君大发雷霆。侍臣却不慌不忙地说，人们听到您肯花钱买马骨，还愁没人送活马来吗？国君将信将疑。不出一年，果然有人送来好几匹千里马。郭隗讲完这个故事，又说："国君不妨把我当马骨试一试。"

燕昭王深受启发，马上给郭隗造了一所精致的房子，还拜他做老师。接着，又在沂水之滨修筑了一座高台。台上放了几千两黄金，用作赠送贤士的礼品。这座高台就是著名的"黄金台"。消息不胫而走，各国才俊接踵而来，剧辛从赵国来，邹衍从齐国来，乐毅从魏国来，一时人才济济。

在燕国人才库中，最杰出的莫过于乐毅。他被任为亚卿，委以国政和兵权。在乐毅等贤才协助下，燕昭王改革内政，整顿军队，兢兢业业奋斗了 28 年，国家富裕，人民团结，国君威望很高。

公元前 284 年，燕昭王任命乐毅为上将军，统一指挥燕、秦、韩、赵、魏五国联军，一举攻下齐国 70 多座城池。与此同时，燕昭王又派秦开袭击东胡，迫使东胡从燕国东北部后退千余里，把燕国领土扩展到辽东一带。

由于燕昭王把握了人才这个关键，礼贤下士，用人不疑，奋发图强，才使燕国发展到鼎盛时期，跻身于战国七雄之列。燕昭王求贤若渴的故事千百年来为人们广泛传颂。唐代诗人李白感慨道："昭王白骨萦蔓草，谁人更扫黄金台？"

乐毅伐齐

战国末期，诸侯各国相互攻伐更为激烈。齐国依仗强大实力，频繁对外用兵。南边在重丘战胜楚国，西边在观津打垮魏赵。攻破宋国后，领土扩大方圆一千多里。在攻城略地的同时，齐湣王愈益骄横，推行暴政，民怨沸腾。诸侯各国都觉得齐国是个大祸害，紧该祛除了。

此时，燕昭王出来挑头了。他向亚卿乐毅问计。乐毅分析形势之后，提出联合诸侯各国，共同讨伐齐国。于是，燕昭王派人到各国游说。乐毅亲自来到赵国，赵惠文王还把相国大印授予他。诸侯各国一拍即合，反齐联盟迅速组成了。

联盟既成，燕昭王拜乐毅为上将军，统一指挥秦、燕、韩、赵、魏五国联军。

公元前 284 年，乐毅亲临前线，指挥五国联军向齐军发起猛攻。齐湣王率齐军主力在济水（今山东济南西北）迎战。齐军大败，齐湣王率残部逃回都城临淄（今属山东淄博）。乐毅遣还远道参战的诸侯军队，独率燕军追击。齐湣王见孤城难守，就弃城逃往莒邑（今山东莒县）。不久，被杀身亡。乐毅攻占临淄后，把齐国的珍宝财物和宗庙祭祀的器物悉数运回燕国。燕昭王大喜，亲自赶到济水岸上，慰劳军队，把齐地昌国封给乐毅，封他为昌国君。乐毅在齐国巡行作战五年，攻下 72 座城邑，只剩下莒邑和即墨（今山东平度市）两处没有攻克。他认为单靠武力不能征服民心，准备在占领区实行收复人心的政策，从根本上瓦解齐国，就没有刻意强攻两邑。

公元前 279 年，燕昭王去世，其子燕惠王即位。齐国将军田单知道燕惠王与乐毅有旧隙，就施用了反间计。他派人到燕国制造流言蜚语，说乐毅没有攻下莒邑和即墨是故意拖延，想留在齐国称王。燕惠王果然中计，就派将军骑劫取代了乐毅。为防不测，乐毅转投赵国。

乐毅走后，齐军在即墨城下大败燕军，斩杀骑劫，接着收复了所有失陷城邑，并把继位的齐襄王从莒邑迎回临淄。

燕惠王小肚鸡肠、鼠目寸光，一个昏招就把既得胜利化为泡影。

火 牛 阵

公元前284年，燕国上将军乐毅率燕、秦、韩、赵、魏五国联军讨伐齐国，大败齐军。之后，乐毅独率燕军，一鼓作气，连续攻克齐国72座城邑，只剩下莒邑（今山东莒县）和即墨（今山东平度市）两处仍在齐国控制之下。

即墨守将战死后，城内百姓推举田单担任将军，带领大家守城。田单把本族人和家属都编在队伍里，和大家同甘共苦。即墨人敬佩他，守城士气旺盛。

公元前279年，燕昭王去世，燕惠王即位。田单听到消息，认为机会来了，因为他知道燕惠王和乐毅从前有疙瘩。田单派人到燕国散布流言，说乐毅想当齐王，所以故意不攻莒邑和即墨；要是换个将军，这两座孤城早就拿下了。

燕惠王听到谣言信以为真，就派大将骑劫取代乐毅。接着，田单打发几个人装作即墨富翁，送给骑劫金银财宝，并说城里快断粮了，马上就要投降，请大军进城时保护我们。骑劫收下财物，满口答应。好事呀，得了财宝，不用打仗，还能立功。骑劫乐呵呵地，只等着即墨人来投降。

与此同时，田单正在紧锣密鼓地策划着火牛阵。他挑选了一千多头牛，把它们打扮起来。牛身上披块被子，上面画得大红大绿，稀奇古怪。牛角上绑着尖刀，尾巴上系着浸透了油的苇束。

一天夜里，田单下令凿开十几处城墙，把牛群赶到城外，在牛尾巴上点了火。牛尾巴一烧，牛性子发作起来，朝着燕军兵营猛冲过去。齐军的五千名敢死队员手持利刃紧随其后。无数即墨百姓在城头敲起铜盆、铜壶，声音震耳欲聋。睡梦中的燕兵不知道发生了什么，面对脑袋上长刀的怪兽腿都软了，哪能抵抗？敢死队抡刀挥枪，像砍瓜切菜一样随心所欲，连骑劫也丢了性命。即墨的胜利鼓舞了整个齐国。在田单带领下，不几个月，72座城邑被全部收复。

田单火牛阵大破燕军被传为佳话，显示了这个著名军事家的卓越才华。但有的学者认为，在古今中外的历史上，使用火牛阵的成少败多，因此对田单使用火牛阵的真实性持怀疑态度。

完璧归赵

蔺相如原是战国时期赵国宦官头目缪贤的门客，智勇双全。后来受到赵惠文王（下称赵王）的赏识，做了上大夫，成了著名的政治家、外交家。

公元前 283 年，赵王得到楚国的和氏璧，这是价值连城的宝物。秦昭襄王（下称秦王）听到消息垂涎三尺，一心想把它据为己有。他派人给赵王送信，说愿意用 15 座城池换取它。当时，秦强赵弱。赵王担心给了璧而得不到城，但不给璧就会得罪秦国，惹来麻烦。赵王左思右想拿不定主意。看到赵王犹豫不决，缪贤向他推荐了自己的门客蔺相如，说这个人很有见地，您不妨听听他的意见。

赵王召见蔺相如，说明心意。蔺相如说，秦强赵弱，不能拒绝秦王的要求。赵国给秦国璧而秦国不给赵国城，理亏的是秦国。我们宁可答应秦国要求而让它背负理亏的名声。赵王让蔺相如带璧使秦，但总是担心秦国不守信用。蔺相如说，城给赵国，我就把璧留在秦国；城不给赵国，我就把它完美无缺地带回来。

蔺相如一行捧璧赴秦。秦王见到和氏璧喜形于色，可就是闭口不谈交割城池的事儿。蔺相如察言观色，知道秦王毫无诚意。他急中生智，说这璧有点毛病，别人看不出来，我能指给大家看。秦王信以为真，就让侍从把璧交给蔺相如。蔺相如捧璧后退几步，靠在一根大柱子上。他怒发冲冠，斥责秦王没有诚意，并声称要捧璧撞柱同归于尽。秦王无奈，只好摊开地图比划着给赵国 15 座城池。蔺相如明白这是装模作样，就又提出和氏璧不是一般的宝物，赵王送璧到秦国之前，斋戒了五天，还在朝堂上举行了隆重的送璧仪式。大王如果诚心换璧，也应当斋戒五日，然后举行九宾之礼，我才能进献。秦王答应了。

五日后，秦王请蔺相如献璧。蔺相如说，自穆公以来秦国没有一个国君守信用。我怕受骗，已派人把璧送回去了。等你们先交割了城池，我们再送来。秦王装了一肚子火气，但蔺相如说得无懈可击，只好哑巴吃黄连，打发他们回国。

蔺相如不辱使命，留下完璧归赵的佳话，靠的是大智大勇。

渑池相会

公元前 283 年，秦昭襄王（下称秦王）说要用 15 座城池换取赵国的和氏璧。赵惠文王（下称赵王）派蔺相如捧璧使秦。这原本就是秦王设下的骗局。蔺相如揭穿骗局，完璧归赵，留下一段外交佳话。

此后几年，秦国多次对赵国用兵，进行军事威胁。公元前 279 年，秦国准备进攻楚国。为了安定东方局势，秦王派使臣到赵国，说想和赵国和好，并要和赵王在渑池相会。赵王知道秦王不怀好意，但又不敢不去。他和大臣们商量。廉颇、蔺相如认为还是该去。如果不去，就会显得软弱胆怯。于是，赵王怀着一颗忐忑不安的心上路了。蔺相如随行赴会。

廉颇送行到国界线上，与赵王分别时说，您如果 30 天回不来，就请我们立太子为王，以断绝秦国扣留您作为要挟的念头。赵王答应了。

秦王和赵王在渑池（今河南省渑池县）会盟。宴会酒兴正浓时，秦王对赵王说：“我听说您喜欢弹瑟，请您弹一曲给我听听。”赵王就在筵席上弹了一曲。秦王叫史官记录，某年某月某日，秦王与赵王会盟饮酒，命赵王鼓瑟。蔺相如走上前去说：“赵王私下听说秦王善于演奏秦地乐曲，请允许我献盆缶给秦王，请您敲敲，相互娱乐吧。”秦王面露怒色。蔺相如向前递上盆缶，趁势跪下，求秦王敲击演奏。秦王不肯。蔺相如义正辞严地说：“我离大王五步。您要再不答应，我就把颈项里的血溅在大王身上。”秦王的侍从想要动手。蔺相如瞪起大眼，厉声呵斥，他们都退却了。秦王很不高兴，勉强在缶上敲了一下。蔺相如告诉赵国史官记下某年某月某日，秦王为赵王击缶。秦国大臣说：“请赵王用 15 座城给秦王祝寿。”蔺相如大声回敬：“请把秦国都城咸阳献给赵王祝寿。”

直到酒宴结束，秦王始终没有沾上赵国的便宜。秦王憋了一肚子火气。但此时，赵国已在边境部署了大批军队；秦国准备进攻楚国，也不敢和赵国动武。

看似一场会盟酒宴，其实充满刀光剑影。蔺相如凭借大智大勇，保护了赵王的安全，维护了赵国的尊严。

负荆请罪

廉颇是战国时期赵国的大将，与白起、王翦、李牧并称战国四大名将，战功卓著。公元前283年，曾率兵攻打齐国，大败齐军，占领阳晋，被封为上卿。蔺相如原本门客，地位低下。但他凭借大智大勇，完璧归赵，立下大功；又在秦赵两国国君的渑池相会中，捍卫了赵国尊严。因此，蔺相如深受赵王赏识，被封为上卿，位次在廉颇之上。

廉颇当然很不服气蔺相如。老子攻城略地，出生入死，为赵国立下赫赫战功；你仅凭口舌之利，就能立功，位次居然超过老子。廉颇甚至扬言，要当面羞辱蔺相如。蔺相如听到传闻，就一味躲避；即使上朝，也往往称病，不愿与廉颇争位次。一天，蔺相如外出，远远望见廉颇，就赶紧转车回避。

蔺相如的门客感到很没面子。堂堂上卿，东躲西藏，成何体统？他们不干了，要求告辞。蔺相如坚决挽留，并问他们廉将军与秦王相比哪个厉害。门客们回答说当然是廉将军不如秦王厉害。蔺相如说，以秦王那样的气势，我都敢在秦国的朝廷上呵斥他，还羞辱他的群臣。我虽然才能低下，难道偏偏害怕廉将军吗？秦国之所以不敢轻易进犯赵国，只是因为有我们两个人。如果我们两虎相斗，势必不能共存。我是把国家利益放在前面，把个人恩怨扔在脑后啊！门客们听了如梦初醒，对蔺相如识大局、顾大体的品格佩服不已。

蔺相如和门客的对话传到廉颇耳朵里。他冷静思考，恍然大悟，觉得很对不起蔺相如。于是，他脱下战袍，坦露胸背，背着荆条，到蔺相如门上谢罪，请求责罚。蔺相如扔掉荆条，双手扶起廉颇，给他穿好衣服，拉着手请他坐下。两人亲切交谈，成为誓同生死的好朋友。

蔺相如居功不自傲，以大局为重的品质令人敬佩；廉颇知过能改、负荆请罪的举动，难能可贵。两人合演的这场“将相和”被人们广为传颂，成为后人团结合作的楷模。

廉颇老矣

廉颇是战国末期的赵国名将。公元前 283 年，他率领赵军讨伐齐国，长驱齐境，威震诸侯。班师回朝后，被赵王拜为上卿。

赵王和秦王渑池相会后，蔺相如被赵王拜为上卿，位次在廉颇之上。廉颇和蔺相如将相和好，精诚合作，使秦国不敢对赵国轻举妄动。

之后，廉颇转战四方。公元前 276 年，他率军攻破魏国安阳（今属河南）、防陵（今属河南安阳）。公元前 269 年，秦军入侵赵地几（今河北大名县）。廉颇救几，大败秦军。

秦赵长平之战后，赵国国力锐减。公元前 251 年，燕国趁火打劫，举兵犯赵。赵孝成王命廉颇、乐乘统兵 13 万前去抗击。廉颇正确分析敌情，全军同仇敌忾，大败燕军，并深入燕境 500 里，围攻燕都。燕王被迫割让五城求和。

公元前 245 年，廉颇带兵攻取了魏国繁阳（今河南内黄县西北）。同年，赵悼襄王继位。他听信奸臣郭开的谗言，解除了廉颇的职务。于是廉颇弃赵投魏。

廉颇走后，赵国多次被秦军围困，所以赵王又想起了廉颇。他派宦官唐玖带着一副名贵的盔甲和四匹快马到魏都大梁（今河南开封）慰问廉颇，顺便考察一下，看能否起用。郭开生怕廉颇再度得势，就暗中给了唐玖很多金钱，让他从中使坏。唐玖见钱眼开，双方肮脏成交。

唐玖见到廉颇。廉颇当着他的面吃了一斗米、十斤肉，还披甲上马，表示威风不减当年。唐玖回来向赵王报告说："廉将军虽然老了，但饭量还不小。只是和我坐在一起，一会儿就拉了三回屎。"赵王听了，感到很失望，也就打消了重新起用的念头。深深眷恋赵国的廉颇，再也没有等到赵国的消息。他在闷闷不乐中度过晚年，活了 85 岁。廉颇死后十几年，赵国就被秦国灭掉了。

廉颇一饭三遗屎的故事在民间流传着。它既是对保国忠良的同情，也是对误国奸臣的鞭挞。南宋爱国词人辛弃疾借用这个典故，发出"廉颇老矣，尚能饭否"的感慨，抒发自己壮志未酬的情怀。

白起陷郢

白起又名公孙起，是中国历史上自孙武、吴起之后，又一位杰出的军事家。他出身布衣，与廉颇、李牧、王翦并称战国四大名将，而他居首位。

公元前 293 年，秦国以白起为主帅攻打韩国伊阙（今河南洛阳市龙门镇），斩杀韩魏联军 24 万人。秦昭襄王借此威胁楚顷襄王，要率诸侯军队与楚国“争一旦之命”。楚顷襄王只得与秦讲和，并娶秦女为妇。公元前 285 年及次年，楚顷襄王都与秦昭襄王相会，表示服秦。

公元前 281 年，楚顷襄王听说有一个弱弓射大雁的人，觉得稀奇，就召来询问。原来此人是一位纵横家，主张合纵。他用楚国过去的光荣历史和今天的耻辱激励楚顷襄王。

楚顷襄王本来对秦国恨之入骨，只是实力不济，才表面服软。经这位纵横家点拨，楚国就派使臣到诸侯各国串连，商量合纵伐秦事宜。消息传到秦国，秦国君臣怒不可遏，好你个楚国竟敢胆大妄为，以卵击石！于是决定出手教训楚国。

公元前 279 年，白起挥师南下伐楚。他决定猛虎掏心，不纠缠一城一地，直捣楚国都城郢都（今湖北荆州北纪南城）。他命令军队，每过一条河，就拆除河上的桥；军士登岸后，把战船全部烧掉，以示决不后退。也就是说破釜沉舟的真正版权是白起的，项羽只是复制而已。

秦军抵达鄢（今湖北宜城东南）。鄢是楚国别都。楚军防守严密，秦军强攻不下。白起心里焦急，四处察看地形，结果奔腾不息的夷水给了他灵感。他立即下令筑堤拦洪蓄水，同时挖渠直通鄢地，终于冲垮了楚军防线。

公元前 278 年，白起顺势攻陷郢都，烧毁楚国先王墓地夷陵。楚军溃退到陈（今河南淮阳），将陈作为都城，仍称郢都。接着，秦在郢地设置南郡。

楚顷襄王迁都陈后，聚集楚东武装，只有区区十几万人，虽然向西夺回被秦军占去的 15 个邑，但已无法同秦国抗衡。可怜的楚国，经过一连串的打击，已经一蹶不振，只能眼睁睁地看着被秦国蹂躏。

秦灭义渠

义渠是我国商周时期就存在的一个古老民族，它活动在现今泾水北部至河套地区。这里自然条件好，适耕宜牧。春秋战国时期，义渠建立了强大的郡国，都城故址在今甘肃宁县西北。义渠民族“以战死为吉利，病终为不祥”，所以作战十分英勇，宁死不屈。它与秦、魏抗衡，还参与中原纵横争夺战。

从历史上看，义渠与秦国的关系若即若离，反反复复。时而俯首称臣，时而兵戎相见。公元前 430 年，义渠入侵秦国，军队一度抵达渭南，迫使秦兵退出渭河下游。公元前 331 年，义渠发生内乱，秦国以平息内乱为名趁机出兵，义渠开始衰落。四年后，义渠向秦国称臣，秦国建义渠县。但义渠并不是心甘情愿地臣服秦国，他们出访魏国，寻求共同反秦的机会。公元前 318 年，楚、燕、韩、赵、魏合力攻秦，义渠趁机出兵，在背后夹击秦军。不久，秦国击败五国联军，回师讨伐义渠，并于公元前 314 年夺取其 25 城，使义渠国面积大大缩小。公元前 310 年，义渠谋叛，再次被秦军击败。秦昭襄王继位后，义渠借机重新崛起。

公元前 272 年，秦国宣太后在甘泉宫设宴招待义渠王，义渠王贸然赴宴。饮宴中，伏兵趁机将他杀死。秦国在秘密杀害义渠王后，立即攻打义渠国。义渠国群龙无首，毫无戒备，很快被灭掉了。从此，它并入了秦国版图。

灭掉义渠，对秦国在政治、军事和经济上都有重大意义。秦灭义渠后，在其中心地区设立北地郡，并建立了一套严密的统治制度。占领黄土高原，势力直达今鄂尔多斯。秦国在陇西郡、北地郡和上郡筑起一道长城。靠这道屏障把西北边境紧紧围住，与郡县制相结合，形成了一套完整的防卫机制，稳固了西北边境地区。秦灭义渠后，获得大量耕地、牧场、山林，这对发展农牧业和建筑业都有重要作用。尤其是马的大量饲养，既提供了劳动力，更装备了军队。

稳固的西北边境，丰富的物质资源，充足的适龄壮丁，都是秦国北拒匈奴、东灭六国的重要条件。

阏与之战

公元前 270 年，赵惠文王向秦昭襄王提出易地计划。赵国把中原腹地的焦、黎、牛狐三城还给秦国，而从秦国收回蔺、祁、离石三城。秦昭襄王欣然答应。然而，赵国按协议收回秦国三城后，却不肯交割自己的三城。原来赵国玩的是骗局。这岂不是老虎头上挠痒痒吗？

第二年，秦国以赵国不履行协议为由，派大将胡伤率兵跨过韩国上党，猛攻赵国西南门户——太行山重要关隘阏与（今山西和顺县）。赵惠文王在国都邯郸（今属河北）召集廉颇、乐乘等人商量对策。廉、乐两人认为邯郸距离阏与甚远，而且山路崎岖，难以救援。而赵奢将军却认为两军相遇勇者胜，打败秦军是有把握的。于是，赵惠文王派赵奢率兵救援。

赵奢率部走出邯郸仅 30 里，就筑垒固守，不再前进。这时，秦军一部进驻武安（今河北武安县西南）西南，击鼓呐喊，耀武扬威，以牵制赵军。赵奢不为秦军声威所动，不去驰援武安，只是增设营垒，给人赵军怯弱、唯保邯郸的迹象。秦军间谍入赵营侦探被抓，赵奢命好生款待并放其返回。秦将听到回报，认为赵军 28 天按兵不动，就是畏缩不前，只守邯郸。

秦军间谍走后，赵军偃旗息鼓，卷甲急行，两天一夜赶到阏与前线，在离阏与 50 里的地方筑垒列阵。秦军突闻赵奢援军赶到，备感意外，立即仓促出击。赵奢采纳军士许历的建议，调拨一万人马，抢先占领北山高地，形成居高临下之势。秦军随后赶到，争山不成，处于劣势。赵奢指挥军队全力反击，阏与守军也出城配合，秦军伤亡逃散过半，阏与之围遂解。

此战结束，赵惠文王论功行赏，赐号赵奢为马服君，提拔许历为国尉。

在秦兵交战记录中，这是秦国很少遇到的一次重大挫折。赵奢见秦军势盛，如果强行出击，恐怕弊多利少。于是他隐蔽作战意图，制造怯战假象，以麻痹秦军。等待时机成熟，就出其不意，以迅雷不及掩耳之势，一举打败敌人。赵奢不愧为赵国名将。

远交近攻

范雎原本是战国时期魏国中大夫须贾的门客。因被无端怀疑通齐卖魏，差点被相国魏齐鞭笞致死。后来改名张禄，潜逃秦国。

公元前270年，秦国相国魏冉派兵攻取了齐国的刚（今山东宁阳东北）、寿（今山东东平西南）两地。

范雎见到秦昭襄王后，抨击了魏冉越过韩魏两国而远攻齐国的做法，并提出“远交近攻”的策略。他说韩魏是秦的近邻，应该是首先兼并的目标。这样，取得一寸土地就是王的一寸土地，取得一尺土地也是王的一尺土地。齐国遥远，中间夹着别的国家。攻打它劳民伤财，一点土地也捞不着。如果和它保持友好关系，反把韩魏夹在中间，关门打狗，收拾起来就容易了。秦昭襄王很赏识，就拜范雎为客卿，让他参与军事谋划。

范雎又提醒秦昭襄王，秦国王权太弱，亟需加强。秦昭襄王采纳他的建议，于公元前266年废掉太后，把国内四大贵族迁到函谷关外。这样，秦昭襄王实实在在掌握了国家大权。范雎也取代魏冉出任相国。

远交近攻成为秦国以后兼并战争的国策。特别是最后十年，秦国更是狂风扫落叶一般灭掉六国。公元前230年，秦国首先灭掉韩国，以韩地为颍川郡。公元前228年，秦国用反间计杀死赵将李牧，次年攻下赵都邯郸（今属河北），掳走赵王迁，公子嘉逃至代，自立为王。公元前226年，秦国攻破燕国都城，燕王喜逃至辽东。公元前225年，秦国决黄河水浇灌魏都大梁（今河南开封），魏王投降，魏国灭亡。公元前223年，秦将王翦率60万大军攻楚，俘虏楚王，次年完全攻占楚地，楚国灭亡。公元前222年，秦攻燕国辽东，俘获燕王喜；又伐代，俘获代王嘉，燕赵双亡。公元前221年，秦国最后灭掉齐国，统一天下。

范雎本是魏国人，然而魏国在并无证据的情况下大打出手，把他逼到秦国，反给魏国带来灭顶之灾。从这一点上看，魏国贵族的政治眼光何等短浅。

触龙说赵太后

公元前 266 年，赵惠文王去世，公子赵孝成王继位，他的母亲赵太后摄政。

秦国趁赵国政权交接之机，出兵攻赵，并占领三座城池。赵国向齐国求援。齐国非要赵太后的小儿子长安君当人质，才肯出兵。然而赵太后一向溺爱长安君，执意不肯。她还明白地对左右侍臣说，谁要再劝，我就朝他脸上吐口水。太后态度吓人，大臣们谁还自讨没趣？

这时候，左师触龙要求拜见太后。哼！来吧，看你老家伙狗嘴里能吐出什么象牙来。赵太后绷着脸，坐在那儿等他。触龙进入殿内，用快走的姿势慢慢迈着小步。他见到太后就谢罪，说自己的脚有毛病，走不快了。太后说我的脚也有毛病了。接着，触龙从吃饭聊到散步。聊着聊着，太后的脸色稍微缓和了一些。

触龙说，趁我活着想拜托您让我 15 岁的小儿子在宫中补充个黑衣卫的空缺。太后问他："男人也疼他的小儿子吗？"触龙说："比女人爱得厉害些。"太后笑着说："女人爱得特别厉害。"触龙又说："老臣认为您爱燕后（太后女儿）超过长安君。"太后说爱燕后不如爱长安君厉害。触龙接着说，燕后出嫁时，您哭得很伤心，但您又一定不想让她回来，还不是希望她有子孙相继为王吗？太后点头认可。

接着，触龙列举赵国和其他诸侯国的事实，指出只有高贵的地位和优厚的俸禄，而没有功劳是危险的。近的灾祸及于自身，远的灾祸及其子孙。如果不趁您健在让长安君建功立业，一旦您驾崩了，他就难以立身了。所以，我说您爱燕后超过长安君。一席话说得太后茅塞顿开。

于是，长安君出使齐国当了人质。齐国见赵国履行协约，就派出大军，解除了赵国危机。

在赵国生死存亡的关头，触龙挺身而出，面谏太后，其忠贞之心昭然在目。他从生活起居入手，步步深入，渐渐谈到要为长安君的根本利益着想，入情入理，终于使赵太后心悦诚服，慷慨允诺，谈话艺术非比一般。

赵威后问齐使

公元前 266 年赵惠文王去世后，公子赵孝成王继位。因为年幼，由他的母亲赵太后摄政。赵太后时称赵威后。

一天，齐国国王派使者到赵国问候赵威后。国书还没有打开，赵威后就连连发问：今年收成好吧？老百姓没有忧愁吧？你们国君好吧？齐使听了有点不高兴。他说："我是奉国君之命来问候您的。您不先问我们国君，却先问收成和老百姓，这不是尊卑颠倒了吗？"赵威后回答说："不是你说的那样。如果没有收成，百姓凭什么生息繁衍；如果没有百姓，哪会有国君，怎么能不先问根本而先问末节呢？"赵威后一串连珠炮般的问话，让齐使哑口无言。

赵威后接着又问起齐国的隐士钟离子。她说这个人做人呀，主张有粮食的人给吃，没粮食的人也给吃；有衣服的人给穿，没有衣服的人也给穿。这是在帮助国君养活百姓。这样的人为什么到现在还不让他成就功业？她又问起叶阳子。她说叶阳子主张怜恤鳏寡孤独，救济贫困不足，这是为国君体恤百姓。这样的人为什么至今不任用？她问起北宫家的女儿婴儿子。她说婴儿子摘去耳环玉饰，至今不嫁，一心奉养双亲，用孝道为百姓做表率。这样的人国家为什么不褒奖？有德之人不重用，孝女不表彰，齐国怎能治理好国家、抚恤好百姓呢？

赵威后最后又问起於陵的子仲。她说这个人呀，对上不行臣道，对下不治理他的家庭，对外又不和诸侯交往，是个无所作为的人。这样的人为什么至今还让他活着呢？

齐赵两国相距甚远。赵威后又是女流之辈。她身在赵国就对齐国的许多事情了如指掌，可见她的洞察力异乎寻常。她一连串的问话看似简单，却委婉地批评了齐国治国政策的弊端。她的言论体现了"以民为本"的思想，和孟子"民为贵，社稷次之，君为轻"的思想如出一辙。春秋时期以民为本的思想已经出现，这是一种进步思想。赵威后是那个时代睿智的女政治家，她对这种民本思想有着朴素的理解。

长平之战

公元前260年农历四月，秦将王龁率军向赵国驻长平（今山西省高平市西北）的军队发动进攻。廉颇奉赵孝成王之命迎战，双方互有胜负。农历六月，局势有利于秦军。之后，实战经验丰富的廉颇依托有利地形，固守营垒，以逸待劳，疲惫秦军，形成相持；而赵孝成王却责备廉颇胆怯，不敢与秦军决战。

就在两国相持之际，赵孝成王派使者到秦国议和。这招昏棋正中秦国下怀。秦国殷勤接待，向各国渲染秦赵和解假相，借以防止各国出兵救赵，使赵国处于孤立无援的境地。

接着，秦国又派人到赵国施行反间计。他们散布流言，说廉颇很容易对付，秦国怕的是赵括。赵括是赵国名将赵奢的儿子，此人谈起兵法来头头是道，但毫无实战经验，是典型的纸上谈兵。早已对廉颇不满的赵孝成王果然中计。农历七月，他命令廉颇“下岗”，赵括接任。

秦国下套成功，速调白起接任王龁，统帅秦军，对付赵括。赵括很想大露一手，他一改廉颇的固守策略，主动进攻秦军。秦军佯败，把赵军引出营垒，然后断其后路，把失去后方依托的赵军分割包围。赵军粮道被断，士兵饥饿难忍，相杀而食。农历九月，赵括率军突围，被乱箭射死。40万士卒被迫降秦。秦军放回240名儿童兵，其余全部坑杀。手段血腥，前所未有。

长平之战是中国古代军事史上发生最早、规模最大、最彻底的围歼战。历经这场战役，赵国元气大伤，再也没有能力和秦国单独对抗。赵孝成王头脑发热，赵括纸上谈兵，终于铸成了不可挽回的大错。

对于这场战役的死亡人数，学者们有不同评价。有的认为秦军只消灭了赵军五万人，所谓坑杀40万人是夸大其辞，赵军不可能有这么多人参战，狭窄的战场也容纳不下这么多人。这种分析似乎是有道理的。对于这场战役持续的时间也有几种说法。这种差异来自对战役发端的认定，是见仁见智的。

毛遂自荐

公元前 260 年，秦军在长平大败赵军，接着又包围了赵国都城邯郸（今属河北）。赵国形势千钧一发。赵王命平原君赵胜火速赶赴楚国，搬兵解围。

平原君准备挑选 20 名能文善武的门客随行，但挑来挑去只有 19 名，怎么也凑不够。这时，一个名叫毛遂的门客向平原君自我推荐，要求随行。平原君问他来这里多长时间了，他说三年了。平原君婉言谢绝，并说贤能的人处在世上，好比锥子装在口袋里，它的尖梢立即就会显现出来；你来我门下三年了，没有听到人们对你的称赞，这应该是先生没有才能的缘故吧。毛遂说我不过是今天才请求到口袋里罢了；假使我早能像锥子一样放在布袋里，那就脱颖而出了，岂止光露个尖儿。平原君听了，觉得很在理。说不定这家伙还真有点本事，那就算他一个吧。

平原君一行到了楚国。楚王只接见平原君一人。两人坐在殿上，从早上一直谈到中午，还没有结果。这时，毛遂大步跨上台阶，高声喊叫："出兵的事，非利即害，非害即利，简单明了，为何议而不决？"你算哪根葱，这么趾高气扬？楚王火了，喝令他退下。哪料毛遂非但不退，反而又上了几个台阶，手按宝剑大声说："大王牛气，是因为您有百万部队，可现在十步之内，您的性命就在我手中了。"楚王见他如此勇敢，不觉心生几分敬意，就让他继续说话。毛遂把出兵援赵就是保卫楚国的道理，作了精辟的阐述。楚王听了心悦诚服，答应立即出兵。当下两国歃血为盟，共同抗秦。不久，楚魏等国联合出兵，秦国见势不妙，只好退兵，邯郸之围迎刃而解。

毛遂帮助平原君完成了任务，大家对他刮目相看，平原君把他当成上客，从此名声如雷贯耳。

毛遂自荐，表现了他非凡的自信和超人的胆识；平原君被说服，也表现了他慧眼识才的能力。二者相得益彰，方能成就事业。

两千年过去了。如今"毛遂自荐"的成语被人们广泛使用，成了自告奋勇的孪生兄弟；"脱颖而出"的成语，用来形容人的才能全部显现出来。

窃符救赵

公元前 260 年，秦军在长平之战大破赵军，接着又进兵都城邯郸（今属河北）。第二年，秦将王陵数战不利，秦昭襄王以王龁取代王陵，对邯郸实施包围。

赵国多次向魏国求援。公元前 257 年，魏安釐王派将军晋鄙率十万大军救赵。但因惧怕秦国，魏王密令军队驻邺城待命。名为救赵，实则观望。

魏国信陵君魏无忌的姐姐是赵国平原君赵胜的夫人，她多次写信给魏王和信陵君，要求援救。发兵救赵、保赵卫魏是天大的事儿。信陵君急欲救赵，但手无兵权，十分犯愁。这时国都守门人侯嬴向他献计。侯说魏王调兵的虎符在他的卧室里。如姬是魏王最宠幸的妃子，出入卧室很容易。您为如姬报过杀父之仇。如果求她帮忙，一定能把虎符偷出来。然后，您夺过晋鄙军权，就可以北援赵国，西击秦军。信陵君听从他的建议，去求如姬。如姬慷慨允诺并盗得虎符。侯嬴又向信陵君举荐了朱亥。此人隐居在屠市中当屠夫，是胆略过人的勇士，关键时刻用得着。

信陵君拿了虎符，带着朱亥，赶到邺城。他假传魏王命令取代晋鄙。晋鄙合上虎符，但仍存怀疑。他抬头看看信陵君说，我带兵十万驻扎边境，是国家重托，你现在单车前来取代我，到底是怎么回事？晋鄙生疑，不想交出兵权。情况紧急，朱亥冷不丁抽出袖里藏着的 40 斤重的铁锤，把晋鄙打得脑浆迸裂。信陵君随即凭借虎符，掌握了军队。

信陵君夺取兵权后，挑选八万精兵，北上救赵。这时候，楚国春申君黄歇也带兵援赵。魏楚合力，在邯郸城下大败秦军，秦将王龁狼狈逃走。此后，信陵君留居赵国，魏军返回本国。

信陵君窃符救赵，不仅成功击败秦国，救援了赵国，而且也巩固了魏国当时的地位。自古以来，信陵君以国家利益为重、个人生死荣辱为轻的优良品德广受称赞。这个历史故事已成了现代人进行爱国主义教育的好材料。郭沫若编写的历史剧《虎符》就取材于这个史实。

冯谖客孟尝君

战国时期，孟尝君田文在齐国当相国，门下养着三千食客。有个名叫冯谖的人，穷得没法养活自己，就托人请求孟尝君，愿意在他门下当食客。孟尝君问冯谖有什么特长和爱好，介绍人说什么都没有。孟尝君笑了笑，还是接受了。

孟尝君身边的办事人员有点看不起冯谖，就安排了低的生活待遇。于是，冯谖弹着自己的剑，唱道："长剑，我们回去吧！没鱼吃。"孟尝君听说后，安排了中等生活待遇，有鱼吃了。安静了一阵子，冯谖又弹剑唱道："长剑，我们回去吧！没车坐。"孟尝君听到后，又给安排了上等生活待遇，有车坐了。冯谖高兴了一阵子。不久，他又弹剑高唱："长剑，我们回去吧！没有能力养家。"孟尝君身边的办事人员很反感，觉得他贪得无厌。孟尝君却安排了他母亲的生活，有吃的有用的。从此，冯谖再没有弹剑唱歌。

后来，孟尝君要派人到封地薛收债，冯谖请缨获准。临走，他问收完债买什么回来。孟尝君说你看家里缺点什么就买点什么。冯谖到了薛，先核对债券，然后假托孟尝君命令，当场把它全部烧掉，这等于所有债务一笔勾销了。老百姓感激不已，高呼孟尝君万岁。

冯谖向孟尝君汇报了收债过程，并说我看您家啥都不缺，只缺仁义，就给您买了。孟尝君听了有点不高兴。

第二年，孟尝君被齐王罢去相国，只好返回薛地。当地老百姓扶老携幼，夹道欢迎，孟尝君方才省悟：啊！仁义原来在这里。

冯谖对孟尝君说，狡兔三窟，方可免遭不测；您现在只有一窟，我帮您再造两窟。接着冯谖帮助孟尝君成功复位齐国相国，又在薛地建造了宗庙。此后，孟尝君在齐国为相十几年，高枕无忧，风光无限。

冯谖虽然出身寒门，却具有超人的眼光和智慧。孟尝君也算是宽容和大度的。正因为如此，才得到冯谖的鼎力相助，二者相辅相成。

李斯和《谏逐客书》

李斯（约公元前284—前208），战国末期楚国上蔡（今河南上蔡）人。秦统一天下后任丞相，是秦代著名的政治家、文学家和书法家。

李斯年轻时当过郡里的小吏。后来到齐国求学，拜荀子为师。荀子思想接近法家主张，也是研究如何治理国家的学问，即所谓的“帝王之术”。学业完成后，他决定到秦国实现自己的政治抱负。

李斯到了秦国，很快就得到秦相吕不韦的器重，当上小官儿。这样，他有了接近秦王嬴政的机会。他给秦王分析形势，并提出以金玉财物行贿，收买六国君臣，离间各国关系，实现各个击破。他还提出先灭韩国、再灭其他各国的路线图。他的计谋收到效果，秦王很高兴，封他为客卿。

公元前237年，秦国修建的郑国渠即将完工，而韩国水工郑国到秦国修渠的阴谋也暴露了。原来韩国是想通过修渠耗费秦国的人力物力，以遏制秦国东进。同时还发现东方六国都派来不少间谍到秦国当宾客。此事闹得沸沸扬扬，宗室大臣强烈要求驱逐外来客卿。秦王嬴政接受他们的意见，下令逐客。李斯也在被逐之列。

李斯当即向秦王上书，直言劝谏，这就是有名的《谏逐客书》。他首先阐明自穆公以来客卿的功劳，接着说明不问是否可用，不管是非曲直，一律驱逐客卿的危害，指出“逐客以资敌国，损民以益仇，内自虚而外树怨于诸侯，求国无危，不可得也”。他的这个上书正确反映了秦国的历史和现状，而且情真意切，感人至深。秦王果断采纳他的建议，立即取消逐客令。李斯仍然受到重用，被封为廷尉。

经过这一反复，秦国仍然坚持招揽和重用外国客卿的传统，一些有头脑的客卿继续涌入，他们在秦统一中国的过程中发挥着重要作用。

李斯不愧为杰出的政治家和有才华的文学家，他的《谏逐客书》能说服秦王，收回成命；而秦王嬴政也算一代明君，他能辨明是非，拨正航向。

唐雎不辱使命

公元前225年，秦王嬴政灭掉魏国后，派人对安陵国的国君说，秦国打算用方圆五百里的土地交换安陵，你一定得答应。安陵君说，用大地盘换小地盘实在是善事，但我这块封地是从先王那里继承过来的，实在不敢交换。秦王很不高兴。安陵君为了缓和关系，就派唐雎出使秦国。

秦王盛气凌人地质问唐雎为什么不换土地，还说安陵君看不起他。唐雎解释说哪敢看不起秦王，这块土地实在是从先王手里继承的，只能守护。即使方圆千里的土地也不敢交换，更何况区区五百里。

秦王勃然大怒。他对唐雎说："先生听说过天子发怒的情景吗？"唐雎说："不曾听说。"秦王说："天子发怒会让几百万人倒下，血流千里。"唐雎说："大王听过百姓发怒吗？"秦王说："百姓发怒也不过是摘掉帽子，光着脚，把头往地上撞罢了。"唐雎说："这是庸人发怒，不是有才干有胆识的人发怒。专诸刺王僚，彗星的尾巴扫过月亮；聂政刺韩傀，一道白光直冲太阳；要离刺庆忌，苍鹰扑在宫殿上。他们三个都是有才能有胆识的人，心里的愤怒还没有发作出来，上天就降示了吉凶的征兆。假如一定要逼迫的话，连我就是第四个了。我发怒能让两人倒下，五步之内流血，天下百姓都穿丧服。"唐雎说完，拔剑出鞘，立定地上。

秦王立马变了脸色，直身而跪，向唐雎道歉："先生请坐。怎么会闹到这样？我明白了，韩魏灭亡，而安陵幸存，只是因为有您在啊！"

这段记载虽然出自《战国策》，但有学者认为并非史实。试想，当时雄心勃勃的秦国行将统一天下，一个弹丸小国的使者哪能带剑上殿与秦王唇枪舌剑？不过作为一篇虚构的文章，确是佳作。文章不长，但故事情节跌宕起伏，主要通过对话刻画人物形象。唐雎据理力争，绵里藏针，捍卫了弱国尊严；而秦王蛮横无理、色厉内荏的本性也跃然纸上。

王翦乞田

王翦，关中频阳东乡（今陕西富平东北）人，战国时期四大名将之一，秦国杰出的军事家。在统一六国的战争中，为秦国立下汗马功劳。

公元前 224 年，秦王嬴政召集群臣，共议灭楚大计。王翦认为非出动 60 万兵力不可，而秦将李信却说只要 20 万兵力就能打败楚国。秦王觉得王翦老不堪用，就派李信率 20 万兵力南下伐楚。王翦看秦王不再重用自己，就称病辞朝，回了老家。

李信率部进入楚国。楚军有意示弱，且战且退，同时派出精锐部队突袭秦军背后。前后夹攻，楚军大破秦军两营兵力，斩杀七个都尉，这是秦灭六国期间秦国少有的败仗。秦王闻讯，大为震怒，就亲自登门拜访王翦，向他认错，并请他出山伐楚。王翦以年老多病为由，一再推辞，但还是答应了。他提出的条件还是非给 60 万兵力不可。秦王满口答应，并用自己的车乘把他接回来。

王翦率兵伐楚。出征时，秦王亲自到灞上送行。王翦提出多给他子孙一些好的田地和宅院。秦王笑了：这老家伙打仗是行家，可没有什么大志向。军队开到函谷关时，王翦已连续五次派使者向秦王要田地和宅院。副将蒙武认为他这样做未免太小气太过分了。这时候，王翦才说出自己的用意。他说秦王生性多疑。如今全国兵力都交到我手上，我唯有一再提要求，才能表明我除了财产别无他求，才能消除他怕我拥兵自立的疑虑。蒙武听了，恍然大悟，佩服得五体投地。这一招果然灵验，秦王真没有猜忌。

王翦率军抵达楚国后，楚军坚守不战。60 万秦军以逸待劳，甚至比赛投石以作娱乐。一年后，楚军终于按捺不住，准备出战。正当楚军调动之际，王翦指挥秦军出击，大破楚军，楚王负刍被俘，楚国灭亡了。

王翦是继白起之后，秦国不可多得的帅才。他一生征战无数，智而不暴，勇而多谋，在杀戮无度的战国时代显得尤为可贵。乞田一事虽小，却突显了他的大智慧。只有睿智的人，才能保护自己，成就事业。

专诸刺王僚

春秋末期，吴国国君诸樊觉得四弟季子札贤明，想把君位传给他，所以没有按照惯例立太子，而是决定兄弟依次相传。诸樊死后，君位传于二弟余祭；二弟死后，又传于三弟夷眛；三弟死后，四弟季子札不愿继位，三弟的儿子僚就自立为君主。这让诸樊的儿子光十分恼怒：如果兄弟不能相传，这君位理所当然由我继承，你僚算什么东西，居然当了国君。于是公子光偷养门客，训练武功，策划计谋，观察形势，为日后夺权做准备。

这时，伍子胥从楚国流亡到吴国。他发现公子光有野心，想杀死吴王僚而自立。伍子胥想借助公子光当靠山，实现自己的复仇目的，就主动靠近他。伍子胥知道有个叫专诸的人，既是烹饪高手，更有刺客潜质，就把他推荐给公子光，以备将来使用。

公子光得到专诸，以上等门客优待。九年后，也就是公元前 515 年，吴王僚趁楚平王病死，派两个弟弟带兵进攻楚国，反而被楚军断了后路，不能回撤。四叔季子札出使晋国。国内空虚，长辈外出。公子光认为机会到了，就和专诸策划政变。

他俩密谋在烤鱼内暗藏短小而锋利的鱼肠剑，见机行刺。

公子光设家宴，请吴王僚吃烤鱼，他欣然答应。赴宴那天，吴王僚派出卫队，从宫中一直排到公子光家里，戒备十分森严。公子光陪吴王僚喝酒正畅快的时候，他托辞脚病发作离开宴席，暗示专诸动手。专诸在侍卫人员监护下，献上烤鱼。鱼盘在吴王僚面前一放，专诸立刻取出鱼肠剑，当场杀死吴王僚。吴王僚的侍卫人员也把专诸杀死。混乱之际，公子光事先埋伏的武士一拥而上，把吴王僚部下一举歼灭。政变成功，公子光自立为国君，这就是赫赫有名的吴王阖闾。

专诸死后，葬于苏州（今属江苏）阊门内。其子被吴王阖闾封为上卿。

专诸是古代四大名刺客之一。古人崇尚士为知己者死。这种崇尚是侠义还是愚昧，人们历来争议颇多。

要离刺庆忌

公元前515年，公子光利用专诸刺杀吴王僚，坐上国君宝座，就是吴王阖闾。然而此时他依然忧心忡忡，因为僚的儿子庆忌号称吴国第一勇士，已逃往卫国，正在招兵买马，联络邻邦，伺机杀回吴国，为父报仇。

阖闾与伍子胥又密谋使用刺客，行刺庆忌。伍子胥给阖闾推荐了一个名叫要离的刺客。乍一看，此人身高五尺，形容丑陋，其貌不扬；细琢磨，此人心智不凡，生性残忍，水性很好，还是击剑高手。

要离给阖闾献上苦肉计。一天，他和阖闾斗剑，先用竹剑刺伤其手腕，再用真剑斩断自己的右臂，然后去卫国投奔庆忌。阖闾依计杀了他的妻儿，并焚尸扬灰。庆忌探得实情，对要离高度同情、深信不疑，委托他训练士兵，修理战船，还经常和他商量大事。

三个月后，庆忌率兵伐吴，与要离同坐一条战船。初战获胜，庆忌一股高兴，就坐在船头上喝起小酒来。谁料此时，要离左臂举起短戟，猛刺庆忌心窝。受伤的庆忌倒提要离，在水中浸泡了三次，然后扔到船头上，笑着说："天下竟有如此英雄胆敢刺我。"要离狼狈不堪，却毫无惧色。左右侍卫要杀要离。庆忌摆摆手说："这也是天下勇士。怎么可以一日杀死两个天下勇士呢？还是放他回国，成全他吧。"说完，庆忌停止呼吸，倒在地上。

要离回到吴国，阖闾金殿重封。要离说，我杀庆忌不是为了做官，不是为了金钱，而是为了吴国的安宁，让老百姓安居乐业。说罢，自刎而死。吴王阖闾根据要离遗愿，把他安葬在鸿山东岭南麓的杨梅坞。

关于要离刺庆忌的版本很多。有的说要离刺庆忌用剑，有的说用矛；有的说在太湖上，有的说在江河里；还有的说，要离听到庆忌称他是勇士，要放过他，自感惭愧，当即自刎了。不管那种版本，要离刺庆忌应该是史实。不过，作为刺客，他手段血腥，家破人亡，是前所未有的。也不知什么原因，《史记》对这个刺客故事居然没有记载。

豫让刺赵襄子

春秋末期，晋国的豫让在范家、中行家当门客，但都没有受到重视。后来他投奔智伯瑶，受到尊崇。公元前453年，韩赵魏三家联合灭掉智家，并分割了他家的土地。智家被灭后，豫让出逃了。

赵襄子对智伯瑶恨之入骨，竟把他的头颅做成酒器。这令豫让十分愤怒，他发誓要为智家报仇。

豫让改名换姓，混进赵襄子宫中，当了清洁工。他企图趁赵襄子如厕时，用匕首行刺，结果行刺不成，反被擒获。豫让直言不讳地告诉赵襄子，他就是为智家报仇的。赵襄子觉得他肯为故主报仇，也算有情有义，就放了他。

然而，豫让报仇之心不死。他吞炭变哑，涂漆毁容，沿街乞讨，继续伺机行刺赵襄子。故友对他说，以你的才能转投赵家，一定可以成为亲信；到那时你报仇就方便多了，何必这样自残。豫让说："投奔赵家再杀人家，就是怀有二心。我现在这样做的确很困难，但能让天下做人臣子而怀有二心的人感到羞愧。"他决意按照自己的方式完成复仇使命。

一次，豫让埋伏在一座桥下，准备在赵襄子经过时行刺。岂料天不灭赵。赵襄子骑的马过桥时突然受惊，行刺的豫让再次被抓。赵襄子问豫让："你先前曾侍奉过范家和中行家，为什么不为他两家报仇，却偏偏要为智家报仇？"豫让说："他两家按平常人待我，而智家按国士待我。"赵襄子听了心头一热。豫让自知此劫难逃，就恳求赵襄子让他完成最后一个心愿。他说："你把一件衣服脱下来，让我刺穿。这样，我死了不会有遗憾。"赵襄子成全了他。豫让持剑，在赵襄子的衣服上连刺三下，然后仰天大呼："我可以下报智伯了！"呼罢，伏剑自杀。

豫让行刺的目的非常明确，就是报答智家的知遇之恩。也许是因为符合士的道德标准，所以听到死讯的赵国侠士都为他痛哭流涕。后人在赞誉他的同时，也对赵襄子的大度给予肯定。

聂政刺韩傀

聂政是战国时期魏国（一说韩国）轵邑深井里人，以任侠著称。因除害杀了人，为躲避仇家，他就和母亲、姐姐一起逃往齐国，以屠宰为业。

韩国大臣严仲子与相国韩傀廷争结怨。严仲子害怕报复，逃离了韩国。他四处寻访，希望能找到替他向韩傀报仇的侠士。他到齐国，听说聂政是个勇士，就常常登门拜访，还设宴招待。聂政母亲过生日，他送上黄金百镒作为贺礼，还亲自敬酒，祝她长寿。饮酒到酣时，他说出了自己的想法。聂政执意不收贺礼，并说自己屈身当屠户，就是为了奉养母亲。只要她在世，就不敢以死报答别人。

母亲去世后，聂政守孝三年。其时，正是公元前 397 年。聂政回忆起他与严仲子的知遇之恩。堂堂韩国大臣竟到穷乡僻壤与我结交，实属不易。他觉得是该报答人家的时候了。于是，他回访严仲子，拒绝助手帮忙，孤身一人前往韩国都城，伺机行刺韩傀。

聂政找机会进了相国府，却见韩傀正坐在堂上，周围有许多持刀荷戟的侍卫。聂政以长虹贯日之势，挺剑刺死韩傀。侍卫大乱，赶紧保护韩傀。聂政奋起神威，击杀数十人，但终因寡不敌众而受伤倒地。受伤的聂政自感难以冲出重围，就用剑尖毁坏面容，挖出眼珠，剖腹而死。

聂政死后，韩国把他的尸体摆在街市，悬赏千金，求其姓名，但过了好久，仍无人知道他的出处。

聂政的姐姐聂莹（有说聂荣、聂萤）听到消息，只身赶到韩国。她一看果然是弟弟。她深知弟弟毁容的用意，就是为了防止连累自己。她伏在聂政尸体旁放声大哭："这是我弟弟，轵邑深井里的聂政啊！"别人劝她不要认尸，她说我不能埋没弟弟的英名。她连呼三声"天哪"，就撞死在聂政身旁。

聂政姐弟受到韩、赵、魏、齐、楚、卫等国人的赞许，被称为姐弟忠烈。

春秋战国时期，游侠之风盛行。这些游侠的价值取向与现代人有很大不同。他们推崇士为知己者死，却不注重死的社会价值。

荆轲刺秦王

燕国太子丹原在秦国当人质，他看到秦国的野心是吞并六国，就偷偷逃回来。他决意报复秦王，物色了荆轲当刺客，秦舞阳当助手。荆轲是很有本领的剑客，喜好读书击剑，为人慷慨侠义。秦舞阳也是勇士，12 岁时就杀过人。

公元前 227 年，秦国在灭掉韩国、赵国之后，矛头直指燕国。燕国危在旦夕，太子丹要求荆轲尽快行刺秦王。

为了接近秦王，荆轲作了两项准备。一是带了秦王一直企盼的秦国逃亡将军樊於期的首级，二是带了秦王朝思暮想的燕国督亢地区（今河北涿州一带）的地理图。太子丹还准备了一把锋利的匕首，刀锋上淬了烈性毒药。人一旦被刺中，就会气绝身亡。匕首藏在地图里，是行刺武器。

荆轲和秦舞阳出发时，太子丹和少数知情者穿着丧服秘密送行。荆轲好友高渐离击筑（古代乐器），荆轲附和声调悲凉，众人低头哭泣。忽然间，荆轲慷慨悲歌起来："风萧萧兮易水寒，壮士一去兮不复还。"众人听了眼睛大睁，头发竖得直愣愣的。歌罢，荆轲跳上马车，头也不回地走了。

秦王听说荆轲带来他梦寐以求的两样东西，就在咸阳宫隆重接见。

荆轲捧上地图请秦王观看。当地图展到尽头时，突然露出一把匕首。荆轲一手拉住秦王衣袖，一手抓起匕首直刺秦王。秦王使劲后转，挣断袖子。荆轲拿着匕首追，秦王绕着铜柱跑，两人走马灯似地转悠起来。大臣们手无寸铁。武士没有诏令不敢上殿。这时有大臣提醒，秦王才抽出背上宝剑，砍伤荆轲左腿。荆轲受伤后，举着匕首投向秦王，但没有击中。秦王连连刺击，荆轲身中八剑。侍卫们一拥而上，结果了荆轲的性命。

秦国在商鞅变法后，国力强盛，灭掉六国、实现统一是历史的必然。燕国企图通过行刺来延缓灭亡，只能适得其反。

这则历史故事留下了"图穷匕见"的成语，比喻事情发展到最后，真相或本意才显露出来，是含有贬义的。

都 江 堰

岷江东源传统上被看作是岷江主流。它发源于四川松潘县境内的岷山南麓，从成都西北流过。谁也说不清它流了多少年、多少代，谁也说不清它给人们带来多少喜悦、多少灾难。

公元前256年，秦国蜀郡太守李冰和他的儿子总结前人治水的经验，在灌县附近的岷山中游开始，主持建设了著名的都江堰水利工程。

他们无数次现场勘察，无数次走访专家学者，确定了科学严谨的工程设计方案；他们动员和组织了数以万计的民工，参与建设。

人们首先在名叫离堆的山脊上开凿出人工引水渠道，它形似瓶口，故取名宝瓶口。它起“节制闸”作用，能自动控制水量。

人们编织竹笼，装上卵石，在岷江河道中间筑起鱼嘴形分水堤，把江水分为外江和内江两支。外江是正流，主要用于排洪；内江是人工引水渠道，主要用于灌溉。枯水期，外江水量约占四成，内江水量约占六成；汛期，水量比例正好颠倒。内江经过宝瓶口，源源流向下游灌溉区。

都江堰的另一个重要工程是飞沙堰排沙工程，具有自动泄洪、排沙和调节水量的功能。

别以为宝瓶口仅仅是一个瓶口。它是人工开凿的石槽，长80米，宽20米，深40米。当时火药还没有发明，人们使用最原始的办法，用火烧烤，使岩石爆裂而开凿。一叶知秋，看着宝瓶口就知道工程何等艰辛。

都江堰水利工程历时八年。当时的灌溉面积就达到300多万亩。以后历代都有改造和修整。新中国成立后，经过维修、扩建，灌溉面积达到800多万亩。都江堰工程的使用，使成都平原变成千里沃野，四川成为天府之国。

都江堰水利工程利用西北高、东南低的地理条件建成，被誉为世界水利文化的鼻祖。它是全世界迄今为止，年代最久、唯一留存，以无坝引水为特征的宏大水利工程。公元2000年，联合国确定其为世界文化遗产。

郑 国 渠

公元前246年（秦王嬴政元年），秦国启用韩国水利专家郑国，由他主持兴建大型灌溉渠道。这项工程历时十年完成。竣工以后，以郑国的名字命名为郑国渠。

关中平原西北略高，东南略低。郑国渠的设计充分利用这一有利地形，在今陕西省泾阳县西北的泾水上作石堰坝，拦截河水，抬高水位，引入谷口干渠。干渠布置在灌溉区最高地带，沿北面山脚向东延展，途中拦腰截断沿山河流，将其收入渠中，以加大水量。郑国渠全长300里，流经现在的泾阳、三原、富平、蒲城等县，最后在蒲城县晋城村南注入洛河。它的开通，使关中平原北部，泾、洛、渭三水之间构成密如蛛网的灌溉系统。

郑国渠是秦国继都江堰之后的又一大型水利工程。渠成之初，灌溉面积号称4万顷，折合现在的110万亩。粮食亩产达到200多斤，是黄河中游地区平均亩产的四倍以上。郑国渠的建成使干旱缺雨的关中平原变得富甲天下，成为秦国的又一个大粮仓；为秦灭六国、进而统一中国发挥了巨大作用。

郑国渠的设计合理利用地势，实现自流灌溉，举重若轻，巧夺天工，表现了以郑国为代表的我国古代劳动人民的聪明才智。

郑国渠首开引泾灌溉的先河，对后世发生着深远影响。以后历代，又相继在这里开凿了白渠、郑白渠、丰利渠、王御史渠、广惠渠和泾惠渠等等。新中国成立以来，对新老系统进行了三次大规模改造，使灌溉面积达到130多万亩。至今，这里的水利工程仍然发挥着巨大作用。

修建郑国渠还涉及一起间谍案。原来韩国紧邻秦国，担心自己首先被吞并，就采用了非常拙劣的所谓"疲秦"策略。他们派出著名的水工郑国到秦国游说，开凿郑国渠，以消耗秦国实力。施工期间，韩国阴谋败露，秦王要杀郑国。郑国说当初我是间谍，但渠成之后也是有利于秦国的；我为韩国延长了几年寿命，却给秦国带来万世功德。秦王觉得郑国说得在理，因此既往不咎，支持他完成这项工程。

介子推与清明节

春秋时期，晋国内乱。太子申生被骊姬陷害致死。公子夷吾和公子重耳外出逃亡。重耳的随行人员主要有狐偃、赵衰和介子推等人。他们风餐露宿，饥寒交迫，备尝艰辛。有一次，重耳都快饿晕了。为了救他活命，介子推到山沟里割下自己大腿上的一块肉，与野菜煮成汤给重耳吃。重耳知道后，感激不已。这个传说有点离奇，似乎人为杜撰，意在突出介子推的忠诚。

19 年后，重耳重返晋国并当了国君，就是晋文公。那些随他外逃的人和没有随他外逃的人，都来讨赏。而介子推却认为，晋文公即位实为天意，人们没有必要得到奖赏。他鄙视那些热衷于功名利禄的人，毅然决定带老母亲隐居绵山，做一名不食君禄的隐士。

公元前 636 年，晋文公亲自到绵山寻访介子推。哪知绵山蜿蜒数十里，重峦叠嶂，谷深林密，寻人如同大海捞针。晋文公见人心切，竟下令三面放火烧山，以期把介子推母子驱赶出来。谁料大火烧了三天，竟不见人影。大火熄灭后，人们在一颗枯柳树下发现了介子推母子尸骨。晋文公悲痛万分，下令将母子厚葬绵山，并改称介山；又将定阳县改称介休县（今山西介休市）。传说人们还发现介子推写在衣襟上的一首血诗：“割肉奉君尽丹心，但愿主公常清明。柳下做鬼终不见，强似伴君作谏臣。倘若主公心有我，忆我之时常自省。臣在九泉心无愧，勤政清明复清明。”仔细推敲，这首诗也像是后人加的。

据传说，人们为了纪念介子推，每年在他去世的那个月不生明火，只吃生冷食物。后来从一个月减少到清明节前一天，就是寒食节。再后来寒食节被清明节取代，人们又把纪念介子推说成是清明节的起源。

后人对介子推有不同评价。有的认为他迂腐，儒家说他是“忠君之典型”，更多的则认为他是爱国的楷模。他希望晋国振兴，而重耳则是希望之所在；帮助重耳，就是帮助晋国。这种分析是贴合实际的。人民怀念他的根本原因是他对自己祖国的挚爱。

有教无类

孔子（公元前551—前479），名丘，字仲尼，春秋时期鲁国陬邑（今山东曲阜）人，著名的思想家、教育家。他开创了私人讲学的风气，是儒家学派的创始人。

在《论语·卫灵公》中，他提出有教无类的观点，认为教育面前人人平等，每个人都有接受教育的权利，教育没有高下贵贱之分。

西周时，“学在官府”。只有贵族子弟有权享受教育，因而也只有他们才有资格当官。到了东周，周王失去了对全国的控制，诸侯开始为政一方。他们为了培养本国人才，纷纷设立自己的官学。这时候，教育的对象不再限于贵族，一些有能力的平民也被官学吸收。社会政治经济的发展和文化教育权利的下移，为私人办学提供了机会。孔子抓住这个机会，开始了创办私学的职业生涯，希望通过教育来培养贤才和官吏，以实现其政治理想。

孔子主张教育对象不分贵族和平民，不分国界和华夷，只要有心向学，都可以入学受教。孔子的弟子有的来自贵族阶层，如南宫敬叔、司马牛和孟懿之等人；更多的则来自平民阶层，如颜回、曾参、子路、子贡等。可见平民教育更能体现有教无类的精神实质。相传他的弟子有3000多人，他们来自鲁、齐、宋、晋、陈、蔡、秦、楚等不同国度。这不仅打破了当时的国界，也打破了当时的华夷之分。孔子的弟子公孙龙和秦商来自楚国，当时被中原人视为“蛮夷之邦”。孔子还想到“九夷”施教。九夷泛指中国东部的夷人。

有教无类的理论基础是“性相近也，习相远也”的人性论。“性相近”说明人都有成才的可能性，而“习相远”又说明了实施教育的重要性。正是基于人都可以通过教育成才立德的认识，孔子才做出了有教无类的论断。

有教无类思想的实践，扩大了教育的社会基础和人才来源，对全社会成员素质的提高起到了积极的推动作用。因此说孔子有教无类的思想在教育发展史上具有划时代的意义。

孔子周游列国

春秋时期，孔子在鲁国当官，但受到当权大夫的排斥，政治抱负无法施展。

55 岁时，孔子带着若干亲近弟子，在鲁国周边国家游历。他去过卫、曹、宋、郑、陈、蔡等国，都是小国。楚是大国，但只到了边境。打算去晋国，但走到黄河边上，感慨一番就返回来了。

孔子师徒在外颠沛流离 14 年，主要是宣传自己的政治主张，希望诸侯们循规蹈矩地维护周天子的统治，施以仁政，不要战争。然而所到之处，各国国君对他们敬而远之，表面上客客气气，但没有一家真正接受。

孔子师徒到了宋国，在大树下习礼。宋国司马桓魋赶来，把大树砍掉，表示不欢迎。为防不测，孔子换便衣逃跑了。孔子一行到了陈国，正遇吴国进攻，兵荒马乱。孔子师徒离开陈国，到了陈蔡两国交界处。两国大夫担心孔子到了楚国对他们不利，就派服劳役的人把他们围困在半道，前不着村，后不靠店，带的干粮吃完了，差点饿死。一次，孔子在郑国和弟子们走散了。弟子们到处找他。有个郑国人告诉子贡，东门边有个老人，看上去呆呆的，像只丧家犬。其实这个老人正是孔子。弟子们找到他，并告诉他郑国人说的话，孔子苦笑着说："是这样啊！是这样啊！"

68 岁时，孔子回到阔别 14 年的故国首都。鲁国江山未改，但人事已非。当时，鲁哀公继位，季康子辅政。对于孔子，季康子同样是叶公好龙似地尊贤。一不采纳政见，二不委任要职，只是尊为"国老"，丰爵厚禄，冠冕堂皇地养起来。无奈之下，年事已高的孔子只好"自谋职业"，和弟子们整理《诗经》《尚书》和《春秋》等文化典籍。

周平王东迁之后，王室日渐衰微，只有天下共主的虚名。诸侯们心知肚明，大的诸侯国打着天子旗号，疯狂地扩张自己的势力；小的诸侯国惶惶不可终日，担心自己的国家被吃掉。在这种形势下，谁还顾得着听你讲仁义？孔子看不到历史变化，却想用自己的理想改变现实，但我们还不能用迂腐而可笑来简单结论。

孟母教子

孟子（公元前 372—前 289），名轲，战国中期鲁国人。三岁时，父亲去世，母亲守节没有改嫁，一手将他抚养长大。人们亲切地称他的母亲为孟母。孟母（公元前 392—前 317），仉氏。

孟子小时候贪玩，尤其喜欢模仿别人。起初，他家住在坟地附近，他就玩修筑坟墓和哭拜死人的游戏。孟母看到，就皱了眉头，心想我不能让孩子在这里住了。孟母把家搬到集市附近，孟子又和邻居小孩学商人做生意。他们一会儿鞠躬迎客，一会儿讨价还价，表演得惟妙惟肖。孟母看了，又寻思这里也不是住的地方，就把家搬到学堂附近。在这里，孟子和学生们学习文化和礼仪。孟母很满意，从此就定居下来。这就是民间广为流传的“孟母三迁”的故事。

孟母除了送孟子上学，还督促他学习。一次，孟子逃学被母亲发现了。母亲非常生气，就当着他的面，拿起剪刀，嚓嚓几下，把织布机上正在纺织的布匹剪断了。孟子着了慌，跪在地上问原因。孟母一脸严肃地说：“织布要一线一线连成寸，再连成尺，连成丈，连成匹，才有用。你读书和我织布一样，做学问也要日积月累，不断进取。如果你半途而废，就像这割断的布匹一样，成了没有用的东西。”母亲的话深深打动了孟子。从此，他专心攻读，发奋用功，终于成为一代大儒。

一个人的成长离不开环境影响，特别是儿童更为明显。学习知识是一个不断积累的过程。孟母是聪明的。她懂得“近朱者赤，近墨者黑”的道理，明白做学问要日积月累、持之以恒的规律。

黎民百姓传颂着孟母的故事，文人学士为她立传作赞，达官显贵和孟氏后裔为她树碑修祠，后人把她与北宋文学家欧阳修的母亲欧母、南宋民族英雄岳飞的母亲岳母、晋朝名将陶侃的母亲陶母列为母亲的典范，号称“四大贤母”，而孟母居首。

可以说，孟母既是孟子的启蒙老师，更是万千父母的楷模。

孟子周游列国

孟子，名轲，战国中期鲁国人。他是儒家学派的主要代表人物。政治上，主张法先王，行仁政；学说上，推崇孔子，攻击杨朱、墨翟。

40 多岁时，孟子带着几十辆车子和数百名学生，游说各国，宣传自己的政治主张。当时孟子名气很大。因此，所到国家的国君们都馈赠黄金，供给衣食，听他们发表言论。看起来很热闹，实际上对他们敬而远之。

孟子一行在齐、宋、滕、魏、鲁等国游说，历时 20 多年，无果而返。

孟子初见梁惠王，后者就问他有什么对梁有利的策略。孟子说，您只要行仁义就行了，为什么张口就谈利益呢。梁惠王说，我在东边和齐国交战，连大儿子都牺牲了；西边败给秦国，掠去河西之地 700 多里；南边和楚国打仗，也遭败绩，我想的都是报仇雪恨，请您给我出主意吧。孟子的回答很简单，还是那几个字“仁者无敌”。

孟子见到齐宣王。后者第一句话就是让他谈谈春秋时期齐桓公、晋文公称霸的事。齐宣王念念不忘齐桓公称霸，自然不对孟子的心思，双方说不到一起。

滕文公问孟子如何对付齐国的威胁。他没有更好的办法，只是说“苟为善，后世子孙必有王者矣”。把当前急需解决的问题，推到子孙后代。

孟子主张民本思想，“民为贵，社稷次之，君为轻”；提倡仁政，使老百姓安居乐业，“老吾老，以及人之老；幼吾幼，以及人之幼”；效法先王，反对霸政，推出“得道多助，失道寡助”的结论。客观地讲，他的政治主张有进步的东西。

然而，为什么会出现这种明珠暗投的现象呢？其实也不奇怪。当时，大的诸侯国都“挟天子以令诸侯”，疯狂进行兼并战争，拼命扩张自己的地盘；小的诸侯国朝不保夕，随时面临被吞并的危险。因此各国都在招贤纳士，寻求变法图强的相国，追逐能征善战的将军。这样一来，法家和兵家自然成了抢手货，而摇唇鼓舌的儒家就派不上用场了。所以，孟子周游列国只能以碰壁收场。

屈原和楚辞

屈原（公元前340—前278），战国末期楚国人。楚怀王时受到重用，担任过左徒、三闾大夫等大官儿，负责内政外交大事。对内，他主张举贤任能，修明法度；对外，他主张联齐抗秦，建立统一战线。

屈原为人耿直，不愿与上官大夫靳尚等人同流合污而招其怀恨。当时掌握楚国大权的令尹子兰、上官大夫靳尚，以及宠妃郑袖收受秦国贿赂，先后离间了屈原和楚怀王、楚顷襄王的关系，以致屈原被两次放逐。

公元前278年，秦将白起攻破郢都（今湖北荆州北纪南城），流放中的屈原悲愤交加，备感绝望，投汨罗江而死。

后人收集了屈原的诗作共25篇，大多是流放期间所作。《离骚》《天问》《九歌》分别是屈原诗歌三种类型的代表。《九章》等可与《离骚》列为一类。

《离骚》是屈原以自己的理想、遭遇、痛苦、热情以至整个生命熔铸而成的宏伟诗篇，其中闪耀着诗人鲜明的个性光辉，是屈原全部创作的重点。“路漫漫其修远兮，吾将上下而求索”是其心声最直接的呐喊。

从体制上看，屈原以前的诗歌大多是短篇，而屈原发展为长篇巨制。最典型的是《离骚》，有373句、2490字。

从格局上看，屈原突破了《诗经》以四字句为主的格局，句法参差错落，灵活多变；多用“兮”字和其他虚字协调音节，造成起伏跌宕、一唱三叹的韵致。

从艺术表现手法上看，大量采用比、兴手法来表情达意；运用神话和历史传说为素材，想象大胆丰富，形成鲜明的浪漫主义特色。

屈原是我国历史上第一位爱国主义诗人，也是我国浪漫主义诗歌的奠基人。他的诗体被称作“楚辞”，又称“骚体”，与《诗经》并称“风骚”，被后世人认作中华文化的代名词。

同是政治家和诗人的毛泽东认为屈原既是古代天才歌手，又是伟大的爱国者。

屈原和端午节

屈原，名平，战国末期楚国丹阳（今湖北秭归县）人。他出身贵族家庭，自幼勤奋好学、胸怀大志，是杰出的政治家和诗人。

屈原早年深受楚怀王信任，担任过左徒、三闾大夫等大官儿。他常与怀王商议国家大事，政治上主张举贤任能，修明法度；外交上力主联合齐国，抗衡秦国。在屈原努力下，楚国与齐、燕、韩、赵、魏五国结成联盟。

秦国处心积虑要拆散齐楚联盟。公元前 313 年，秦相张仪来到楚国，他重金贿赂楚国令尹子兰、上官大夫靳尚和宠妃郑袖等人，谎称只要楚国和齐国断交，秦国就可以献给楚国方圆 600 里的商於之地。楚怀王看到天上掉下大馅饼，一股高兴，不知道自己姓啥叫啥，就和齐国断绝关系。受骗后，楚怀王老羞成怒，两次发兵攻秦，但都惨遭失败。于是，楚怀王又命屈原出使齐国，重修旧好。

此后，张仪再次来到楚国，进行瓦解齐楚联盟的活动。颟顸的楚怀王好了疮疤忘了痛，在奸佞的作祟下，竟然又倒向秦国。

性格耿直的屈原不愿与靳尚一伙同流合污，因此招来他们的不满。他们从中挑拨，楚怀王就渐渐疏远了屈原。公元前 305 年，屈原被逐出郢都（今湖北荆州北纪南城），放逐汉北（汉江以北，今河南南阳西陕、淅川一带）。

六年后，屈原返回郢都。秦王请楚怀王赴秦相会。屈原觉得秦王居心叵测，力阻怀王不要去冒险，而令尹子兰等人却竭力怂恿赴秦。楚怀王一到秦国就被囚禁，三年后客死他乡。

楚顷襄王即位后，屈原又因反对秦楚联姻，并指斥子兰等人对楚怀王屈死秦国负有责任，而被放逐江南。

公元前 278 年，秦将白起攻破郢都。同年农历五月初五日，屈原闻讯，悲愤填膺，投汨罗江而死。噩耗传来，人们争先恐后打捞他，但没有找到。于是，有人用苇叶包糯米，投江祭祀。年复一年，渐成风俗，人们就把这天定为端午节。

百家争鸣

春秋战国时期,中国知识分子中涌现出诸多学派。这些学派人物或游说各国,或著书立说，或相互辩论，出现了百家争鸣的局面。据史书记载，名为诸子百家，实则上千家。不过，真正发展成为学派的只有十多家。

这个时期，社会处于大变革大动荡时期。政治上，各诸侯国富国强兵，招贤纳士；经济上，铁器使用，牛耕推广，生产力水平提高；科学上，天文学和医学取得较大进步；文化上，私学兴起，培养了许多学者；学术上，各学派相对独立，来去自由，不依附于某个政治权势集团。以上种种条件的聚合，形成了气象宏大的百家争鸣局面。

儒家是重要学派之一，它崇尚“礼仪”和“仁义”，提倡忠恕和中庸，主张德治和仁政，重视道德理论教育和自身修养。这个学派的创始人是孔子。到了战国时期，儒家分成八派，重要的有孟子“性善论”和荀子“性恶论”两派。

墨家学派与儒家学派相对立。主张“兼爱”“非攻”和“尚贤”。其创始人为墨子。

道家学派也与儒家学派相对立。道家的哲学思想是“人法地，地法天，天法道，道法自然”。归根结底，就是崇尚自然。如《道德经》所写，道家的政治理想是“小国寡民”“无为而治”。它的创始人是老子，其后的代表人物有庄子。

法家主张以法治国，“不别亲疏，不殊贵贱，一断于法”。春秋时期的管仲、子产是法家先驱，李悝、商鞅和韩非子都是战国时期的代表。

兵家的鼻祖是春秋时期的军事家孙武，他著有《孙子兵法》。“知己知彼，百战不殆”等名言就出自这本书。后世对他的军事才华备加尊崇。战国时期，孙膑继承和发扬了先祖的军事思想。

此外，还有名家、杂家、农家、阴阳家、纵横家、小说家和方技家等等。

春秋战国时期的百家争鸣，是中国历史上第一次大规模的思想解放运动，有力地推动了中国历史的发展；各学派之间相互辩驳，相互影响，又相互取长补短，有力地促进了思想文化的发展。

神医扁鹊

秦缓，字越人，战国中期渤海郡（今河北任丘）人，著名中医。因为医术高明，所以当时人们借用上古神话中黄帝的神医“扁鹊”来称呼他。

扁鹊年轻时，拜名医长桑君为师，得其真传，开始行医。他积累了丰富的临床经验，掌握了多种医疗手段，医术达到炉火纯青的地步。

一次，扁鹊见到齐桓公（实指田午，田氏代齐后第三位国君，与春秋五霸的齐桓公小白同一谥号，有文章称“蔡桓公”或“桓侯”）。他说桓侯面色不好，有小病在皮肤里，不治将会加重。桓侯说没有病。扁鹊走后，桓侯对左右的人说，医生就喜欢给没病的人治病，来炫耀自己的本事。过了几天，扁鹊又对桓侯说，您的病到了肌肉里，不治就会更加严重。桓侯没有理他。过了几天，扁鹊郑重地告诉桓侯，病已到肠胃，再不治就危险了。桓侯还是不理睬他。又过了几天，扁鹊见到桓侯，看看脸色，没有吭气，就匆匆溜走了。桓侯派人追问原因，扁鹊说现在病到骨髓，我已无能为力。几天后，桓侯死了。

还有一次，扁鹊到了虢国，听说太子暴亡。他看后说太子是阴阳二气失调，并没有死，我能让他复活。人们将信将疑。扁鹊用针砭急救，太子果然苏醒；再用药物敷肋，就坐起来了。又经过一个月的汤剂调理，就完全康复了。消息不胫而走，人们都说扁鹊有起死回生的绝活儿。

扁鹊擅长各科。在赵国，他主要做妇科；在周都洛阳，主要做五官科；而在秦国，则主要做儿科，可谓样样精通。

扁鹊在诊疗疾病的过程中，全面运用了望、闻、问、切的诊断技术；使用了砭刺、针灸、按摩、汤液、热熨等多种治疗手段，是当之无愧的中医祖师。

后来，扁鹊到秦国行医，恰逢秦武王参加举鼎比赛伤了腰，用了太医李醯的药不见好转。扁鹊用推拿加汤药治疗，立竿见影。武王欣赏扁鹊，想封他为太医令。李醯嫉妒，就雇佣刺客杀了扁鹊。可惜一代神医竟落得如此下场。

第二部分

秦汉

始 皇 帝

秦始皇（公元前 259—前 210），姓嬴名政。公元前 221 年，秦统一中国后，他称始皇帝，成为古今中外第一个称皇帝的封建王朝君主。

公元前 259 年，嬴政出生于赵国都城邯郸（今属河北）。他是秦庄襄王的儿子。13 岁时，秦庄襄王驾崩，他被立为秦王。当时年幼，朝政由丞相吕不韦一手把持。公元前 238 年，21 岁的嬴政平息了假宦官嫪毐发动的叛乱，并罢免、放逐吕不韦，才真正掌握了国家实权。

公元前 230 年至公元前 221 年，秦王嬴政仅用十年时间，就以狂风扫落叶之势灭掉六国，并在占领的区域设置直属于自己的郡县。从此，中国结束了贵族王侯专政的王国时代，进入了君主专制的帝国时代，并由此奠定了两千多年的政治制度基本格局。

秦王嬴政统一中国后，下令大臣们商议自己的称号。经过一番议论，丞相王绾、御史大夫冯劫和廷尉李斯等人认为秦王嬴政的功绩自古以来不曾有过，就连五帝都不及他。他们援引传统的尊称，说古有天皇、地皇和泰皇，泰皇最贵，建议嬴政采用“泰皇”头衔。但是秦王嬴政对此并不十分满意。他只采用了其中的一个“皇”字，而从“三皇五帝”中又挑出一个“帝”字，加在后面，连起来称作“皇帝”。说到底这个头衔实际是自己加上的。“皇帝”称谓的出现，不是简单的名号变更。“皇”有大的意思，“帝”是人们想象中主宰万物的最高天神，可见“皇帝”是嬴政神化君权的产物。

秦王嬴政又自称“始皇帝”，后世以数计，称二世、三世以至万世。此外，他还取消沿袭已久的谥法，不准后代臣子评价自己；限定只有皇帝才能自称为“朕”，别人不能自称；文字中不准提及皇帝的名字，要避讳；文件上逢“皇帝”“始皇帝”字句时，都要另起一行顶格书写；玉质雕刻的大印称为玉玺，只限皇帝使用等等。所有这些规定都是强化皇权在人们心目中的神秘感，幻想他的皇位在子孙后代中永远传承下去。

中央集权的封建帝国

公元前 221 年秦王嬴政统一六国后，吸取战国时期各国的经验，建立了一套相当完整的国家机构和中央集权制度。

中央建立三公九卿的官僚机构。以丞相、太尉和御史大夫为三公。丞相有左右两员，为百官之首，执掌政事，辅佐皇帝。太尉管军事。御史大夫是仅次于丞相的高级长官，主管监察，兼管重要的文书图籍。

三公以下，又设九卿。郎中令掌管宫殿门户，卫尉掌管宫门警卫，廷尉掌管刑罚，治粟内史掌管农业，少府掌管山海池泽之税和官府手工业制造，典客掌管民族和外交事务，太常掌管宗庙礼仪，宗正掌管皇室属籍，太仆掌管皇家车马。

三公和九卿议论政务，然后由皇帝裁决定夺。

全国划分 41 个郡。郡下设若干县。郡县两级主要官吏由中央任免。

郡设守、尉、监。郡守掌治其郡。郡尉辅佐郡守，并分管军事。郡监负责监察事宜。万户以上的县设县令，万户以下的县设县长。县令、县长以下有县丞、县尉等属员。县令、县长掌治其县。县尉管军事，县丞管司法。

县辖若干乡。乡设若干人员负责具体工作，其中三老管教化，啬夫管诉讼和赋税，游徼管治安。乡的主要职能是摊派差役，征收田赋，核查案情，保管粮食。

乡辖若干里，是最基层的行政单位。里的负责人称里典，选择强有力的人担任。里设置严密的什伍户籍组织，以便支派差役，收纳赋税。还规定互相监督，一人犯罪邻里连坐。

此外，县还下设掌管治安的机构，叫做亭。亭与亭之间约十里远近。亭的长官是亭长。亭除了治安管理，还负责接待来往官员，为政府采购、输送物资和传递文书等等。

通过这套严密的金字塔式的机构和议事决策制度，使秦始皇高站塔尖，君临天下，拥有至高无上的权力。

蒙恬北逐匈奴

匈奴是我国北方的一个古老民族，分布在蒙古高原。这个民族主要从事游牧，骑马射箭是他们的优势。春秋战国时期，匈奴奴隶主贵族经常入侵中原地区，威胁内地人民的生命财产安全。

战国后期，赵武灵王在河套一带设九原郡以防御匈奴入侵。战国末年，匈奴趁秦国和赵国交战的机会，侵占了河套及其以南大片土地。

蒙恬祖籍在今山东省蒙阴县，他出生于世代名将之家。祖父蒙骜为秦国名将，秦昭襄王时官至上卿；父亲蒙武也是秦将，曾任秦国内史（京城的最高行政长官），与王翦联手灭掉楚国。蒙恬深受家庭环境的熏陶，自幼胸怀大志，向往冲锋陷阵，不忘报效国家。他天资聪明，熟读兵法，有一定的军事素养。公元前221年，蒙恬被封为将军，率兵攻打齐国。因破齐有功，被封为内史，深得秦始皇信任。

秦统一六国后，为了解除来自北方的威胁，秦始皇于公元前215年派蒙恬率30万大军驱逐匈奴。大军所至，匈奴溃败，向北退却700余里，很快收复了河南地（今内蒙古河套南鄂尔多斯一带），并沿黄河设置了44个县，隶属于九原郡（治所在今内蒙古包头西南）。接着，秦朝遣送三万多名罪犯，到洮河、榆中（今属甘肃）一带垦殖、戍守，壮大边地实力。

北逐匈奴后，蒙恬又带领军民，把原先秦、赵、燕三国修建的长城连接起来，筑起西起临洮（今甘肃岷县）、东到辽东（今辽宁境内）的万里长城。还利用地形，凭借天险，从榆中沿黄河至阴山构筑要塞。蒙恬在北疆征战十多年，威震匈奴，被誉为“中华第一勇士”。

公元前212年，蒙恬又指挥军民修筑了一条直道。这条直道从九原郡直达甘泉宫（今陕西淳化县西北），截断山脉，填塞深谷，全长1800里，加强了京城和边疆的联系。

蒙恬的军事行动对刚刚统一天下的秦国意义非凡。它使匈奴骑兵无法轻易入侵内地，从而巩固了国防，便利了交通，发展了经济。

焚书坑儒

公元前221年，秦国吞并六国，建立了统一的封建帝国。新的帝国以什么核心思想统一国家，国家实行什么样的政治体制，人们争论不休。有人主张以法治国，实行中央集权的郡县制；有人则主张以儒家思想治国，效法古代君主，实行分封制。

公元前213年，在宫廷宴会上，秦国博士淳于越提出恢复分封制的主张，认为分封子弟功臣可以成为辅枝，有利于政权巩固。秦始皇听了不动声色，让群臣讨论。丞相李斯表示反对，他认为应当维护统一，树立皇帝的绝对权威。他还提出焚毁古书的三条建议。一是除《秦记》、医药、卜筮、农家经典外，非博士官所藏的《诗》《书》和百家语等古书一律限期交官府销毁。二是凡谈论《诗》《书》者处死，以古非今者灭族。三是有愿习法令者，以官吏为师。秦始皇采纳了他的主张。于是全国点燃了焚书之火，不到一个月，秦前古典文献几乎都化为灰烬。

公元前212年，又发生了坑儒事件。秦始皇梦想得到长生不老药，而方士侯生、卢生等人投其所好，说可以找到这种药，由此骗去大量钱财。他们明知世上没有这种药，就携带钱财逃之夭夭，还攻击秦始皇专制、暴戾。秦始皇怒不可遏，就以妖言乱黔首的罪名，把460多名术士活埋了。这就是所谓的坑儒事件。

“焚书”与“坑儒”原本是两码事，后人却把两者混为一谈。这应该是秦始皇的行为激怒了文人，文人们就挖空心思为他的暴政统治加工证据。

“焚书”是秦始皇为加强中央集权制采取的措施。它为稳定政权起了一些作用，但也破坏了春秋以来百家争鸣的民主风气。专制统治终究难以长久。

“坑儒”主要是活埋那些靠谎言行骗的术士。听起来很残忍，但比起长平之战秦坑赵卒40万来说，不过是小巫见大巫而已。有人认为也坑了儒生，似乎成立。

历代文人多指斥秦始皇焚书坑儒，实行暴政，而毛泽东却持有不同看法。他在给郭沫若的诗中写道：“劝君少骂秦始皇，焚坑事业要商量。”

秦始皇之死

公元前 221 年，年仅 39 岁的秦王嬴政完成华夏统一大业，自封为始皇帝。他废除分封制，实行中央集权制，手握至高无上的皇权；北逐匈奴，南服百越；连接长城，开凿灵渠；修驰道，建直道；统一文字、货币、度量衡，开创了封建专制的全新局面。

然而天有不测风云。公元前 210 年 10 月，秦始皇第五次东巡途中，在沙丘宫（今河北广宗西北）病倒了。随着病势加重，他预感大限将至，当务之急就是立储。他思考再三，还是觉得大公子扶苏最合适。于是，他命令中车府令赵高代拟诏书，让扶苏把军事托付给秦将蒙恬，火速返回秦都咸阳（今属陕西）。

赵高暗暗打着自己的小算盘。如果扶苏继位，对我肯定不利；要是扶植幼子胡亥即位，我能为所欲为。看着秦始皇病入膏肓，一向摇尾乞怜的赵高顿时胆大起来，竟把诏书私自扣押下来。

秦始皇驾崩，只有丞相李斯、赵高和几名宠信知道。为了防止意外，他们对外封锁消息，只把遗体放在辒辌车内，向咸阳赶路，显得和平常没啥两样。腐烂的尸体散发出阵阵恶臭。为了掩人耳目，赵高命人买来鲍鱼，放在车内。

途中，赵高找李斯策划，想让胡亥继位。李斯听了大吃一惊。赵高给李斯分析，如果扶苏继位，受重用的必然是蒙恬，你连丞相的位子也保不住。这一招果然戳中了李斯的软肋，他妥协就范了。接着，赵高假托秦始皇下诏，逼死扶苏，杀害蒙恬，扫除了胡亥继位的障碍。

巡视车队回到咸阳，立刻发布公告，为秦始皇发丧。之后，胡亥冠冕堂皇登上皇帝宝座，就是秦二世。

至高无上的秦始皇，哪能想到自己身后的 20 多个子女被斩尽杀绝，而他成了名副其实的孤家寡人；志在开创万世基业的秦始皇，哪想到他的政权仅仅维持 15 年，就轰然倒塌了。

指鹿为马

赵高（？－前207）本是秦国宗室远亲，后来入秦宫担任中车府令，兼行符玺令事，管事20多年。因为他善于察言观色，逢迎献媚，所以博得秦始皇和公子胡亥的赏识和信任。

公元前210年，秦始皇第五次外巡时在沙丘宫（今河北广宗西北）病故。赵高与丞相李斯等合谋，伪造诏书，逼秦始皇长子扶苏自杀，另立幼子胡亥为帝，即秦二世。此后，赵高自任郎中令，独揽大权，结党营私，推行暴政，把秦国一步步推向灭亡的边缘。他利用胡亥的利令智昏，逼迫为秦国立下大功的蒙恬兄弟自杀，还杀害了秦始皇的20多个儿女。公元前208年，他又设计杀害李斯，顺理成章地爬上丞相宝座。

赵高继任丞相之后，国家大事都由他决断，俨然一个太上皇。羽翼已成的他，渐渐不把胡亥放在眼里。一天，他趁群臣朝贺之时，命人牵来一头鹿献给胡亥，并说："臣进献一马供陛下观赏。"胡亥虽然糊涂，但鹿和马还是能分清楚的。他失声笑道："丞相错了。这明明是鹿，怎么说是马呢？"赵高板着脸问左右大臣："你们说这是鹿还是马？"围观的人，有的慑于赵高的淫威，缄默不语；有的惯于阿谀奉承，说是马；有的弄不清赵高的意图，说了真话。胡亥见众口不一，以为自己冲撞了神灵，才会认马为鹿。找人占卜，说他祭祀神灵没有斋戒。胡亥这傻小子竟然信以为真。在赵高安排下，他以斋戒为名到上林苑游猎去了。胡亥一走，赵高把那些说"鹿"的人统统杀掉了。赵高导演这场指鹿为马的闹剧，目的是检验人心向背，以清除异己，巩固自己的势力，为篡夺皇位扫清道路。

公元前207年，赵高发动政变，逼迫秦二世自杀，另立子婴为秦王。子婴知道赵高心怀鬼胎，就和贴身宦官韩谈密谋，设计铲除了他。

也许是人所不齿的原因，一个把秦国推向覆灭的阴谋家、野心家，居然没有任何一本书对他有专门的记述，留下的仅是"指鹿为马"的笑话。

大泽乡起义

公元前209年秋天，秦王朝在淮河一带征发了900多贫民去渔阳（今北京密云西南）戍边，由两名军官押送。军官从戍边队伍中挑选了两个办事麻利的大个子，一个叫陈胜，一个叫吴广，让他俩当屯长，协助管理队伍。

戍边队伍途径大泽乡（今属安徽宿州）时，遇到连绵阴雨。屈指数算，误期到达已成定局。按照秦朝法律，误期是要杀头的，大家不由得慌乱起来。

陈胜和吴广暗中商量，误期是死，逃走也是死。横竖无路可走，倒不如冒死起义干一番大事。他俩拿定主意后，又想了一些计策。他俩找来一块白绸布，用朱砂在上面写了“陈胜王”三个字，塞进鱼肚里。戍卒剖鱼时，发现了白绸布，感到十分惊奇。半夜里，吴广又到破庙里点起篝火，学着狐狸叫唤起来：“大楚兴，陈胜王。”大泽乡原属楚国。戍卒们听到叫声，都窃窃私语起来：莫非就是天意不成？第二天，大伙看到陈胜，都在背后指指点点，对他格外尊敬起来。

看到时机成熟了，陈胜、吴广故意激怒押送戍卒的军官，然后杀死他们。接着，陈胜、吴广号召大家起义。陈胜大声反问：“王侯将相宁有种乎？”走投无路的戍卒被激发起来，他们表示心甘情愿跟着陈胜、吴广起义造反。

为了顺应民心，起义军以秦始皇大公子扶苏和楚将项燕的名义发动起义。陈胜任将军，吴广任都尉。戍卒们斩木为兵，揭竿而起，大泽乡起义爆发了。

起义军连克大泽乡、蕲县，队伍迅速壮大起来。行进到陈县（今河南淮阳县）时，已有兵车六七百辆，骑兵千余人，步卒几万人。攻克陈县后，陈胜自立为王，定国号为张楚。

大泽乡起义后，各地贫苦百姓纷纷响应，大量贫民加入到起义队伍中来；原来六国旧贵族也趁机死灰复燃，聚集力量，占领地盘，反秦风暴席卷全国。

大泽乡起义是中国历史上第一次大规模的农民起义。虽然起义只有六个月就失败了，但从根本上动摇了秦王朝的统治。

巨鹿之战

公元前 209 年，当陈胜、吴广领导的大泽乡起义爆发后，项梁和项羽也在吴地（今江苏苏州）起兵响应，许多人纷纷加入，起义队伍迅速壮大。为了增强号召力和凝聚力，他们立楚怀王的孙子为楚王，仍称楚怀王，军队号称楚军。

第二年，也就是公元前 208 年，秦将章邯、王离等率 40 万大军进攻赵国。赵王歇和赵相张耳逃进巨鹿（今河北平乡），负隅顽抗。赵国向各路诸侯求援。前来救援的几十万诸侯军驻扎在巨鹿城北，惧怕秦军，畏缩不前。

楚军分两路救赵。一路由上将军宋义和次将军项羽率领五万人马北上，另一路由刘邦率领直指秦朝老巢——关中。

公元前 207 年，宋义部渡黄河行至安阳（今河南安阳东南）。宋义看到秦军声势浩大，就说等秦赵两败俱伤后再坐收渔人之利，因此逗留 46 天不肯前进。项羽怒不可遏，痛斥并杀死宋义。楚怀王封项羽为上将军，并把英布和蒲将军两支军队也归他统一指挥，项羽军队实力有所加强。

项羽率军到达巨鹿南边的漳河，立刻派英布和蒲将军率两万人马首先过河。二将初战小胜。接着，项羽率全军渡过漳河。渡河后，他下令凿沉渡船，烧掉帐篷，砸烂饭锅，只带三天干粮，以迅雷不及掩耳之势直奔巨鹿。楚军首先击败保护输送粮草甬道的秦军，断其补给。诸侯军将军们作壁上观，但见楚军喊杀声惊天动地，将士无不以一当十。在楚军的带动下，诸侯军参与战斗。他们九战九捷，歼敌 20 万，生俘王离。诸侯军将军们目睹了项羽的威武，入辕门进见时，没有一个是不跪着前行的。从此，项羽被推为上将军，统帅各路诸侯军。八个月后，章邯带所部 20 万人也投降了。

巨鹿之战是中国历史上一次以少胜多的战例。它再次告诉人们，兵力多少不是决定战争胜负的唯一因素。战争的性质、策略的运用，以及将士的斗志都是不可忽略的。这次战役还创造了“破釜沉舟”的成语，它饱含了置之死地而后生的哲理。

望夷之祸

公元前 207 年，楚将项羽在巨鹿（今河北平乡）大败秦军，秦将王离被俘、章邯投降，秦王朝大势已去。身为丞相的赵高却隐瞒实情，告诉秦二世胡亥关东无事。另一路楚军由刘邦率领攻破武关（今陕西商洛县西南丹江北岸），并派人私下会见赵高，希望他作内应，早日攻克秦都咸阳（今属陕西）。

秦二世听到武关被破的消息，惊慌失措，连忙召集赵高进宫议事。赵高担心自己事情败露，非常恐慌，称病不朝。在望夷宫斋戒时，秦二世派人责问赵高。赵高愈加担心东窗事发，于是决定先下手为强，除掉二世，自立为王。

赵高与弟弟郎中令赵成、女婿咸阳令阎乐谋划政变。他们商定赵成作内应，谎报宫中有变，引阎乐率兵进攻望夷宫。赵成、阎乐依计而行。恶毒的赵高生怕阎乐变卦，又把他的老母亲作为人质扣押起来。

阎乐率领士卒一千多人突然来到望夷宫。守卫宫廷的卫令（官名）问他们来干什么。阎乐命手下人把他双手反绑，然后大骂盗贼进入宫中为何不抵抗。青天白日，哪来的盗贼？卫令莫名其妙，正要争辩，竟被阎乐一刀杀死。阎乐率兵闯入宫中，宦官、卫士见势不妙，纷纷抱头鼠窜。赵成自宫内招呼阎乐，二人进入秦二世寝宫。阎乐指着秦二世破口大骂，历数他的罪状。秦二世要求见赵高一面，阎乐断然拒绝。他又提出退位当郡王或者万户侯，阎乐也不答应。秦二世感到事态严重，竟呜呜咽咽地哭起来，哀求和妻儿一同去当平头百姓。然而阎乐凶相毕露，坚持要他自裁。秦二世自知难免一死，只好拔剑自刎。

赵高得知二世已死，就匆匆赶到现场，摘下他身上的玉玺佩在自己身上，准备宣布登基。无奈文武百官个个低头不语，无声的反抗粉碎了他的皇帝梦。赵高顿觉天旋地转，意识到自己的罪恶达到了天怒人怨的程度，只得临时改变主意，把玉玺传给子婴，让他当秦王。

秦二世胡亥在望夷宫被杀，史称望夷之祸。它是秦王朝统治集团内部权力斗争的集中表现。赵高在杀死秦二世的同时，自己也走到了生命的尽头。

约法三章

公元前206年，刘邦率领的楚军攻入关中。军队在到达距秦都咸阳（今属陕西）几十里的灞上时，秦王子婴驾着白马白车，用丝绳系着脖子，封好皇帝的玉玺和符节，在轵道旁投降。有的将领想杀掉秦王，但刘邦觉得杀掉已经投降的秦王是不吉利的。于是，他把秦王交给主管官吏，就率兵进入咸阳。

刘邦进入咸阳，部下诸将见到秦宫中无数的珍奇好玩、金银财宝，不禁眼花缭乱，馋涎欲滴。惊奇之余，更是肆无忌惮，你争我夺，不可开交。一时间，咸阳城内混乱不堪。一贯喜酒好色的刘邦面对珠宝美女也心里痒痒起来，想在秦宫住下，提前体验一下关中王的滋味儿。

刘邦贪图享乐的举动让樊哙、张良等人心急如焚。秦亡的原因固然很多，但享乐腐化总是其中之一；自己起义造反，好不容易才看到一丝夺取天下的希望，怎能就此止步不前？在他们苦口婆心地劝导下，刘邦才醒悟过来。他下令把秦宫中的贵重物品和府库都封存起来，然后率领十万部队返回灞上驻扎。

刘邦驻军灞上后，就召集各县有名望的人来开会。他说秦朝的苛刻法令已经施行很久了，大家都遭了罪。楚怀王早就和诸侯约定，谁先入关谁就在这里称王，所以我该做关中王。现在我和你们约定的法律只有三条，杀人者处死刑，伤人者和抢劫者依法论罪，其余的秦朝法律全部废除。所有官吏和往常一样上班，所有老百姓都安居乐业。我到这里来就是要为父老们除害，绝不会对你们有任何侵害，你们不要害怕。这些人听了刘邦的表态心悦诚服，国家机器也照常运转。

消息不胫而走，秦地百姓非常高兴。他们送来牛羊酒食慰劳士卒。刘邦一一谢绝，不让大家破费。人们更加喜欢，唯恐他不做关中王。

刘邦约法三章看似简单，其实争取了民心，打下了关中称王、继而一统天下的群众基础，在与项羽的争夺中棋先一招。人们赞赏樊哙、张良等人的政治眼光，也为刘邦采纳部下忠告而称道。

鸿　门　宴

公元前206年，刘邦带领的楚军攻进秦都咸阳（今属陕西），灭了秦国。此后，他派兵据守函谷关，防备项羽入关，意欲关中称王。

一个月后，项羽领兵来到函谷关。一怒之下，攻克关隘，进至咸阳，驻军鸿门（今陕西西安市临潼区鸿门堡）。刘邦部下的左司马曹无伤向他告密，说刘邦想在关中称王。项羽听了勃然大怒，传令全军饱餐，翌日一举歼灭刘邦。当时，项羽拥兵40万；刘邦驻军灞上，只有10万人马，兵力悬殊不言而喻。

项羽的族叔项伯任楚军左尹。他连夜赶到灞上，劝好友张良随他离开，免得玉石俱焚。张良是刘邦的忠实谋士，他立即把实情告诉了刘邦。惊愕之余，刘邦盛情款待，用感情拉拢项伯，三人密谋应对办法。事后，项伯面见项羽，为刘邦说情。翌日一早，刘邦就带领张良、樊哙面见项羽，致歉求和。

范增是项羽的军师。他劝项羽设宴招待，借机除掉刘邦，免生后患。

酒席宴上，刘邦对项羽解释说我已封存府库，在等待您的到来；防守函谷关是为了防止发生意外。范增几次暗示动手，但项羽视而不见。范增又安排项羽的堂弟项庄舞剑助兴，借机杀死刘邦。项伯见状，拔剑对舞，保护刘邦。张良暗召樊哙带剑拥盾，直入席间。樊哙斥责项羽不守盟约，质问为何加害功臣刘邦。项羽哑口无言，遂放弃了杀害刘邦的念头。刘邦借口如厕，离开席间。樊哙说“如今人方为刀俎，我为鱼肉”，劝他赶紧离开。于是，刘邦偕樊哙抄小路逃回灞上；张良以刘邦不胜酒力，向项羽道歉。鸿门宴就此谢幕。

由于项羽的优柔寡断或者说太重情义，由于刘邦的机智果断，也由于刘邦部下斗智斗勇，终于使刘邦虎口余生，转危为安。

鸿门宴可以看作是楚汉战争的前奏。在这里已经隐约看到了战争的结局。

鸿门宴被后人喻指暗藏杀机的宴会，而“项庄舞剑，意在沛公”“人为刀俎，我为鱼肉”等名言，丰富了汉语的成语宝库。

萧何月下追韩信

韩信是淮阴（今江苏淮安市淮阴区）平民，性格放纵而不拘礼节。少年时，常常依靠别人糊口度日，日子长了，招人讨厌。

韩信的母亲死了，穷得没钱办丧事，可他偏去寻找宽敞高大的坟地，还说要让坟地四周能安顿得下一万家。在别人眼里，简直是怪人。

淮阴有个年轻屠户说韩信是胆小鬼。一次，他带着一帮恶少当众羞辱韩信："你要不怕死，就拿剑刺我；如果怕死，就从我胯下爬过去。"韩信思忖一番，自知形单影只，硬拼肯定吃亏，就趴在地上，从他胯下爬过去了。满大街的人都笑话韩信胆小。这就是坊间流传已久的"胯下之辱"的故事。

秦末农民起义爆发后，韩信投奔项羽，但不被重用。后来转投刘邦，做了个管理粮草的小官儿。刘邦被项羽封为汉王后，率部进入汉中。有一次，韩信违反了军纪。同案的13人都被处斩，就要轮到他了。他抬头看看滕公夏侯婴说："汉王不打算得天下吗？为什么杀掉壮士？"夏侯婴见此人语出惊人，相貌威武，就释放了他。

后来，韩信有机会接触到丞相萧何。萧何通过交谈和观察，认定韩信绝非凡夫俗子，而是成就大业的栋梁之材。

一天夜里，有人向刘邦报告说萧何逃跑了。刘邦听了如五雷轰顶，又气又急。自从进入蜀地，兵将逃跑司空见惯，只是堂堂丞相怎能不辞而别？过了两天，萧何来见刘邦。刘邦又惊又喜，问他为什么逃跑。萧何说我哪里是逃跑，我是去追逃跑的人。原来萧何听说韩信逃跑了，事情紧急，来不及向刘邦报告，就趁着月色去追赶韩信了。刘邦不信。他说自从来到蜀地，逃跑的军官有几十个，你都没有追，为什么偏去追韩信？萧何说你要争夺天下，除了他再没有可以商量大计的人。在萧何的建议下，刘邦设坛拜韩信为大将。

以后的历史证明，萧何不愧慧眼独具。韩信的确是刘邦创建汉朝的主要功臣。连刘邦也评价说："战必胜，攻必取，吾不如韩信。"

暗度陈仓

公元前206年，项羽率兵进入秦都咸阳(今属陕西)。他依仗强大的军事实力，自封西楚霸王，大封天下，一共分封了18位诸侯王。他违背楚怀王“谁先攻入关中，谁就做关中王”的约定，把率先攻入关中的刘邦封为汉王，封地是偏僻荒凉的巴蜀和汉中。关中之地一分为三，分封给秦国降将雍王章邯、塞王司马欣和翟王董翳，借以遏制刘邦北上。

刘邦对项羽的做法十分愤慨，想率兵攻击项羽，但谋士萧何、张良认为力量悬殊，攻击项羽如同以卵击石，竭力劝阻刘邦隐忍不发。

分封完毕，张良送刘邦到封地。路过褒中(今陕西褒城)时，张良见群山环抱，沿途都是悬崖峭壁，只有栈道凌空高架以度行人，别无它途。张良向刘邦建议，待汉军过后，烧毁入蜀栈道，这样既可表示无意东顾，消除项羽猜忌，又可防备他人袭击；待时机成熟，再图东进。张良就此告别。刘邦依计而行。

刘邦进入汉中后，休养生息，养精蓄锐，做着东进准备。半年后，机会终于来了。齐相田荣不满项羽分封，起事并齐，自封齐王。彭越也在梁地起事，并击败项羽萧公角部。项羽忙于对付田荣、彭越，无暇西顾。

刘邦听信韩信计谋，派樊哙率万余老弱兵卒修复烧毁的栈道，摆出一副要从原路杀回关中的架势。关中探到消息，密切注视栈道修复的速度，并将主力部队部署在这条进攻路线的各个关口、要塞，严加防范。暗地里，韩信却率领精锐部队，经陈仓(今陕西宝鸡市东)故道，出其不意，攻入关中，接连击败章邯等三名前秦降将，占领了咸阳。

“明修栈道，暗度陈仓”原本是楚汉战争的一段佳话，如今演绎为汉语成语，比喻以假象迷惑对方，使其产生错觉，从而达到某种目的，与“声东击西”的意思颇为相近。这个八字成语也可以省略前四个字而只用“暗度陈仓”，意义都是一样的。

楚汉成皋之战

公元前205年，刘邦平定关中后，又联络诸侯军56万人，一举攻占彭城（今江苏徐州），端了项羽老窝。正当刘邦沉溺胜利、得意忘形之际，项羽亲率三万精兵，夺回彭城。刘邦遭受致命打击，只带数十名骑兵逃脱，连他的父亲和妻子吕雉也成了项羽的阶下囚。

彭城之战后，刘邦的形势极为严峻。此时，他采纳谋士张良等人的建议，制定了完备的策略：政治上，重用彭越、韩信等人，争取与项羽有矛盾的英布，加强团结，壮大力量；军事上，汉军以关中为根据地，坚持正面作战，而以敌后袭扰和南北两翼牵制相配合。

彭城之战后，刘邦率军退守荥阳（今河南荥阳东北）。荥阳西面的成皋（今河南荥阳汜水镇）古称虎牢关，历来是洛阳屏障，也是确保关中安全的军事重镇。刘邦决心以关中为依托，扼守荥阳、成皋，与项羽的楚军长期抗衡。

项羽大军围困荥阳，汉军粮尽。刘邦采用将军纪信的计策，令周苛坚守城池，以纪信作替身出东门诈降，自己趁乱逃离荥阳，经成皋入关。项羽继续围攻荥阳，并占领成皋。待项羽东下进击彭越，刘邦趁机夺回成皋。项羽回兵西上，连克荥阳、成皋，刘邦自成皋北门逃走。项羽再次东击彭越，而留大司马曹咎据守成皋。公元前203年，刘邦再攻成皋。楚军坚壁不战。汉军在城外辱骂数日，终于激怒曹咎，引兵渡汜水，与汉军决战。汉军趁其半渡之际，纵兵出击，大获全胜，再次收复成皋。历时两年三个月的成皋战役，以刘邦获胜而告结束。

在成皋拉锯战期间，汉军曹参、韩信开辟北方战场，战绩显著；南路汉军攻城略地，遥相呼应；彭越率部不断扰乱楚军后方，多次切断楚军补给线；英布举兵反楚，客观上壮大了汉军力量。项羽军队虽然强大，但被往来调动，士卒疲于奔命，失败自是不言而喻。

成皋之战是中国战争史上刘邦首创的后发制人、疲敌制胜、以弱制强的典型战役。这个战役从根本上改变了楚汉战争的走势。

井陉之战

公元前 204 年，正当刘邦和项羽在荥阳、成皋激烈争夺之际，负责开辟北方战场的汉将韩信、张良，带领数万精兵进攻赵国。赵王歇和成安君陈余率兵 20 万，在太行山井陉口抗击汉军。

广武君李左车认为井陉地势险要，易守难攻。他建议成安君深挖护营壕沟，高筑兵营围墙，坚守险要，以逸待劳；由他带领三万士卒，抄小路截取汉军粮草，形成两面夹攻态势。这样，汉军虽然精锐，但它前不得战，退不得回，无粮可掠，必然失败。

陈余认为韩信军队号称数万，其实不过几千，千里奔袭，早已疲惫，速战速决，战胜他们不在话下。如果避而不战，诸侯们一定会认为我们胆怯，以后还会轻易攻打我们，就没有采纳李左车的计策。

韩信打探到李左车的计策没有被采纳，非常高兴。他大胆引兵前行，在离井陉口 30 里处扎营。半夜，挑选两千轻骑兵，每人持一面红旗，走小路到山上隐蔽起来。韩信命令伏兵注意观察，一旦赵军倾巢而出，立刻冲进赵营，拔掉赵军旗帜，插上汉军红旗。接着，韩信派出一万人的先头部队，趁夜深人静，渡过绵蔓水，背靠河水东岸摆开阵势。赵军看到这种只有前进没有后退的绝阵，大笑不已，认为汉军死定了。

天刚亮，汉军击鼓进军，赵军一部出营拒敌。大战良久，汉军佯败，丢弃旗鼓，退回河边阵中。赵军见状，果然倾巢出动。河边汉军拼死抵抗，双方相持不下。两千轻骑兵突入赵营，一片红旗迎风飘扬起来。赵军正想收兵回营，忽然看到这种景况，大惊失色，以为汉军已把赵王和其他将领俘虏了。赵军军心大乱，四散逃奔。汉军两面夹攻，20 万赵军土崩瓦解，斩杀陈余，活捉了赵王歇。

汉军大胜，诸将向韩信请教背水一战的布阵兵法。韩信说兵法上不是说“置之死地而后生”吗，如果不这样，士卒认为给他们留有生路，看到危险就逃跑，这怎么能取胜？诸将听了叹服不已。

“背水一战”和“置之死地而后生”的历史故事已被后人演绎为汉语成语。

鸿　沟

公元前360年，魏国出于战争需要，开挖了鸿沟。它从黄河南岸的广武山穿过，沟口宽约800米，涧深200米。它西自荥阳北引黄河水为源，向东流经中牟、开封，折而南下，入颍河通淮河，把黄河与淮河之间的济、濮、汴、睢、颍、涡、汝、泗、荷等主要河道连接起来，构成鸿沟水系。

鸿沟有圃田泽调节，水量充沛；相连的河道水位稳定，航运有利。它向南通淮河、邗沟，与长江贯通；向东通济水、泗水，沿济水而下，可通淄济运河；向北通黄河，溯黄河西上，与洛水、渭水相连，使河南成为水路交通的核心地区。

鸿沟是我国古代最早沟通黄河与淮河的人工运河。它的沟通促进了魏国交通、经济和文化的发展与交流，也为后来京杭大运河的开凿创造了条件。

秦统一中国后，充分利用鸿沟水系和济水等河流，把南方征集的粮食等物资运往北方，并在鸿沟与黄河分流处兴建规模庞大的敖仓，作为转运站。鸿沟巨大的政治、经济和军事意义在这里突显出来。

楚汉战争期间，刘邦和项羽在荥阳（今河南荥阳东北）、成皋（今河南荥阳汜水镇）一带对峙了两年多时间，汉军一直牵制着楚军主力。据司马迁《史记》记载，公元前203年刘邦向项羽提出要求，双方签订条约。项羽释放关押的刘邦亲属，双方以鸿沟为界，以西归汉，以东属楚，就是所谓的“楚河汉界”。当代学者分析，根据当时的形势，刘邦背靠关中，兵源和粮草充足，已占据大半个中国，处于绝对优势；而项羽远离封地，士卒疲乏，粮草短缺，控制的地盘日渐萎缩，形势极为不利。在这种情况下，刘邦不可能主动与项羽签署什么鸿沟条约。即使签署，也是一纸空文，刘邦以此换回被俘亲属，而项羽得到东逃时间。这种分析是有道理的。

鸿沟既是水利工程的名字，又是具有历史意义的地名。如今，前者的意义已经淡化，后者的引申义定格在中国象棋的棋盘上，就是楚河汉界，不可逾越。

垓下之战

公元前 203 年，刘邦和项羽签订了停战条约，双方以鸿沟为界，以西归汉，以东属楚。

条约签订后，项羽领兵东撤。然而局势已占上风的刘邦哪肯轻易让他逃脱？刘邦背约，指挥汉军穷追不舍。公元前 202 年，刘邦及韩信、彭越、英布等率领的 60 万大军，终于在垓下（今安徽宿州市灵璧东南沱河北岸）将项羽所部团团包围。此时，项羽只有十几万兵力，而且饥寒交迫，军心涣散，已经失去了战斗力。

那天半夜，汉军士卒突然唱起了楚歌。项羽听到，大惊失色。也许是神经过敏，他想汉军肯定把楚地都占领了，不然汉军哪有这么多楚人呢？项羽在帐中喝着闷酒。回想往日，美丽的虞姬常伴身旁，宝马乌骓常骑胯下，不禁作诗自吟：“力拔山兮气盖世，时不利兮骓不逝。骓不逝兮可奈何，虞兮虞兮奈若何？”项羽一遍遍地吟唱，连身边的侍卫都流下眼泪。

当晚，项羽率部下 800 壮士突围，纵马南逃。灌婴率 5000 汉军紧紧追赶。到了东城的时候，项羽部下仅剩 28 骑。但他们来回冲阵，斩汉将，杀汉兵，再次杀开一条血路。

项羽突围至乌江（今安徽和县东北）。乌江亭长停船岸边，请他上船速渡。项羽竟谢绝亭长盛意，他说：“上天要亡我，我还渡江干什么？当初我带江东八千子弟渡江西进，今天我一人归还，纵然江东父老怜我而拥我为王，我还有什么脸面去见他们？”说罢将坐骑赠给亭长，命令部下下马与汉兵短兵相接。项羽杀汉兵数百人，自己受伤十几处，然后自刎而死，时年 31 岁。

项羽的性格特点十分鲜明。他武功盖世，为人豪爽，但刚愎自用，缺少心计。项羽虽然兵败自杀，但后人对他多有积极评价。司马迁的《史记》把他列入本纪，明显给了“皇帝待遇”，字里行间对他的“英雄末路”也给予同情。

刘邦登基

刘邦（公元前256—前195），战国末期楚国沛县（今江苏沛县）人，出身农民家庭。年轻时，既不喜欢劳动，又不善于经商，大人们都觉得他胸无大志。

后来，刘邦当了泗水亭长。虽然官儿比七品芝麻官还小，但他的心比天还高。一次，他遇到秦始皇大队人马出巡。远远看去，见秦始皇端坐在精美华丽的马车上威风八面，不禁脱口而出："大丈夫就应该像这样啊！"

一次，刘邦押送徒役去骊山，很多人半路逃跑了。他寻思赶到骊山就跑得没人了。所以走到芒砀山时，就停下来喝酒，让大家逃命，说我也得远走他乡了。徒役中有十多个壮士却不愿意离开他。于是，刘邦带着大家寻找安身之处。走在最前面的人回来报告说，有条大白蛇挡在路上。刘邦径直走到前面，拔剑把蛇劈成两截。追随他的人顿时心生敬畏。后来，坊间就有了高祖斩白蛇起事的传说。

秦末农民起义后，刘邦投身其中，并成为楚军重要将领。他率西路军所向披靡，攻破武关，直捣咸阳，灭了秦国。他废除秦法，约法三章，深得关中百姓拥戴。鸿门宴上，他凭着超凡的冷静与沉着，化险为夷。

刘邦被封汉王后，采纳萧何建议，拜韩信为大将。明修栈道，暗度陈仓，一举占领关中，平定三秦，建立了稳固的根据地。

彭城之战失利后，刘邦退守荥阳、成皋，与部下客观分析形势，制定正确的策略，最终在垓下击败项羽，取得楚汉战争的胜利。

公元前202年，刘邦在定陶汜水（今山东曹县附近）之阳举行登基大典，史称汉高祖。后定都长安（今陕西西安），开启了210年的西汉王朝。

刘邦登基有其历史必然。他虽然出身草莽，但能知人善用，从谏如流。他手下汇聚了张良、萧何、韩信、彭越等一批文臣武将，既能运筹帷幄，又能决胜千里。他的实力远远逊于项羽，但凭着百折不挠的斗志，一步步由弱变强，并最终取胜。难怪毛泽东说："他是封建皇帝里边最厉害的一个。"

白登之围

匈奴是我国北方的少数民族，他们过着游牧为主的生活，骑马射箭是看家本领。秦汉之际，冒顿单于统一匈奴，逐渐强盛起来。楚汉战争期间，匈奴趁乱南下夺走不少地盘。西汉政权建立后，匈奴对其虎视眈眈。

韩王信是汉高祖分封的诸侯。其封国都城原在阳翟（今河南禹州），后迁至北方的马邑（今山西朔州）。马邑是汉朝北疆，因此韩王信经常与匈奴发生战争，而且败多胜少。公元前201年，冒顿单于亲率十万骑兵围攻马邑，韩王信只好向匈奴求和。刘邦怀疑他暗通匈奴，致书责备。韩王信担心自己被刘邦加害，就索性投降匈奴，并和它一起南下犯汉，进入雁门关，攻下太原郡。

公元前200年，刘邦亲率32万大军迎战匈奴，同时镇压韩王信叛乱。汉军进入太原郡后连连取胜，由此产生了轻敌麻痹思想。刘邦想乘胜北击匈奴。他前后派了十几批人打探虚实，他们都说匈奴军队多是老弱病残，攻击正当其时。只有刘敬报告说，看到的是老弱病残，这一定是敌人故意显露自己的短处，而把精锐部队埋伏起来，我们不能再打了。刘邦听了破口大骂，还把他拘禁起来。

其实正如刘敬分析的那样，冒顿单于早已埋伏精兵，张开大网，静待着汉军到来。刘邦率领先头部队进入包围圈后，冒顿单于立刻指挥40万大军合围，切断汉军后续部队，把刘邦围困在白登山（今山西大同东南）。汉军内无粮草，外无援兵，处境危险。几次突围都不成功。时值隆冬，气候严寒，汉军中有许多人冻掉了手指。双方相持七天七夜，呈胶着状态。

面对险情，刘邦采用了陈平的计策，派人趁大雾下山，秘密向冒顿单于宠信的阏氏（匈奴单于的正妻）献上大量金银珠宝。阏氏得了宝物，就说服冒顿单于放开包围圈的一角，让汉军撤出。

白登之围让刘邦尝到了匈奴的厉害。之后，他赦免刘敬，并采纳他的建议，与匈奴实行和亲政策。这对急需休养生息的西汉政权来说应该是上策。

布衣将相

“布衣”在古代原来是指穿麻布衣服的人，后来成了一般平民的代称，其中包括农民和手工业者等劳动人民，也包括没有官爵的地主，和现在所说的“草根”差不多。

春秋战国时期，各诸侯国大都保留了奴隶制关系的残余形态，即所谓的“世侯世卿之局”。 秦末农民大起义的领袖陈胜发出“王侯将相宁有种乎”的感慨，实际上是对这种残余形态的否定，也为布衣主宰天下作了重要的舆论准备。

刘邦投身秦末农民大起义，并最后夺取天下，成了西汉的开国皇帝。他和他手下的一帮文臣武将，除了张良是韩国贵族外，其余都是布衣出身。刘邦本是自耕农，后来当了亭长。亭长多大官儿？管着十里范围内的治安和接待，也许相当于现在的派出所所长兼招待所所长吧。陈平、王陵、陆贾、郦商、郦食其、夏侯婴等都是一般农民。樊哙是杀狗的，叫得雅一点是屠户或者“杀狗专业户”。周勃以编织养蚕的苇箔为主，业余打打工，当当丧葬乐队的吹鼓手，挣点小钱，维持生计。灌婴是贩缯者，相当于今天的布贩子。娄敬是戍卒，当兵的。萧何、曹参出身小吏，充其量是“一般干部”。论阶级成分，他们都属于社会下层。除娄敬外，他们都跟随刘邦打天下，在政治和军事斗争中，增长了才干，锻炼了能力，成了政治家、军事家。

西汉建立后，这些人都身居要职。萧何、曹参、陈平先后担任相国或丞相；周勃、灌婴先任太尉，后任丞相；樊哙经常统帅大军作战，出将入相。因为这些人出身布衣，所以历史上称他们是布衣将相，这种政治结构称为“布衣将相之局”。

布衣将相之局影响着统治集团的内部关系，使其保持朴素作风。表现在君臣关系不那么森严，君臣之间能够坦诚交流；选拔人才，重能力轻门第；办事求实效，不过分奢侈浪费等等。这种格局是西汉布衣政治的一个重要方面。它保证了西汉政权各项政策、措施的贯彻执行，是汉初统治天下的一条成功经验。

兔死狗烹

经丞相萧何举荐、韩信被拜为大将后，刘邦向他询问定国安邦的良策。韩信客观分析了刘邦和项羽各自的优势和劣势，并提了东征以夺天下的方略。刘邦听了十分高兴，大有相知恨晚的感觉。

公元前206年，韩信明修栈道、暗度陈仓，迅速占领关中，平定三秦，对楚作战首战告捷。

公元前205年，刘邦兵败彭城，退守荥阳、成皋。韩信收拾残部，与其会师，并在荥阳附近打败楚军，使汉军重整旗鼓，与楚军形成对峙态势。

同年8月，刘邦任命韩信为左丞相，率兵攻魏。不久，平定魏国，俘虏魏王。

此后，韩信奉命开辟北方战场，先后夺取代国，打败赵国，降服燕国，灭掉齐国，牵制和削弱了楚军。灭掉齐国后，韩信被封为齐王。项羽使人说服韩信，让他联楚反汉，三分天下，韩信坚决反对。齐国辩士蒯通劝韩信自立。他说功高震主，后果危险。蒯通言之有理，但也被他拒绝了。

公元前202年，韩信配合刘邦在垓下把楚军重重包围。韩信命汉军士卒夜唱楚歌："人心都向楚，天下已属刘；韩信屯垓下，要斩霸王头。"楚军听到楚歌，愈发厌战。韩信趁势进攻，楚军大败，项羽自刎。垓下大胜后，刘邦立即改封韩信为楚王，实际上夺了他的兵权。

公元前201年，有人告发韩信谋反。刘邦以天子游览云梦泽为名，在陈地逮捕了韩信。押回洛阳时，又赦免他，改封淮阴侯。

韩信被贬后闷闷不乐。公元前197年，巨鹿郡守陈豨反叛，刘邦率兵征讨。韩信托病不从，在京城策划带领囚徒袭击吕后和太子。吕后得到密报，就同萧何策划，诈称陈豨已死，令列侯群臣入宫祝贺。韩信一到长乐宫，就被处斩于悬钟室。所谓"成也萧何，败也萧何"由此而来。

一个集王侯将相于一身的伟人竟落得如此下场。可怜的韩信，终究没有破解自保的课题，比比古人范蠡才知道留下什么遗憾。

吕后专权

刘邦起事前，在楚国沛县（今江苏沛县）当泗水亭长，在一次宴会上，偶然娶到比自己小 15 岁的妻子吕雉，算是老夫少妻。

早年的吕雉称得上贤惠女人。她为刘邦生下一儿一女，也就是后来的汉惠帝刘盈和鲁元公主。在刘邦忙于公务和应酬的年月里，她孝顺公婆，养育儿女，独自支撑家庭，过着自食其力的生活。

公元前 205 年，刘邦兵败彭城，吕雉等刘邦家眷为楚军俘获。直到公元前 203 年楚汉议和后，才被释放归汉。

早在公元前 205 年，刘邦就立刘盈为太子，但由于刘邦宠信的戚夫人日夜啼泣，要求立自己的儿子赵王刘如意为皇太子，刘邦也就产生了废长立幼的念头。吕雉想了很多办法，最终迫使刘邦打消了这个念头。

刘邦称帝后，吕雉作为皇后，日渐成为统治集团的决策人物。她先后杀害韩信、彭越等开国功臣，树立个人权威，为日后专权做了充分准备。

公元前 195 年，刘邦病逝，刘盈继位，就是汉惠帝。因其生性懦弱，凡事由吕后决断。吕后对刘邦宠信的嫔妃，大多进行常规处理，唯独戚夫人坚决不放过。她不仅杀害了赵王刘如意，还将其母戚夫人斩去手脚，熏聋双耳，挖掉两眼，毒成哑巴，抛入茅厕，称为“人彘”，意为人中之猪。

刘盈死后，吕后先后立刘恭、刘弘为帝，其实是她独揽朝政。她违背刘邦生前非刘氏不立王侯的盟约，大量分封异姓王侯，仅吕氏家族就有十几个。

公元前 180 年，吕后病死。她执政八年，是中国历史上太后专权的第一人。她专权期间，实行与民休息的政策，减轻徭役，降低赋税，发展农业生产；修改汉法，废除三族罪、挟书律等秦时苛法；对匈奴继续和亲政策，保持了双方的和睦相处。吕后从贤惠的家庭主妇成为冷血的杀人魔怪，自然会招来“恶妇”的骂名；她违背刘邦盟约，大量分封异姓王侯，特别是吕氏王侯，引起刘姓王侯和元老大臣的强烈反对，这为死后的动乱埋下了祸根。

周勃安刘

吕雉专权期间，违背刘邦盟约，分封了许多异姓王侯，仅她娘家就有十几个。事实上吕氏家族已经控制了国家政权。

公元前180年，吕雉病危。临终前，她仍然不忘巩固吕氏天下。她任命侄子赵王吕禄为上将军，统领北军；另一侄子梁王吕产为相国，统领南军，掌握京城的警卫部队。她还告诉他俩，不要离开皇宫给她送葬，以免发生兵变。

吕雉死后，诸吕企图危害刘氏。齐王刘襄听到消息，首先起兵讨伐。他向诸侯王发出书信，揭露吕氏阴谋，并号召刘姓王侯共诛不当为王的吕氏王侯。吕产闻讯，就派大将军灌婴带兵去东面阻击。然而灌婴到了荥阳（今河南荥阳东北）却按兵不动，暗中与齐王通气，静观其变。

刘邦死后，周勃任太尉，但只是空架子，一点兵权也没有；陈平身为丞相，也是空头衔。他俩与朱虚侯刘章等人合谋，劫持曲周侯郦商，令其子郦寄去诳骗好友吕禄。郦寄对吕禄说，吕氏封王是众臣认可的，但你们长期在京城带兵会招惹是非。你们把兵权移交太尉，回到封地，才能安居王位。吕禄认可。这时，吕产得到了灌婴和齐王暗中联络的消息。周勃、陈平感到事态严重，打算先控制北军。掌握符节的纪通在关键时刻倾向周勃，让他持节诈称天子之命进入北军。此时，吕禄已交出印信，把兵权还给了周勃。

周勃进入北军，马上宣布命令，凡拥护吕氏的袒露右臂，凡拥护刘氏的袒露左臂。全军不约而同袒露左臂，周勃轻而易举控制了北军。吕产不知道北军兵变，打算进未央宫发动叛乱。周勃命刘章带千余士卒保护未央宫。刘章一行遇到吕产，立刻将其追杀。周勃听到消息，非常高兴，随即捕杀了吕禄及其吕氏男女。之后，周勃与大臣们合谋，废掉少帝，拥立代王刘恒为帝，也就是汉文帝。诸吕既除，齐王刘襄罢兵而去。

刘邦在世时，曾预言“勃重厚少文，然安刘氏者必勃也”。事情果然言中。周勃诛吕安刘后，西汉结束内乱，重新归于平稳。

文景之治

经过秦末农民大起义和楚汉战争，西汉初期呈现出一片残败景象，人口锐减，经济萧条，粮食奇缺，人吃人的现象时有发生。皇帝出巡，居然连四匹毛色一样的驾车马都凑不齐，至于将相就只能坐牛车出行了。

面对窘况，从汉高祖刘邦开始，就采取休养生息的政策，并且取得一定成效。

从公元前 180 年到公元前 140 年，汉文帝和汉景帝励精图治 40 年。

为了稳定局面，文帝在国体上实行郡、国并行制，郡和诸侯王国相间而立。景帝时平定“七国之乱”，使诸侯王国实际只有一郡之地，其数量也大大少于郡。这样一来，加强了中央集权，维持了国家统一。

文景二帝重视农业，都多次下令劝课农桑。地方设三老、孝悌、力田若干人员，让他们鼓励农民生产。春播时节，文帝景帝都亲自下地播种，以身作则。

重视农桑生产的同时，继续推行汉初轻徭薄赋的政策。首先是减轻田租，把原来的十五税一改为三十税一，也就是相当于现在 3.3% 的税率；其次是慎用民力，把服役一年一次改为三年一次，为百姓腾出许多时间。

文景二帝实行轻刑法令。文帝即位不久，就废止诽谤妖言罪。接着又废除了连坐法和残损肢体的肉刑。景帝时又减轻了笞刑。

文景时期，对匈奴的入侵以防御为主，并不主动进攻。目的是减轻百姓负担，防止刚刚恢复的正常生活再次受到破坏。

文景二帝崇尚节俭，率先垂范。文帝曾想修建露台，可是测算下来，需要一百金。这相当于十户中产人家的资产，文帝不干了。景帝更是下诏不接受地方贡献的锦绣等奢侈物品，还禁止官员购买黄金珠宝，否则以盗窃论罪。上行下效，社会风气哪有不正的道理？

经过文景二帝 40 年的整治，西汉社会稳定，经济发展，百姓富裕，出现了封建社会的第一个治世。这也为汉武帝的大一统准备了条件。

文帝轻刑

西汉建立后，丞相萧何参考《秦律》制订了法律九章，习惯称九章律。九章律虽然较秦律为轻，但仍然保留了肉刑，如黥刑、劓刑、刖刑等。

汉文帝刘恒是汉高祖刘邦的第四个儿子。他被封为代王，就和母亲薄太后居住在代郡。在那儿，他有机会接触底层社会，了解民间疾苦。

汉初统治者坚持黄老之学“赏罚信”的思想，主张严格执法，即使皇帝也只有“执道生法”的权力，而不得犯法。文帝就是一个不以个人意志破坏法律规定而“循守成法”的皇帝。有一次，他乘车出行路过渭桥，有人从桥下走出，把拉车的马惊跑了。廷尉判处此人罚金四两，而文帝则要求处死。廷尉对他说，法律是为天子和天下人共同制定的，如果我们轻易改变法律，就会使人们对法律失去信任，不知道怎样做才对。文帝听了，觉得廷尉做得对。

黄老思想，虽然吸收了法家的“执法”“守法”思想，但基于“安民”“惠民”的主张，对法家重刑轻罪的主张并不首肯。黄老思想不仅要求“君正”，而且要求“法正”。在这种思想作用下，汉初统治者坚持废除秦时苛法。文帝即位之初，认为一人犯罪、家人收为奴婢，以及各种株连的法律是不公正的。他交大臣们讨论后，决定废除。他还废除了诽谤妖言罪等前朝苛法。

公元前 167 年，齐国太仓令淳于意因罪被判肉刑，解赴长安执行。其幼女缇萦上书文帝，说死者不可复生；受了肉刑的人虽想悔过自新，但被残肢体已无法恢复。缇萦请求做奴婢，以赎其父罪刑。文帝感到肉刑太过残忍，经大臣们讨论后，下诏取消，改黥刑为城旦舂、劓刑为笞三百、刖刑为笞五百。这种处罚在实施过程中也有问题，打板子太多可能致人死命，所以到景帝时又改笞三百为一百、笞五百为二百。

由于文帝坚持废除苛法，减轻责罚，所以犯罪者减少了，不少刑具闲置不用。这样做有利于宽松环境，营造和谐的社会气氛。

贾谊上书

贾谊（公元前200—前168），洛阳（今属河南）人，西汉才华横溢的文学家和说理透辟的政论家。文帝时，他先后担任博士、太中大夫等职，多次上书文帝，针砭时弊，影响较大。

文帝时，“淫侈之风，日日以长”。贾谊上《论积贮疏》，提出重农抑商，发展农业生产，加强粮食贮备，以预防饥荒。文帝采纳，鼓励生产，厉行节约。

汉初，高祖刘邦错误地认为秦朝灭亡和没有分封子弟屏藩皇室有极大关系，因此一下分封了九个同姓诸侯王。不料这些诸侯王势力潜滋暗长起来，对朝廷构成严重威胁。吴王刘濞吸纳天下亡命之徒冶铸铜钱，煮海水为盐；以免收田赋招引农夫，与朝廷争夺人口。淮南王刘长不实行汉朝法令，在封国内自制法令；还驱逐朝廷任命的封国高官，自行任免。

汉文帝登基后，勤政节俭，废除苛法，减轻赋税，发展经济，取得可喜政绩。有人认为“天下已安已治”，更有人竭力粉饰太平，阿谀奉承。

贾谊直言不讳地向汉文帝上《治安策》（也称《陈政事疏》），说当前形势表面上歌舞升平，实际上危机四伏；犹如睡在干柴上，而对下面的火种视而不见，一旦酿成大火，就悔之晚矣。

在《治安策》中，贾谊总结了诸侯王反叛的规律。当他们的实力壮大到一定程度，就必然和朝廷分庭抗礼，进而谋取天下，这和同姓异姓没有关系。

在《治安策》中，贾谊指出当前形势就像人得了浮肿病一样，现在不治，日后必定成为不治之症。治疗的办法就是“众建诸侯而少其力”。实际上是把一个诸侯国分割成若干诸侯小国，这样就自然而然地削弱了原来诸侯国的力量。

汉文帝在一定程度上接受了他的建议，把齐国一分为六，把淮南国一分为三，使诸侯国的实力打了折扣，无力对抗中央。

贾谊的上疏内容充实，语言犀利，比喻贴切，气势磅礴，有很强的说服力和感染力。毛泽东称赞《治安策》是“西汉第一雄文”。

晁错削藩

晁错(公元前 200—前 154)，颍川(今河南禹州)人，西汉的政治家和文学家。文帝时任太子令。景帝即位后，升任御史大夫，是朝廷重臣。

晁错博学善辩，又长于分析问题，因此文帝、景帝都赞赏他。他经常给两位皇帝上疏，提出自己的主张，而且往往被采纳。

刘邦在位时，分封了许多同姓诸侯王。当时这些人与刘邦血统亲近，所以能效忠朝廷，起到拱卫中央的作用，干弱枝强的现象并不突出。

文帝以高祖庶子继位，地位本来就不很巩固，加之汉初所分封的诸侯王与文帝的血统关系渐渐疏远，政治上已不那么可靠。这些诸侯王在其封地内有绝对权威。有的聚集财富，蓄养军队，处处与朝廷对抗，已有尾大不掉之势。文帝感受到威胁，就采取了一些削藩行动。

公元前 155 年，晁错向景帝上疏《削藩策》，再次陈述诸侯王的罪过，请求削其封地。在此前后，景帝已借用各种理由，削减了楚王的东海郡、赵王的河间郡和胶西王的六个县。随之，景帝又打算削减吴王刘濞的封地。

景帝的削藩之举震动朝野。吴王刘濞亲自到胶西，与胶西王刘昂相约谋反，分治天下。同时，他还派人到楚、赵和淮南诸国，串联造反。

不久，景帝降诏削减吴王的豫章郡、会稽郡。诏令传来，吴王刘濞和楚王刘戊、赵王刘遂、济南王刘辟光、淄川王刘贤、胶西王刘昂、胶东王刘雄立即公开反叛。刘濞率 30 万士卒与楚军组成联军，以“请诛晁错，以清君侧”的名义，举兵西向，扯起了七国之乱的破旗。

景帝采用袁盎的计策，腰斩晁错，以满足叛军要求，换取他们退兵。

岂料晁错被斩之后，叛军非但不撤兵，刘濞反而自称东帝，要与朝廷分庭抗礼。景帝终于看清了七国的真正用心，下决心武力镇压。三个月后，叛乱平息。

晁错削藩昭示了他对朝廷的一片忠心。削藩没错，只是没有讲究策略。景帝企图丢卒保车，息事宁人，但事与愿违。不过，所幸还能清醒过来。

周亚夫平叛

周亚夫（公元前 199—前 143），西汉沛郡（今江苏沛县）人。西汉开国功臣周勃的次子，著名的军事家，曾担任太尉、丞相等重要职务。

公元前 154 年，吴王刘濞率吴楚叛军，以“请诛晁错，以清君侧”为名，举兵西进，直指西汉朝廷。汉景帝听从袁盎的计谋，腰斩了晁错，想满足叛军要求，换取他们退兵。岂料叛军非但不撤兵，刘濞反而自称东帝，要与朝廷分庭抗礼。事态严重，汉景帝只能以武力镇压。

汉景帝派曲周侯郦寄领兵镇压赵国，派栾布平定齐地诸叛国，而由太尉周亚夫率领大军抵御吴楚叛军。

西进的叛军在梁国遭到景帝之弟、梁王刘武的顽强抵抗。周亚夫制定了避其锋芒、侧面迂回、断其补给、伺机反攻的策略，并获得景帝认可。接着，他绕道进军，走蓝田，出武关，迅速到达洛阳（今属河南）。

梁国被叛军轮番攻击，梁王向周亚夫求援。周亚夫却率军东进，在梁国北面的昌邑驻扎，坚守不出。梁王再次求援，周亚夫仍是按兵不动。景帝下诏增援，他也不为所动。梁王只好拼死抵抗，与叛军僵持。

叛军无法攻破梁国，转而攻击周亚夫部。周亚夫坚守不战，却暗中派轻骑南下，夺取泗水入淮之口，断绝了叛军粮道。叛军断炊，士卒饥饿，于是决定孤注一掷，趁夜袭击周亚夫军营。叛军首先进攻东南角。周亚夫看出破绽，命令加强西北角守备。叛军主力果然从西北角强攻，结果遭到迎头痛击。叛军饿得奄奄一息，或逃或降。周亚夫率兵追击，大获全胜。

吴王刘濞趁夜色逃脱，退守东越后被杀。楚王自杀身亡，叛军土崩瓦解。

周亚夫取胜的同时，在齐、赵两地征讨的军队也传来捷报。作战仅三个月，七个诸侯王不是被杀就是自杀。随后，景帝下诏，废除六国，只保留楚国。

平乱之后，朝廷对诸侯王作了很多限制。诸侯国虽然存在，但诸侯王失去了政治权利，实际地位和汉郡差不多，也失去了同中央对抗的物质条件。

推 恩 令

汉文帝时，贾谊上书，提出“众建诸侯而少其力”的建议，意在削弱诸侯王的势力。文帝在一定程度上接受了这个建议，但没有完全解决问题。

汉景帝即位后，采纳晁错的建议，着手削藩，但吴、楚七国凭借强大的实力，以武装叛乱相对抗。汉景帝在不得已的情况下，被迫武装平叛，并迅速取得胜利。之后，他采取了一系列措施，继续削弱诸侯王势力。

汉武帝初年，一些诸侯大国仍然连城数十，方圆千里。这些诸侯王骄奢淫逸，违抗上命，对中央集权仍然构成威胁。公元前 127 年，中大夫主父偃上书武帝，建议令诸侯王推私恩分封子弟为列侯。汉初，诸侯王的爵位和封地都是由嫡长子单独继承的，其他子孙得不到尺寸之地。主父偃提出的推恩办法是，诸侯王除嫡长子继承王位和相应的土地外，其余诸子在原封国内封侯并分得相应土地；这些侯国的名号由皇帝制定，侯国隶属于郡，地位与县相等。

武帝采纳了主父偃的建议，颁布推恩令。此令一出，各诸侯王纷纷请求分封子弟为列侯。这个措施实行后，王国辖地不过数县，地位相当于郡；而侯国面积更小，地位相当于县。诸侯王国越分越小，自然失去了和朝廷对抗的实力。

从贾谊提出“众建诸侯而少其力”的建议，到晁错削藩，再到主父偃提出推恩，西汉诸侯王强大难制、尾大不掉的难题终于解决了。把这一段历史连贯起来看，文帝、景帝为削藩做了大量的工作，自恃强大的诸侯王知道和朝廷对抗没有好下场。武帝时，中央政权更加巩固，权威更加强大，所以朝廷一旦颁布法令，诸侯王国都会闻风而动，令行禁止。

使用推恩分封的方法，使诸侯王在名义上没有进行任何削藩，但实际上是使用“软刀子”，在避免矛盾激化、武装对抗的情况下，顺利地削弱了诸侯王的势力。和晁错明火执仗的削藩相比较，确实高明了许多。

推恩令是汉武帝时期思想变革与政治变革统一的标志。它说明汉武帝正式采用儒家思想治国，而且取得成功，从而完成了汉代分封制向郡县制的过渡。

马邑之战

秦汉之际，冒顿单于统一匈奴各部，势力逐渐强盛起来。公元前 200 年，冒顿单于挥师南侵西汉，攻城拔寨，来势凶猛。汉高祖刘邦率军迎敌，在白登山被围，处境凶险。后用陈平计谋，重贿单于阏氏，才得以脱险。这次，刘邦领教了匈奴的厉害，知道不好招惹，就被迫实行了和亲政策。

经过文景之治，到汉武帝刘彻即位的时候，西汉已经恢复了元气。此时，匈奴虽然名义上与汉朝保持着和亲关系，但南下抢掠时有发生，汉朝的北部郡县受到严重威胁，边民的生产、生活很不安定。汉武帝认为经过几十年的休养生息，国力充实，军事强盛，不能再受匈奴的窝囊气了，因此决定放弃和亲与战略防御，转入反击作战，和匈奴真刀真枪地比划比划。

公元前 133 年，雁门郡（郡治善无，今山西右玉城南）马邑县富豪聂翁壹向汉武帝谋划了诱杀单于的计策，并得到他的认可。聂翁壹以出塞贸易为名会见匈奴单于，他说可以斩首马邑县令，把马邑县城卖给匈奴。单于一听又可以得到财物和美女了，自然眼睛发绿，哈喇子直流，当下就敲定了这笔交易。聂翁壹返回马邑后，斩杀一名死囚，把他的头颅挂在城头上，谎称是县令首级。

单于信以为真，亲率十万骑兵入塞。这边汉武帝发兵 30 万，由韩安国、李广、公孙贺率领埋伏在马邑附近的山谷里，准备歼灭匈奴主力；又以王恢、李息两将军率领三万人马埋伏在代郡（郡治代县，今河北蔚县东北），准备截击匈奴辎重。一切布置妥当，单等匈奴上钩。

然而，匈奴军队行进到距离马邑城百余里时，感到情况有些不对头。这里牛羊遍地却无人看管，和平时大不一样。他们从俘获的汉军雁门尉史口中得知，汉朝重兵就埋伏在马邑四周的山谷里，于是急忙引兵退走。埋伏在代郡的王恢、李息部，见匈奴势众，也没有轻易出击。

马邑之战虽未开打，但西汉和匈奴都清楚，它们之间的和亲年月已经过去，双方大规模战争的序幕拉开了。

河南之战

公元前128年，匈奴骑兵先后洗劫了辽西（郡治阳乐，今辽宁义西县）、渔阳（郡治渔阳，今北京密云西南）、雁门（郡治善无，今山西右玉城南）等地。第二年春天，故伎重演，又侵扰了上谷（郡治沮阳，今河北怀来县东南）、渔阳，抢劫财物，杀死和掳掠官民一千多人，气焰十分嚣张。

面对匈奴连续侵扰东北边郡的情势，汉武帝决定采取避实就虚的作战方针，令车骑将军卫青、将军李息出兵西北，收复黄河以南地区（习惯称河南）和秦长城。卫青、李息率精锐骑兵从云中（郡治云中，今内蒙古托克托东北）出发，西渡黄河，再渡北河（今内蒙古乌加河），直插高阙（今内蒙古狼山中部计兰山口），又转军向南，对游牧于河南的匈奴白羊王、娄烦王实施围攻。汉军神兵天降，匈奴做梦也没有想到。白羊王、娄烦王只能玩命北逃。汉军消灭匈奴2300余人，俘虏3000余人，夺取牛羊百万余头，一举收复了河南的全部土地。随后，获胜的汉军穿行千里回到陇西。

此战结束后，西汉在黄河南岸新建了朔方郡（郡治在今内蒙古杭锦旗北）和五原郡（郡治在今内蒙古包头西北），同时修缮长城及要塞。汉朝还修筑朔方城，并招募十万内地居民到朔方充实边地。昔日匈奴刺向汉朝后背的无形利刃，迅速转变为汉军指向匈奴前胸的锋利长戟。

河南之战，汉军取得了前所未有的大胜，它是汉匈战争史上一个重要的转折点。西汉收复了战略要地河南与秦长城，使汉朝北部防线推移至黄河沿岸，为国都长安（今陕西西安）增添了一道黄河天然屏障，从很大程度上解除了匈奴对关中地区的直接威胁。

这一战役的胜利，首先得益于汉武帝积极主动的战略部署。当匈奴在东北边境逞威时，他不为局部失利牵制，毅然采取避实就虚的战略，奇袭防御薄弱的西北河南地区，从而牢牢把握了战争的主动权。其次是远程奔袭和大迂回战术使用成功。骑兵作战，千里奔袭，迂回包抄，速战速决，令敌人猝不及防。

漠南之战

河南之战后，匈奴不甘心失败，又先后袭扰了西汉北部的代郡（郡治代县，今河北蔚县东北）、雁门（郡治善无，今山西右玉城南）、定襄（郡治成乐，今内蒙古和林格尔西北）、上郡（郡治肤施，今陕西榆林南）等地。匈奴右贤王还攻入黄河以南，洗劫朔方郡（郡治在今内蒙古杭锦旗北），杀掳官民，抢劫财物，侵略行径变本加厉。

公元前124年，汉武帝决定对右贤王和单于发起反击。当年夏天，汉朝出动十万骑兵。车骑将军卫青率三万骑兵到达高阙（今内蒙古狼山中部计兰山口），并指挥苏建、李沮、公孙贺、李蔡等率部从朔方出发，远程奔袭右贤王庭；同时，以李息、张次公两将军率部从右北平（郡治平刚，今辽宁凌源西北）出发，北击匈奴，以牵制左贤王部。

卫青率军出塞六七百里，趁夜包围右贤王部。右贤王毫无防备，只率数百骑兵仓皇逃走。卫青俘获其部众1.5万余人，还缴获牲畜几十万头。

第二年春天，汉武帝又命大将军卫青率中将军公孙敖、左将军公孙贺、前将军赵信、右将军苏建、后将军李广、强弩将军李沮等六位将军，共十几万骑兵，从定襄出击匈奴单于。单于主力遭受重创，伤亡数千人。击溃单于后，汉军在定襄、雁门等地休整。同年夏天，卫青又率六位将军和十万骑兵再次从定襄出发，攻击匈奴，斩杀和俘虏敌人1.9万人。

汉军在击破匈奴右贤王后，抓住单于王庭右翼暴露的弱点，进行打击，显然是合理的。然而，这是继河南之后的第二次大规模反击战，匈奴吸取先前失败的教训，已采取了相应的防守策略，仍然使用过去的战术就不那么灵验了。不过汉军凭借将军的出色指挥和优势兵力，还是能够取胜的。

此役过后，匈奴单于和右贤王被迫放弃水土肥美的大漠以南地区，退回到大漠以北的苦寒地区。西汉政权巩固了河南地区，切断了匈奴东西部之间的联系，为今后出击河西匈奴和打通河西走廊创造了有利条件。

河西之战

汉武帝对匈奴发起战略反击后，先后取得河南、漠南战役的胜利。匈奴单于和右贤王远遁大漠以北，黄河以西地区（习惯称河西）只有休屠王、浑邪王等部，势单力薄。

公元前121年，汉武帝决定发起河西之战。战役分春、夏两次进行。春天，19岁的骠骑将军霍去病率精锐骑兵万余人，由陇西出发，涉过孤奴水，转战六天，历经五个部落国家，越过焉支山（今甘肃山丹东南的大黄山），向西北挺进匈奴境内千余里。此战大败休屠王、浑邪王，歼敌近9000人，斩杀折兰王、卢侯王，俘虏浑邪王子及相国、都尉等官员，还缴获了休屠部的圣物“祭天金人”。

同年夏天，霍去病与公孙敖率领精锐骑兵数万人，由北地（今甘肃庆阳西北）出发，分两路进攻河西匈奴。霍去病率部渡过黄河，沿沙漠南缘，迂回至居延泽（今内蒙古额济纳旗北），西过小月氏（今甘肃敦煌南湖镇阳关遗址西南），转向东南，攻至祁连山（今甘肃肃南裕固族自治县西北），歼敌三万余人，迫降单桓王、酋涂王及相国、都尉等2500人，俘虏小王、将军等百余人。

为策应霍去病作战，郎中令李广、卫尉张骞率骑兵万余，从右北平（郡治平刚，今辽宁凌源西北）出发，攻击左贤王。李广率4000骑兵北进数百里，被左贤王4万骑兵包围。李广见士卒恐慌，就命儿子李敢带领数十名骑兵冲击匈奴骑兵，以鼓舞士气；他还把骑兵列成圆阵御敌，以弓箭抵挡。激战一天，汉军箭矢将尽，李广用强弩接连射杀几名匈奴裨将，才缓解了敌人攻势。战斗进行到第二天，张骞率后续骑兵赶到。左贤王见势不妙，向北撤退。

战后，西北战败的浑邪王带四万多人投降汉朝。此后，陇西、北地和河西地区少有匈奴攻掠。汉朝的戍边士卒减少了一半。

此战，西汉采取大骑兵集团作战。使用大纵深、大迂回、远程奔袭、连续突击等战法，使匈奴措手不及，受到歼灭性打击。由此也切断了匈奴与羌人的联系，打通了汉和西域的道路。

漠北之战

汉武帝对匈奴发起战略反击后，经过几次战役，单于和右贤王远遁漠北，从而减轻了西汉西北边境的祸患，但匈奴并没有彻底放弃对汉朝边境的袭扰。公元前 120 年，匈奴骑兵几万人攻入右北平（郡治平刚，今辽宁凌源西北）和定襄（郡治成乐，今内蒙古和林格尔西北）。

匈奴的挑衅行为激怒了汉武帝。他决定再次对匈奴用兵，彻底击溃其主力。西汉当局分析，匈奴退到漠北以后，一定会错误地认为汉军没有穿越大漠的能力，凭借大漠屏障，他们可以高枕无忧地过安稳日子。

兵马未动，粮草先行。为了支持大骑兵集团远程作战，西汉当局组织了运输的私人马匹 4 万多（一说 14 万多），还有几十万步兵转运辎重。

公元前 119 年，汉武帝集中精锐骑兵 10 万人，由大将军卫青和骠骑将军霍去病各带 5 万，分别从东、西两路进攻漠北。

卫青率前将军李广、后将军曹襄、左将军公孙贺、右将军赵食其从定襄出发。李广、赵食其出东道策应。卫青自率轻骑兵北进千余里，穿越大漠。卫青部与匈奴接战后，汉军以武刚车环绕为营，派五千骑兵出营作战。双方战至日落，汉军从两翼包围了单于。单于抵挡不住，带几百骑兵突围逃走。卫青部追至阗颜山（今蒙古境内）下的赵信城而返，前后消灭和俘获敌人 1.9 万。

霍去病率部从代郡（郡治代县，今河北蔚县东北）出发，穿越大漠，向北挺进两千多里，与匈奴左贤王部相遇。经过激战，匈奴溃退。霍去病封狼居胥山（今蒙古肯特山）以祭天，禅姑衍山（今蒙古肯特山北）以祭地，至瀚海（今俄罗斯贝加尔湖）而还，共消灭和俘获敌人 7 万多。

此战获胜的原因，首先是对敌情的正确分析，其次是后勤补给充足有序，再次是汉军统帅指挥出色。

漠北之战使匈奴主力遭受重创，危害西汉百余年的边患基本消除；战后，西汉也暂缓用兵，休养生息，双方处于休战状态。

西征大宛

汉朝连续击败匈奴后，通往西域的道路被打开了。此后，汉朝使者出使西域的渐渐多了起来。

西域的大宛国以农牧业为主，尤以出产汗血宝马著名。熟悉大宛国情况的使者向汉武帝报告，说大宛国的汗血宝马都藏在贰师城（今吉尔吉斯斯坦奥什市的马尔哈特）。汉武帝很喜欢汗血宝马，听到消息心里美滋滋的，就派使者拿着金马和许多金钱，去那里购买。大宛国君臣商议，认为两国相距万里，又有大漠阻隔，汉朝势力不可能达到这里，就不和汉朝做生意。生意不做也罢，他们居然杀死汉朝使者，还把人家财物抢劫一空。

汉武帝得到回报，气得七窍生烟。区区大宛，竟敢如此蔑视大汉。公元前 104 年，汉武帝拜李广利为贰师将军，率几万兵力进攻大宛。沿途小国害怕，各自坚守城堡，不肯供给汉军粮草。艰苦的环境造成严重的自然减员。到达大宛东境达郁城时，所剩士卒不过几千。于是，只好退回敦煌，休整待命。

第二年，李广利率六万大军，再次西征大宛。这次准备得很充分。随军的牛十万头、马三万匹，还有驴和骆驼，粮草、兵器也很齐备。汉军声势浩大，沿途小国一反常态，纷纷供给养，出向导。汉军顺利到达大宛，并包围了都城。汉军切断城中水源，接连攻打 40 多天，攻破外城并俘虏了勇将煎靡。大宛人心惶惶。高级官员们经过商量，杀死国王毋寡，派人拿着他的人头，向贰师将军求和，并答应献出汗血宝马。汉军将领认为条件已经满足，就同意讲和。接着，汉军与大宛订立盟约，立大宛贵人昧蔡为大宛王，附属汉朝；挑选几十匹良马，还有中等以下的公马、母马 3000 多匹，就班师回朝了。

班师回朝的路上，那些原来持有观望态度的小国见打败了大宛，都派他们的子弟随汉军前往汉朝都城进贡，拜见天子，顺便留下来当人质。

汉朝讨伐大宛，前后两次，用了四年时间。之后，汉朝派了十几批使者到西域各国晓谕讨伐大宛的威武和功德。汉在西域的威望大大提高了。

丝绸之路

西汉初期，西北方向有几十个国家，称为西域。由于匈奴把控河西走廊，所以西汉与它们几乎没有交往。西汉对匈奴多次用兵取胜后，控制了河西走廊。

公元前 138 年和公元前 119 年，汉武帝曾两次派张骞出使西域，考察边情，建立联系。西汉控制河西走廊后，终于开通了汉和西域各国的经济贸易通道。因为中国的贸易商品丝绸最具代表性，所以这条通道被称为“丝绸之路”。

这条丝绸之路，以西汉国都长安（今陕西西安）为起点，经河西走廊到敦煌。从敦煌起分为南北两路。南路从敦煌经楼兰、于阗、莎车，穿越葱岭到大月氏、安息，往西到达条支、大秦；北路从敦煌到交河、龟兹、疏勒，穿越葱岭到大宛，往西经安息，到达大秦。这条丝绸之路连通欧亚大陆，全长 7000 多公里。

丝绸之路像一条纽带把汉和西域的经济与文化紧密联系在一起。西汉的丝绸、茶叶、金属工具，以及铸铁、凿井技术源源不断输入西域各国；西域的良马、骆驼东迁入汉，生长在天山南北的葡萄、苜蓿、石榴和胡麻等植物栽入东方沃土。佛教和佛教艺术也借道传入中原地区。

丝绸之路的主要交通工具是骆驼。它蹄子大、载重多、耐饥渴，被称为沙漠里的船。两千多年来，丝绸之路驼铃声声，深沉而浑厚。

2014 年 6 月 22 日，在卡塔尔首都多哈进行的第三十八届世界遗产大会宣布，由中国和哈萨克斯坦、吉尔吉斯斯坦三国联合申报的“丝绸之路起始地段：长安一天山廊道的路网”，成为世界文化遗产。

由于时代的变迁，丝绸之路又赋予新的内涵。2013 年 9 月，中国国家主席习近平在哈萨克斯坦纳扎尔巴耶夫大学发表演讲，倡议用新的合作模式，共同建设丝绸之路经济带。他的倡议受到沿线国家的广泛认同。近年来，方兴未艾。

这里所说的丝绸之路是陆上丝绸之路，是狭义的。从广义上看，还有以中国南海为中心的海上丝绸之路。它形成于秦汉，发展于三国至隋，繁荣于唐宋，转变于明清，是目前已知的最古老的海上航线。

桑弘羊理财

桑弘羊（公元前152—前80）出生于洛阳（今属河南）的一户富商家庭。儿时，他就以精于心算而声名鹊起，是一棵经商的好苗子。13岁时，被送入宫，任侍中，为还是皇太子的汉武帝陪读。因此，他没有再像父辈那样走商贾之道，而是踏上仕途。更由于长期在汉武帝身边陪读，便形成了亲密的君臣关系，逐渐成为汉武帝的得力助手。

公元前115年，桑弘羊被汉武帝提拔为大农丞，成了大农令（掌管财政的最高官员）的副手。此后五年，他先后参与并圆满完成了几项重要任务。一是算缗告缗。算缗是国家向商人征收财产税，告缗是对商贾隐瞒资产、逃避税收进行惩罚。在汉武帝支持下，由桑弘羊参与的算缗告缗行动经过三年时间，中央政府就收回数以亿计的钱财、成千上万的奴婢和大量的土地。二是推行假民公田的措施。这一措施使失去土地的农民重新得到国家的土地，扩大了耕地面积，增加了国家税源。三是移民屯田。在桑弘羊的谋划和组织下，前后派遣60万戍卒到边疆屯田，既减少军费开支又巩固国防。四是币制改革。汉武帝接受桑弘羊的建议，废除各地所铸的一切钱币，而由中央新铸的五铢钱为全国唯一的通行货币，稳定了市场和流通。

公元前110年，由于不凡的理财能力，桑弘羊被汉武帝任命为治粟都尉，接着担任了大司农（由大农令改称）。直到武帝去世，他独掌财政大权23年。

在此期间，他对盐、铁、酒实行专卖，利用垄断价格，获取高额利润；推行均输平准，调节商品流通，平抑市场价格。这些措施打击了富商大贾的势力，减轻了人民负担，增加了政府收入。他积极主张同西域各国发展贸易，既能满足国内市场供应，又能造成各国对汉朝的依赖，还能切断匈奴右臂。

桑弘羊从政近60年，其中50多年在汉武帝时期。他制定、修订和实施的一系列财经政策，为汉武帝的文治武功事业奠定了雄厚的物质基础。当然，他的行为切断了富商大贾的财路，所以招来非议是不可避免的。

巫蛊之祸

巫蛊是一种巫术，胡说把木偶人埋在地下，用巫术诅咒，就可以加害别人。

西汉初期，人们对这种说法深信不疑，汉武帝也不例外。公元前 92 年的一天中午，正在甘泉宫修养的汉武帝做了一个噩梦，梦见几千个木头人手持棍棒朝他打来。一觉醒来，心有余悸。他认为有人诅咒他，就立刻派都尉江充去追查。

丞相公孙贺之子公孙敬声擅自动用军费 1900 万钱，事发被捕入狱。时值汉武帝下诏通缉阳陵大侠朱安世。公孙贺捕获朱安世，并移交朝廷，想为儿子赎罪。岂料朱安世在狱中上书，声称公孙敬声与阳石公主私通，在驰道上埋藏木头人以诅咒皇上。汉武帝正为这事犯着心病，当即把公孙父子下狱致死。阳石公主、诸邑公主等人相继牵连被杀。

江充带领胡人巫师到处掘地找木头人，一直搜查到卫皇后和太子刘据的住室，把事先准备好的木头人拿出来陷害太子。太子杀掉江充。有人向汉武帝告发，说太子反了。武帝大怒，命丞相刘屈牦率兵到首都长安（今陕西西安）平乱。太子矫节发兵抗拒。双方激战五天，死伤几万人。太子势单力薄，逃离长安。卫皇后自杀。

太子东逃湖县（今河南灵宝西），被地方围捕。太子自缢，两个儿子一同遇害。太子有三子一女，都因巫蛊之祸受害，只有襁褓中的孙子刘病已（后改名为刘询）幸免于难。

过了好长时间，人们才发现所谓巫蛊害人的事都是子虚乌有的。这时，高寝郎田千秋向汉武帝上书，诉说太子冤情。汉武帝霍然醒悟，立即任命田千秋为大鸿胪，把江充满门抄斩，对太子兵刃相加的人也陆续受诛。汉武帝怜太子无辜，就在湖县修了“思子宫”和“归来望思之台”，借以寄托他对太子和两个孙子的思念。

汉武帝执政 50 余年，文治武功闻名华夏；然而晚年的时候，却导演巫蛊之祸，犯下低级错误，令人唏嘘不已。

轮台罪己诏

汉武帝刘彻（公元前 156—前 87），16 岁登基，执政 50 多年。

汉武帝执政期间，北击匈奴，东并朝鲜，南诛百越，西征大宛，开拓了汉朝最大版图；颁行“推恩令”，削弱王国势力，巩固了中央集权；建立十三部刺史，完善监督体系；实行盐铁酒专卖，钱币专铸，壮大了中央财力；尊儒学，兴太学，举贤能，拓宽用人渠道；首开丝绸之路，扩大汉与西域各国的经济文化交流。他的文治武功，涉及方方面面。

汉武帝开创了汉武盛世，使得他与秦始皇、唐太宗、宋太祖并驾齐驱。然而这个被尊为伟人的皇帝却也犯下了诸多错误。穷兵黩武，造成国库空虚，人民生活凋敝；听信方士，建造 30 丈高的铜柱仙人掌，收集甘露，谋求长生不老；亲手导演巫蛊之祸，造成父子相残，皇后自杀，血流成河。他的错误与秦始皇有相似之处。所不同的是，秦始皇执迷不悟，一意孤行；而汉武帝痛定思痛，深刻反省。对待错误的不同态度，带来相反的结局。

公元前 89 年，桑弘羊等人联名上奏，请派军队远赴轮台（今新疆轮台县，原西域古国，被汉朝灭亡），垦荒屯田，修筑堡垒哨所，以防备匈奴。汉武帝不但没有接受他们的意见，反而下达轮台罪己诏。这是一道很长的诏书。它追悔往事，认为轮台屯田是劳民伤财，不是好的建议，不能采纳。诏书严禁各级官员对百姓苛刻暴虐，废止擅自增加赋税的法令，减轻百姓负担。诏书最后说：“朕即位以来，所为狂悖，使天下愁苦，不可追悔。自今事有伤害百姓糜费天下者，悉罢之！”这道诏书表明汉武帝决心停止对外征战，致力发展经济、扭转国家财政困难的局面。

汉武帝晚年确实犯有严重的错误，然而他却是中国历史上第一个正式用罪己诏进行自我批评的皇帝。他敢于把自己置于天下舆论中心，的确是难能可贵的。他的罪己诏使国家的大政方针急转弯，回到正确轨道，不但避免了秦朝迅速灭亡的悲剧，而且促成了后世昭宣中兴的局面。

霍光辅政

霍光（？——前 68），河东平阳（今山西临汾）人，西汉权臣。

公元前 87 年，汉武帝病逝，由他八岁的儿子刘弗陵继位，就是汉昭帝。按照汉武帝的遗嘱，由大司马、大将军霍光主持国政，辅助幼帝。

霍光掌握朝政大权，帮助汉昭帝继续奉行休养生息的国策，减轻税收，减少劳役，避免战争，把国家治理得井井有条。

然而，几个朝中大臣却把霍光看作眼中钉，一心想把他除掉。左将军上官桀和他是儿女亲家。上官桀想把自己六岁的孙女、也就是霍光的外孙女嫁给昭帝做皇后，霍光不同意。上官桀就找昭帝的姐姐盖长公主帮助办成。上官桀是通过盖长公主的情人丁外人打通关系的。上官桀为了报答他，就提出封他侯爵，但霍光无论如何不答应。这样霍光就和亲家、女婿成了仇家。

汉昭帝 14 岁那年，霍光检阅御林军。检阅完了，他还把一名校尉调进自己府中。没过几天，汉昭帝就收到燕王刘旦的奏章。大意是霍光检阅御林军的时候，坐的马车跟皇上的一样；他还自作主张，调进校尉，其中定有阴谋等等。昭帝看了看，就把它搁到一边了。

第二天早朝，霍光听到消息，吓得不敢进宫。汉昭帝吩咐内侍召霍光进来。霍光脱下帽子，伏地请罪。汉昭帝说，大将军尽管戴好帽子，我知道有人存心陷害你。霍光问皇上是怎么知道的。汉昭帝说，这不是很清楚吗？大将军检阅御林军、调用校尉都在长安，算起来也没几天。燕王远在北方，怎么能知道这些事？就算知道了，奏章也赶不来呀，所以说奏章是假的。霍光如释重负。众臣无不叹服昭帝小小年纪竟如此聪明、老练。

上官桀又密谋行刺霍光。打算先杀霍光，再废昭帝，然后自己当皇帝。霍光探到秘密，报告皇上。汉昭帝先下手为强，把上官桀及其同伙一网打尽。

霍光辅政 20 年，使汉武帝末年尖锐的社会矛盾缓和下来，社会经济得到恢复和发展，促成了昭宣中兴的局面。

王莽篡汉

王莽是汉元帝皇后王政君的侄儿。幼年时，父兄先后去世，由伯叔们抚养长大。王氏家族是当时权倾朝野的外戚家族，先后有九人封侯、五人担任大司马。王莽却独守清净，生活简朴，为人恭谦，勤奋好学。他对内服侍母亲及寡嫂，抚育兄长遗子；对外结交贤士，侍奉伯叔十分周到，成为当时的道德楷模，声名远播。

公元前 22 年，24 岁的王莽入中枢，开始做官。他办事认真，对身居大司马的伯父王凤尤为恭顺。王凤临终时嘱咐皇太后王政君关照王莽。本身是外戚，再加上实权人物的关照，王莽自然顺风顺水，扶摇直上。

公元前 8 年，大司马王根病重。经他举荐，由王莽取代了他的职务，时年 38 岁。王莽身居高位后，生活更加节俭。一次，百官公卿来家探望他的母亲，他的夫人穿着十分简陋，大家还以为她是家里的奴仆。公元前 7 年，汉成帝去世，王莽失势，就辞官回封地过起了隐居生活。

公元前 1 年，汉哀帝去世后，太皇太后王政君重掌朝政，王莽又被任命为大司马领尚书事，兼管军事令及禁军。其后，他拥立九岁的平帝登基。九岁的孩子懂什么？还不是由他任意捏作。他排斥异己，培植亲信，势力如日中天。

公元 6 年，汉平帝死，只有两岁的孺子婴为皇太子，由王莽摄政。公元 8 年末，王莽逼迫王政君交出传国玉玺，接受孺子婴的禅让，当上了新朝皇帝。

王莽建立新朝后，仿照周朝的制度推行新政，史称“王莽改制”。主要内容包括土地、币制、商业和官名、县名等。他的改革不但不能挽救社会危机，反而进一步激化矛盾，导致了以绿林、赤眉为主的农民大起义。公元 23 年，绿林军攻入长安，王莽被杀，新朝也就寿终正寝了。

王莽是历史上备受争议的人物。按照传统观念，汉朝是刘家的，外戚取代自然是奸臣篡权。而近代帝制结束后，不少史学家认为王莽是中国历史上第一位社会改革家。胡适甚至评价他是 1900 年前的社会主义皇帝。

绿林起义

公元 9 年王莽代汉称帝后，对内托古改制，法禁烦苛；对外挑起兵端，加重了人民负担。再加上天灾频发，人们实在无法生存，就起来反抗。

公元 17 年，湖北荆州一带饥荒严重，饥民们到沼泽地区挖野菜。在饥民中，王匡、王凤很有名望。他俩组织饥民起义，一呼百应，很快聚集了七八千人，并确定绿林山（今湖北大洪山）为根据地，史称“绿林起义”。

绿林起义震撼了王莽政权。公元 21 年，王莽令荆州牧发兵两万前去围剿；绿林军出山迎击，大败官兵，队伍迅速发展到五万多人。

第二年，绿林山瘟疫流行，五万人几乎死去一半，剩余的分两路撤出，分别叫“新市兵”和“下江兵”。这时，又增添了由平林人陈牧聚众起义的人马，称“平林兵”，西汉宗室刘玄也在其中。西汉宗室刘演、刘秀兄弟聚集七八千人，号称“舂陵兵”，也加入绿林起义的行列。随着起义队伍的加入，绿林军达十万之众。

公元 23 年 5 月，绿林军首领们商量，为了顺应人心、统一号令，还是打出恢复汉朝的旗号为好。于是决定恢复汉朝国号，确定“更始”年号，推选刘玄当皇帝，也就是更始帝。

同年，王莽调集精兵 42 万，号称百万，气势汹汹向绿林军猛扑过来，企图一举歼灭。此时，绿林军主力正在围攻宛城。昆阳是宛城的屏障，它的得失事关整个战局。王凤带领八九千农民军缩守昆阳县城，与敌形成对峙。刘秀等人去偃城、定陵调集援兵，对官兵实行反包围。这时恰好传来攻陷宛城的好消息，绿林军信心倍增。昆阳城内绿林军出城迎敌，与城外援军两面夹击，大败官军。

此役过后不久，绿林军攻入长安，王莽被杀，新朝政权灰飞烟灭了。

公元 24 年，刘玄迁入长安。他很快就被纸醉金迷的宫廷生活腐化，还杀害了农民军首领申屠建等人，以致绿林军内部分化。部分绿林军与赤眉军汇合，再次攻入长安。刘玄投降，不久被赤眉军杀掉。

绿林起义虽然没有成功，但推翻了王莽新朝，为光武帝刘秀执政作了铺垫。

赤眉起义

公元 18 年，也就是绿林起义的第二年，青徐（今山东东部和江苏北部）一带发生大灾荒，琅玡（治今山东诸城）人樊崇在莒县（今属山东）起事，他们以泰山为根据地，与王莽新朝政权对抗。为了区别于官军，他们染红眉毛，所以称作赤眉军。

这支军队主要由农民组成，大多不识字，一般以口头传达命令。起义军最高领导职务是三毛，其次是从事、卒吏等，大多沿用汉朝乡官的名称。

起义不久，赤眉军就发展到几万人。他们在琅玡城西歼灭官兵一万余人，取得第一次胜利。公元 22 年 2 月，赤眉军采取灵活机动的战术，避实就虚，打败官兵王党部，再次获胜。同年 4 月，新朝派王匡、廉丹率十万官兵镇压赤眉军，结果反遭失败，王匡逃走，廉丹丧命。赤眉军如雨后春笋，迅速发展到十万人以上，势力扩大到青州、兖州、豫州、徐州等地。

公元 23 年，刘玄被绿林军推为更始皇帝，赤眉军表示臣服。但因受到歧视，又反目成仇。赤眉军另立刘盆子为皇帝，年号“建世”，与绿林军分庭抗礼。

公元 24 年，刘玄进入长安（今陕西西安），因腐化堕落，杀害农民军领袖，造成绿林军的分裂。此后，绿林军将领王匡等人投奔了赤眉军。

公元 25 年，赤眉军兵分两路，攻入长安，杀死刘玄。

赤眉军攻入长安后，关中豪强地主隐匿粮食，坚壁顽抗。大军无粮，又遭受到绿林军分裂出去的刘秀部队的打击，只好撤出关中。

公元 27 年 2 月，赤眉军在崤底（今河南洛宁西北）被刘秀军队击败。接着，又在宜阳（今属河南）陷入刘秀部队的重围，樊崇及部下十多万人投降，刘盆子的建世政权也随之灭亡了。

由于绿林军和赤眉军的沉重打击，王莽的新朝政权灭亡了；但是，这些没有政治纲领和政治眼光的农民军，只能当作刘秀改朝换代的工具，用鲜血和生命换来刘秀黄袍加身。

刘秀建东汉

王莽新朝末期，汉景帝后裔刘秀聚众起义，加入绿林军。绿林军推举刘玄当更始皇帝，刘秀被封为太常偏将军。赤眉军另立刘盆子为帝，与绿林军分庭抗礼，相互混战。刘秀利用这个机会，很快壮大了自己的势力。

公元 23 年 10 月，刘秀受更始皇帝委托，到河北镇慰州郡。在一年多的时间里，控制了十个郡，带甲士卒达到百万以上。

公元 25 年 6 月，刘秀与更始政权公开决裂，在鄗南（今河北柏乡）登基，称光武帝，沿用汉朝国号，确立“建武”年号，史称东汉。

刘秀称帝时已基本上控制了中原地区（今河南、河北大部和山西南部），但很多地方仍处于分裂割据的局面。面对这种状况，他决定立即出动大军，渡黄河南征，首先扫荡更始政权在各地的残余势力，然后集中主力镇压赤眉军。

公元 25 年 8 月，汉军攻克洛阳（今属河南）。同年 10 月，刘秀由河北进入洛阳，并在这里定都。从他登基到 220 年汉献帝被废，东汉王朝历经了 196 年。

公元 26 年春天，汉军邓禹部到达关中地区，趁赤眉军撤离长安（今陕西西安）到扶风（今陕西兴平市）的时机进入长安。不久，赤眉军复还长安，击败邓禹部，迫使其撤出关中。这时，赤眉军也遇到很大困难。一方面，关中豪强地主结成营垒，负隅顽抗；另一方面，关中接连发生灾荒，粮草供应非常困难。赤眉军只好再度撤离长安，引兵东归。公元 27 年 2 月，汉军在崤底（今河南洛宁西北）埋伏，引诱赤眉军深入，然后发动突然袭击，打败赤眉军，俘虏八万多人。其余十万余人向东南撤退，不料在宜阳（今属河南）又陷入汉军包围，樊崇以下将卒悉数投降。至此，赤眉军被彻底镇压，关中地区尽在东汉政权掌控之中。

此后，刘秀采取各个击破的战略方针，从公元 29 年到 36 年间，陆续清除南北各地的封建割据势力，重建了统一的东汉政权。

刘秀是有头脑的政治家、军事家。他借助农民起义的力量，结束了西汉末期以来纷繁复杂的局面，实现了自己的政治目标。

光武中兴

光武帝刘秀即位后，经过 12 年之久的统一战争，先后平定了关东、陇西和巴蜀等地的封建割据政权，总算天下太平了。

然而，经过王莽代汉称帝以来 20 多年的混乱，人口锐减，土地荒芜，民生凋敝，怨声载道，一片衰败景象。目睹社会现状，刘秀在平定陇西和巴蜀之后，果断决定停止战争，休养生息，进行多方面的改革。

刘秀历来崇尚以人为本的思想理念。他奉更始皇帝刘玄之命镇慰河北时，有人建议他决开黄河大堤，把赤眉军淹成水中之鱼。刘秀怜悯百万生灵，拒不接纳。大破铜马起义军后，他对投降士卒不杀一人，因此投降的人对他心悦诚服，关中一带称他为“铜马帝”。刘秀用人和制定政策都是在这种思想指导下进行的。

政治上，加强中央集权，简化机构，整顿吏治。光武帝一反前朝诛杀功臣的常态，以优待功臣贵戚为名，赐以爵位田宅，而解除其军政大权。中央设立尚书台。一切政务由尚书台掌管，皇帝裁决。全国裁并 400 多个郡县，官员只有过去的十分之一，吃皇粮的大为减少。选拔贤能担任地方官，并从严考核。

经济上，实行与民休养生息的政策。公元 30 年，光武帝下诏，释放奴婢，豁免刑徒，成为庶民，以增加社会劳动力。他诏令郡县丈量土地，核实户口，作为征收赋税的依据，以抑制豪强，打击土地兼并。

文化上，继承西汉传统，尊崇儒学。光武帝在国都洛阳(今属河南)修建太学，还常去巡视。在他倡导下，许多郡县都兴办学校，民间也出现很多私学。

外交上，实行以德治边政策。同周边少数民族友好、自治、互助，缓和矛盾，避免争端，为经济的恢复和发展提供良好的外部环境。

各种措施的推行，使东汉出现了社会安定、经济恢复、人口增长的局面，史称“光武中兴”。毛泽东评价刘秀是最有学问、最会打仗、最会用人的皇帝。毛泽东还说，人常说“秀才造反，十年不成”，而刘秀是个例外，十年不鸣，一鸣惊人。

十 常 侍

东汉末年，外戚与宦官的斗争异常激烈。灵帝时，有 12 个宦官操纵国家政权。他们是张让、赵忠、夏恽、郭胜、孙璋、毕岚、栗嵩、段珪、高望、张恭、韩俚和宋典。因为他们都任职中常侍，所以被称为“十常侍”，他们的头儿是张让和赵忠。

十常侍把汉灵帝玩弄于股掌之间，以至于汉灵帝称“张常侍是我父，赵常侍是我母”。听听这话，真叫人起一身鸡皮疙瘩。君昏臣奸，不成世道。

十常侍自己横征暴敛，卖官鬻爵；他们的子弟横行乡里，祸害百姓，地方官不敢过问。天下百姓申冤无门，阶级矛盾十分尖锐。

189 年，灵帝病死，外戚大将军何进立皇子刘辨为帝。十常侍拉拢另一外戚、骠骑将军董重与何进争权。何进逮捕董重，吓死董太后，暂时占得上风。何进与出身官僚贵族世家的袁绍密谋诛杀宦官。但计谋泄露，十常侍绝地反击。他们在长乐宫嘉德门内埋伏 50 名刀斧手，让何太后召何进入宫。何进自恃大权在握，不听别人劝阻，独自进宫，被活活砍死。情况紧急。袁绍下令兵围宫殿并关闭北宫门，凡宦官不论老幼，一律杀死，两千多人死于非命。只可怜那些没有留胡子的男人，都被当成宦官给收拾了。

幸存的张让、段珪等人无计可施，只好裹挟着少帝刘辨和陈留王刘协，趁夜从后宫出逃，来到黄河岸边的小平津，没有带上传国玉玺，也没有大臣跟随。同行的河南尹掾闵贡厉声斥责张让等人，并砍死几名宦官，逼张让一伙自行了断。平时飞扬跋扈的张让竟成了咩咩待宰的羔羊。张让等人投河自杀，东汉宦官集团彻底覆灭了。

在诛戮十常侍的过程中，外戚和宦官同归于尽，由此标志着外戚和宦官交替专权的局面结束了。此时，凉州军阀董卓趁机进入京都，他杀了少帝刘辨与何太后，另立刘协为汉献帝，把朝政大权掌握在自己手中。袁绍、袁术、曹操一帮人见势不妙，纷纷逃离洛阳，组成关东联军讨伐董卓。各地军阀趁机举旗造反，东汉王朝已经名存实亡了。

黄巾起义

东汉末年，外戚宦官交替专权，政治腐败；赋税徭役沉重，土地兼并激烈；天灾频仍，瘟疫流行，大量农民流离失所，东汉王朝危机四伏。

这时，河北巨鹿有一个名叫张角的人，他在流民中积极宣传宗教太平道，暗中发展道徒。十余年间，发展了几十万人，遍布青、徐、幽、荆、扬、衮、冀、豫八州。他还联络一些京城宦官，作为起事内应。他用“苍天已死，黄天当立，岁在甲子，天下大吉”的口号鼓舞人心，为武装起义做舆论准备。“苍天”指的是东汉，“黄天”指的是太平道。信徒们头裹黄巾，象征要取代腐朽的东汉。

184 年是甲子年，张角打算在这年 3 月起事。但他手下一个名叫唐周的道徒向朝廷告密。朝廷抢先下手，大肆捕杀太平道徒，并追捕张角，于是张角决定提前行动。184 年 2 月，太平道起义了。道徒们头裹黄巾，所以称黄巾军起义也叫黄巾起义。张角自封天公将军，其弟张梁、张宝分别称地公将军、人公将军。起义之初，他们焚烧官府，捕杀官吏，攻打豪强田庄，震惊东汉王朝。东汉王朝出兵镇压，但在南阳、颍川和河北地区都被黄巾军打败了。

由于黄巾军分散作战，不能互相配合，所以在政府军和豪强武装的联合镇压下，还是被各个击破了。关键时刻，张角病死，黄巾军失去了有力的领导。河北黄巾军在广宗（今河北威县东）和下曲阳（今河北晋州西）的两次战斗中失利，张梁、张宝也英勇牺牲了。

黄巾军主力失败后，分散在各地的黄巾军和其他农民武装继续坚持斗争，此起彼伏，前后长达 20 余年。

黄巾起义是中国历史上第三次大规模的农民起义。其主力坚持作战九个月，沉重地打击并瓦解了东汉王朝的统治。为了有效镇压起义，汉灵帝将部分刺使改为州牧，让他们同时拥有地方军政大权。由此，地方官吏拥兵自重，相互攻伐，逐鹿中原，连皇上也成了手中玩物，这更加速了东汉王朝的灭亡。刺使改州牧，无疑是饮鸩止渴。

缇萦救父

汉文帝刘恒的母亲薄太后出身低微，是汉高祖不太得宠的妃子。她怕住在宫中被吕后陷害，就请求跟儿子住在代郡。在这里，娘儿俩对民间的酸甜苦辣有所体验。这段宝贵的经历对文帝执政大有裨益。

汉文帝即位不久，就废除了诽谤妖言罪和连坐罪。

山东临淄有个叫淳于意的人，因为做过齐国太仓令，管理都城仓库，所以人们习惯上称他仓公。他早年学医，医术精湛。弃官行医后，救死扶伤，深受人们尊敬。有个大商人的老婆生了病，请他诊治。谁料她吃药不见好，反倒死了。大商人告状，说他治错了病。当地官吏判了他肉刑。这种刑罚有脸上刺字、割去鼻子或砍掉脚等等，都极为残忍。因为他当过官，所以按法律规定必须押解到京城长安（今陕西西安）行刑。

仓公押解出发时，五个女儿哭着送行。他看着女儿们叹息："可惜我没有男孩，遇到急难，一个有用的也没有。"这时，最小的女儿缇萦提出要陪父亲去长安，家里人再三劝阻也没有用。

一路风餐露宿，缇萦随父到了长安。她托人写了一封信，送进皇宫。说来运气不错，竟让汉文帝看到了。信中说，我叫缇萦，是齐国太仓令淳于意的小女儿。我父亲做官的时候，齐地人都说他是清官。这回犯了罪，被判肉刑。我不但为父亲难过，也为所有受肉刑的人伤心。一个人砍去脚，就成了残疾；割去鼻子，就不能再安上去。以后就是想改过自新，也没有办法了。我情愿让官府没收为奴婢，替父亲赎罪，好让他有改过自新的机会。

文帝看信后，十分同情这个小姑娘，而且觉得说的实在有道理，就下令大臣商议。从此，废除了肉刑，淳于意也因此获救。这事发生在公元前 167 年。

一个小姑娘竟有如此胆识，怎不叫人惊叹？这岂是一个"孝顺"所能概括的。从某种意义上说，她还是法律进程从野蛮到文明的促进者。汉文帝不愧是一代明君，他体察民间疾苦，废除苛法，是利国利民的。

苏武牧羊

苏武（前140—前81），字子卿，西汉时杜陵（今陕西西安东南）人，汉武帝时任中郎将。

公元前100年，匈奴政权新单于即位，向西汉示好。汉武帝为表示友好，派苏武回访匈奴。苏武率领100多人，持旄节护送扣留在汉的匈奴使者回国，顺便带了丰厚的礼物，以答谢单于。谁料时运不济。就在苏武完成任务、准备启程回国的时候，匈奴上层内乱，苏武一行受到牵连，被扣留下来。

匈奴软硬兼施，想逼迫苏武臣服于它。最初单于派汉朝降官卫律游说，许以高官厚禄，但被严词拒绝了。游说无效，就改用酷刑。时值严冬，天下着鹅毛大雪。他们把苏武关进露天大地穴，断绝食物和水，企图逼迫他改弦易辙。几天过去了，苏武以雪解渴，用皮袄上的羊毛充饥，竟然神奇地活着，但奄奄一息的他丝毫没有屈服的意思。苏武的气节连匈奴都感到吃惊，因此不忍心杀害他。

后来，匈奴把苏武迁徙到北海（今俄罗斯贝加尔湖）一带，让他放羊。匈奴还放言，待公羊产仔才放他归汉。茫茫北海，人迹罕至。没有粮食，苏武就挖鼠洞里的食物充饥；没有衣服，就靠着羊群取暖。他天天手持旄节放羊，期待有一天能回到自己的国家。

匈奴单于又命西汉降将李陵劝降苏武，但苏武表示愿肝脑涂地报效西汉朝廷，就是刀劈油煎也绝不变节。

就这样，日复一日，年复一年，旄节上的装饰物掉光了，苏武的头发和胡须也都花白了。

苏武在匈奴牧羊长达19年。直到公元前81年，汉与匈奴和亲，才回到京城长安（今陕西西安）。当年苏武使团有百人之多，如今只剩下孤苦伶仃的十个人。成千上万的人出城迎接，激动的泪水在人们的脸上流淌。

公元前51年，匈奴归降。汉宣帝回忆往昔功臣，把11个人像画在麒麟阁上，以民族气节著称的苏武赫然在列。

昭君出塞

王昭君出生在西汉南郡秭归县（今湖北兴山县）。她和西施、貂蝉、杨玉环并称为“中国古代四大美女”。

王昭君天生丽质，聪慧异常，琴棋书画无所不精。她的绝世才貌顺着故乡的香溪传遍南郡，传至京城。

公元前36年，16岁的王昭君以“良家子”选入汉宫，为掖廷待诏，地位低于嫔妃。相传，因为她没有贿赂画师毛延寿，所以画得打了折扣，不被皇上宠幸，由此多年深居冷宫。

公元前33年，匈奴呼韩邪单于向汉元帝请求和亲。王昭君请求出塞和亲并获得皇上同意。据史料记载，当庭交割时，汉元帝第一次看到楚楚动人的王昭君，大吃一惊；意欲反悔，但碍于诚信，只好作罢。

在一个秋高气爽的日子，王昭君告别故土，登程北去。一路上，她思念家乡、思念亲人的悲切之情难以平复。她坐在马背上拨动琴弦，奏起悲壮的离别之曲。南飞的大雁被美妙的琴声吸引，只顾注视马背上的美丽女子，竟忘记扇动翅膀，以致跌落下来。从此，王昭君就有了“落雁”的代称，并和西施的“沉鱼”组成“沉鱼落雁”的溢美成语。

昭君出塞后，被封为“宁胡阏氏”，就是王后。她学胡语，喝牛奶，住毡帐，努力融入匈奴生活；她劝说单于举贤任能，多行善事，不要战争；她向匈奴女子传授刺绣、纺织技艺，深受匈奴人民爱戴。她在匈奴生育一儿两女。昭君出塞后，汉和匈奴在60多年里和睦相处，没有战事。

王昭君卒于匈奴，墓称“青冢”，坐落在现今内蒙古呼和浩特市南郊。

两千多年来，王昭君静静地躺在那里，无声地诉说着民族友好的佳话。历代文人墨客出于自身的理解，创作了诸多关于她的文艺作品，而中华人民共和国副主席董必武为昭君墓的题诗最为精当：“昭君自有千秋在，胡汉和亲识见高。诗客各摅胸臆懑，舞文弄墨总徒劳。”

长　城

长城又称万里长城，是我国古代的军事防御工程，由城墙、敌楼、关城、墩堡、营城、卫所、镇城和烽火台等多种工事组成。

修筑长城的历史可以追溯到西周时期,周幽王烽火戏诸侯的典故就发生在都城镐京（今陕西西安西南）附近的长城上。

春秋战国时期，修筑长城进入第一个高潮时期。各国为了相互防御，在地势险要的地方修筑长城。秦、赵、燕等国为了防御北方游牧民族的侵扰，也在本国的北部边疆修筑长城。

秦灭六国后，秦始皇派大将蒙恬率 30 万大军把匈奴从河套地区驱赶到阴山以北，然后在秦、赵、燕三国长城的基础上进行连接和修缮，形成了西起临洮（今甘肃岷县）东到辽东（今辽宁境内）的长城。从此，有了万里长城的称呼。

汉武帝登基后，把匈奴赶到漠北，随后修复秦长城，还筑起一条外长城。它西起大宛贰师城（今吉尔吉斯斯坦奥什市的马尔哈特），东至鸭绿江北岸。

以后，历代都在北部边疆与游牧民族接壤的地带修护过长城。

明代是最后一个大修长城的朝代。为了防止鞑靼、瓦剌和女真的侵扰，明朝又修筑了“内边”长城和“内三关”长城，从而形成西起嘉峪关东到山海关的长城，并在长城上骑墙修建了大量的空心敌楼。

人们习惯上把抵御北方少数民族的长城称为“北长城”，而把抵御诸侯国的长城称为“南长城”。

有一首歌词说“要问长城有多长”，其实由于历史久远，多少年来还真说不清。2012 年国家文物局宣布中国历代长城总长度为 21196.18 公里,其中明长城为 8851.8 公里。我们现在所说的长城一般是指明长城。

蜿蜒的万里长城盘旋在崇山峻岭之上,它是我国古代劳动人民用智慧和汗水凝结而成的伟大工程，如今已被列入世界文化遗产。据说宇航员在太空航行时，能看到的地球上唯一的人工痕迹就是长城。伟哉，长城！

灵 渠

公元前221年秦统一六国后，就派屠睢率50万大军向岭南进发，准备征服六国以外的其他地区，进一步拓展疆土。

岭南地区山高路险，军需运输困难。秦军在湘桂边境的山岭隘道受到阻碍，无法推进。为此，秦始皇于公元前219年派监御史禄负责开凿连接湘江和漓江的人工运河，以满足军事运输需要。公元前214年运河贯通，称为灵渠，也称兴安运河、湘桂运河、陡河、零渠和秦凿渠等等。

漓江流向由北向南，属珠江水系；湘江流向由南向北，属长江水系。两江流向向背，但发源地都在广西兴安境内，相距不远，而且水位差不大，分水岭也不高。史禄带领军民，用大约五年的时间，终于凿通这条运河，让湘江和漓江拉起手来。史禄集中大家的智慧，开凿的运河渠道迂回曲折，以降低坡度，平缓水势，便于行船。

灵渠工程主要有铧嘴、大小天平、南北渠、泄水天平和陡门五部分。铧嘴是形似铧犁的分水坝，筑于湘江河道，其作用是使湘江水“三七分派”，即三分水经南渠进入漓江，七分水经北渠注入湘江新开河床。大小天平呈“人”字形结构，位于铧嘴之后，大天平居江流北侧，小天平居江流南侧，组成拦河滚水低坝。其作用是拦水、泄洪。汛期，多余江水漫过天平，排入湘江故道。南渠和北渠总长30多公里，用以沟通湘江和漓江。渠平均宽度10米，渠水深度保持在1.5米。泄水天平分别建于南北两渠上，是大小天平的补充，用于二次泄洪。南北两渠上还建有多个陡门。陡门就是船闸，通过它的开启与关闭，调节水位，以保证往来船只顺利通行。

灵渠开通的当年，秦军的物资供应源源不断，迅速统一了岭南。

此后，历朝历代都对灵渠进行维修和改造，使它享有“世界古代水利建筑明珠”的美誉。它的开通，不仅满足了秦王朝当时的军事需要，而且更为日后的航运、灌溉，乃至文化交流、民族融合起到重要作用。

蔡伦造纸

“学富五车”的成语出自《庄子·天下》，说施惠是个有学问的人，他读的书要用五辆车子拉。这要拉多少书呀？其实也拉不了多少。因为那时候的书是刻了字的竹简，用绳子串起来的。东汉以前，书写有两种方法，一是刻在竹板上，二是写在丝绸上。前者太笨重，后者太昂贵，都不理想。

据记载，西汉时期我国就有了纸，但充其量是漂丝的副产品，不是真正意义上的植物纤维纸，自然还不能取代简、帛的书写地位。

东汉和帝时，都城洛阳（今属河南）出了个宦官名叫蔡伦（61—121），字敬仲。他本是桂阳郡（今湖南桂阳县）人，在京城当尚方令，主管宫内御用器物制造的作坊。此人勤于思考，善于观察，惯于动手。他利用自身的有利条件，在西汉造纸术的基础上，集中前人经验，利用树皮、麻头、破旧布和旧渔网等作原料，经过剪切、沤煮、打浆、悬浮、抄造、定型和干燥等操作流程，制造出价格低廉而实用的植物纤维纸。

105年，蔡伦把新造的纸报奏朝廷。汉和帝使用后赞不绝口，很快就在全国推广开来。114年，蔡伦被封为龙亭侯，后人就把他造的纸称为“蔡侯纸”。

可不要小看一张纸，它和简、帛相比较，不知要好多少。它的成功问世，也算是惊世骇俗的创举了，难怪人们把它誉为我国古代四大发明之一。蔡侯纸成功后，不仅在我国广泛生产使用，而且推广到世界各地，结束了欧洲羊皮纸时代，为人类文明的传播做出了贡献。麦克·哈特的《影响人类历史进程的100名人排行榜》中，蔡伦排在第七位。2007年11月，美国《时代》周刊公布“有史以来的最佳发明家”，蔡伦榜上有名。

史学界还有一种观点，认为造纸术是西汉劳动人民发明的；蔡伦是在总结前人经验的基础上，造出了精于前人的纸，不能算是发明。这种争论似乎意义不大。蔡伦是中国人。如果把他当作发明造纸术的中国人的代名词，岂不更好？

张衡与地动仪

张衡（78—139），字子平，东汉时南阳郡西鄂（今河南南阳石桥镇）人，著名的科学家和文学家。

东汉中期，全国地震频发，从公元 92 年到 125 年，就发生了 26 次大地震。地震引起山崩地裂、房屋倒塌、江河泛滥，给人民造成巨大损失。

132 年，时任太史令的张衡，经过长期研究，发明了地动仪，称为“候风地动仪”。

地动仪用精铜铸成，形状像大酒樽。它的直径有八尺。樽顶有凸起的盖子，可以打开。樽体外部有装饰的篆文和山、龟、鸟、兽等图形。樽体四周有按东、西、南、北、东北、东南、西北、西南八个方向排列的八个龙头，龙嘴各含一颗铜球。对着龙头，八个铜蟾蜍蹲在地上，个个昂头张嘴，随时准备承接铜球。樽体内设计精巧，中间是上粗下细的都柱亦即震摆，都柱周围有与外部龙头相连的“八道”，就是八组机械装置。哪个方向地震，都柱就因震动而失去平衡，倾向地震发生的方向，触动八道中的一道。这一道牵动相应的龙头，龙嘴里的铜球就落到蟾蜍口中，发出清脆而响亮的声音，看守人听到响声，就能记录地震发生的方向和时间。

134 年年末，地动仪的一个龙嘴突然吐出铜球，掉进蟾蜍口中。可是生活在京都洛阳的人并没有感觉到地震。人们议论纷纷，质疑地动仪不灵验。几天后，陇西快马来报，说那里几天前发生了地震。于是，人们又开始赞叹地动仪的神奇。

张衡制造的候风地动仪早在 1700 年前的战乱中消失，只留下 196 个字的记载。我们现在看到的候风地动仪是 1951 年根据文字记载而复原的模型，当然不具有任何功能。

地震学家从地震学的角度分析，记录一次地震必须有三个要素，就是发震时间、震中位置和震级。候风地动仪只能记录发震时间和震中方向，所以不是真正意义上的地震仪。尽管如此，张衡探索科学的精神值得点赞。

张仲景和《伤寒杂病论》

张仲景，名机，字仲景，东汉南阳郡涅阳县（今河南邓州）人，生卒年月不详，东汉末年著名的医学家，被后人尊称为“医圣”。

张仲景出生的年代，兵祸绵延，战乱不止；加上疫病流行，饥寒交迫，横尸遍野的惨景屡见不鲜。

张仲景自幼笃实好学，博览群书，尤爱医学。通过阅读史书，他对战国名医扁鹊油然而生敬意，并萌发了学医救民的强烈愿望。

十岁左右，张仲景就拜同郡名医张伯祖为师，学习医术。他无论从师外出诊病，抄方抓药；还是上山采药，回家炮制，从不怕苦怕累。老师非常喜欢他，把毕生行医积累的经验毫无保留地传授给他。

张仲景除了勤求古训，还博采众长，广泛搜集古今治病的有效方药，甚至民间验方也尽力搜集。他对民间常用的针灸、温熨、药摩、坐药、洗浴、润导、浸足、灌耳、吹耳、舌下含药和人工呼吸等多种治疗方法都一一研究。天长日久，积累了大量资料。

建安年间瘟疫频发，许多人因此丧生，有些城镇甚至变成了空城。瘟疫流行中死于伤寒者最多。张仲景家族原有 200 多人。不到十年就死去三分之二，其中伤寒占七成。张仲景决心控制瘟疫流行，根治伤寒病。

张仲景因“举孝廉”步入仕途，时任长沙太守。但他还是毅然辞官到岭南隐居，潜心撰写《伤寒杂病论》。这部巨著确立了辨证论治的中医临床基本原则，也就是通过望、闻、问、切四诊，综合分析疾病的性质，因人、因病、因症来选方用药。这才能符合变化的病情和不同体质的病人，做到药到病除。在方剂学方面，创造了许多剂型，记载了大量有效的方剂。

《伤寒杂病论》是我国第一部从理论到实践，确立辨证论治法则的医学专著，但不幸失传。后人根据轶文整理出《伤寒论》和《金匮要略》。至今，这两部专著仍是我国中医院校开设的基础课。

华佗与麻沸散

华佗（约 145—208），字元化，东汉末年沛国谯县（今安徽亳州）人。他是著名医学家，尤其精通手术，被誉为“外科鼻祖”。

华佗出生在封建军阀割据的年代。因为不满政治，所以无意为官，而甘愿东奔西走，为百姓解除病苦。几十年间，他的足迹遍布安徽、山东、河南、江苏等地，口碑很好。当时，黄疸病流行。华佗花了三年时间，反复试验，用春三月的茵陈嫩叶入药，救治了许多病人。因而民谣说：“三月茵陈四月蒿，传于后世应记牢。三月茵陈能治病，五月六月当柴烧。”

华佗也是我国古代医疗体育的创始人之一。他编排的模仿猿、鹿、熊、虎、鸟等五种禽兽姿态的健身操，俗称“五禽戏”，为年老体弱者健身防病，效果不凡。

华佗精通内、外、妇、儿、针灸各科，而对外科尤为擅长。他走访许多医生，收集有麻醉作用的药物，经过多次不同配方的炮制，终于试制成功了麻醉药。手术时，把麻醉药和热酒配制，让患者服下，使其失去知觉；然后割除溃疡，洗涤腐秽；再用桑皮线缝合，涂上神膏，四五天祛痛，一月痊愈。他使用的麻醉药取名“麻沸散”，是世界上最早的麻醉剂；他做的全身麻醉手术，是世界医学史上的创举。华佗的麻沸散比美国牙医摩尔顿发明乙醚麻醉早 1600 多年，所以说后世尊他为外科鼻祖是名副其实的。

《三国演义》里华佗曾为关羽刮骨疗伤。虽然这是文艺作品，不是历史事实，但也艺术地再现了华佗高超的外科技巧。

华佗行医声名远播，然而他的死因却是个谜团。一说曹操患了头风病，请他医治。他说需要开颅手术。曹操怀疑趁机谋害，就以行刺罪把他下狱，拷打致死。另说曹操请华佗治头风病，华佗托辞回了老家。以后又以妻子有病为由多次请假。曹操派人查看，知道华佗撒谎。一怒之下，将他锒铛入狱，折磨致死。两种说法大同小异，但都与“白脸的曹操”扯上关系。

罢黜百家　独尊儒术

“罢黜百家，独尊儒术”是说在国家政权和上层建筑中完全使用儒家思想，而禁止其他思想传播。

春秋战国是百家争鸣的时代。各个学派纷纷著书立说，宣扬自己的主张。孔子作为儒家学派创始人，曾周游列国，宣传自己的主张，但基本上没人理睬。孟子步其后尘，周游列国，但各国政要对他敬而远之。碰壁是必然的。因为诸侯国相互兼并，不是吃掉别国，就是被别国吃掉。他们都在寻求变革图强的政治家和能征惯战的军事家。这样，法家、兵家和纵横家备受青睐，而执着理想的儒家人物自然派不上用场。

汉朝建立后，原战国各学派思想逐渐恢复。汉初，百废待兴，几代皇帝都奉行“休养生息、无为而治”的国策，道家思想自然能帮得上忙。到汉武帝时，国家已经稳定下来，迫切需要完整而深厚的哲学思想来维护大一统政权。汉武帝的权臣卫绾、田蚡和窦婴都主张尊崇儒术。公元前 134 年，汉朝征召天下著名儒生入长安策问。儒生董仲舒提出“诸不在六艺之科、孔子之术者，皆绝其道，勿使并进”，应该“罢黜百家，表章六经”（班固《汉书》）。

汉武帝赞同董仲舒的观点。此后，儒家思想逐渐成为中国封建社会的统治思想，大量儒生涌入官场。不过，汉武帝尊崇的儒术和孔子的思想有很大区别。这时期的儒术成了以原儒家思想为主体、大量吸纳诸子百家思想的一种新的思想体系。

传统的教科书几乎千篇一律地说汉武帝接受董仲舒的建议，“罢黜百家，独尊儒术”。但当代学者经过考察，在所有史料中都找不到这种说法的出处，只是 1916 年易白沙在《青年杂志》上发表文章才敷衍出来。这些学者还认为，汉代学术文化环境比较宽松，人们的言论比较自由，没有秦始皇时代的“焚书坑儒”，也没有后代连绵不断的“文字狱”，推崇儒术并不意味着禁锢其他学术，所以“罢黜百家，独尊儒术”的说法是子虚乌有的。

司马迁和《史记》

司马迁（公元前 145—前 90），字子长，西汉夏阳（今陕西韩城南）人，一说龙门（今山西河津）人，著名的思想家、文学家和史学家。

司马迁十岁时，已能阅读和诵习古典作品。20 岁时，从京师长安出发，南下漫游，足迹遍布江淮流域和中原地区。所到之处，考察遗迹，收集传说。

司马迁的父亲司马谈官居太史令。弥留之际，嘱咐儿子不要中断了国家的历史文献。公元前 108 年，司马迁子袭父职，当了太史令。此后，他阅读和搜集了更多资料，已经具备了著书立说的条件。

然而，天有不测风云。正当司马迁准备动手写作的时候，出了大事。公元前 99 年，汉武帝派自己的宠妃李夫人的哥哥、贰师将军李广利远伐匈奴，几乎全军覆灭。随同出征的骑都尉李陵被俘投降。汉武帝为李陵定罪。司马迁直抒己见，说李陵率五千步兵与八万匈奴兵苦战八昼夜，援军不至，寡不敌众。虽说失败，但杀敌逾万，也可以向天下人交待。再说他没有马上去死，或许还有回报朝廷的一天。汉武帝也许觉得司马迁是间接指责李广利，竟勃然大怒，以他为李陵辩护、同情叛徒为名，交廷尉治罪。

司马迁受了宫刑。但他忍辱负重地活着，20 年后终于写完了《史记》。汉宣帝时，司马迁的外甥杨恽看到朝政清明，才上书皇帝，献出《史记》。

《史记》记述了从传说中的黄帝到汉武帝时期近三千年的历史。全书 130 篇，包括本纪 12、表 10、书 8、世家 30、列传 70，共 526500 字。

《史记》饱含爱憎。对项羽、李广等悲剧人物写得慷慨悲壮，荡气回肠；而批判当朝开国皇帝，指斥当代君主，却笔锋所至，原形毕露。《史记》文采斐然。对人物刻画、场景描写、事件叙述，尽显高超多样的文学技巧。《史记》体现平民视角。它使社会底层人物入史，或忠义，或智慧，五彩斑斓，妙趣横生。

《史记》是中国二十五史之首，是纪传体史书的开山祖，也是文学史上的丰碑。毛泽东称司马迁是文学家。鲁迅誉《史记》是“史家之绝唱，无韵之离骚”。

班固和《汉书》

班固（32—92），字孟坚，东汉扶风郡安陵（今陕西咸阳东北）人，著名的史学家和文学家。

班固出身儒学世家，其父班彪是著名学者。受家庭熏陶，班固 9 岁就能诵诗赋，写文章；16 岁入太学深造，博览群书，对儒家经典和史书无不精通。

班固 23 岁时，父亲去世，家境拮据，全家从京城迁居老家。班彪在世时，已撰写《史记后传》部分内容。但班固认为这些书稿内容不够完备，布局有待改进；没有撰写的部分，需要续写。于是，他在父亲已完成书稿的基础上，利用家藏的丰富的图书资料，开始了撰写《汉书》的笔耕生涯。

这时，有人向朝廷告发他私修国史，扶风郡奉诏收其入狱。私修国史多大罪？可不得了，弄不好要掉脑袋。班家人预感凶多吉少。班固的弟弟班超立即策马赴京，向汉明帝上疏申冤。还算运气不错，汉明帝竟然召见了他。班超把父兄几十年修史的辛劳以及宣扬"汉德"的意向作了陈述。明帝听了汇报，看了书稿，称赞是一部奇书，对班固的才华感到惊异。他立即下令释放班固，并封为兰台令史，回京城掌管和校定皇家图书。

班固回京后，愈加显示出才华。于是，明帝下诏，让他独立完成《汉书》的编撰。有了皇帝的尚方宝剑，班固再也不用担惊受怕了。从公元 58 年至公元 82 年，他全身心投入工作，大体上完成了《汉书》的编撰。

然而，班固并不安分守己，他投笔从戎跟随大将军窦宪北伐匈奴去了。后来窦宪擅权被杀，班固受到株连。书还没有写完，就冤死狱中了。

班固死后，妹妹班昭继续承父兄遗志，整理了班固留下的篇章，又补写了 8 表和天文志。历尽波折，《汉书》终于面世了。这部史书记述了从汉高祖刘邦到王莽被杀，共 230 年的历史。全书 100 篇，包括本纪 12、表 8、志 10、传 70，共 80 多万字。

《汉书》是继《史记》之后又一部重要史书，它开创了纪传体断代史的新体例；它也是一部优秀的文学作品，尤其是语言分寸把握得非常准确。

第三部分

三国两晋南北朝

桃园结义

东汉末年，黄巾起义，天下大乱。为了镇压黄巾军，幽州太守刘焉出榜招募义兵。涿县（今河北涿州）人刘备看了榜文，慨然长叹。身后一人听了，厉声责问："大丈夫不与国家出力，何故长叹？"刘备回头看去，却见这人身高八尺，豹头环眼，燕颔虎须，声若巨雷，势如奔马。细问，才知道这人姓张名飞，字翼德，是当地富户，以卖酒杀猪为业，喜欢结交朋友。

刘备向张飞自我介绍说，我本是汉室宗亲，看到黄巾乱世，有意为国出力，但实在力不从心。张飞说我家底厚实，咱们自己招募乡勇，干一番大事，岂不更好。两人说得很投机，有点相知恨晚的感觉。两人觉得还有许多话要说，就进了一家小饭店，一边喝酒，一边继续聊天。

正在这时，一个大汉走进店门，大声呼喊酒保快快上酒，说要赶紧进城，报名投军。刘备细看，那人身高九尺，髯长二尺，面如重枣，唇若涂脂；丹凤眼，卧蚕眉，相貌堂堂，威风凛凛。一打听，此人姓关名羽，字云长，本是河东解良（今山西运城市）人，因杀了豪强，外逃涿县。听说城里招兵，打算应募。刘备把他和张飞的想法告诉了关羽。关羽很赞成。

当下三人离开小饭店，到张飞庄上商量大事。叙谈良久，意气相投。张飞提议说，我庄子后面有一处桃园，那里花儿盛开，景色宜人，明日我们到那里祭告天地，结为兄弟，共图大事。刘备、关羽齐声叫好。

第二天，刘、关、张三人来到桃园，他们焚香发誓：愿结为兄弟，同心协力，扶危济困；上报国家，下安黎庶；不求同年同月同日生，但愿同年同月同日死。三人以年龄确定长幼，刘备为大哥，关羽是二弟，张飞称三弟。

这段故事出自《三国演义》，确实精彩。但权威的《三国志》和《资治通鉴》等史书，都没有"结义"的记载。《三国志》说他们"恩若兄弟""义为君臣，恩犹父子"等等。三人合作，奠定蜀国基础是不争的史实。小说是根据史实演义出来的，它艺术地再现了刘、关、张三人情同手足、精诚合作的关系。

曹操挟天子以令诸侯

汉献帝即位后，东汉朝廷持续动乱。汉献帝被董卓劫持到长安（今陕西西安）后，历经千辛万苦。195 年，又回到当时的国都洛阳（今属河南）。这时的洛阳破落不堪，连皇帝的起居都形同乞丐。虽然如此，但皇帝仍是权力的偶像，对全体臣民具有举足轻重的作用。

189 年，袁绍以盟主身份组织关东牧守联军，讨伐董卓，占据青、冀、幽、并四州，地广兵多，气壮如牛。曹操加入袁绍联军，屡屡获胜，到 195 年已占据中原地区黄河以南的大片土地，被汉献帝任命为兖州牧。

袁绍的谋士沮授劝谏袁绍，趁洛阳经济萧条、君臣生活窘迫，把汉献帝接到邺城，这样可以做到“挟天子以令诸侯”。袁绍不以为然。他说汉献帝就是个废物，把他接来还得养活一大帮闲人，白吃白喝，没有鸟用。再说有事还得向他请示，他不同意怎么办？碍手碍脚的。袁绍一通抱怨，就把这事给吹了。

几乎是同时，曹操的谋士毛玠劝谏曹操，把汉献帝接到许县，可以“奉天子以令不臣”。曹操觉得说到点子上了，就立刻着手操办。

其实，曹操一直以臣子的身份给汉献帝进着贡，关系套得比较近乎。196 年（建安元年），曹操到了洛阳，借口京都无粮，就把汉献帝安全转移到许县（今河南许昌东），接着定许县为国都，改称许都。

曹操对汉献帝的物质保障和适度尊重，果然得到了他期望的巨大回报。曹操被封为司空、车骑将军，地位高出所有的文臣武将。曹操还以献帝名义，奖惩、任免官员，地方官员大都表现得顺从。迁都后，不少东汉臣僚来到许都，各地名士也纷纷归依。曹操威望大增，人才库逐渐充实起来。

史家把曹操之举称为“挟天子以令诸侯”，这和他的“奉天子以令不臣”只有字面的差异，其实是一路货色。还有学者认为曹操之举不道德，给自己造成负面影响。实际上当人们觉悟的时候，曹操已经大权在握、今非昔比了。

望梅止渴

东汉末年，外戚宦官交替专政，封建军阀借机割据，天下局势大乱。

曹操技高一筹。他挟持汉献帝迁都许县（今河南许昌东），挟天子以令诸侯，颐指气使。可是，各地军阀偏不买账。河北的袁绍虎视眈眈，东南的孙策蠢蠢欲动，南边的刘表、张绣不肯降服，关中诸强也在等待观望。

你不听我，我就打你。谁说兔子不吃窝边草？曹操偏要先吃窝边草。张绣占据宛城（今河南南阳），算是近邻，曹操就首先收拾他。

曹操打着皇帝的旗号征讨张绣。时值盛夏，将士们一路行军十分疲乏。走着走着，就进入了无水区。大家口干舌燥，喉咙冒火，不断有人中暑倒下；就是身强力壮的士兵，也渐渐支持不住了。曹操派人四处找水，但哪里也找不到；命士兵就地挖井，但始终见不到一滴水。曹操目睹这样的情景，心里非常焦急。照这样耗下去，还能打仗吗？

曹操策马奔上一个山岗，极目远眺，看看哪里有河有湖。可是他失望了。龟裂的土地一望无际，不见一条河，不见一片湖。

不过，曹操毕竟是个聪明的人。他要带领大家走出旱区，眉头一皱，计上心来。只见他站在高岗上，用令旗指着前方大喊：“绕过前面这座山，就有一片梅林。那梅子又酸又甜。大家再坚持一下，到那里好好吃吧。”

将士们听了曹操的话，立刻想起了梅子的味道，就好像真的吃到一样，顿感口中生津，精神头也来了，鼓足勇气向前赶。就这样，曹操终于率领军队走到有水源的地方。在那里，将士饱餐，战马痛饮，军队的元气得到恢复。

现代汉语把“望梅止渴”“画饼充饥”“水中捞月”一类成语解释成根本做不到的空想，只是用来安慰自己。其实，我们还能从这个故事中得到另外的启示：人在遇到困难的时候，用成功的渴望来激励自己，往往能战胜困难，出人意料地到达理想的彼岸。

煮酒论英雄

刘备帮助曹操破徐州，灭吕布，立下功劳。曹操带刘备及其部下回到许都（今河南许昌东），安排他在离自己不远的大院子里住下。他在院子里种了一块菜地，每天施肥、除草、浇水，忙得不亦乐乎。看上去，还真像个种菜专业户哩。

一天，曹操派人来请刘备，说要小叙一番。刘备去了。曹操在小亭子里安排酒菜和刘备对饮起来。曹操问刘备当今天下英雄是谁。刘备东拉西扯，一会儿说河北袁绍、河南袁术，一会儿说荆州刘表、益州刘璋、江东孙策，一会儿又说张绣、张鲁、韩遂。曹操摇头耻笑，一一否定。

说着说着，曹操用手指指刘备，又指指自己说："天下英雄，唯使君与操耳。"刘备大吃一惊，手中筷子不觉落在地上。幸亏曹操没有注意到这个细节。这时天上突然一道闪光，紧接着惊雷贯耳。刘备趁机拾起筷子说："这雷真厉害，把我的筷子震在地上了。"曹操说："大丈夫还怕雷吗？"刘备说："这么响的雷，怎么不怕？"曹操脸上掠过一丝不屑，心里暗暗说原来是个胆小鬼。刘备则心里感谢老天有眼，帮我逃过一劫。

第二天，曹操又请刘备赴宴。席间有人来报，河南袁术要投靠河北袁绍。刘备趁机和曹操说，请你给我一支兵马，我去击败袁术。于是，曹操给了刘备五万人马，领兵去了徐州。刘备一走，曹操顿感后悔。刘备说自己是"笼中之鸟上青天，网中之鱼归大海"。果然，刘备灭了袁术，占据徐州，逃离了曹操虎口。日后，他成了曹操的劲敌。

刘备的确聪明过人。他本是汉室宗亲，论辈分还是汉献帝的皇叔哩。汉献帝曾下密诏要他除掉曹操。刘备素以仁义闻名，志在恢复汉室。所有这些，老谋深算的曹操怎能充耳不闻呢？他清楚曹操对自己怀有戒心，寄人篱下，处境十分危险，就以种菜为幌子掩盖本来面目，使用了韬光养晦的策略。当曹操点破真相、吓掉筷子的时候，又能巧借响雷掩饰过去，足见其有很强的随机应变能力。

这个故事来自《三国演义》，虚构的成分应该不少。

官渡之战

东汉末年，豪强势力割据，曹操和袁绍两大集团逐渐强大起来。曹操迎汉献帝，迁都许县（今河南许昌东），挟天子以令诸侯，领有兖州、徐州等地。袁绍占据幽州、青州、冀州、并州，尽有河北之地。两大集团的争锋已在酝酿之中。

199年6月，袁绍挑选十万精良步兵和一万骑兵，企图南下进攻许都（许县改称），官渡之战的序幕由此拉开。

当时，曹操手下只有两三万兵。众将觉得敌强我弱，难以取胜。但曹操认为袁绍志大才疏，胆略不足，刻薄寡恩，刚愎自用。兵力虽多，但不可怕。接着，他作出部署。派一支精兵进入山东，以牵制袁军，巩固右翼；派人镇抚关中，以拉拢凉州，稳定左翼；派兵扼守黄河南岸的重要渡口延津和白马，以阻击袁军渡河；主力集结于官渡（今河南中牟东北）一带，筑垒固守，以阻挡袁军正面进攻。官渡是许都的门户，地理位置十分重要。

200年4月，袁军占领延津后，又围攻白马。曹军佯装进攻延津，引袁军分兵西向；尔后轻骑出击，解白马之围，并斩杀名将颜良。接着又诛杀另一名将文丑。曹军初战告捷，袁军锐气受挫。

8月，袁军主力接近官渡，依沙立营，与曹军对峙。面对困境，曹操也产生了退守许都的念头。此时，谋士荀彧力谏坚守，才使曹操决心固守，捕捉战机。

曹军偷袭袁军故市粮仓，烧毁军粮几千车。袁军方面，谋士沮授建议派重兵守护另一粮仓乌巢，许攸建议绕道袭击许都。这都是高见，但袁绍概不采纳。

许攸料定袁绍必败，就投靠了曹操。曹操采用他的计策，亲率五千轻骑，偷袭乌巢，把粮草烧得干干净净。正在官渡正面战场的袁军将领张颌、高览听到消息，无心恋战，索性投降了曹操。袁军军心动摇，顷刻崩溃。曹军大举反击。袁绍仓皇北逃，只带回可怜的800骑兵。

此战历时18个月。曹操以少胜多，以弱制强，击败袁绍，为统一北方奠定了基础。

曹操北征乌桓

200 年，曹操在官渡之战中击败强敌袁绍，奠定了自己统一北方的基础。两年后，袁绍病死。四年后，曹操又斩杀袁绍之子袁谭。袁绍的另外两个儿子袁尚、袁熙逃往辽西，投奔乌桓。

乌桓是东北少数民族东胡的一个分支。东汉末年，它发展成一支不可忽视的地方势力。袁绍在位时，通过和亲，与乌桓保持着友好关系。

为了消灭袁绍的残余势力，彻底解除来自北方的威胁，曹操决定远征乌桓。207 年，曹操亲率 20 万大军出征乌桓。然而出师并不顺利。这年 5 月，部队到达无终（今天津蓟县）时，遇到大雨，道路泥泞，行军受阻，通过滨海道进入辽西的作战计划泡汤了。

然而，天无绝人之路。正当曹操一筹莫展的时候，一个名叫田畴的“地理通”给他指了一条通往辽西的古道。这是已经荒废了 200 年的老路。在田畴带领下，曹军丢弃辎重，轻装前进，北出卢龙塞（今河北喜峰口），绕过白檀（今河北宽城县药王庙古城）、平刚（今辽宁凌源市境内），东指乌桓都城柳城（今辽宁朝阳市南袁台子古城）。

曹军行动诡秘。在距离柳城 200 里的时候，乌桓才得到消息。蹋顿单于和袁尚仓促应战，蹋顿单于被杀；袁尚兄弟仓皇逃往辽东郡，被太守公孙康杀死。接着，曹操组建了一支乌桓骑兵，保卫当地安全，还接回了被乌桓掳掠的汉人十多万口。曹操北征乌桓大获全胜。

同年 9 月，曹操凯旋。班师途中，他走了另一条路。路过碣石（一说是碣石山，另一说是今绥中县美女石）时，他远眺大海，看到惊涛拍岸的场面，不禁壮怀激烈，写下壮丽诗篇《观沧海》，成为千古名篇。

曹操平定乌桓，稳固了北部边疆，壮大了军事实力，促进了民族融合。还有学者认为，这次重新开启了卢龙塞至柳城的辽西交通要道 500 多里，在辽海交通史上建立了阶段性的丰碑。

三顾茅庐

东汉末年，战乱频仍。诸葛亮从琅琊郡阳都县（今山东沂水）到荆州（治今湖北襄阳）避难，隐居在隆中（今湖北襄阳西）。他志向高远，自比管仲、乐毅；他知识渊博，尤通天文地理；他关注时局，研究军事，企盼辅佐一位明主，成就一番事业。

官渡之战后，曹操又打败了刘备。后者势单力薄，没有稳定的根据地，只好投靠镇南将军、荆州牧刘表，寄人篱下。曹操很想得到刘备的谋士徐庶，就挟持了他的母亲，并放出风来说徐母有病。徐庶是大孝子。他执意要去许都（今河南许昌东）探望母亲，刘备不好挽留。临走时，徐庶向刘备建议，要争雄天下，就得揽延人才，而诸葛亮实在是不可多得的贤才。

刘备听从徐庶建议，第二天就和关羽、张飞一同到隆中拜访诸葛亮，但他已出游，连书童也不知道什么时候回来。刘备只好回去。过了几天，刘备三人冒着大雪又去拜访诸葛亮，但只见到他的弟弟。刘备无奈，留下书信，回去了。过了一段时间，刘备一行三人再次来到隆中。诸葛亮正在睡觉。刘备让关羽、张飞在大门外等候，自己在院内的台阶下静静地站立，一直等到他醒来。

诸葛亮向刘备分析天下形势，并提出自己的主张，这就是著名的隆中对策，也称“隆中对”。他认为曹操地广人众，又挟持汉献帝，暂不可与之交锋；孙权久居江东，政权稳固，对其只能联合；刘备只有先占荆州，再向益州（治今四川成都）发展，建立基地。三国鼎立之后，安抚西南少数民族，整顿内政，积蓄力量，伺机攻取曹魏，进而统一天下。刘备非常赏识。可以说两人一同确立了今后发展的路线图。诸葛亮被刘备的诚意打动，答应出山相助。诸葛亮时年 27 岁。

正因为刘备求贤若渴的诚意，才感动诸葛亮出山相助；有诸葛亮相助，刘备才如鱼得水，奠定了蜀汉政权的基础，形成三国鼎立的局面。

不过，毛泽东主席对隆中对颇有微词，他认为这里犯有关键性的错误。关羽镇守荆州，刘备进军四川，战线太长，兵力分散，失败不可避免。

长坂坡之战

官渡之战后，刘备投靠荆州（治今湖北襄阳）牧刘表，驻扎在樊城（今属湖北襄阳）。208 年，曹操亲征荆州。当年 8 月，刘表病死，次子刘琮不战而降。刘备获知消息时，曹军已达宛城（今河南南阳），攻防部署都来不及了。

诸葛亮劝刘备趁机攻打刘琮，拿下荆州，据城抗曹，但刘备念及荆州是刘表家业，不忍相夺。诸葛亮无奈，只能认可。

刘备率部几千人，携辎重向荆州重镇江陵撤退，无奈江北十万百姓愿随刘备南逃，所以队伍臃肿，行动缓慢。为防不测，刘备遣关羽率水军由水路先赴江陵，占领军事要塞。

曹操听到刘备南逃的消息，怕他先占江陵，就派曹纯率号称天下骁锐的五千虎豹骑追击。曹纯在长坂坡（今湖北当阳）追上刘备队伍。刘备队伍混杂，人多兵少，很快就被击溃了。慌乱中，刘备率赵云、张飞、诸葛亮数十骑逃走，士卒、百姓和诸多辎重被曹军俘获。

刘备等人奔走间不见了赵云。有人说赵云已入曹营，投降了曹操。刘备不信。他反复说“子龙不弃我也”。张飞奉命集合散兵 20 多骑，到长坂桥断后，以掩护刘备等人南逃。原来赵云并非慌乱走失，而是转身杀回曹营，寻找刘备妻儿。他单枪匹马，独踹曹营，全不把虎豹骑放在眼里。赵云救出刘备的妻子甘夫人和幼子刘禅，但刘备的两个女儿没有找到。

赵云向南突围，在长坂桥上遇到张飞接应。张飞骑马站立桥南，只见他圆眼怒睁，胡须倒竖，横握丈八蛇矛，大声吼叫：“吾乃燕人张翼德也，谁敢与我决一死战？”堂堂虎豹骑竟无一人向前。张飞成功阻击，刘备一行从容逃脱。

此战，刘备把辛苦积攒的一点家底都贴光了，所幸领导集团核心人物都得以逃脱。他们放弃江陵，转投夏口（今湖北武汉）刘琦，另谋东山再起。

长坂坡刘备本来打了败仗，可是由于《三国演义》的描写，他似乎成了胜利者。

赤壁之战

208年7月，曹操率领20万大军南下，直指荆州（今属湖北）。荆州非常富庶，其首府襄阳更是门户。占据这个门户，进可统一南方，退能抵御东吴。

曹军抵达荆州时，荆州牧刘表病死，次子刘琮不战而降。曹军随即占领荆州江北地区，并收编荆州士卒，总兵力有所增加，号称83万。

刘备从樊城撤出。在曹军追击下，投奔刘琦，退守夏口（今湖北武汉）。

曹军大兵压境。江东孙权在鲁肃建议下与刘备结盟，组成五万人的联军，合力据曹。刘备派诸葛亮到江东，与东吴都督周瑜等人筹划作战方案。

曹军不习水战，于是在长江北岸训练水军。孙刘联军则在长江南岸赤壁一侧停泊战船，与曹军隔江对峙。

曹军用大铁环把战船首尾连接起来，人马在船上行走如履平地。看似高明，其实埋下祸根。一旦火攻，都成了一根绳上的蚂蚱，谁也跑不了。

决战之前，东吴周瑜和黄盖上演了一场苦肉戏。黄盖被打后诈降，曹操当真。决战当天，黄盖按照约定带领十艘轻便战船向曹军驶来。这些船用布幔遮掩，内载薪草膏油，上插旌旗龙幡。当时东南风大作，十艘战船顺风前行，船上士卒高喊“降焉”。曹军以为黄盖是来投降的，因此毫无戒备。哪料快船接近曹军船队时突然点火。霎时，十艘战船像离弦的快箭冲向曹营。风助火势，迅速蔓延曹军战船，曹军烧死、溺水者不计其数。对岸孙刘联军见黄盖得手，立刻横渡长江，趁乱大败曹军。曹操引残部沿华容（今湖北监利）小道退却。

曹军远道而来，士卒疲惫；北方之人，不习水战；加之军中瘟疫流行，战斗力受到很大影响。反观孙刘联军，虽然兵力下风，却发挥了自己善水战、懂气象的长处。此消彼长，胜负归属自是不言而喻。

赤壁之战是我国古代战争史上以少胜多的典型战例。战后，曹操元气大伤，失去了南下争霸的实力；刘备、孙权则趁机扩大势力，由此奠定了魏、吴、蜀三国鼎立的基础。

草船借箭

赤壁之战前夕，刘备的军师诸葛亮到东吴游说，舌战群儒，促成孙刘联合，共拒曹操。东吴都督周瑜嫉妒诸葛亮的才华，总想伺机除掉他。周瑜让他十日内赶造十万支箭，诸葛亮说三日内即可完成。诸葛亮立了军令状，周瑜窃喜。立军令状可不是开玩笑，完不成就要脑袋搬家。

诸葛亮暗中向东吴重臣鲁肃借了20条船、600名士兵，还有稻草、青布等物。每条船都扎满稻草人。这个摇羽毛扇的究竟要干什么，众人无不纳闷。

头两天诸葛亮不动声色。第三天五更，大雾弥漫，对面看不见人。诸葛亮指挥船队沿长江一字儿西行。看看逼近曹兵水军大营，诸葛亮令士兵们擂鼓呐喊。曹操不敢贸然出击，急调旱寨弓弩手六千多人赶到江边，会同水军射手万余人，下令放箭。刹那间，曹兵万箭齐发，船上稻草人纷纷中矢。看着一面的稻草人插满了箭，诸葛亮下令把船调过头来。曹兵仍是雨点般地射箭。不一刻工夫，稻草人身上的箭插得满满的。东方欲晓，诸葛亮下令船队向东返回，并让士兵们高喊："谢谢曹丞相赠箭！"

曹操惊呼上当。但此时诸葛亮船队顺风顺水，已离开20多里。曹军追之不及，曹操懊恼不已。

船到码头，周瑜派来取箭的500名士兵早已等候了。诸葛亮吩咐他们上船取箭，足足十万支。这次行动，诸葛亮特邀鲁肃同船饮酒观看。鲁肃看得一清二楚，心里佩服得五体投地。

诸葛亮来见周瑜复命，后者只好连声称赞。诸葛亮却不以为然地说："不过玩个小花样，没什么稀奇的。"周瑜听了，有点哑巴吃黄连的味道。

诸葛亮之所以能导演这幕草船借箭大戏，主要是熟悉天文地理，三天前就预测到会有一场大雾。

这则故事引自《三国演义》，史书是没有记载的。显然作者是使用小说笔法，浓墨重彩地美化诸葛亮。

刘备借荆州

东汉末年，刘表据荆州（今属湖北）。首府襄阳，下辖七郡。荆州位于长江中游，人口众多，物产丰富，经济文化发达；西通巴蜀，东连吴会，北接中原，利尽南海，地理位置十分重要。荆州的确是块肥肉，难怪军阀们个个眼红。

208年，曹操率军南下进攻荆州，州牧刘表病故，次子刘琮不战而降，曹军随即占领荆州长江以北的地区，赤壁之战的序幕就此拉开。

赤壁之战后，荆州被曹操、孙权和刘备三家瓜分。曹操虽败，但仍据北部最大的南阳郡和南郡北部的襄阳等地。孙权得到江夏郡和南郡。刘备得到南部的长沙、零陵、桂阳和武陵四郡。其实这四个郡是刘备趁东吴周瑜和曹将曹仁争夺南郡要塞江陵之机，攻取而来的，并非协商所得。

刘备所得四郡都不是战略要地，所以只能屯兵公安。此处屯兵，不利发展，于是两次向孙权提出借用南郡。周瑜坚决反对，他认为南郡地理位置十分重要，不能拱手送人。周瑜死后，鲁肃接任。鲁肃是具有战略眼光的人。他认为东吴实力弱于曹操。在千里长江战线上，实在难以抗衡曹操，而刘备是极可利用的棋子，就劝孙权把南郡借给刘备落脚。孙权是绝顶聪明的人。他权衡利弊，同意了鲁肃的建议。这应该是双赢的买卖。刘备借到南郡后，有了五个郡，江陵成为他的行政中心。

刘备取得益州（治今四川成都）后，孙权让他归还荆州（应当是指南郡），双方关系一度紧张。不过从联合抗曹的大局出发，两家还是通过协商重新划分了荆州。以湘江为界，长沙、江夏、桂阳三郡以东归孙权；南郡、零陵、武陵三郡以西属刘备。这样，刘备不但还掉一郡，还多让了一郡。

民间歇后语说“刘备借荆州——有借无还”，好像刘备耍赖，借东西不还。其实，借荆州是子虚乌有的，充其量只是借南郡，而且加倍归还了。有学者认为，东吴为了给偷袭荆州的背盟之举找借口，就刻意制造了“借”的谎言。史书没有“借”的记载，人们就以文艺作品为准了。

刘备入川

东汉末年，刘璋承袭父职，担任益州（治今四川成都）牧。他为人懦弱多疑，谋略不多，威信不高。

当时，张鲁割据汉中。他是依附刘璋之父刘焉起家的。但到刘璋执政时，张鲁已不听号令。刘璋因此杀死张鲁的母亲和弟弟，双方就成了仇家。刘璋多次派兵攻击张鲁，但都以失败告终。

208年，曹操讨伐荆州，刘璋派使者到曹营致敬。曹操加封刘璋为振威将军，其兄刘瑁为平寇将军。因为受制于张鲁，刘璋就派别驾从事张松到曹操那里求助。也许是因为张松其貌不扬，曹操对他傲慢无礼。张松因此怀恨在心，转而投靠刘备。刘备盛情款待，张松感激不已。他劝刘备进取西川，还送上西川地理图。张松返回后，劝说刘璋同曹操断绝来往，而与宗室兄弟刘备结盟。刘璋认可了。

刘璋远惧曹操，近恐张鲁，心神不定。211年，张松又劝刘璋请刘备入川相助。主簿黄权竭力劝阻，但刘璋不听。从事王累把自己倒吊在益州城门上以示阻拦，但刘璋依然我行我素。

赤壁之战后，刘备得了荆州，实现了政治蓝图的第一步，下一步就是夺取益州。恰在这时，刘璋请他入川，岂不是天上掉下大馅饼吗？

刘备让关羽和诸葛亮镇守荆州，自己带领庞统和五万兵马，进军益州。

刘备率军赶到涪城，刘璋盛情迎接，并供给大量物资，让他征讨张鲁。然而刘备驻扎葭萌关，部队吃饱喝足，却不与张鲁开战。他意在养精蓄锐，保存实力，伺机夺取益州。

刘璋识破企图，捕杀张松，并与刘备断绝关系。刘备反目成仇，转而攻打刘璋。双方苦战三年，连庞统也阵亡了。直到214年，诸葛亮、张飞、赵云三路援军赶到，才迫使刘璋献出益州。

刘璋智谋不足，头脑不清，引狼入室，丧失领地，自在情理之中。所幸刘备讲点“仁义”，还安排他当振威将军，直至善终。

三国鼎立

赤壁之战后，曹操元气大伤，无力南顾，就把矛头转向西北和淮南地区。他采取东攻西守或西攻东守的策略，力避与孙权、刘备两面作战。他在渭南之战中取胜，平定了关西；在合肥之战中告捷，遏制了孙权的攻势。这时曹操的地盘包括今淮河以北的中原地区和秦岭以北的关中、陇右，以及河西地区，西抵新疆，东达朝鲜半岛东北部，土地辽阔。

220年，曹操病死。其子曹丕承袭父职，任丞相、魏王。同年10月，曹丕废汉献帝，自立为帝，国号魏，建都洛阳（今属河南）。魏国习惯上也称曹魏。

赤壁之战后，刘备获得荆州大部分土地，接着进取西川，夺取益州（治所在今四川成都），自领益州牧。经过两年的争夺，219年他又打败曹操，占领汉中（今陕西汉中东），自称汉中王。此时，刘备拥有的地域，包括今云南、贵州、四川大部、陕西汉中和甘肃白龙江流域一部分。

221年，刘备自立为帝，国号汉，建都成都（今属四川）。因其占有蜀地，故称蜀国，也称蜀汉。

东汉末年，孙策率兵进取江东（长江在芜湖、南京间是西南、东北流向，俗称此段长江南岸地区为江东），占有六郡。孙策死后，其弟孙权掌权，他不断向南扩展势力，占据了今广东、福建和湖南大部分地区。219年，孙权趁机夺回荆州南郡，占有三峡以东的长江流域地区。

222年，孙权自称吴王。229年，又自立为帝，国号吴，建都建业（今江苏南京）。吴国习惯上也称孙吴或东吴。

魏、蜀、吴三国鼎立的局面，在赤壁之战后就初步形成了。此后，虽然三国间的兼并战争仍在继续，但比东汉末年群雄割据的局面要好得多。三国统治者为了巩固和发展自己的势力，都在本国推行了一些有益的政治、经济措施。这些措施，客观上对经济发展、民族融合，继而走向全国统一，都具有积极意义。

大意失荆州

219年7月，关羽受到刘备汉中取胜的鼓舞，从荆州（今湖北江陵）北上，直指襄阳（今属湖北）、樊城（今襄阳樊城区）。镇守樊城的曹将曹仁面临险情。曹操以于禁为将，督七军进驻樊城北，以援助曹仁；命徐晃率兵进驻宛城（今河南南阳），以策应曹仁。

8月，阴雨连绵，江水泛涨。关羽堰江泄洪，水淹七军，降于禁，斩庞德，威风八面。关羽还在附近郡县策反。曹方官员有的公开投降，有的暗中策应，还有的企图政变，形势真是一派大好。关羽威震华夏，连曹操都动了迁都以避锋芒的念头。

然而，风云突变。足智多谋的曹操以收回荆州为诱饵，与孙权暗中结盟。当时，关羽正在襄阳、樊城一带与曹军鏖战，没有洞察到时局的变化。孙权以陆逊取代吕蒙为大都督，统领全军。关羽一看，骄傲自大的毛病又犯了：陆逊小儿何足挂齿？于是他放心地抽走荆州部分守军，荆州的防务空虚了。

很快，孙权又重新任命吕蒙为大都督，率军袭取荆州。吴军把战船伪装成商船，士兵扮作商人，溯江而上，昼夜兼程。吴军进至公安，蜀军守将傅士仁投降，继而江陵守将糜芳被劝降。吴军兵不血刃，拿下荆州。消息传来，关羽军心动摇；而曹营洪水退尽，军心提振。曹军大举反击，关羽节节败退。关羽兵退麦城（今湖北当阳东南）后，已处于孤立无援的境地。关羽父子率十多名随从欲逃往西川，不料在临沮被东吴俘获，随即处死。

人们常说“大意失荆州”。其实失荆州岂是一个“大意”所能概括的。关羽武功盖世，但“刚而自矜”，面对复杂的政治军事局面无力驾驭；对外不连接，对内难和谐，因此失败是不可避免的。作为上级，刘备、诸葛亮有着更大的责任。荆州如此重要，竟交给关羽一人独挡，实在是用人不当。败走麦城时，关羽已经58岁。反观东吴，长期和关羽对峙的军事要人，从周瑜、鲁肃、吕蒙到陆逊，已经换了好几茬，而关羽连助手也没有。不注重接班人的培养，结局是可悲的。

夷陵之战

关羽败走麦城（今湖北当阳东南）被杀的消息传来，刘备如五雷轰顶，怒不可遏。221年农历七月，新登帝位仅三个月的他，不顾众人劝谏，亲率五万大军，顺长江而下。他要打败东吴，夺回荆州，为关羽报仇雪恨。

当时，吴、蜀国界已移至巫山附近。蜀军先头部队夺取峡口，攻入吴境，占领秭归，初战获胜。

孙权任命陆逊为大都督，率兵五万抵御蜀军；在向刘备求和不成的情况下，遣使向魏国曹丕称臣修好，以避免两面作战。

陆逊分析军情，认为蜀军兵势强大，居高守险，锐气正盛；吴军应避其锋芒，实施战略退却。吴军撤至夷道（今湖北宜都）、猇亭（今湖北宜都北古老背）一线集结，转入战略防御。这样，吴军完全退出长江两岸的崇山峻岭，而把兵力难以展开的几百里山地抛给了蜀军。

222年正月，蜀水军进入夷陵地区（今湖北宜昌东），屯兵长江两岸。二月，刘备率主力从秭归进入猇亭，建立大本营。蜀军受到抵御，东进势头停息。吴军扼守要地，拒不出战。蜀军无奈，只能在绵延几百里的江边扎起几十座营寨。

从正月到六月，两军相持不决。渐渐地，蜀军将士斗志涣散，思想松懈。六月的江南，烈日高照，暑气逼人，蜀军难以忍耐。刘备无奈，只好让水军离船上岸，在深山密林里安营扎寨，依傍溪涧，屯兵休整。

陆逊看到蜀军营寨都是用木栅筑成的，周围全是树林、茅草，一旦放火，就会烧成一片。于是他决定采用火攻蜀军连营的战术。吴军士卒各持一把茅草，乘夜袭击蜀军营寨，顺风放火，蜀军大乱。吴军一部突破蜀军前锋，直插蜀军后部，切断其退路。吴军很快攻破蜀营40多座，蜀将张南、冯习等阵亡，蜀军几乎全军覆没，大量战船丢弃，刘备逃回白帝城（今重庆奉节东）。

此役，陆逊以逸待劳，火烧连营，表现了卓越的军事才华。反观刘备，不顾大局，“以怒兴师”，安营犯忌，又不变通，最终惨遭失败，从而使蜀国由盛转衰。

白帝城托孤

222 年夏天，刘备在夷陵之战惨遭失败，逃回白帝城（今重庆奉节东）。此后，一病不起。

刘备躺在病床上辗转反侧，思绪万千。自己抱着复兴汉室的雄心壮志，辛苦打拼了几十年。赤壁之战，得到荆州（今属湖北），才有了安身之处。进取西川，占领益州（治今四川成都），得了汉中（今属陕西），才形成三国鼎立局势，有了点儿眉目。谁料孙权老儿背信弃义，竟在背后捅刀子，偷袭荆州，杀害关羽，断我手足。这次出兵伐吴，本想夺回荆州，为关羽报仇，不料又被那陆逊小子火烧连营，几乎全军覆没。他深知这次惨败意味着什么，因此病情日益加重。多年的戎马生涯，早已身心俱疲、积劳成疾，这次夷陵之战终于成为压倒骆驼的最后一根稻草。

刘备自感大限将至，就下诏请诸葛亮、李严和赵云等重要的文臣武将从各地赶到白帝城，他要托付重要的事情。刘备唯一的儿子刘禅 17 岁。在众人眼里，他生性暗弱，没有治国理政的能力。知子莫若父，刘备应该比别人更清楚。可是皇位不传给他还能传给谁呢？刘备思忖再三，决定托孤给诸葛亮，同时封李严为尚书令，协助诸葛亮辅佐刘禅。

刘备告诫刘禅，对诸葛亮要“事之如父”。刘备对诸葛亮说：“君才十倍曹丕，必能安国，终定大事。若嗣子可辅，辅之；如其不才，君可自取。”刘备是肺腑之言，诸葛亮听了感激涕零。他说：“臣敢竭股肱之力，效忠贞之节，继之以死。”刘备高度评价诸葛亮，后者表示一定要竭尽全力，辅佐后主。刘备在白帝城弥留了十个月，于 223 年 4 月撒手人寰，终年 63 岁。

白帝城托孤是刘备当着文臣武将的面，把儿子刘禅托付给诸葛亮。从刘备的言行来看，他对诸葛亮充满了信任和期待，表现了不同寻常的君臣关系。诸葛亮是具有浓厚儒家思想的人物。日后的历史也证明，他没有辜负刘备的重托。为了蜀国利益，他辅佐刘禅，鞠躬尽瘁，死而后已。

七擒孟获

刘备死后，蜀汉南中地区少数民族首领趁机叛乱，意欲摆脱蜀汉政权。诸葛亮认为刘备刚逝，国内应该首先安定人心。对于南中出现的叛乱，应采取“攻心为上，攻城为下，心战为上，兵战为下”的策略。

建兴三年（225），诸葛亮兵分三路，南下平叛。三路大军进展顺利，很快消灭了越嶲、牂牁两郡的叛乱势力，并胜利会师。剩下的就是孟获了。

孟获是南中地区的大姓豪强，在当地土著和汉人中有一定的威望。他带领叛乱队伍活动在泸水（今金沙江）以南。诸葛亮心里明白，只有让他心悦诚服地归顺，南中地区才能实现真正的安定。

同年五月，诸葛亮率大军渡过泸水，与孟获接战，并把他俘获。诸葛亮带他到蜀营观看士兵操练和武器军资。孟获看后不以为然，反说我以前不知道你军虚实，所以战败；现在我看了你们的阵营，再战一定能取胜。诸葛亮笑着放走孟获，让他重整队伍再来决战。孟获先后六次战败被擒，但都被放走了。第七次被擒后，诸葛亮还要放他回去，但孟获和其他土著首领再也不走了，他们被诸葛亮的诚信彻底折服了。孟获对诸葛亮说：“您代表着天上的神威，南中人不会再反叛了。”接着，孟获带领蜀汉大军到达滇池，与诸葛亮盟誓和解。后来，孟获还被封为御史中丞。

诸葛亮平定南中后，一反两汉以来委官统治、遣兵屯守的惯例，不留一兵一卒，只留少数官员采用怀柔政策治理，大量启用当地少数民族的上层分子管理地方。此后的蜀汉年代，南中地区再没有发生过大规模叛乱。

诸葛亮七擒孟获，用心实践了早年与刘备确定的“西和诸戎，南抚夷越”的民族政策，巩固了蜀汉政权。后人在成都武侯祠题了楹联。上联是“能攻心则反侧自消，从古知兵非好战”。下联是“不审势即宽严皆误，后来治蜀要深思”。它既是对诸葛亮高超智慧的赞誉，也是给后人治国理政的警示。

诸葛亮的《出师表》

225年，蜀汉丞相诸葛亮率兵平叛了南中之乱。之后，他从国家大局出发，重修与东吴的关系，建立了吴蜀联盟；在国内实行了一系列比较正确的政治和经济措施。短短几年，蜀国呈现出兴旺的景象。

227年，诸葛亮决定北上伐魏，夺取凉州。遵照先帝刘备嘱托，他以臣子的身份尽父亲的职责。北伐前线远离京城，战期长短又难以预测。他对刘禅这个不成器的皇上不免担忧，生怕他做出越格的事来，后院起火。于是，出征前他给刘禅上表，以恳切委婉的言辞劝勉他广开言路，严明赏罚，亲贤远佞，以兴盛汉室；同时，也表达了自己以身许国、忠贞不贰的态度。

这个《出师表》也是一篇非常优秀的散文。全文晓之以理，动之以情，采用率直而质朴的语言，实现了思想内容和表现形式的有机统一。这篇文章虽然只有600多字，却首创了不少成语，如“妄自菲薄”“引喻失义”“作奸犯科”“苟全性命”“斟酌损益”“感激涕零”和“不知所云”等等。《出师表》一直被选入中学和大学课本。

这个表选自《三国志·诸葛亮传》，《出师表》的题目是后人加的。也有人说它是《前出师表》，因为稍后还有一个出师表，被称为《后出师表》。

诸葛亮的第一次北伐，因先锋马谡街亭失守而搁浅了。对此国内肯定会有许多指斥的声音。228年冬天，他在即将进行第二次北伐时，又给刘禅上了一道表，被称为《后出师表》。较之前表，它的重点放在了表达军事方略和驳斥反对北伐的观点上。他以六个“臣子未解”，逐层深入地批驳苟安心理，表达了世事在成败利钝还难以预知之时，自己唯有“鞠躬尽瘁，死而后已”的决心。这个出师表也是为刘禅再次敲响警钟。

《后出师表》仍然是一篇优秀的散文。其议论气势宏伟，感情慷慨豪迈。虽无惊人之笔，却仍具有很强的说服力和震撼效果。这个出师表选自三国时期吴人张俨的《默记》，而在《三国志》中并没有记载，因此有人对它出自诸葛亮之手存有质疑。

失 街 亭

自从刘备去世后，蜀国没有大的军事行动，表面上似乎风平浪静，实际上诸葛亮休养生息，充实国库，训练军队，养精蓄锐，一直都在进行着战争准备。

228 年春天，诸葛亮决定率军北伐。他采取了声东击西的策略。先派老将赵云率军进驻箕谷（今陕西褒城北），做出进攻郿城（今陕西眉县）的样子，以吸引魏军主力；然后亲率大军，突然从西路直扑祁山（今甘肃礼县东）。魏军猝不及防，纷纷溃退。蜀军乘胜追击，祁山北面的三个郡向蜀国请降。北伐初战告捷。

消息传到魏国。魏明帝派张郃率五万人马到祁山抵敌。

诸葛亮决定派一支人马首先占领街亭。街亭是咽喉要道，地理位置十分重要。参军马谡立功心切，主动请缨。诸葛亮身边的一些人怀疑他的能力，但马谡表示愿意立下军令状。立军令状可不是闹着玩，完不成是要掉脑袋的。马谡立了军令状，诸葛亮就让他当主将，王平当副将，带兵出发了。

两人到了街亭。马谡察看地形，坚持要在街亭旁边的山上扎营。王平竭力劝阻，说山上不宜扎营，万一敌军切断水源就危险了。王平劝阻无效，只好央求给他一千人马，到邻近地方安营。

魏军张郃率军赶到，在山下安营，把马谡扎营的山团团围困起来，并切断水源。时间一长，蜀军吃不上饭，喝不上水，不战自乱。马谡无奈，只好突出重围逃走。

好在王平稳住了阵脚。他下令士兵拼命擂鼓，装出进攻的样子。张郃疑有埋伏，不敢逼进。王平有条不紊地撤退，还收容了不少马谡手下的散兵。

马谡被下狱处决。诸葛亮大哭一场。他说先帝在世时，曾说马谡言过其实，我没有把他的话放在心上，以致铸成大错。随即诸葛亮写了表章，要求后主刘禅治他败军之罪，并革去丞相职务。

诸葛亮严于自我解剖、敢于担当责任的品质固然令人敬佩，但马谡言过其实，诸葛亮用人失察，误了北伐大事。这损失岂是一颗人头能够挽回的？

空 城 计

街亭失守，使诸葛亮（字孔明）北伐计划落空，只得安排各路兵马退回汉中（今属陕西）。此时，探马来报，说魏国平西都督司马懿率领15万大军向西城扑来。当时，诸葛亮正在西城，身边没有一员大将，只有一班文职人员和2500名士兵。众人听到消息，面面相觑，尽皆失色。

诸葛亮当即登上城墙，极目远望，果然尘土飞扬，两路魏军正向西城杀来。他立刻传下命令，说已安排十万雄兵接应，要兵将们收起旗号，各自隐蔽，不许走动，不许高声说话。又传令大开四门，每门挑选20名士兵扮作百姓模样，洒水扫街，清理卫生。

安排完毕，诸葛亮身披鹤氅，头戴纶巾，带了两个书童，捧着古琴和香炉信步走上城头。他端坐城头，焚起一炉好香，心平气静地弹起琴来。魏军前哨见了好生奇怪，急忙报告主帅。司马懿仔细端量一番，立刻下令大军偃旗息鼓，向北撤退。部下好生纳闷。司马懿说："诸葛亮一向小心谨慎。我听他琴声不乱，城中定有埋伏。"魏兵退后，诸葛亮开怀大笑，众人无不称奇。诸葛亮说："我军分散在外，无法调回。弃城而奔，难逃虎口。他料我平生谨慎，城内定有埋伏，所以必然退兵。事到如今，也只有使用这'空城计'了。"众人听了赞叹不已。诸葛亮擦掉手心冷汗，下令尽快撤退。

司马懿知道真相后，气得发抖，连连叹气说："我不如孔明，我不如孔明。"

在千钧一发的关键时刻，诸葛亮使用空城计，使蜀军转危为安，表现了大智慧，而这又来源于他对对手的准确分析和大胆决断。

这个故事来自《三国演义》第九十五回。千百年来，由于《三国演义》的巨大影响力和各种体裁的文艺作品的渲染，这个故事已经妇孺皆知了。不过，它与"草船借箭"如出一辙，都纯属虚构。据史书记载，街亭失守后，诸葛亮北伐计划流产，已迅速撤回汉中；再者，街亭之战与蜀军对阵的魏将是张郃，当时司马懿尚在千里之外的洛阳，哪能与诸葛亮对峙西城？

六出祁山

诸葛亮在平定国内南中叛乱后，就把重点放到北伐曹魏上。他先后六次北伐。但由于《三国演义》的巨大影响力，“六出祁山”成了北伐的代名词。

228年春，诸葛亮第一次北伐。由于先锋马谡弃城舍水上山扎营，被魏将张郃击败，失了街亭。街亭既失，人心涣散，诸葛亮被迫撤回汉中。

同年冬天，诸葛亮趁吴魏交兵、关中空虚之际，率兵北出散关（今陕西宝鸡南），围攻陈仓（今陕西宝鸡东），但20多天没有攻下。蜀军粮尽而魏军援兵将至，蜀军只好撤退。诸葛亮二次北伐无功而返。

229年，诸葛亮第三次北伐。大将陈式攻下阴平（治今甘肃文县西北）、武都（治今甘肃成县西北）两郡。魏将郭淮截击蜀军，诸葛亮率军阻击魏军。

230年秋天，魏兵三路进攻汉中。诸葛亮率兵北上，驻屯城固（今陕西城固县东），防御魏军。时值秋雨连绵，行军困难，魏军退回。这是第四次北伐。

231年春天，诸葛亮组织第五次北伐。蜀军攻击上邽（今甘肃天水）、卤城（今甘肃天水、甘谷之间），而魏将司马懿据险不战。6月，蜀军缺粮，不战自退。魏将张郃率部追击，被蜀军射杀。

234年春，诸葛亮第六次北伐。他亲率十万大军，北出斜谷道，占据五丈原（今陕西岐山西南），和魏将司马懿相持于渭河之滨。为长期作战考虑，诸葛亮分兵屯田。司马懿老调重弹，坚守不战，想拖垮蜀军。同年8月，诸葛亮积劳成疾，病死军中。蜀军秘不发丧，迅速撤回汉中。

诸葛亮六次北伐，其实只有第一次和第五次是从祁山出兵的。六次北伐虽然取得某些局部胜利，但就全局来看并不成功。

经历了失荆州（今属湖北）和夷陵之战，蜀国国力急剧衰落，全国的人口只有90多万。这样的国家能养多少兵？能和曹魏决战吗？与其说北伐，倒不如说是游击战，挠痒痒。聪明的诸葛亮不是不知道自己的家底，他是借北伐之名，以攻为守，尽量延续着衰败的蜀国。

三国归晋

《三国演义》第一回就开宗明义地说："话说天下大势，分久必合，合久必分。"这似乎是人类社会发展的规律。

东汉末年，从黄巾起义开始，中国就被封建军阀割据，中国的版图成了老和尚的百衲衣，零零碎碎的。

三国鼎立形成后，割据的军阀减少了，社会向大一统迈进了一大步。

蜀汉后期，政治腐败，国库空虚，内外交困，矛盾重重。263 年夏天，控制曹魏政权的司马昭派邓艾、钟会率军，分两路进攻蜀国。钟会领兵十万，由斜谷进入汉中，蜀将姜维投降。邓艾领兵三万，自狄道（今甘肃临洮）进军，所向披靡，直捣成都，刘禅投降，蜀国就此并入魏国版图。

司马氏家族掌握曹魏朝政大权后，魏帝就成了傀儡。265 年，司马炎干脆废掉魏元帝曹奂，自己当上皇帝，国号晋，建都洛阳（今属河南），史称西晋。历时 52 年。历史常常有惊人的相似。司马炎废曹奂和曹丕废汉献帝如出一辙。《三国演义》作了这样的概括："魏吞汉室晋吞曹，天运循环不可逃。"

西晋建立后，经过十几年准备，直到 279 年末才向东吴用兵。西晋发兵 20 万，分东、西两线，六路伐吴。东线，镇东大将军司马伷自下邳（今江苏邳州南）向涂中（今安徽滁河流域）进军；镇南大将军杜预从襄阳（今属湖北）出兵，占领江陵（今属湖北）及江南州郡；建威将军王戎直攻武昌（今湖北鄂州）；安东将军王浑出击横江（今安徽和县横江铺），攻采石，取建业（今江苏南京）。西线，龙骧将军王浚率巴蜀水师八万多人，顺长江而下，连克险隘。王浚水师攻克吴国西陵（今湖北宜昌东）和乐乡（今湖北松滋东），会合平南将军胡奋部和王戎部，占领夏口（今湖北武汉）。其后又乘胜东进，兵甲满江，浩浩荡荡。吴军兵败如山倒，一触即溃。280 年，晋军攻下建业，吴王孙皓投降，吴国寿终正寝。

统一后的西晋疆域辽阔。东到东海，西达葱岭，南接南海，北抵燕山，东北至朝鲜半岛西北部，西南含今云南、广西及越南北部。

东晋与五胡十六国

西晋政权建立后，晋武帝司马炎鉴于曹魏诸王无力捍卫皇室的教训，一下分封27个同姓王，又形成了许多诸侯王。

他本想依靠同姓王的力量巩固司马氏政权，岂料事与愿违。就在他刚刚咽气不久，宗室诸王就展开了争夺中央政权的混战，史称“八王之乱”。这场动乱使百姓受尽苦难，国家财力耗空；更使分裂势力趁机蔓延滋长，从而结束了西晋建立以来短暂的天下统一局面。

就在西晋八王之乱的同时，中国北方陷入了分裂混战的局面。黄河流域成为匈奴、鲜卑、羯、氐、羌等五个主要少数民族和汉族相互争夺的战场。他们分别建立自己的国家，又不断灭亡或重新建立。从304年匈奴贵族刘渊建汉称王，到439年北魏统一北中国，在130多年的时间里，各族统治者在中国北方和巴蜀地区建立过16个割据政权。他们分别是汉、前赵、后赵、前秦、后秦、西秦、前燕、后燕、北燕、南燕、前凉、后凉、南凉、北凉、西凉和夏，史称“五胡十六国”。事实上建立政权的民族不止“五胡”，政权也多于“十六国”。

西晋动荡之际，琅玡王司马睿在建康（今江苏南京）结交江东大族，聚集了一定的力量。316年，晋愍帝被匈奴贵族的汉国军队俘虏，西晋政权灭亡了。317年，司马睿自封晋王。当时，孤悬在北方的晋国地方长官刘琨、段匹磾、刘翰等180余人上书劝进，让他继任帝位。第二年，晋愍帝被杀。消息传来，司马睿正式即位，称晋元帝，定都建康，由此开始了东晋时代。

东晋的疆域东和东南至大海，西达今四川大雪山，南抵今越南横山，北及汉水、淮河南岸。和西晋相比，面积严重缩水，充其量只是半壁江山。东晋偏安东南，直至420年，历时104年。

这一期间，北方的五胡十六国相互攻伐，政权不断更迭，并且与南方的东晋政权长期对峙；这一时期，北方民族实现了空前的融合，为日后的统一奠定了基础。

淝水之战

383年8月，刚刚统一北方的前秦皇帝苻坚雄心勃勃。他不顾休养生息，却急着要一统天下。他率领步兵60万、骑兵27万，从长安（今陕西西安）挥师南下，企图一举扫平东晋。几十万人马由北而南，水陆并进，好不威风。苻坚狂妄地说：“以吾之众旅，投鞭于江，足断其流。”这就是典故“投鞭断流”的由来。

10月，前秦军队攻下寿阳（今安徽寿县）等地，取得一些胜利。

面对前秦军队大兵压境之势，东晋则由谢石、谢玄率领训练有素的八万北府兵，开赴淮河一带迎敌，与苻融率领的前秦先锋部队对峙。

苻坚自以为能速战速决，就派东晋降将朱序前去劝降谢石。朱序却私下为谢石分析形势，提示他前秦部队尚在集结中，东晋宜先发制人。

11月，谢玄部将刘牢之率五千精兵，夜渡洛涧，大破前秦军前哨部队，歼敌五万余人，并打死梁成等十余将领。东晋军以劣势兵力首战告捷，士气大振，于是全军水陆兼程，直逼淝水东岸。

此时，苻坚登上寿阳城观看东晋军阵势，却见队伍严整；遥望八公山上草木，以为都是东晋军队。苻坚由开始时的趾高气扬，转而心生恐惧。

12月，谢石与苻融约定，前秦军略向后退，待东晋军渡过淝水后决战。苻融企图趁东晋军渡河之际全线出击，就答应了。然而就在前秦前锋部队后撤之际，朱序突然在前秦军阵后大叫起来：“前线的军队败了。”前秦军队真以为前军战败，顿时溃散，自相践踏，死伤无数。东晋军队则乘势渡河猛攻，苻融被杀，苻坚逃走。苻坚被吓蒙了，听到风声和鹤叫以为都是追兵。等他清醒过来查点人马，残部只有十来万人了。

东晋以八万兵力打败十倍于己的前秦。淝水之战的确是中国战争史上以少胜多、以弱制强的典型战例。

别看苻坚打仗是怂包，却也为中国文化做了贡献。不但淝水之战成为千古笑料，还创造了“草木皆兵”“风声鹤唳”等成语，要不然现在的词典里还找不到它们哩。

南 北 朝

南北朝分南朝和北朝，南中国称南朝，北中国称北朝，是中国又一个分裂动荡的时代。

南朝是汉族政权的延续，依次是宋、齐、梁、陈四个朝代。420 年，东晋将领刘裕篡位，改国号为宋，称宋武帝。宋武帝出身军旅，为人刚毅直朴，称帝后尚能厉行节俭，一时政风甚佳。头起得好，所以政权延续了 60 年之久。北魏统一北方后，宋就和它形成对峙状态。

479 年，萧道成篡位，建立齐朝，称齐高帝。502 年，萧衍篡位，建立梁朝，称梁武帝。557 年，陈霸先如法炮制，废梁自立，建立陈朝，称陈武帝。

南朝四个政权，除梁元帝以江陵（今属湖北）作都三年外，其余国都都在建康（今江苏南京），加上三国东吴和东晋，南京就有了“六朝古都”的说法。

北朝是与南朝同时存在的北方王朝的总称。它包括北魏、东魏、西魏、北齐、北周等几个王朝。北齐由鲜卑化汉人建立，其余则由鲜卑族建立。

淝水之战后，鲜卑贵族拓跋珪趁机复国，建立北魏。太武帝拓跋焘继位后，励精图治，国力迅速强大起来。439 年，他结束了北方五胡十六国的局面，统一北中国，而与宋朝对峙，使中国历史进入南北朝时期。

北魏的黄金时代是孝文帝拓跋宏开创的。他迁都洛阳（今属河南）后，开展了三年汉化运动，使先进的汉族文化和政治制度完全融入了北魏的统治中，进一步加快了少数民族封建化的步伐。

孝文帝死后，北魏分裂成东魏和西魏两部分，此后又分别被北齐、北周所取代。北周灭掉北齐，北方又归于统一。

581 年，外戚杨坚取代北周，建立隋朝，史称隋文帝。589 年，他挥师南下，攻陷建康，灭掉陈朝。至此，南北朝时期结束了，分裂了近 300 年的中国再度统一，中国进入了隋朝大一统时代。这又印证了《三国演义》的论断：“天下大势，分久必合，合久必分。”

祖冲之和圆周率

祖冲之（429—500），字文远，我国南北朝时期南朝宋、齐间人，杰出的科学家。

祖冲之的祖籍在范阳郡遒县（今河北涞水县）。西晋末年，祖家为躲避北方战乱迁居江南，祖冲之就出生在建康（今江苏南京）。

祖家历代对天文历法都有研究。祖冲之的祖父曾在南朝宋政府里担任过大匠卿，负责主持建筑工程，具有一定的科学知识。祖冲之出生在这样的家庭，从小就有机会接触科学技术，从而对此产生了浓厚的兴趣。

祖冲之对自然科学和社会科学都有广泛的涉猎，而对天文、数学和机械制造更有强烈的爱好和深入的研究。

祖冲之年纪轻轻就有了博学多才的名声，因此被官府收到专门机构，做学术研究工作。后来，还做过地方官。

祖冲之研究学术的态度非常严谨。他十分重视前人的研究成果，但绝不迷信；他敢于大胆怀疑前人在科学研究方面的结论，并通过实际观察和研究，加以修正补充，从而取得极有价值的科学成果。

他编制的《大明历》第一次把“岁差”引进历法，提出在391年中设置144个闰月；推算出一回归年的长度为365.24281481日，比实际误差只有50秒左右。《大明历》在公元510年正式颁布施行。

他还设计制造了水碓磨和铜制机件传动的指南车、千里船、定时器等等，在机械制造领域颇有建树。

祖冲之最突出的贡献是把圆周率（π）值计算到小数点后七位，就是3.1415926至3.1415927之间。他还确定了两个分数形式的圆周率值，约率为22/7，密率为355/113。祖冲之首创上下限的提法，把圆周率规定在这个界限间。他的圆周率精确值在当时的世界上遥遥领先，直到一千年后才有数学家超过他。所以，国际上曾提议把圆周率定名为“祖率”。

郦道元和《水经注》

郦道元（约 466—527），字善长，南北朝时期北魏范阳郡涿州（今河北涿州）人，著名的地理学家和散文家。

郦道元出身官宦世家，他先后在北魏都城平城（今山西大同）和洛阳（今属河南）担任过御史中尉等中央官吏，也多次出任地方官。他自幼博览群书，尤其喜欢地理书籍。成年后，他利用在各地做官的有利机会，进行实地考察，足迹遍布今山西、山东、河南、河北、安徽、江苏和内蒙古等地。每到一地，他都留心观察地形地貌，探溯河流源头；还询问长者，了解古今水道的变迁等情况。经过实地考察，他发现地理现象是不断发生变化的，地理著作也必须不断充实完善。他通过实际考察，参阅 400 多种书籍，终于完成了《水经注》这一地理巨著。

《水经注》全书 40 卷，30 多万字。它记述了 1252 条河流的发源地、流经地区、支渠分布和古河道变迁等情况；同时还以河流为纲，记载了流域内的自然、经济和军事状况，以及历史遗迹、人物掌故和神话传说等等，是内容空前的地理巨著。

如此丰富的内容，其价值自不待言。人们可以借鉴它研究水道变迁、湖泊湮废、地下水开发、城市规划和气候变化等诸多课题。我国著名历史地理学家、中国科学院院士侯仁之教授，曾利用它复原了北京周围古代水利工程，研究了毛乌素沙漠的历史变迁。

这是一部地理学著作，但作者采用文学手法进行了绘声绘色的描述。有学者评论说："写水着眼于动态，写山致力于静态，是南北朝时期山水散文的集锦，神话传说的荟萃，名胜古迹的导游图，风土民情的采访录。"至今，中学语文课本都选取其中的章节作为范文。

由于客观条件的限制，作者难以亲临现场逐一考察，所以记述中出现了不少错误。尽管如此，并不损害全书价值。

田园诗人陶渊明

陶渊明（约 365—427），又名潜，字元亮，东晋浔阳柴桑（今江西九江）人。东晋至南朝宋初的伟大诗人、散文家和辞赋家。

陶渊明的曾祖父和祖父都在东晋当过大官儿，但到他父亲的时候，已家道中落。抱着儒家兼济天下的志向，他踏入仕途。然而那是一个门阀等级森严的社会，像他这样已是寒门子弟的人充其量只能当个小官儿，伺候别人。他担任过祭酒、参军等小吏，但生性不愿卑躬屈膝，所以干不了几天就撂了挑子。

为了养家糊口，陶渊明 40 多岁时出任彭泽县令。那年冬天，郡里的太守派督邮到彭泽县督察。别看督邮职位不高，但凭借一张利嘴就能在太守面前颠倒黑白，实在惹不得。来的这个督邮粗俗而傲慢。他一到彭泽县的旅舍住下，就差县吏去叫县令来见他。虽说陶渊明一贯不肯趋炎附势，但上级机关来人总不能慢待。他正要动身。不料县吏拦住他说，大人参见督邮要穿官服，还要束上大带，不然有失体统，让督邮抓住把柄会吃亏的。陶渊明听了再也忍受不住，他长叹一声说："我不愿为小小县令的五斗米薪俸向乡里小人折腰。"说罢，取出官印，附了辞职信，离开县衙，回了老家。他这次上任只有 80 多天。从此，陶渊明"不为五斗米折腰"的故事就流传开来。

陶渊明这次辞职后，就归隐田园，再没涉足官场。此后，他写了许多诗歌、散文和辞赋。他的诗歌大量取材于田园，因此他被誉为中国第一位"田园诗人"。他的传世诗作有 125 首，被后人编入《陶渊明集》。两晋时盛行玄言诗，思想内容空虚狭隘，浮浅乏味。陶诗描写了恬静优美的农村风光，表现了淳朴的生活情趣，可谓平淡自然，异军突起。这为当时沉闷的文坛吹进新鲜的空气，令人耳目一新。

陶渊明的散文和辞赋也有相当的地位。散文以《桃花源记》和《五柳先生传》最为著名。辞赋《归去来兮辞》则是一篇脱离仕途回归田园的宣言。北宋欧阳修认为晋朝没有像样的文章，只有陶渊明的《归去来兮辞》称得上佳作。

王羲之和《兰亭序》

王羲之（303—361，另说321—379），字逸少，东晋时著名的书法家，有“书圣”之称。在中国书法史上，他与儿子王献之合称为“二王”。

王羲之祖籍在琅玡郡（今属山东临沂），后祖上迁居会稽山阴（今浙江绍兴）。王羲之家族是晋代屈指可数的豪门大士族。他历任秘书郎、宁远将军、江州刺史、会稽内史和领右将军等东晋官职，晚年隐居剡县。

王羲之自幼爱习书法，父亲王旷、叔父王廙是他的启蒙老师。王旷善行隶，王廙工书画。相传，王羲之七岁时，晋帝要到北郊祭祀，让他把祝词写在木板上，然后派工匠雕刻。工匠把木板削了一层又一层，发现墨迹已经洇得很深了。工匠削进三分深度才见底，不由惊叹王羲之笔力雄劲，书法技艺炉火纯青，笔锋竟能入木三分。这个传说未免神话了一点，但王羲之幼年成名可见一斑。

王羲之早年从卫夫人学书。卫夫人师承钟繇，王羲之自然学到姿媚风格。后来，他又从李斯、曹喜、钟爵、梁鹄、蔡邕、张昶的作品中吸收营养。由此，王羲之的书法兼善隶、草、楷、行各体，精研体势，心摹手追，广采众长，精备诸体，冶于一炉。在此基础上，超脱汉魏笔风，自成一体，形成平和自然、委婉含蓄、遒美健秀的独特风格。

353年，王羲之和东晋丞相谢安等41位达官贵人、文人墨客在绍兴兰亭聚会，众人饮酒助兴，汇诗成集。王羲之即兴挥毫为诗集作序，这就是著名的《兰亭序》。此帖28行、324字，记述了当时文人雅集的情景。作者或许是借助了天时地利人和的气氛，把书法效果发挥到极致，其中20多个“之”字，写法各不相同。宋代书画家米芾称之为“天下第一行书”。据说后来王羲之再写也达不到这种高度了。

王羲之的书法影响了一代又一代的书苑。历代书法家都对他心悦诚服，推崇备至，其书圣的地位从来没有动摇过。

乐府双璧

乐府诗是起源于西汉的新体诗，其地位可与诗经、楚辞鼎足而立。

《孔雀东南飞》（原题为《古诗为焦仲卿妻作》）和《木兰诗》分别是南北朝时期南朝和北朝的乐府诗歌代表作，被誉为“乐府双璧”。

《孔雀东南飞》全诗350余句、1700多字，是我国古代篇幅最长的叙事诗。它取材于东汉建安年间发生在庐江郡的一桩婚姻悲剧。讲述了焦仲卿、刘兰芝夫妇被迫分离并双双殉情的故事，控诉了封建礼教的残酷无情，歌颂了焦刘夫妇的真挚感情和反抗精神。

《孔雀东南飞》故事繁简得当，人物刻画栩栩如生，不仅塑造了焦刘夫妇心心相印、坚贞不屈的形象，也把焦母的顽固和刘兄的蛮横刻画得入木三分。诗作构思了焦刘殉情后双双化为孔雀的神话，更寄托了人民群众追求恋爱自由和幸福生活的强烈愿望。

《木兰诗》也是一首长篇叙事诗。它讲述了一个叫木兰的女孩，女扮男装，替父从军，屡建功勋，但班师回朝后不愿做官，只求回家团聚的故事。诗歌热情赞扬了这位女子勇敢善良的品质、保家卫国的热情和淡泊名利的境界。全诗以“木兰是女郎”来构思传奇故事，富有浪漫色彩；详略安排极具匠心，写的是战争题材，但着墨较多的却是生活场景和儿女情态，富有浓郁的生活气息；以人物问答及铺陈、排比、对偶、比喻等手法描述人物情态，刻画人物心理，使作品具有强烈的艺术感染力。

《木兰诗》产生的背景是北魏与北方柔然民族间的战争，对此似乎没有争议。而对《孔雀东南飞》却有不同看法。有学者认为是南朝作品，因为它最早见于陈朝徐陵所编的《玉台新咏》；有学者认为是东汉建安年间作品，因为诗的小序作了说明。不管怎样，这首诗是经过文人润色而成的。设想这首诗产生于东汉建安年间，经过二三百年的流传和加工，而在南北朝时期定形也是很有可能的。

石窟艺术

上下五千年，中华艺苑万紫千红，而南北朝时期的石窟艺术更是其中的一支奇葩。

石窟起源于印度，原本是为礼佛人提供冬暖夏凉的场所。后来随着佛教东传，在中国北方由西向东陆续发展，而产生佛教艺术。石窟艺术反映了佛教思想及其发生、发展的过程。

中国境内的石窟开凿最早在新疆地区，天山以南的拜城、库车、吐鲁番最为集中。这些石窟的开凿年代，多数在北朝和北朝以后。

敦煌莫高窟、云冈石窟、龙门石窟和麦积山石窟是中国四大石窟艺术宝库。

甘肃敦煌莫高窟开凿于前秦至北魏时期。它开凿在鸣沙山的断崖上，南北全长1680米，现有洞窟735个、壁画45000平方米、泥质彩塑2415尊，是世界上现存规模最大、内容最丰富的佛教艺术圣地。

石窟艺术传到北魏都城地区，在今山西大同以西的武周山开凿了云冈石窟。它东西绵延1000余米，气势恢宏，内容丰富。现存主要洞窟45个、大小窟龛252个、造像51000余尊。最早的五窟是北魏文成帝时开凿的。此后，北魏献文、孝文诸帝都在这里大量兴造。最大的佛像高几十米，气势雄伟。

北魏迁都洛阳（今属河南）后，石窟艺术在这里得到新的发展。宣武帝景明初年，在洛阳以南的龙门山峭壁上营造石窟。工程浩大，斩山石数十丈，20余年动用人工80多万。私人造像也盛极一时。经过北魏至唐代的不断建造，现在龙门山断壁上的窟龛有2345个、造像10万尊、碑刻题记3600余品。

甘肃天水麦积山山势奇特，孤峰突起，山上有石窟百余个，绝大多数是北魏晚期和北周时期开凿的。

创作石窟艺术不但需要高超的建筑、雕塑和绘画技艺，还要付出辛勤的劳动。当我们站在石窟前欣赏的时候，必然会对祖先们的创作肃然起敬，感慨万千。

第四部分

隋唐五代十国

隋文帝改革

从581年至605年，隋文帝以削弱地方豪强势力、加强中央集权为目的，在政治、经济、军事、文化等方面进行了巨大的改革。

官制方面。在中央设置内史、门下和尚书三省，作为最高政权机关。内史省决策，门下省审议，尚书省行政。三省相互制约，三省长官共为宰相。尚书省下设吏、民、礼、兵、刑、工六部。把地方原来的州、郡、县三级制改为州、县两级制，合并一些州、县，裁汰一批冗员。又把地方官吏的任免权限收归中央。地方长官及其主要佐属，由吏部考核，决定黜陟。

兵制方面。规定府兵名册归地方管理，府兵入编州县，垦田数量与民相等。

法制方面。制定《开皇律》，废除车裂、宫刑、枭首等苛刻刑罚，并删繁就简，只保留律令500条；非谋反大逆，不适用灭族罪。此外，还定制了死刑复奏制度，凡判处死刑须经“三奏”才能处决。

选士方面。废除了魏晋以来的九品中正制，规定五品以上京官、地方总管、刺史，可以分科推荐人才，由朝廷考核录用。

赋役方面。将成丁年龄由18岁提高到21岁，每年服役期限由30天减为20天；调绢由一匹减为二丈，并规定不服役者可以庸相代。以后又规定丁年满50，免役收庸。男丁向国家交纳绢、绵、麻、布等纺织品叫调，以调代役为庸。

户籍方面。组织人力彻底清查全国户口，核实年龄，使纳税人丁数量大增。

统一货币和度量衡。改铸新五铢钱，并强制发行。重新统一了度量衡。

隋文帝的改革强化了中央集权，促进了社会经济的发展。那时，隋朝京城及各地的粮仓，大的能储千万石，小的能储几百万石，都储满了谷物；长安、洛阳和太原的国库中，储存的绢帛都有几千万匹。隋文帝临终时，天下仓库的积储可供全国五六十年正常使用。

隋文帝所建立的诸多制度，大多为唐代及以后的朝代采用。隋朝虽然短暂，但隋文帝的改革却被后人重视。

隋与吐谷浑的战争

吐谷浑也称吐浑，是我国古代西北境内的少数民族之一，也是一个国家政权的名称。五胡十六国时期，他们居住在今青海、甘肃一带，实力强盛，地域辽阔，其控制范围东至洮河、龙固（今四川省松潘），西达赤水（今青海兴海东南）、白兰（今青海巴隆河流域布兰山一带），北临黄河，南抵大积石山。

吐谷浑堵塞了隋朝与西域各国的通道，自然成为隋朝的眼中钉。所以，灭掉吐谷浑是隋初的既定方针。

608 年 7 月，高车国听信隋使的劝说，率军袭击吐谷浑，致其惨败。吐谷浑的步萨钵可汗退入西平郡（治湟水，今青海乐都）境内，向隋朝求援。隋朝正中下怀，立刻趁机出兵，在曼头城（今青海兴海北）击败吐谷浑，占领赤水城。隋军继续追击至丘尼川，再次大败吐谷浑，把步萨钵可汗赶到雪山（今青海鄂陵湖南）。

609 年，隋炀帝率兵西渡黄河，到达西平郡，意在消灭吐谷浑残部。步萨钵可汗率部据守复袁川（今青海黑河）。隋以宰相元寿南屯金山（今青海西宁西北），兵部尚书段文振北屯雪山（今甘肃冷龙岭）、大仆卿杨义臣东屯琵琶峡（今青海门源回族自治县内）、将军张寿西屯泥岭（今青海大通山），将步萨钵可汗四面包围。步萨钵可汗派人假冒其名，率兵退守车我真山（今青海祁连东南一带）以吸引隋军，自己率数十骑逃走。隋军乘胜追击，绕过青海湖，攻占吐谷浑都城伏俟城（今青海湖西），扩地方圆几千里。为了巩固既夺领土，隋朝又在这里设置西海、河源、鄯善、且末四郡，派军驻守。

隋炀帝打败吐谷浑后，在张掖大会西域各国国君，参加的有 27 国之多。宴会上陈列隋朝文物，奏九部音乐，声势盛大。以后西域各国畏惧隋朝，年年朝贡。

吐谷浑并未袭扰隋朝，反倒向它示过好。隋朝主动与吐谷浑开战，主要是为了开拓疆土，彰显大国声威，打通隋和西域各国的通道。

隋征高句丽

高句丽（简称高丽）是公元前1世纪至7世纪，在我国东北地区和朝鲜半岛北部存在的一个民族政权。现在史学界也称高句丽为高氏句丽，它与朝鲜半岛后来出现的王氏高丽（也称高丽）政权，没有前后继承关系。

西汉以来，高句丽一直臣服于中原汉族政权。隋初，高句丽也表示要臣服。可它非但没有来朝贡，反而侵犯辽西地区；并与突厥等政权暗中结盟，意在对抗隋朝中央。这对刚刚统一中国的隋朝来说，自然难以容忍。

612年，隋炀帝亲率陆军113万人，由涿郡（今北京）出发，直指平壤；另7万水军由大将军来护儿率领，从东莱（今山东莱州）海口出发，浮海先进，直逼浿水（今朝鲜大同江）。水军进至平壤，先胜后败，只好停战，以等待陆军的到来。隋炀帝亲率主力，久攻辽东（今辽宁辽阳）不下。大将宇文述、于仲文率35万大军进发到平壤附近时，因粮尽而退兵；撤到萨水（今朝鲜清川江）时遭受伏击，生还者只有2700人。首战高句丽，以惨败收场。

613年，隋炀帝亲率60万大军二征高句丽。隋军渡过辽河，就分兵两路。一路由隋炀帝指挥，猛攻辽东城；一路由大将军宇文述、杨义臣率领，直扑平壤。辽东城久攻不克，双方损失惨重。这时，隋礼部尚书杨玄感策动兵变，隋炀帝不得不撤军平叛。二征高句丽又告失败。

614年，隋炀帝率军三征高句丽。当时，农民起义风起云涌，隋朝境内险象环生。隋炀帝驻军怀远镇（今辽宁辽阳西北），不敢渡辽河东进。来护儿率水军，击败高句丽沿路守军，直逼平壤。此时，高句丽也因连年作战疲惫不堪，而产生了厌战情绪。高句丽王高远遣使求和，并把隋朝叛逃高句丽的兵部侍郎斛斯政遣返隋朝。隋炀帝多少得了点面子，就班师回朝了。

隋朝三征高句丽，花了血本。其实，它并无领土要求，只是炫耀自己的中原霸主地位，借以维护“新秩序”。隋朝以高昂的代价，换来的只是高句丽的口头臣服，真是得不偿失。

隋炀帝三巡江南

隋炀帝杨广（569—618），604 年 7 月继位，是隋朝的第二任皇帝。据有关资料记载，杨广本是隋文帝杨坚的次子，他是杀害了父亲和兄长之后爬上帝位的。上台之后，又杀害了诸多宗亲和功臣。

605 年 3 月，京杭大运河的通济渠段开通了。8 月，隋炀帝就从东都洛阳（今属河南）出发，通过这条运河，乘龙舟首次巡游了江都（今江苏扬州）。

这次巡游，随行人员有一二十万，各类船只数千艘。隋炀帝和萧后分乘两条四层高的大龙船，每条船上都有宫殿和上百间宫室，装饰得金碧辉煌。接着就是宫妃、文武官员和宫廷卫士乘坐的船。这些船首尾相接，延绵 200 多里，仅拉船的纤夫就有八万多人。还有骑兵夹岸护送，旌旗蔽野，好不威风。沿途所过州县，500 里内的老百姓都得奉献食品。食品多得吃不了，就地挖坑埋掉。他在江都住上几个月，就故伎重演，原路返回。在江都，为了装饰一个仪仗队，仅人工就得十几万，挥金如土，亘古未有。

607 年，隋炀帝二次出巡江南。出巡前，已在江都营建了江都宫等许多宫殿。最有名的当数位于城北的迷楼了。此楼建得气势恢宏、富丽堂皇。他在江都大摆酒席，宴请江淮以南的名士，以炫耀豪华。

616 年 7 月，隋炀帝不顾群臣劝阻，第三次巡游江南。此时，中原各地起义军风起云涌，隋朝政府逐渐失去了控制能力，只能龟缩于洛阳一隅。到了江都的隋炀帝看到大势已去，无法北归，就打算迁都到丹阳（今江苏南京），苟延残喘。

然而，隋炀帝的梦想并没有实现。618 年 3 月，禁军将领宇文化及和司马德勘在江都发动兵变，把他勒死了。隋炀帝活了 49 岁，连个像样的棺材也没有用上。

隋炀帝三巡江南到底为了什么？首巡似乎有炫耀势力、巩固政权、加强对南方豪强士族控制的考虑，而以后的出巡就是史家一贯指斥的骄奢淫逸了。这样做的后果只能是加速隋朝的灭亡，重蹈秦朝覆灭的老路。

隋末农民起义

隋朝统一中国后，隋文帝采取与民休养生息的政策，进行政治、经济、军事多方面的改革，使社会经济的恢复和发展有了一些眉目，天下百姓总算缓了一口气，觉得有点盼头了。

隋文帝的政策至少应当再延续几年才好。可是隋炀帝一上台就把它撂在一边，胡乱折腾起来。他大兴土木，数年间动用了几百万民工；多次在大运河上南巡北游，好不威风；三征高句丽，讨伐吐谷浑，战事没完没了。所有这些都大大加重了赋税、徭役和兵役，严重透支了国力。与此同时，农民耕稼失时，田地大量荒芜，百姓生活凋敝，山东、河北一带尤其严重。

物极必反。走投无路的贫苦百姓被迫造反。611 年，王薄在山东长白山（今山东邹平南）首先起义，拉开了隋末农民起义的序幕。紧接着，农民起义如雨后春笋迅速发展起来，全国重要的起义队伍有一百多支。几年后，农民起义军逐渐汇集成三支主要力量，就是翟让、李密领导的河南瓦岗军，窦建德领导的河北义军和杜伏威、辅公祏领导的江淮义军。

瓦岗军聚众数十万，据有今河南大部分地区，建立“魏”政权，多次击败隋军主力王世充部，直接威胁隋都洛阳（今属河南）。河北义军据有今河北大部分地区，建立“夏”政权，消灭了隋军另一主力宇文化及部。江淮义军也建立政权，控制淮南各县，形成巨大力量，并切断隋军大运河漕运通道，直接威胁隋炀帝盘踞的江都（今江苏扬州）。

农民起义军经过多年浴血奋战，造成了隋王朝大崩溃的趋势。617 年，梁师都、刘武周、薛举、李渊等一帮隋朝官僚相继打出反隋旗号，割据一方。第二年，隋禁军将领宇文化及和司马德勘发动兵变，把隋炀帝勒死在江都宫中，隋朝也就玩完了。累计两代、37 年，来也匆匆，去也匆匆。

隋炀帝死后，他的旧臣王世充、宇文化及也都自称皇帝，纷纷建立割据政权，又是天下大乱了。

李渊建唐

李渊（566—635），字叔德，北朝陇西成纪（今甘肃秦安县西北）人。

李渊的祖父李虎在西魏时官至太尉。父亲李昺历任北周御史大夫、柱国上将军，袭封唐国公。李渊承袭祖上爵位，称唐国公。他的姨母是隋文帝的独孤皇后、隋炀帝的母亲。也就是说李渊和隋炀帝是姨表兄弟。这个李渊不但是贵族，还是皇亲哩。

617 年，李渊在隋朝太原（今属山西）留守任上。这时，各地反隋起义已成星火燎原之势。李渊次子李世民和晋阳令刘文静经过密谋，劝李渊起事反隋。老谋深算的李渊认为时机尚不成熟，就按下此事。他要冷静观察，该出手时才出手。

李渊终于决定起事。他委托刘文静召集人马，并召回正在河东打仗的长子李建成和四子李元吉共同谋划。此事非同小可，他要做到万无一失。

李渊最大的顾虑是北方的突厥，生怕它趁机南下袭击。于是派刘文静出使突厥，送去厚礼并卑辞称臣，终于达成联盟，解除了后顾之忧。

李渊制定了策略，先取隋都长安（今陕西西安），然后以关中为根据地，进而夺取天下。

一切准备就绪，李渊决定起兵。他自封大将军，称士卒为“义士”，任命李建成和李世民为左右领军都督，刘文静为司马，李元吉为太原留守。

617 年 4 月，李渊在太原誓师。次日，率三万大军挥师南下。

李渊军队攻取了地势险要的霍邑（今山西霍州），士气大振。接着连战连捷，渡黄河西向，直指关中。同年 11 月攻克长安，此时军队已有 20 多万人。

攻克长安后，李渊立即废除隋朝苛法，宣布约法十二条，深受百姓欢迎。

李渊认为称帝的时机还不成熟，就遥尊还在江都（今江苏扬州）的隋炀帝为太上皇，立其孙为隋恭帝，自己以唐王、大丞相的身份执掌大权。

618 年 3 月，隋炀帝死。5 月，李渊废隋自立，建唐朝，都长安，史称高祖。此后，唐朝消灭割据势力，统一全国，维持了 290 年的统治。

虎牢关之战

唐王朝建立以后，河北起义军首领窦建德紧随其后，建立夏国，自称夏王；原隋朝重臣王世充在洛阳（今属河南）称帝，建立郑国。唐高祖李渊制定了作战方针，先郑后夏，各个击破，进而夺取中原。

620年4月，秦王李世民破宋金刚，收复河东；7月，挥师南下，围困洛阳。自秋至冬，河南州县多数降唐，军事要地虎牢关（今河南荥阳汜水镇西北）也被唐军占领。王世充只能龟缩于洛阳孤城，负隅顽抗。洛阳城里粮荒严重，一匹绢只能换三升粟；地位高贵的公卿，连粗糠都吃不饱；百姓们吃光树皮草根，饿死的不计其数。

势单力薄的王世充只好向夏王窦建德救援。窦建德和王世充本是宿敌，但窦的臣下分析形势，认为唐灭郑，夏也不能独存；莫若先发兵救郑，再静观其变。窦建德接受建议，决定出兵救援。

621年3月，窦建德率兵十余万，号称30万，西上救援，并攻陷荥阳（今属河南），在成皋（今河南荥阳汜水镇）扎营。

面对敌情，唐军内部有两种意见。一种认为敌军锐不可当，我军腹背受敌，不如退守新安，等待时机；另一种认为坚守虎牢关，切断窦军进攻路线，继续围困洛阳，窦王都会成为瓮中之鳖。李世民同意后者。

李世民亲率3500名骁勇骑兵驰援虎牢关。他以逸待劳，不断袭扰窦建德部。窦部被阻一个月，打了几仗都没取胜，将士们人心思归，已经开始懈怠。

农历五月初二，窦建德列阵与唐军决战，唐军却按兵不动。列阵从早晨持续到中午，士卒们饥渴难忍，尽显疲惫。此时，唐军骑兵突然出动，他们以一当十，所向披靡。窦部迅速崩溃，三千被歼，五万被俘，窦建德也被生擒。

王世充见状，自知大势已去，只好投降。洛阳也随之落入唐军之手。

李世民一举平定王、窦两大军事集团，为唐统一全国取得关键性胜利。

唐

玄武门之变

唐朝建立后，唐高祖李渊立长子李建成为太子，封次子李世民为秦王、四子李元吉为齐王。

李建成被立为太子，实在是因为长子的缘故。他知道自己的功劳和能力都在李世民之下，所以对李世民很不放心。他网罗人才，拼凑“太子党”。

秦王李世民在创建唐王朝和平定割据势力的过程中，建立了丰功伟绩。他的秦王府吸纳了一批文臣武将，形成“秦王党”，与太子党相抗衡。

齐王李元吉野心大。他想依附太子，干掉秦王，最后由自己取代太子掌权。

李氏兄弟之间的明争暗斗愈演愈烈。李建成擅自召集长安（今陕西西安）及各地勇士两千多人，充当东宫卫士；还从幽州调集精锐骁勇骑兵300人，为除掉李世民进行着紧锣密鼓的策划。

李渊对儿子们的争斗行为采用了和稀泥的态度，为以后埋下祸根。

626年6月29日，唐高祖命李元吉北征，抵抗突厥入侵。李建成和李世民要为他饯行。李建成让李元吉趁饯行之机，在帐幕里杀死李世民，然后谎称暴病身亡。李世民通过线人得到情报，就和部下商量对策。尉迟恭、长孙无忌分析形势，劝李世民先发制人，而他犹豫不决，不愿骨肉相残。无奈众人苦苦相逼，李世民终于决定动手。

626年7月2日（农历六月初四），李世民在入朝必经的玄武门埋下伏兵。李建成、李元吉相随入朝。走到临湖殿时，发现情况异常，立刻拨马东归。李世民用箭射死李建成，尉迟恭射死李元吉。东宫和齐王府的人一看太子和齐王被杀，都丧失了斗志，树倒猢狲散。

看看生米做成熟饭，唐高祖只好立李世民为皇太子，全权处理国家大事；接着颁布诏书，把皇位传给李世民，自己当了太上皇。

有人认为建成、元吉谋害李世民的事实，也许是李世民捏造的；但更多的人却从李世民的治国理政功绩出发，来肯定这场政变的正确性。

贞观之治

唐太宗李世民即位的第二年，改年号为“贞观”。从627年到649年，在君臣的共同努力下，唐朝出现了政治清明、经济发展、人口增加、社会安定、武功强盛的治世，史称“贞观之治”。

年轻的唐太宗目睹了隋朝败亡的全过程。他从中总结经验教训，十分注意调整阶级关系。谏臣魏征把人民比作水，把国君比作舟，说“水可载舟，亦可覆舟”。唐太宗听了这话十分欣赏，反复以此谆谆告诫文武大臣。

唐太宗坚持任人唯贤，不因血缘、地域或者政敌而舍去贤才。房玄龄、杜如晦这些始终跟随左右的心腹自不必说，最典型的莫过于魏征。他本是李建成的谋臣，当然是政敌。但唐太宗认为他是不可多得的人才，不仅收留，而且重用。魏征是敢于直言进谏的人。他前后进谏200多事，数十万字，皆切中时弊，对改进朝政大有帮助。唐太宗从善如流，对有益的进谏尽可能采纳。

唐太宗采取与民休养生息的政策，积极主张轻徭薄赋，恢复经济。力役征发，不夺农时；灾区免租赋，还开仓赈济。商业发展迅速，新型的商业都市大量涌现。

唐太宗让臣下按照宽简原则，制定出《贞观律》。法律出台后，他带头守法，维护法律的划一和稳定。《贞观律》颁布几年，社会秩序井然，路不拾遗，夜不闭户。贞观三年，全国判处死刑的仅有29人，少得令人不可思议。

唐太宗恩威并行，发展民族关系。他也多次对外用兵，平东突厥，定薛延陀，征高句丽，还联姻吐蕃、高昌，以扩展疆域，安定边境。对于依附的民族，一般不改变其生活方式，尊重他们的礼仪习俗，任命他们的民族首领来统辖；还通过“和亲”进一步发展民族关系，因此唐太宗被少数民族尊奉为“天可汗”。

贞观年间，唐朝疆域辽阔，超过汉宣帝在位时期。至唐高宗龙朔元年（661）达到鼎盛，东临大海，西逾葱岭，南包南海，北尽漠北。

当时的唐朝是世界上最文明最强盛的国家。首都长安（今陕西西安）更是世界性的大都市，她以开放的姿态，接纳着来自世界各地的宾客。

阴山之战

隋末唐初，位于中国北方的东突厥势力强大起来，它与唐朝的军事冲突不断发生。

贞观年间，随着唐朝经济的恢复和发展，唐太宗对东突厥采取积极防御的战略。此时，东突厥内部矛盾激化，唐太宗决定利用这个机会一举灭掉东突厥。

629年11月，唐太宗命并州都督李绩为通漠道行军总管、兵部尚书李靖为定襄道行军总管、华州刺史柴绍为金河道行军总管、灵州大都督薛万彻为畅武道行军总管，领兵十几万，分道出击东突厥。唐军由李靖统一节度。唐将李道宗在灵州（今宁夏青铜峡东）出击东突厥，首战告捷。

第二年正月，李靖率骁骑三千，自马邑（今山西朔州）趁夜袭击定襄（今内蒙古和林格尔西北），并攻破城池。东突厥弄不清唐军到底有多少人马，颉利可汗仓促北撤至戈壁沙漠边缘。同时，李绩出兵云中（今山西大同），在白道（今内蒙古呼和浩特北）大败东突厥兵。颉利可汗向北逃往阴山北面的铁山（今内蒙古白云鄂博一带），手下还有几万兵马。

面对唐军的持续打击，颉利可汗遣使向唐表示依附。唐派使者回访，进行安抚，同时命令李靖准备受降。

李靖和李绩商量，认为颉利可汗不是真心降唐，而是缓兵之计、拖延时间，一旦时机成熟，又会兴风作浪，到那时，再收拾他可就难了。

于是，李靖部趁夜袭击阴山，沿途俘虏了不少东突厥士兵，还缴获牲畜几十万头。当时，大雾弥漫，能见度很低。东突厥毫无准备，发现唐军时已来不及组织抵抗。颉利可汗率残部万余人打算逃入戈壁沙漠，但遭到屯于道口的李绩部截杀。颉利可汗逃脱，其余全部归降。不久，颉利可汗也被唐将擒获。

阴山之战落下帷幕。从此，东突厥势力在漠南完全消失，阴山至戈壁沙漠一带稳定下来。

唐平高昌

在今新疆吐鲁番东部的木头沟河三角洲，有一处高昌古国都城的遗址。想当年，高昌古国都城和消失的楼兰古城齐名，是举世闻名的“丝绸之路”的重要门户，是中原与西域的交通咽喉。

高昌是汉族在西域建立的佛教国家。公元 5 世纪中叶至 7 世纪中叶，曾先后出现过四个独立王国，分别是阚氏高昌、张氏高昌、马氏高昌和麹氏高昌。唐朝初年，汉人麹氏为高昌王，各项制度都仿照唐朝。

630 年，高昌王麹文泰来长安（今陕西西安）朝见，唐太宗赐其妻宇文氏李姓，封常乐公主。唐初，唐与高昌关系密切可见一斑。

依托丝绸之路的经济贸易，高昌国的国力强盛起来。渐渐地，它对唐朝中央的管控产生了厌恶情绪，经常做出反抗举动，严重时还勾结西突厥截断丝绸之路。有一次，唐派使者到高昌，麹文泰不仅不好生款待，还扬扬自得地说：“鹰飞天上，纵伏于嵩，猫游于堂，鼠唯于穴，各得其所，岂不能自生邪？”他这番话的意思是任凭你唐朝怎样强大，只要我守在这里不动，就可以凭借自身的优势抵御千里之外的来敌。区区高昌全不把大唐放在眼里。使者回奏，太宗震怒。但因为没有借口，所以不能出兵，表面上看似乎风平浪静。

639 年，高昌侵占邻国焉耆的领土，焉耆向宗主国唐朝求援。唐太宗派大将侯君集率兵征伐高昌。第二年，唐军势如破竹，顺利穿过大漠，逼近高昌境。麹文泰猝然病死，其子麹智盛继位。唐军初战田城，晨攻午克，俘虏男女七千人。随后又以辛獠儿为前锋，趁夜色直奔都城。高昌军迎战不胜，唐军兵临城下。麹智盛据城不出，只待西突厥援军。岂料西突厥听到唐军大兵压境，早已鼠窜千里之外。麹氏孤立无援，只好开城投降。唐军又分兵略地，攻下 22 城。接着，唐在高昌设置西州，下辖五县。

高昌既灭，唐和西域各国道路畅通，保持着正常的经济、文化往来。

唐征薛延陀

薛延陀是我国北方一个多民族政权。贞观前期，唐朝与薛延陀结盟，共同对付强大的东突厥汗国。630年，东突厥灭亡后，薛延陀的真珠毗伽可汗夷男接管了它的故土。薛延陀表面臣服于唐，暗中却在扩大自己的力量，成为北方草原的盟主。

唐太宗觉得薛延陀一家独大不是好事，就试图恢复东突厥，并册封忠于唐朝的东突厥贵族阿史那思摩为俟力苾可汗，以抗衡崛起的薛延陀。

641年，阿史那思摩部族在定襄（今内蒙古和林格尔西北）定居下来。夷男听说唐太宗即将封禅泰山，他判断唐军主力将随皇帝东巡，便让儿子大度设出兵攻击东突厥。阿史那思摩抵挡不住，就撤回长城内，并向唐朝紧急求援。唐派兵攻打薛延陀，大败大度设。夷男遣使赴唐，表示愿与东突厥和平相处。唐虽然仅派使者指责，但双方关系已经出现裂痕。

644年末，由于薛延陀的威胁，东突厥人又逃返唐朝。薛延陀出尔反尔，唐太宗自然恼火。此时，夷男又遣使朝见。唐太宗说，回去告诉你们可汗，我们要去征讨高句丽；如果他认为这是个机会，欢迎他来。夷男听了，心有余悸。

645年，夷男死了。他的儿子拔灼接管政权，自称多弥可汗。此人猜忌无恩，暴虐无道，激起国内回纥等部落奋起反抗，境内发生混乱。他趁唐征高句丽之际，悍然进攻唐朝夏州（今陕西榆林）。

646年春天，唐军联合鞑鞨等部落大败薛延陀，拔灼被回纥部落杀死，薛延陀人纷纷向唐军投降。剩余的薛延陀人支持夷男的侄儿咄摩支当可汗，以图恢复薛延陀。唐朝怕它死灰复燃，没有同意。咄摩支受招而降，其余不降之众被唐军彻底击败。随后，回纥等11部落酋长请求归附唐朝。于是，唐朝在漠北设置13个州，让归附的少数民族酋长当都督、刺史。又设置燕然都督府，来管理这些州。

唐灭薛延陀，北方暂时安宁了。

唐征高句丽

唐初，高句丽（简称高丽）对唐朝仍然采取敌视态度。它在辽东修建千里长城，目的就是对抗唐朝。然而，唐朝毕竟是大国，而且国力强盛、四夷威服、声名远播，所以高句丽表面上还得装出一副顺从的姿态，尽量避免冲突。唐武德七年，唐高祖李渊还册封高建武为上柱国、辽东郡王、高句丽王。

当时，朝鲜半岛三国并存，北部高句丽、西南百济、东南新罗。其中新罗一直与唐保持朝贡关系。643年，新罗向唐求援，说百济已攻占它40个城池，与高句丽勾结，图谋断绝新罗与唐的通道。唐太宗遣使至高句丽要求停战，但被权臣盖书文断然拒绝。唐太宗一肚子火气。他认为高句丽历来臣服中国，而今“九瀛大定，唯此一隅”，决意把它拿下。

644年，唐对高句丽用兵。翌年二月，唐太宗御驾亲征，多次取胜，连拔十城，但遇到高句丽的顽强抵抗，并没有达到预期目标。时至深秋，仓储无几，天气寒冷，士卒受冻，唐军就班师回朝了。

647年，唐军采用袭扰战术，从水陆两路进攻高句丽，并多次取胜，高句丽王被迫遣子入唐谢罪。

648年，唐军继续袭扰高句丽，又取得一些胜利。唐太宗策划组织30万大军，消灭高句丽。不料第二年五月太宗病逝，东征就此搁浅了。

唐高宗即位后，继续东征。他调整策略，决定由苏定方率军渡海，在新罗登陆，先灭百济，再与辽东唐军夹攻高句丽。660年，唐军灭掉百济，站稳脚跟，实现了既定目标。667年，唐趁高句丽发生内乱，集中优势兵力，南北夹攻。668年，终于攻克平壤，灭掉高句丽。

唐灭高句丽后，在平壤设安东都护府，下辖9都督府、42州、100县。任命右威卫大将军薛仁贵为安东都护，领兵两万镇守。

唐太宗三征高句丽，致其式微；唐高宗继承遗志，实现大定。

女皇武则天

武则天，又名武曌，唐朝时并州（今山西文水县东）人。父亲武士彟原本是木材商，家境富有。李渊太原起兵反隋时，武士彟大力资助。唐朝建立后，他官至工部尚书转荆州都督，封应国公。

武则天14岁被选入宫中。唐太宗封为“才人”，赐号“武媚”。此后12年里，她的地位始终没有提高，但与太子李治却有了感情。

太宗死后，武则天与没有儿女的嫔妃们一起到长安感应寺当了尼姑。

高宗李治即位后，又召武则天回宫，并立为皇后。武则天工于心计，心狠手辣。在她的策划下，贞观老臣褚遂良、长孙无忌等都被罢官流放。显庆年间，高宗患风疾，国家大事多委托她处理。她垂帘听政，和高宗并称“二圣”。

高宗死后，李显继位，称中宗。仅仅过了两个月，武则天就废掉中宗，立李旦为帝，称睿宗，实际由她独揽大权。

690年9月，在武则天幕后导演下，各界人士六万多人上表，要求改国号。于是，武则天顺应“民意”，改唐为周，名正言顺地当起了女皇帝。

705年，武则天病重，宰相张柬之等人发动兵变，杀死她的面首张易之、张宗昌等人，迫其退位，并恢复了中宗李显的皇位。同年11月，武则天病死。从垂帘听政算起，她实际掌权40多年，是中国历史上唯一的女皇帝。

武则天通过科举和推荐制度，发现、提拔和使用人才，为寒门子弟提供了展示才华的机会，沉重打击了门阀制度。娄师德、狄仁杰，以及稍后的姚崇、宋璟都是这种政策下涌现出来的优秀代表人物。她“劝农桑，薄赋役”，使农业、手工业和商业都有长足发展，人口显著增加。

不过，后世对她有不少负面评价。她大兴告密之风，重用酷吏，祸害了诸多无辜。她身为女子，竟然公开拥有不少男性嫔妃。这在夫权社会里，显然违犯了传统礼教。所以不少史学家对她大加鞭挞，指斥其阴险、残忍、淫乱，善弄权术。但出于性别倾向造成的偏颇评价，还是应当警惕的。

酷吏沉浮录

武则天专政引起唐朝宗室和大臣的强烈不满。684 年，更爆发了李敬业领导的反武复唐军事行动。武则天心怀鬼胎，时时怀疑有人反叛。于是大力提倡告密之风，并重用酷吏，对所谓的叛逆者实施酷刑。

武则天重用的酷吏主要有来俊臣、周兴、索元礼等人。

来俊臣本是无业游民，因犯罪被收监。恰逢刺史王续因犯罪被朝廷诛杀，来俊臣立即编造事实，趁机举报，说他是因揭发王续而被收监的。

武则天马上破例接见来俊臣。转眼间，犯人成了侍御史，竟办起大案来。

来俊臣组织几百名无赖，专事告密诬陷。因此满朝文武噤若寒蝉，谁也怕撞上来俊臣，就连狄仁杰这样的尚书都几乎丢了小命。

来俊臣在审理武则天交办的案子时，常常实行株连，一杀就是上千家。

来俊臣制造的刑具有几十种。凡捉来犯人，一律先把刑具摆到跟前。犯人见到刑具立刻魂飞魄散，无不自己诬陷自己谋反。

来俊臣杀人不眨眼，连自己的同类也不放过。有人告发周兴谋反，武则天交来俊臣审理。来俊臣知道这是块难啃的骨头，就请他来家吃饭。席间，来俊臣问周兴，如果犯人硬不认罪那该怎么办。周兴说这太好办了，把犯人放到水瓮里，四周点起炭火，看他说不说。来俊臣当即命人抬来水瓮，四周点起炭火，然后对周兴说："我奉陛下圣旨审问你，请君入瓮吧。"周兴面如土色，磕头求饶，表示招认。"请君入瓮"的成语也由此而来。

来俊臣罗织罪名、诬告他人达到疯狂的程度。他竟然想把武氏诸王、太平公主和李显、李旦都以谋反罪告发。这下终于捅了马蜂窝。武氏诸王和太平公主共同揭发来俊臣，武则天终于把他拿下了。

697 年，来俊臣被斩于闹市。恨他的人太多。他的肉很快被人剐尽，只剩下一副白骨。随着来俊臣被开刀问斩，以他为代表的酷吏销声匿迹了。

这时的武则天已坐稳皇位，酷吏兔死狗烹的结局是必然的。

安史之乱

开元十年，唐玄宗在边境地区设置了十个兵镇，分别由九个节度使和一个经略使掌管。他们在辖区内管土地、人民、军队、赋税，权力无限。

天宝年间，边镇兵力约 50 万人，而身兼平卢、范阳、河东三镇节度使的安禄山竟拥兵 20 万；唐中央直接掌握的兵力还不足 8 万，外重内轻，隐患重重。

曾经创造了开元盛世的唐玄宗李隆基宠幸杨贵妃，追求享乐；重用奸相，排斥忠良，已经丧失了先前求治向上的精神。

杨国忠是杨贵妃的堂兄，靠着堂妹当上宰相，没有正经本事，却有一肚子坏水。他与安禄山交恶已久，唐玄宗却不加调和。安禄山早有野心，又手握重兵，所以叛乱是迟早的事儿。一旦有个火星，就会点燃干柴。

天宝十四年（755）十一月，安禄山和部将史思明终于撕破脸皮，以讨伐杨国忠为名，起兵反唐了。史上称为“安史之乱”。

安禄山率 15 万叛军南下。第二年正月就占领洛阳，当起了大燕皇帝。接着攻陷唐都长安（今陕西西安）。唐玄宗一行仓皇西逃，越过秦岭，进入巴蜀。

至德元年（756）七月，唐肃宗李亨在灵武（今宁夏青铜峡北）继位，组织抵抗。至德二年，安禄山在洛阳被儿子安庆绪杀掉。唐向回纥借兵反攻。唐将郭子仪等接连收复长安、洛阳。乾元二年（759），郭子仪、李光弼等九个节度使围攻据守邺城（今河南安阳）的安庆绪。因为唐军各自为政，60 万大军竟一触即溃。战后，史思明杀掉安庆绪，自己在范阳当起了大燕皇帝。同年九月，史思明南下，重夺中原。上元二年（761），史朝义杀死父亲史思明，自己也过起皇帝瘾来。

宝应元年（762），唐代宗继位。唐军相继收复洛阳、郑州、汴州，进逼河北。叛军纷纷倒戈，史朝义走投无路，在山林中自缢，安史之乱才算结束。

这场叛乱历时八年，使中原地区人民生命财产蒙受巨大损失，使经济遭到空前破坏，更使唐王朝由盛转衰，出现了藩镇割据的局面。

马嵬驿兵变

杨玉环是唐朝虢州阌乡县（今河南灵宝市）人，出身宦门世家。天生丽质。加上优越的教育环境，使她具有一定的文化修养，精通音律，擅长舞蹈，又弹得一手好琵琶。因此，她成为中国古代四大美女之一。

杨玉环15岁时，唐玄宗李隆基的儿子寿王李瑁对她一见钟情。随后，她被册封为寿王妃。婚后，两人生活得甜甜蜜蜜。

然而，唐玄宗却对杨玉环垂涎三尺。杨玉环21岁时，唐玄宗以为母亲窦太后祈福为名，敕书杨玉环出家为女道士，道号“太真”。五年后，他又立杨玉环为贵妃，变着法儿把儿媳妇弄到自己手里。

杨玉环得宠后，杨家鸡犬升天。尤其是她的堂兄杨国忠，原本市井无赖，竟官至宰相。他权倾朝野，专横跋扈，树敌颇多，为唐朝社稷埋下隐患。

天宝十四年（755），安禄山、史思明以讨伐杨国忠为名，发动叛乱。第二年攻陷潼关，唐玄宗与太子李亨及杨贵妃、杨国忠一行从国都长安（今陕西西安）仓皇西逃。他们走到马嵬坡（今陕西兴平市西北）时，随从将士饥肠辘辘、疲惫不堪，心中的怨恨油然而生，他们认为天下大乱都是杨国忠造成的。哗变士兵冲进驿站西门，把杨国忠杀死，并砍下头颅，肢解尸体。接着，又杀死杨国忠的儿子、户部侍郎杨暄等人，并要求处死杨贵妃。唐玄宗当然舍不得。然而局面失控，众怒难犯，唐玄宗只好命令宦官高力士把她引到佛堂，上吊缢死。可怜一代佳人，37岁就香消玉殒了。杨国忠妻子一行趁乱逃到陈仓，也被捕杀。

这次兵变，太子李亨被认为是主谋。这是极有可能的。唐玄宗与太子在马嵬驿分手。玄宗一行进入巴蜀避乱。李亨进入宁夏，自行宣布即位，称唐肃宗。他着手组织力量，抵抗安史叛军。历经八年，终于平叛。

唐玄宗返回长安后，秘密安葬杨贵妃，并收回她的香囊作纪念。于是就有了杨贵妃早已出走、只留下香囊的传说。李、杨爱情故事被文人反复演绎，成为文学题材，唐代白居易的《长恨歌》、元代白朴的《梧桐雨》和清代洪昇《长生殿》，比比皆是。

唐末农民起义

唐朝末年，宦官专权，藩镇拥兵割据；皇帝昏庸无能，不思治国理政，只顾沉溺酒色，上层建筑严重腐败。另一方面，赋税徭役加重，民不聊生，阶级矛盾尖锐对立，社会动乱一触即发。

859 年，裘甫在浙东地区领导了农民起义。868 年，庞勋在桂州（今广西桂林）领导了驻军起义。这两次起义虽然很快被唐王朝镇压下去，却酝酿了更大的农民起义风暴。

874 年 6 月，王仙芝在长垣（今河南长垣东北）率数千人起义。第二年，曹州冤句（今山东曹县西北）人黄巢聚集几千人，响应起义，并与王仙芝会合。数月间，起义队伍发展到几万人。

王、黄联军活跃在今河南、湖北和安徽一带。唐军镇压无效，转而诱降。王仙芝动摇。黄巢反对不成，就分道扬镳折回山东。不久，王仙芝被唐军杀害。

尚让率王仙芝余部和黄巢会合，推黄巢为黄王，号称“冲天大将军”，势力又见壮大。黄巢率军强渡淮河、长江，突入江西，经浙西进入浙东；又开山路七百里，进入福建，攻取福州。接着，沿海南进，攻占广州；取道桂州，进入湖南，占领江陵（今属湖北荆州）。

880 年，黄巢率部北渡长江、淮河，一路势如破竹，先后攻克洛阳、长安（今陕西西安）。这年 12 月，他在长安当了皇帝，国号“大齐”。唐僖宗逃往成都。

也许是忙着过皇帝瘾，黄巢没有乘胜追击，反给了唐僖宗喘息的机会。他组织力量，围困长安，而大齐政权又面临粮荒。关键时刻，沙陀族李克用率兵助唐，而黄巢的得力将领朱温叛变降唐，真是“屋漏偏遭连夜雨”。

883 年，黄巢被迫东撤，攻下蔡州（今河南汝南）。再攻陈州（今河南淮阳）时，遭到唐军顽抗，300 多天也没有攻下，部队损失严重。

884 年，黄巢退至狼虎峪（今山东莱芜西南），兵败自杀。

唐末农民起义历时 25 年，沉重打击唐王朝，加速了它的灭亡。

五代十国

五代十国，听听称呼就知道它是一个乱哄哄的年代。

从 907 年唐朝灭亡，到 960 年北宋建立，在中国北方的中原地区先后出现过后梁、后唐、后晋、后汉和后周五个封建王朝，史家把它们称作“五代”。

五代时期，在中国南方和北方的山西先后存在着吴、南唐、前蜀、后蜀、吴越、楚、闽、南汉、南平（又称荆南）和北汉等十个政权，史家把它们称作“十国”。实际上十国存在的时间比五代长一些，应该是 891 年至 979 年。南方割据政权大都尊中原王朝为主，表示臣服或接受封号。

五代十国的形成是唐末藩镇割据的继续。五代的开国之君，都是唐朝藩镇节度使；十国的创立者，也大多起于一方藩镇。

五代的疆域广狭不一，后梁最小，后周最大。后周的南境抵达今江苏、安徽和湖北三省的长江北岸。

五代各朝交替频繁。梁太祖朱温本是黄巢部将，降唐后把矛头反过来对准过去的兄弟，用他们的鲜血染红了自己的官帽子。他一路擢升，以致掌握了朝政大权。907 年，他觉得时机成熟，就废唐建梁。

923 年，沙陀贵族李存勖建立后唐，并于同年灭掉后梁。

936 年，后唐河东节度使石敬瑭想当皇帝，就请契丹帮助。他满足了对方三个条件。一是割让幽云十六州（今河北、山西北部，以及内蒙古一部分）。二是每年贡帛 30 万匹。三是称比自己小 12 岁的契丹主耶律德光为父皇帝。为了过把皇帝瘾，什么脸面都不顾了。在契丹帮助下，石敬瑭灭掉后唐，当上后晋儿皇帝。

947 年，沙陀部人刘知远建立后汉，取代后晋。

951 年，后汉权臣郭威灭掉后汉，建立后周。周太祖郭威和周世宗柴荣进行了政治、经济和军事诸多方面改革，国力渐强，还收复地盘，拓展疆域，似有统一全国的势头。然而柴荣病亡，后周就落入禁军将领赵匡胤手里了。

赵匡胤建立北宋后，统一了十国尚存的政权，五代十国才从真正意义上结束。

文成公主进藏

唐朝初期，在我国青藏高原上生活着一个民族，叫吐蕃，就是现在藏族的前身。他们建立的国家政权也叫吐蕃，其君长称赞普，吐蕃语的意思是“雄健的男子”。松赞干布是吐蕃第三十三任赞普。他在任期间，平定内部叛乱，稳定了国家。

唐贞观年间，松赞干布多次遣使到唐都长安（今陕西西安），提出要娶一位唐朝公主当王后。唐太宗终于答应将文成公主嫁给他。

文成公主是唐太宗族弟李道宗的女儿。她的汉族名字没有记载，“文成公主”是唐太宗加封的。

贞观十五年（641）正月十五日，唐太宗把16岁的文成公主下嫁松赞干布，并诏令江夏王李道宗持节护送。文成公主一行从长安出发，途径西宁（今属青海），翻过日月山，向逻些（今西藏拉萨）进发。

松赞干布亲率禁卫军到黄河河源附近的柏海（今扎陵湖）迎接文成公主，并谒见李道宗，行子婿之礼。之后，与文成公主同返逻些。文成公主进藏后，被加冕称王后，地位很高。

松赞干布非常喜欢贤淑多才的文成公主，专门为她修筑了布达拉宫。这个宫殿有宫室一千间，富丽壮观。后来宫殿毁于雷电。经过17世纪两次扩建，才形成现在的规模。现今布达拉宫保存有大量的壁画。其中有唐太宗五难吐蕃使者格尔禄东赞的故事，有文成公主进藏一路遇到的艰难险阻，以及抵达逻些时受到热烈欢迎的场面等等。

迎娶文成公主后，松赞干布十分倾慕中原文化，他脱掉毡裘，改穿绢绮，并派贵族子弟到长安国学读书。文成公主进藏后的200多年间，唐与吐蕃的关系极为友好，双方没有战事，使臣和商人往来频繁。

680年，文成公主因患天花去世，吐蕃王朝为她举行了隆重的葬礼。

文成公主进藏对汉藏和亲意义非凡，至今一直影响着汉藏民族关系。

大 运 河

605年至610年，隋朝用将近六年的时间，动用数百万民工，修建了以东都洛阳（今属河南）为中心，北起涿郡（今北京）、南至余杭（今浙江杭州）的大运河。

这条大运河共分四段。第一段为通济渠。它从洛阳西苑引谷、洛二水入黄河，再从板渚（今河南荥阳西北）引黄河水入汴水，至大梁（今河南开封）东引汴水入泗水，达于淮水。第二段为山阳渎。它自山阳（今江苏淮安）引淮水，傍高邮湖东侧，经江都（今江苏扬州）入长江。这渠原来是春秋时期吴王夫差所开，又名邗沟，隋时将其疏浚扩大。第三段为江南运河。它从京口（今江苏镇江）引长江水，经太湖东侧至余杭。第四段为永济渠。它引沁水，南达黄河，北通涿郡。

当时的大运河呈“人”字形，洛阳是“人”字头，余杭和涿郡分别是一撇一捺。这条大运河全长5000多里，贯穿今北京、天津、河北、河南、山东、安徽、江苏和浙江八省（市），连通海河、黄河、淮河、长江和钱塘江五大水系，是世界上最长、最古老的运河。

元朝时，对这条大运河进行翻修。花费十年时间，先后开凿了三段河道。会通河是济州河的延伸。两河开通后，大运河改道400里，从济州（今山东济宁），沿西北方向，到达临清（今属山东）。通惠河开通后，把大都（今北京）、通州（今属北京）和天津用水网连接起来。这样就放弃洛阳，建成以大都为中心，南下直达余杭的“一”字形运河。1293年，去弯取直的大运河全线通航，比先前绕道洛阳缩短了1800多里。元朝以后，人们才称这条大运河为“京杭大运河”。

明清两代，因黄河改道等原因，京杭大运河渐渐失去了漕运功能。

新中国成立后，国家对大运河进行大规模修整。至2012年，通航里程1442公里，其中全年通航里程为877公里。江苏邳州以南660多公里的航道，500吨的船队畅通无阻。2014年9月，通州、武清、香河三地签订合作协议，京杭大运河有望于2020年在京津冀地区正式复航。

赵 州 桥

在今河北省石家庄市赵县城南的洨河上，横跨着一座南北走向的赵州桥。这桥又称安济桥，俗称大石桥，是隋朝著名工匠李春于595年至605年间设计建造的，距今已有1400多年的历史。

赵州桥是一座空腹式圆弧形敞肩石拱桥。桥长50.82米，跨径37.02米，券高7.23米，桥面宽9.6米，看上去雄伟壮观。

全桥只有一个大拱，长达37.4米，在当时可算是世界上最长的石拱了。桥拱不是普通半圆形，而是像一张弓，因而大拱上面的道路没有陡坡，便于车马上下。

大拱的两肩上，各有两个口径不一的小拱。这是创造性的设计。平时，河水从大桥拱流过；发大水时，河水还可以从四个小拱流过。这样的设计，既减轻了流水对桥身的冲击力，使桥身不容易被大水冲毁；又减轻了桥身重量，节省了石料。大拱套小拱，桥身更美观。

大拱由28道券拼成，就像28道同样规格的弓合龙在一起，组成一套弧形的桥拱。每道券都能独立支撑上面的重量。即使一道出现问题，其他各道也不会受到太大的影响。

桥的两侧有石栏板，上面雕刻着精美的龙的图案。中小学语文课本描绘得活灵活现：有的刻着两条相互缠绕的龙，嘴里吐出美丽的水花；有的刻着两条飞龙，前爪相互抵着，各自回首遥望；有的刻着双龙戏珠，玩得那样尽兴。所有的龙都在游动，真像活的一样。

赵州桥精巧的设计和不朽的艺术，不仅在我国古桥首屈一指，像这样的敞肩拱桥，欧洲到十九世纪中期才出现，比我国晚1200多年。

赵州桥在漫长的岁月里，经历了无数次水灾、战乱和地震，但都完好无损。1966年3月8日，河北邢台发生7.6级地震，赵州桥距震中只有40多公里，但它仍旧安然无恙地跨越在洨河之上。时间证明了一切。

王勃和《滕王阁序》

唐初，出现了一个才华横溢的少年，他叫王勃（约650—约676），绛州龙门（今山西河津）人。

王勃自幼聪敏好学，6岁就能写文章，被誉为神童。16岁，应幽素科试及第，授朝散郎，成为朝廷最年轻的命官，被唐高宗称为大唐奇才。两年后，因写《斗鸡檄》触怒唐高宗，被赶出朝廷。后来又当了虢州参军，但因私杀官奴，二次被贬。

676年，27岁的王勃南下探望父亲，在今北部湾渡海溺死，令人扼腕叹息。

王勃是“初唐四杰”之首，擅写五律和五绝。他的送别诗气势磅礴、雄浑壮阔。《送杜少府之任蜀州》是代表作。其中“海内存知己，天涯若比邻”被广泛传颂。杜甫评价初唐四杰说：“王杨卢骆当时体，轻薄为文哂未休。尔曹身与名俱灭，不废江河万古流。”

王勃的主要文学成就是他的赋。从某种意义上说，它标志着唐代赋体的繁荣。他写了许多序，尤以《滕王阁序》最有名。相传，675年南昌都督阎伯舆在赣江边上重建滕王阁。重阳节，他大摆宴席，邀请文人学士为阁题诗作序。王勃恰好路过这里，自然成了座上宾。他登上凌空欲飞的滕王阁，极目远望，万千景色尽收眼底。于是欣然写了《滕王阁序》，还附了一首七言古诗《滕王阁诗》。满座宾客无不称奇。

此序脍炙人口，广为传颂。一天，唐高宗看到序中“落霞与孤鹜齐飞，秋水共长天一色”的句子，不禁拍案叫绝。看了那首诗，也连连称赞。唐高宗后悔当年不该把他赶走。唐高宗正要下诏让王勃入朝，太监吞吞吐吐地说他已经落水身亡了。唐高宗喟然长叹：“可惜，可惜！”

毛泽东评价王勃说：“这个人高才博学，为文光昌流丽，反映封建盛世的社会动态，很可以读。”他还把王勃和贾谊、王弼、李贺、夏完淳等列在一起点评：“都是英俊天才，惜乎死得太早了。”

诗仙李白

李白（701—762），字太白，号青莲居士。祖籍陇西郡成纪县（今甘肃天水附近），生于绵州昌隆县（今四川省江油市青莲乡），另说生于西域碎叶城（今吉尔吉斯斯坦托克马克），逝于当涂县（今属安徽）。

李白是唐代最伟大的浪漫主义诗人，有“诗仙”之称，现存诗词979首。

李白五岁开始读书。此后他博览群书，积淀了大量知识。他一生周游全国，遍访名山大川。这些都为他成就伟大诗人打下良好基础。

李白出生于盛唐时期，他渴望辅弼明君，治国安邦。当他应诏赴京时，曾信心满满地说：“仰天大笑出门去，我辈岂是蓬蒿人。”然而唐玄宗的本意只是让他当歌功颂德的御用文人。宫廷生活不到三年，李白就辞职而去，“安能摧眉折腰事权贵，使我不得开心颜”，正是他当时的心境。

李白的诗歌或者歌颂祖国的大好河山，或者抒发自己的政治理想，或者抨击统治阶级的骄奢淫逸，或者同情劳动人民的苦难生活，几乎涉及社会生活的方方面面。

李白的诗歌豪迈奔放，清新飘逸，具有鲜明的浪漫主义特色。

李白的诗歌借助想象，超越时空，把现实与梦境、仙境，自然界与人类社会交织在一起，再现客观现实。他的《梦游天姥吟留别》就极具代表性。

李白的诗歌把拟人与比喻巧妙地结合起来，移情于物，将物比人。《独坐敬亭山》寥寥数言，表意真切。

李白诗歌大胆使用夸张手法。夸张得那么自然，不露痕迹；夸张得那么大胆，又真实可信。“白发三千丈，缘愁似个长”“燕山雪花大如席”，不胜枚举。

李白的乐府、绝句和歌行体都有很高成就。唐代，五绝与七绝同臻极境的只有李白一人。他的歌行体打破固有格式，篇幅长短灵活，句式参差错落，紧紧服务内容。

李白是当之无愧的诗仙。杜甫评价他：“笔落惊风雨，诗成泣鬼神。”

诗圣杜甫

杜甫（712—770），字子美，生于河南巩县。他是唐朝伟大的现实主义诗人，有“诗圣”之称。留有1500首诗歌，大多收于《杜工部集》。

杜甫七岁就能作诗。成年后多次出游，领略祖国的名山大川和名胜古迹，抒发了“会当凌绝顶，一览众山小”的豪情。

杜甫年轻时，怀着“致君尧舜上，再使风俗淳”的政治抱负，积极入世。但事与愿违。他在长安奔波十年，才混到一个管理军械库的小官儿。

杜甫回家探亲时，恰遇安史之乱爆发。第二年，他北上投奔唐肃宗，被叛军俘获。此间，在长安写了《春望》等诗作。后来，他冒险逃奔唐肃宗，封了左拾遗。

758年至第二年春天，唐军与安史叛军在邺城（今河南安阳）会战。杜甫目睹惨状，感慨万千，奋笔创作了不朽史诗“三吏”“三别”。

759年夏天，杜甫辞职，来到成都。后经人推荐，当了检校工部员外郎，因此人称“杜工部”。在这里，他写了著名的《茅屋为秋风所破歌》。

765年，杜甫离开成都，到夔州暂居。两年间他写了430多首诗歌，《春夜喜雨》《蜀相》《登高》《闻官军收河南河北》等都是在这期间问世的。

768年，杜甫思乡心切，乘船出了三峡。此后两年多，他在江南漂泊，备尝艰辛。770年，这位时代歌手在湘江的小船里永远停止了歌唱。

杜甫生活在唐朝由盛转衰的历史时期，他用诗歌真实地记录了这一时期的历史巨变，因此他的诗歌被称为“诗史”。

沉郁顿挫是杜甫诗歌的风格。沉郁是感情基调，顿挫是使韵律随着内容情绪而转变。《石壕吏》采用不同韵脚，就达到了理想的效果。

杜甫的律诗非一般功力所能企及。七律《登高》四联全部对仗。严整的对仗被形象的流动掩盖起来，竟是那样舒畅。

杜甫诗歌在唐代的影响还不是很大，宋代以后日渐被人们推崇。

白居易和新乐府运动

白居易（772—846），字乐天，号香山居士。祖籍太原，出生在河南新郑县一个小官僚家庭。他一生写了 3000 多首诗歌，有《白氏长庆集》传世，可谓高产诗人。

白居易 27 岁考取进士，先后担任过翰林学士、左拾遗、江州司马、忠州刺史、杭州刺史、苏州刺史和太子少傅等官职。

安史之乱后，阶级矛盾尖锐，而大历年间诗人多写山水田园，反映现实的不多。面对这种状况，以白居易、元稹为代表的诗人提倡用新乐府描写民生疾苦。新乐府是用新题材创作然后播之乐曲的乐府诗。他们主张“文章合为时而著，歌诗合为事而作”，是典型的现实主义创作理论。

白诗的精华是讽喻诗。《卖炭翁》《新丰折臂翁》《缚戎人》《缭绫》都是其中的名篇。《卖炭翁》揭露了唐代宫市制度的罪恶。大冬天，卖炭翁怀着“心忧炭贱愿天寒”的矛盾心情去卖木炭，却遇到“黄衣使者白衫儿”的强买。“一车炭，千余斤”，换来的却是“半匹红绡一丈绫，系向牛头充炭直”。叙述含蓄，却饱含谴责。《缭绫》中“丝细缲多女手疼，扎扎千声不盈尺”，是和“汗沾粉污不再着，曳土踏泥无惜心”，有意来一个对比。

白居易的感伤诗主要是自己“随感遇”的叹咏。《长恨歌》是诗人把唐玄宗和杨贵妃的民间传说，通过自己丰富的情感和想象力加以充实和渲染，成了现实主义和浪漫主义相结合的叙事诗。《琵琶行》则借一个沦落天涯的弹琵琶女子的一生遭遇来抒发自己被贬的牢骚。

白居易的杂律诗数量很大。有的律诗脍炙人口，《赋得古原草送别》和《钱塘湖春行》等至今仍入选中小学课本。

白居易诗歌最显著的风格是语言通俗、明白如话，因而“老妪能解”，流传广远，生命力很强。

白居易去世后，唐宣宗作七律悼念，评价甚高。

山水田园诗派

在群星璀璨的唐代诗坛，有一群擅长描写山水田园的诗人，他们被称为山水田园诗派。盛唐的王维、孟浩然、储光羲、常建，中唐的韦应物、柳宗元都是这个诗派的代表人物。

山水田园诗派的代表人物都是文人士大夫。他们物质生活优裕，为游山玩水提供了条件；官场失意后，往往采取消极避世的态度，自寻乐趣。他们的诗歌常常以农村景物和农民、牧人、渔夫等人的劳动为题材，把细腻的笔触投向静谧的山林、悠闲的田野，创造出一种田园牧歌式的生活，借以表达对现实的不满和对宁静平和生活的向往。

山水田园诗属于写景诗的范畴。这类诗歌的特点是"一切景语皆情语"，或者借景抒情，或者情景交融。诗人笔下的自然景物都融入自己的主观情愫。

这个诗派成就最大的当属王维。王维，字摩诘，祖籍山西祁县，生于蒲州（今山西永济）。它不仅是著名的诗人，还是丹青高手。他把诗画融为一体，清新自然，色彩明丽。北宋大文豪苏轼评价说："味摩诘之诗，诗中有画；观摩诘之画，画中有诗。"《山居秋暝》《鹿柴》《渭川田家》等诗篇都广为传颂。

比王维稍早的有孟浩然。他是襄州襄阳（今湖北襄阳）人。孟诗中的情和景不仅彼此衬托，而且常常水乳交融。他的代表作《春晓》和《过故人庄》至今入选中小学课本。

中唐的韦应物是长安（今陕西西安）人。他的代表作有《观田家》。他的《滁州西涧》"春潮带雨晚来急，野渡无人舟自横"，写景如画。

柳宗元是蒲州（今山西永济）人。他善于用诗歌表现孤峭高洁的境界，寄托精神痛苦。"千山鸟飞绝，万径人踪灭。孤舟蓑笠翁，独钓寒江雪"（《江雪》）。这里的蓑笠翁正是诗人孤高芳洁心灵的象征。

山水田园诗派触及社会生活虽不宽泛，但仍是唐诗百花苑中的奇葩。

边塞诗派

在诗人辈出的唐朝，还有一群以描绘边塞风光、反映戍边将士生活为主的诗人，被称为边塞诗派。这些人大都有边塞生活体验。他们不仅描绘苍凉壮阔、绚丽多彩的边塞风光，而且抒写投笔从戎的豪情壮志，以及征人离妇的思想感情。对战争的态度，有歌颂，有批评，也有诅咒和谴责，思想上往往达到一定高度。这类诗总体上表现了阳刚之美，具有雄浑、磅礴、豪放、浪漫、悲壮、瑰丽等审美特征。体裁上多用律诗、绝句、歌行体。

边塞诗派的主要代表人物有高适、岑参、王昌龄、李颀，还有崔颢、王之涣和王翰等人。

高适，沧州（今河北景县）人。高适的诗注意力在于人而不在于自然景观，其代表作《燕歌行》用“大漠穷秋塞草腓，孤城落日斗兵稀”勾画凄凉场面，把大漠、枯草、孤城、落日排比，组成富有主观情感的图景，把将士们的英勇悲壮烘托得更为强烈。

岑参，河南南阳人。他几度边塞，久佐戎僚。《走马川行奉送出师西征》《轮台歌奉送封大夫出师西征》和《白雪歌送武判官归京》是他三足鼎立的杰作。“四边伐鼓雪海涌，三军大呼阴山动”，描写了将士们勇往直前、转战雪海的壮观场面。“忽如一夜春风来，千树万树梨花开”，用夸张手法展现了北疆大雪的奇丽景象。

王昌龄，祖籍太原，出生于长安（今陕西西安）。他被誉为“七绝圣手”。他的《出塞》：“秦时明月汉时关，万里长征人未还。但使龙城飞将在，不教胡马度阴山。”慨叹守将无能，感情深沉，是唐人七绝压卷之作。

李颀，河南颍阳（今河南登封）人。李诗风格豪放，略带苍凉。他的代表作《古从军行》：“年年战骨埋荒外，空见蒲桃入汉家。”反战情绪十分强烈。

边塞诗派的人生态度是积极进取的，但个人功名较重，有时甚至混淆了战争的界限。

药王孙思邈

孙思邈（581—682），别名妙应真人、孙十常，隋唐间华原（今陕西铜川）人，唐代医药学家，被后人称为“药王”。

孙思邈出生在一个贫苦农民家庭。自幼聪明过人。7 岁时就认识一千多字，每天能背诵上千字的文章。18 岁立志学医，20 岁就为乡邻治病。他深入研究古典医学，重视民间验方，注重临床实践，对内、外、妇、儿、针灸各科都很精通。

孙思邈一生致力于药物研究。曾上峨眉山、终南山和太白山等地，边行医，边采集中药，边临床试验。他是继张仲景之后我国第一个全面研究中医药的先驱，为祖国中医事业的发展建立了不可磨灭的功德。

孙思邈勤于著述，直至白首之年，仍未释卷。他一生著书 80 多种，其中以《千金方》和《千金翼方》影响最大。前者 30 卷，载方、论 5000 多首，书中内容既有诊法、症候等医学理论，又有内、外、妇、儿各科的临床治疗；既涉及解毒、急救、养生、食疗，又涉及针灸、按摩、导引、吐纳，包罗万象。后者 30 卷，载方、论、法近 3000 首，对前者作了必要而有益的补充。书中收集 800 余种药物，对其中 200 余种详细介绍了采集和炮制技术。这两部著作合称《千金方》，它是唐代以前医学成就的系统总结，被誉为我国最早的一部临床医学百科全书，对后世医学的发展影响深远。

孙思邈医德高尚。他认为医生须以解除病人痛苦为唯一职责，其他则“无欲无求”；对病人一视同仁“皆如至尊”，“华夷愚智，普同一等”。他身体力行，用毕生精力实践了自己的医德思想，是我国医德思想的创始人。

孙思邈一生淡泊名利。隋文帝征召他为国子博士，唐太宗欲授爵位，唐高宗想拜谏议大夫，但他固辞不受，一心钻研医学。

孙思邈活到 101 岁，无疾而终。他的年龄众说纷纭，有的说 120 岁，有的说 140 岁。不知是善于养生，还是行好积德、天赐高寿？

第五部分

宋辽金夏

陈桥驿兵变

959 年，周世宗柴荣病逝，他的儿子周恭帝即位，只有七岁。此时，后周军事大权落到殿前都点检、归德军节度使赵匡胤手中。

960 年正月初一，忽然传来北汉和契丹联合入侵的消息。主政的符太后毫无主见，只好向宰相范质求助。范质不辨军情真伪，就举荐赵匡胤领兵拒敌，而赵却以兵少将寡为理由推脱。范质只好委以最高军权，可以调动全国兵马。

正月初三，赵匡胤率大军出了京城（今河南开封），行至陈桥驿（今河南封丘陈桥镇），就驻扎下来。大军刚走，京城就盛传谣言："出军之日，当立点检为天子。"谣言不胫而走，朝中文武慌作一团。

赵匡胤夜宿陈桥驿的当天晚上，他的亲信散布言论，说现在的皇上年幼无知，不能亲政；我们为国出力，他也不知道；不如先拥立赵匡胤为皇帝，再出兵北征。将士们兵变的情绪很快被煽动起来。赵匡胤的弟弟赵匡义见时机成熟，就授意将士把事先准备好的皇帝登基的黄袍披在假装醉酒刚刚醒来的赵匡胤身上，然后高呼万岁，拥他当皇帝。"黄袍加身"的典故由此而来。赵匡胤装出被迫无奈的样子说，你们立我为天子就得听我的命令，不然我可不干。众人表示唯命是听。赵匡胤当即宣布，回京城后对太后和小皇帝不能惊扰，对公卿不能侵凌，对库府不得侵掠。

正月初四，赵匡胤回师京城，守城将士开门迎接，军队秋毫无犯，城中秩序井然。赵匡胤改国号为宋，定都东京（今河南开封），自封皇上，史称宋太祖，由此开启了 320 年的两宋王朝。小皇帝周恭帝禅位，封了郑王。朝中官吏和大部分重兵将领表示支持。

这次兵变，没有喋血宫门、伏尸遍野，更没有烽烟四起、兵连祸结。兵不血刃就实现了改朝换代，可见赵匡胤及其核心人物具有高超的政治见识。

宋朝官方史书声称赵匡胤在陈桥驿兵变之前是没有预谋的,其实这是欲盖弥彰的行为。

四国对峙

960年，赵匡胤黄袍加身，废周建宋（后人称北宋），定都东京（今河南开封）。其边境东部、南部至于大海；北以海河、白沟河至雁门关、河曲一线，与辽国为界；西北至今陕西白干山、甘肃东部、青海东北部，与西夏、吐蕃毗邻；西南抵岷江、大渡河、金沙江河段及今广西南界，同吐蕃、大理、大越（今越南一部）接壤。和唐朝相比较，因为后晋儿皇帝石敬瑭割让了幽云十六州，所以北部边界南移了许多。

907年，辽太祖耶律阿保机统一契丹各部，建立契丹国。947年，契丹灭掉五代后晋，改国号为辽。辽国强盛时期，其疆域东到日本海，西至阿尔泰山，北接额尔古纳河、大兴安岭一带，南邻白沟河、大同江一线。唐朝灭亡后，中亚、西亚和东欧一度把辽国看作是中国的代表。

1038年，党项人李元昊建立西夏，先后定都兴庆府和西平府。西夏范围在今宁夏中北部、甘肃西北部、青海东北部、内蒙古西部和陕西北部一带。东尽黄河，西至玉门，南接萧关（今宁夏同心南），北控大漠。西夏东北与辽国西京道相邻，东与东南和宋朝相接，南部和西部是吐蕃诸部、黄头回鹘与西州回鹘。

1115年，阿骨打统一女真各部落，建立金国。其国都原在会宁府（今黑龙江哈尔滨市阿城区），先迁中都（今北京），后迁汴京（今河南开封）。金国灭辽后，华北地区以及秦岭、淮河以北的华中地区都纳入它的版图，南宋、西夏以及漠北塔塔尔、克烈诸多部落都向它俯首称臣。

宋、辽、金、夏四个封建政权在相互对峙的一个多世纪里，经常处于战争与议和状态。宋朝失去了唐朝兴盛时期那种所向披靡的气概，常常处于被动挨打的境地。1125年，金国灭掉辽国；翌年，又南下灭掉北宋。四国对峙之际，蒙古国崛起。它灭掉西夏，然后联合南宋，于1234年灭掉金国。1279年，蒙古铁骑南下，把南宋也收入囊中。

雍熙北伐

雍熙三年(986),宋太宗组织20万大军,分三路讨伐辽国,目的是光复幽云十六州。这次伐辽被称为雍熙北伐。

这次北伐由东路军担任主攻。十万人马分成两支,由曹彬、米信各带一支。两支队伍从雄州(今河北雄县东)出发,主攻幽州。中路军由田重进率领,出飞狐(今河北涞源北),趋蔚州(今河北蔚县)。西路军由潘美、杨业率领,出雁门关,直指云(今山西大同)、朔(今山西朔州)等地。另派水军登陆辽国平州(今河北卢龙),从后方助攻。出征前,宋太宗主持制定了作战方案。东路军主攻幽州,辽军必然集结主力防御。因此东路军要持重缓行,不图小利,牵制辽军主力;另两路军则趁机攻取地盘,尔后三军会攻幽州。这个方案应该是合理的。

初战,各路军进展顺利。东路军连克固安、新城、涿州。宋太宗感到惊讶,这明显违背了战前方案。经过提醒,曹彬暂驻涿州,放慢了进攻速度。

西路军连克寰(今山西朔州东)、云、应(今山西应县)、朔四州,进展神速;中路军人马不多,但连取灵丘、蔚州,战绩也不错。

面对宋军攻势,辽军并不恐慌。主帅耶律休哥认为只要坚守南京(今北京),击败东路宋军,另两路军自然不成气候。于是他调集军队,坚守不战,只是全力破坏宋军的粮草补给线。

东路军在涿州坚持了十几天,就因粮草不济而退回雄州。宋太宗大惊失色,急令曹彬停止后退,全军推进到雄州以北的白沟河集结。

看到中、西两路军凯歌高奏,东路军将领有点眼红,纷纷要求出击。在众将的鼓噪下,曹彬同意带五天口粮,重新进攻涿州。宋军刚到涿州城下,粮草又被截断,只好撤退,但此时已失去了阵形。辽军四面围攻,宋军损失惨重,纷纷向拒马河逃去。辽军乘胜追击,宋军相互践踏、溺死者过半。

东路军失利打乱了全局部署,中、西两路军被迫撤退,声势浩大的北伐以失败告终。从此,北宋在北部边境转入消极防御。

澶渊之盟

宋初，宋廷为了夺回幽云十六州，三次对辽国用兵，但都失败了。此后，北宋当局被失败的阴云笼罩，由主动进攻转为被动防御。

1004 年秋天，辽国萧太后与辽圣宗亲率大军南犯，深入宋境。因为河北河东各地军民顽强反抗，辽军只能千里迂回，悬师南进。当年 11 月，辽军进攻河北重镇大名（今河北大名县），没有攻克。接着南下攻陷战略据点德清（今河南清丰西北），直抵北宋都城门户澶州（今河南濮阳）城下。

面对辽军进攻，北宋君臣反响各不相同。以宰相寇准为代表的主战派力主抵抗，而大臣王钦若、陈尧叟等主张迁都避敌。寇准认为辽兵已是强弩之末，力谏宋真宗御驾亲征。宋真宗勉强同意。不料他在澶州北城门楼上转了一圈，还确实鼓舞了士气。将士们听说皇帝亲征，高呼万岁，声浪回荡几十里，气势陡然增加。

恰在这时，辽军骁将萧挞览（一作萧挞凛）在澶州城下遭到伏击，被宋军以弩射杀，辽军士气大大受挫。萧太后是一位务实的领导人。她认为孤军深入，战线太长，万一战败后果不堪设想。于是就接受宋朝降将王继忠的建议，决定通过谈判勒索一把，然后立刻撤退。

宋将杨延昭认为辽军已陷入被动。如果调集各路宋军袭击幽州、易州，一定可以大获全胜。宋真宗原本就是胸无大志的人，对这么好的建议居然充耳不闻，一门心思想通过议和，息事宁人，罢兵休战。

双方有意，议和一拍即合。1005 年 1 月，双方在澶州约定：宋帝与辽帝以兄弟相称，宋帝尊萧太后为婶母；宋每年向辽输送银 10 万两、绢 20 万匹；双方沿边各守疆界，不得增修城堡、改移河道，不得相互侵犯。因澶州旧称澶渊郡，因此这个盟约被称为“澶渊之盟”。这是宋朝建国后签订的第一个屈辱条约，对日后产生了很大的消极影响。

澶渊之盟使北宋放弃收复幽云十六州的打算，而甘心以钱财换和平。客观地看，双方在以后的百余年里没有战事，节省军费开支，且有利于民族融合。

杨家将抗辽

杨业，又名杨继业，北宋麟州（今陕西神木）人。他原本是北汉名将，号称“杨无敌”。北汉灭亡后，他归附北宋，屡建功勋。

980 年，十万辽军进攻雁门关，杨业率数百轻骑，奇袭敌后，大败辽兵。

982 年，辽军再次犯宋。杨业率部在雁门关下斩杀辽兵三千，俘获万余。

986 年，宋太宗发动雍熙北伐，杨业任西路军副都部署，与都部署潘美攻克了云、应、寰、朔四州（均在今山西北部）。因为东路军失利，奉诏撤退，并受命掩护四州百姓迁回内地。杨业提出可行方案，但遭到监军王侁的强烈反对，还辱骂他怀有二心。杨业被逼无奈，只好铤而走险，带领本部人马到朔州迎敌。临行前，他对潘美说如果我命大不死，还能退回来，你们在陈家谷口设伏接应。潘美、王侁表示同意。

杨业在进军路上遭到伏击，但还是突围回到陈家谷口，可潘美、王侁早已撤回雁门关内。杨业拊膺恸哭，对将士们大声喊道：“此时我军已无活路，只能以身殉国！诸君可愿与我同死？”将士们无不为其忠义感动，个个热血沸腾，转身与辽军再战。杨业之子杨延玉挺身在前，杀敌数十，浑身受伤，坐骑白马染成了红马。宋军将士全部战死，无一投降。杨业手刃辽军一百多人，战马倒地被擒。他被俘不降，绝食三日而死。

战后，杨业的妻子佘氏不依不饶，定要朝廷处罚潘美等人。宋太宗裁定潘美等人有罪，将潘美连降三级，王侁除名充军。

杨业长子杨延昭、孙子杨文广日后成为宋军重要将领。佘氏青史留名。

其实，根据史料记载，潘美也是北宋名将，在北宋建立过程中战功卓著。雍熙北伐时，因无法节制监军王侁才铸成大错，晚节不保。后人创作了许多文艺作品，来歌颂杨家将。这些文艺作品往往都有反面角色潘仁美。他的原型就是潘美。如果潘美有知，应该会对“一失足成千古恨”有深切的体验。

楊

庆历议和

李元昊建夏称帝后，写信通告北宋，希望承认这一事实。北宋朝廷震怒，不但拒绝他的要求，还要悬赏捉拿。由此引发了双方长达三年的战争。

1040 年 7 月，西夏大军突然包围延州。宋将刘平、石元孙奉命增援，在三川口（今陕西安塞东南，延水、洛水、宜水会合处）陷入敌军重围，二将战败被俘，所部损失惨重。

1041 年，西夏十万大军再次攻宋。主持泾原路军事的韩琦命大将任福率五万将士出击。西夏军佯败撤退。宋军急功冒进，尾追不舍。进到好水川（今宁夏隆德东甜水河）时，落入西夏军预设的伏击圈。任福等将战死，宋军几乎全军覆没。

1042 年，西夏军进攻宋镇戎军（今宁夏固原）。宋泾原路经略安抚招讨使王沿命葛怀敏等人率军抵御。宋军在定川寨（今宁夏固原西北）陷入西夏军重围，葛怀敏等 15 员将领战死，宋军九千余人被围歼。

三年内连续三场大规模的战斗都以北宋失败而告终，北宋对西夏的惩罚也只能停留在口头上了。西夏虽然获胜，但都是惨胜，战争的消耗远远大于掠夺所获，实在是得不偿失。李元昊是个聪明的主儿。他权衡利弊，觉得与其和宋为敌，莫如媾和求利。因此，西夏就派使臣到北宋都城东京（今河南开封），要求议和；北宋也巴不得如此，于是双方开始坐下来谈判。

1044 年，双方达成协议。其要点是西夏向北宋称臣并取消帝号，李元昊接受宋的封号，称夏国主；宋夏战争中西夏所侵占的宋朝领土以及其他边境藩汉居住地全部归属宋朝；宋朝每年赐给西夏银 5 万两、绢 13 万匹、茶叶 2 万斤，每年还要在各种节日赐给西夏银 2.2 万两、绢 2.3 万匹、茶叶 1 万斤等等。这次议和在庆历四年，所以史称“庆历议和”。

协议签订后，双方还恢复了边境贸易。北宋以钱财换和平，而西夏以屈尊求钱财，双方各取所需，保持了将近半个世纪的安定局面。

辽夏战争

西夏建国前，和宋朝的矛盾是主要的，因此一直与辽国保持友好关系。

1042 年，西夏皇帝李元昊请辽发兵攻宋，配合他的军事行动，但辽兵出至幽州（今天津蓟县）就按兵不动了。第二年，西夏出兵助辽，镇压了夹山部呆儿族起义，但辽国把全部俘获独自占有，这更激起了李元昊的怨恨。辽、夏两国间的裂痕愈来愈明显。

1043 年，李元昊煽动、引诱辽统治下的山南党项各部族及呆儿族叛辽归夏。接着又唆使呆儿族降户不断骚扰辽国边境。1044 年，辽山西五部节度使屈烈等举部投夏。辽责令归还，西夏充耳不闻。辽兴宗派兵征讨叛辽的党项部族，西夏又出兵援救，还杀死了辽国招讨使。辽兴宗气不打一处来，他调集几十万军队，准备对夏开战，箭在弦上。

辽、夏两国展开外交斡旋，都在争取宋朝的支持。宋明里好言安抚双方，暗中却保持中立，坐山观虎斗，总算聪明了一回。

辽军十万精兵渡过黄河，杀入西夏。前进 400 里，竟无人抵抗。到了贺兰山北麓，才发现西夏部队。辽军纵兵追击，西夏军败退。李元昊见辽军来势凶猛，就使出缓兵之计，派使者向辽兴宗谢罪请降。辽兴宗本想见好就收，但臣下劝他一鼓作气扫平西夏，免得日后再生祸端。

辽兴宗决定继续对西夏用兵。西夏军撤退百里之遥，沿途坚壁清野。辽军粮草不济，无法以战养战。恰在这时，李元昊又派人前来“请降”。

辽国君臣正在大营计议，西夏军突然发起反攻。辽军打退进攻，正要追击，忽然大风卷地，飞沙走石。辽兵心惊肉跳，一时大乱。西夏兵却不以为然，他们趁机反击，大败辽军，还俘获数十名大臣。辽兴宗侥幸逃脱，差点成了阶下囚。这次战斗发生在河曲（今内蒙古伊克昭盟），所以称“河曲之战”。

包括这次战斗，西夏与宋朝、辽国连续打了几次大仗，并都取得胜利，这使它成为称霸西北的军事强国。

王安石变法

庆历新政失败后，北宋仍处于积贫积弱的困境。官员贪恋权位，官僚机构庞大而臃肿；养兵多而不精，没有战斗力；大兴土木，修建寺观，财政入不敷出。有人概括当时社会是“三冗”，就是冗员、冗兵、冗费。

就在此时，政治家、改革家王安石（1021—1086）冒了出来。他是临川（今江西抚州临川区）人。早年进士及第，担任地方官政绩显著。宋神宗即位后，王安石再次提出全面改革的想法。他认为国家贫困的症结不在于开支过多，而是在于生产太少；农民之所以不能从事生产，一方面是由于官僚富豪兼并了大量的土地，另一方面是农民承担的徭役太过繁重。因此，最好的理财之路是依靠天下所有的劳动力去开发自然资源，是积极开源而不是消极节流。

宋神宗是个有作为的皇帝，他赞成王安石的变法主张。1069 年，他任命王安石为参知政事。第二年，又升任同中书门下平章事，位同宰相，由他领导制定和推行“新法”，史称“王安石变法”，也称“熙宁变法”或“熙丰变法”。

新法颁布有关财政方面的有均输法、农田水利法、青苗法、募役法、方田均税法、市场法，有关军事方面的有将兵法、保甲法、保马法和军器监法等。

王安石变法是一次规模巨大的社会变革运动。虽然部分举措不合时宜和实际执行中的不良运作，造成了百姓利益不同程度的损害；但变法毕竟充实了国家财政，增强了国防力量，成果是明显的。

这次变法触动了封建地主阶级和大商人的利益，所以变法一开始就伴随着反对的声音。1085 年，宋神宗去世，保守势力掌权了。此后，反对变法的司马光出任宰相，历时 15 年的新法差不多都被废掉了。

从南宋到晚清，王安石变法总体上是被否定的，而对募役法、保甲法、保马法和科举改革有所肯定；近代以来，总体上得到肯定，列宁称他是“中国十一世纪的改革家”。

金国灭辽

辽朝晚期，天祚帝昏庸无能，朝政混乱不堪。生活在今东北地区的女真族受到残酷的剥削和压榨，他们和契丹贵族的矛盾十分尖锐。

1114年冬天，辽国在出河店集结十万兵力，准备消灭女真完颜部落。当时，完颜部落只有3700名将士。面对强敌，部落首领阿骨打没有退避。在辽兵没有完全集结之时，他率领仅有的三千多铁骑直扑出河店。辽兵措手不及，纷纷退败。完颜部落俘获辽兵、车马和粮草不计其数。此战过后，各路女真纷纷归来，完颜部落实力大增，兵力过万。

1115年，完颜阿骨打成功统一女真各部，建立金国，史称金太祖。

建国当年9月，金太祖用“围城打援”的战术，夺取了辽朝北方重镇黄龙府（今吉林省农安）。黄龙府是辽国六府之一，政治地位和经济地位十分重要。

得知黄龙府失守的消息，同年11月，辽天祚帝率领70万大军，企图一举歼灭金政权。当时金太祖只有两万人马，力量悬殊显而易见。但金太祖认为辽兵虽然气势汹汹，其实是乌合之众，战胜它不成问题。他对将士们说，我们只有两条路，一是拼死作战，转危为安；二是抓我送给天祚帝，杀我一族，你们或许能幸免。将士们听罢，无不声泪俱下，誓同辽兵决一死战。正直两军酣战之际，辽国内动乱，天祚帝只好撤兵自救。金太祖抓住时机，穷追猛打，在护步达岗大败敌人。此战过后，辽国一蹶不振，气息奄奄。

金国连胜辽国的消息传到北宋。北宋君臣想趁机灭辽，收回幽云地区。宋金使臣往来于渤海，双方在1120年达成盟约。约定宋攻取辽朝南京（今北京），金攻取中京（今内蒙古宁城西大明城）；事成后，幽云地区归宋，宋把输辽币帛转输金国。因这次盟约由双方使臣在渤海上往返谈判而成，所以称“海上盟约”。盟约签订后，两国对辽形成南北夹攻态势。

此后，金兵势如破竹。几年间，攻占了临潢、辽阳、太定、析津、大同诸府，并于1125年俘虏天祚帝，灭亡了统治200余年的辽国。

靖康之难

1120 年宋金签订“海上盟约”后，金兵按照约定的路线进攻辽国，他们攻城略地，所向披靡。反观宋军，1122 年 5 月，童贯率领 15 万大军进攻南京(今北京)，竟被辽军打败。同年 10 月，他率 10 万兵马再攻南京，又被辽军所败。宋朝的军队就是白吃饭的，真不中用。直到金兵出手才拿下南京。

宋军无所作为，金国自然就有了不履行盟约的理由。几经交涉，双方才算达成一致。燕京(今北京)及其附近蓟、景、顺、涿、易、檀六州归宋；宋除了每年向金输银 20 万两、绢 30 万匹外，再加燕京代纳税款 100 万贯。条件谈拢后，金国纵兵大掠，留给北宋的只是空城。

北宋窝窝囊囊地收回燕京及周边六州后，竟恬不知耻地庆贺重大胜利。殊不知金国已看清了北宋统治者腐败无能的本质和军队一盘散沙的现状，南下灭宋的企图已在酝酿之中。

就在北宋君臣自我陶醉之际，1125 年 8 月两路金兵南下攻宋。由完颜宗翰率领的西路军在太原受阻。东路军则在完颜宗望率领下，于第二年初包围了北宋都城汴京(今河南开封)。因为以李纲为首的主战派全力抗金，加之西北勤王之师赶到，完颜宗望自感兵力单薄，提出割地赔款要求后，就撤兵了。

1126 年 9 月，两路金兵二次来犯，并于同年 12 月会师汴京。翌年 1 月，攻破外城，胁迫宋钦宗到金营求和，写了降表，俯首称臣。金人狮子大开口，索要金一万锭、银二万锭、帛一千万匹。可怜的宋钦宗，玩命搜刮也满足不了金人胃口。金人又命宋钦宗到金营商谈。他一去，就被囚禁了。

接着，金人立张邦昌为帝，建立“大楚”傀儡政权。金人大肆搜刮之后，于 1127 年 4 月 1 日，俘虏徽宗、钦宗二帝和宗室、后妃、朝臣、宫人、内侍、倡优、工匠等三千余人，统统押往金国。北宋从此灭亡了。

这次国难发生在北宋靖康年间，所以史称“靖康之难”，也说“靖康之变”。

靖康之难向后人启迪：面对外族入侵，屈膝求和只能是死路一条。

南宋偏安江南

1127年“靖康之难”发生前，宋徽宗的第九子赵构正以天下兵马大元帅的名义，在河北建立帅府，组织军队。当他奉命去金营求和时，在磁州（今属河北邯郸）被知府宗泽劝阻留下，因此躲过一劫。徽宗、钦宗被掳后，赵构在南京（今河南商丘）继承皇位，史称宋高宗，这就是南宋的开头。

赵构即位的第二年，金兵又大举南侵。赵构无心抵抗，一路南奔。他过淮河，渡长江，来到建康（今江苏南京），把这里称作“东都”。1132年，他又跑到杭州，把这里改称临安，定为“行都”，而把建康改为“留都”。

南宋疆域狭小。与北宋相比，南部和西南部没有什么变化，但北界却因金人入侵而大大南移了。金兵一度进入今湖南、江西和浙江三省的中部。1139年，双方确定以当时的黄河为界。1141年，“绍兴和议”又把边界确定为大散关至淮河一线。以后局部有变，总体维持。

南宋军事力量偏弱，主战派与求和派又相互博弈，因此和金国总是打打停停，称臣纳贡。金国几度南征，但都遭到南宋军民奋力抵抗，再加战线太长，兵力分散，所以始终没能征服南宋；南宋多次北伐也无功而返，双方长时间形成对峙局面。

蒙古国兴起后，对金国形成巨大威胁。三山峰之战后，金兵主力被歼，出现了亡国疲态。1234年，宋军攻破蔡州（今河南汝阳），金哀宗自缢身死，金国灭亡了。宋理宗把金哀宗遗骸供奉太庙，总算出了口恶气。

到了南宋中后期，皇帝纵情声色，奸臣争权夺利，朝政腐败不堪，享乐之风盛行，收复失地和报仇雪恨更成了一纸空文。

1276年，蒙古军队攻占临安，俘获了只有五岁的宋恭帝。1279年，在蒙古铁骑追击下，南宋丞相陆秀夫背着年仅八岁的小皇帝赵昺跳海自杀，同时投海自尽的还有南宋军民十万多人，场面尤为惨烈。南宋从此也消亡了。

南宋享国153年，然而始终偏安江南一隅，没有收复失地。

李纲辅政

李纲（1083—1140），字伯纪，宋代无锡（今江苏无锡）人，抗金名将。

1122年，李纲进士及第，步入仕途。1125年，奉诏入京。同年冬天，金兵直逼首都汴京（也称东京，今河南开封），宋廷一片惊恐。李纲建议宋徽宗传位给太子赵桓，以号召军民奋力抗金。赵桓就是宋钦宗。

赵桓即位后，拜李纲为尚书右丞相，责成他京城防御。李纲率领军民部署城防，击退金兵，取得京城保卫战的胜利。李纲因此威望飙升。

金兵撤退后，李纲遭到主和派诬陷，被贬离京。翌年金兵南下，宋钦宗才想起了李纲。但他接到朝廷任命时，徽宗和钦宗已成了金人的阶下囚。

宋朝皇帝南渡后，宋高宗起用李纲为右丞相。李纲殚精竭虑，重整朝纲，组织抗金，并同主和派展开尖锐斗争。他反对投降，主张“一切罢和议”，严惩傀儡皇帝张邦昌及其为金国效力的官员，以激励官员保持气节。为了加强抗金斗争的力量，他推荐宗泽出任东京留守，去汴京整修防御设施；力主设置河北招抚司与河东经制司，并推荐张所和傅亮分别担任招抚使和经制副使，支持两河军民的抗金斗争。他还针对北宋以来军政腐败、赏罚不明的情况，颁布了新军二十一条，着手整顿军政，并建议沿长江、淮河与黄河建置帅府，实行纵深防御。

李纲整顿军政，有助于南宋朝廷支撑局面，尚能为宋高宗接受；然而他坚决抗金，反对投降，却为宋高宗与主和派所不容。因此，他们又设法限制李纲。先是调李纲任左丞相，另委主和派官员黄潜善任右丞相，以掣肘李纲；接着又撤销河北招抚司与河东经制司，罢免张所、傅亮，蓄意破坏李纲的抗金部署，迫使李纲知难而退。李纲辅政仅仅过了75天。

李纲罢相后，被贬万安军（今海南岛），后返回福建。绍兴议和后，宋向金称臣纳贡。李纲闻讯，忧愤成疾而死。

李纲虽然抑郁而终了，但他的忠诚气节永远被后人敬仰。

宗泽守汴京

宗泽（1060—1128），浙东乌伤（今浙江义乌）人，北宋东京留守。

宗泽出生于贫苦家庭，但父亲是乡村知识分子。他从小跟父兄劳动，农闲时随父读书识字。因为他天资聪慧，勤奋好学，所以文化基础很好。成年后，外出游学，研读兵书，苦练武艺，因此文武兼备，视野开阔，志向远大。

33 岁时，宗泽获进士出身，步入仕途。他当过县尉、县令。为官一任，造福一方，赢得当地群众的信赖和爱戴。然而，在权奸当道、吏治腐败的年代，出身低微的他长期得不到提拔和重用，直到 55 岁才当上登州通判。

1126 年，宗泽任磁州知府。当时的磁州经过金兵抢掠，已是人去城空，一片狼藉。他招募义勇，整治器械，修缮城池，做了固守准备。不久，被任命为河北义兵都总管。在他指挥下，击败进攻磁州的金国骑兵，极大地鼓舞了河朔地方守军的斗志。此后，宗泽率部与金兵进行了 13 场战斗，无一败绩。

靖康之难后，首都汴京（今河南开封）一直没有皇帝。1127 年，经李纲举荐，朝廷任命宗泽为开封知府。此时，黄河北岸金兵驻扎，汴京城里盗贼肆虐。宗泽捕杀盗贼，安定人心，控制了局面。不久，被任命为东京留守兼开封府尹。

宗泽说服和感召了河北、河东和中原地区王善等部的忠义民兵，联合了王彦领导的八字军，组成了几十万人的抗金队伍，还发现和提拔了抗金名将岳飞。

汴京位于中原地区，是大宋子民向往的地方。如果皇帝回到汴京，对提振人心、收复失地非常有利。宗泽前后 20 多次上书宋高宗，敦请他返回汴京。然而，宋高宗身边尽是些妥协派人物，这些上书只能石沉大海。

非但如此，宋廷还派郭仲荀为东京副留守，实际上是监视宗泽，以防拥兵生变。年近七旬的宗泽忧愤成疾，背上生了毒疮。

1128 年 7 月 29 日，天气阴暗，风雨交织。宗泽在弥留之际，没有谈一句家事，念念不忘的仍是北伐。最后连喊三声“过河”，就与世长辞了。

宗泽的爱国之心令人敬佩，但遇到宋高宗，一腔热血只能付诸东流。

伪齐政权

靖康之难后，金兵大举入侵南宋。然而，地域广袤，战线太长，兵力相对不足，要想灭掉南宋也不容易。于是，它就想在金宋之间建立一个傀儡政权，以提供军事和经济支持，成为进攻南宋的桥头堡，他们还相中了这个政权的头面人物刘豫。日本人建立伪满洲国，也许就是从这里取经的。

刘豫是永靖军阜城（今属河北）人。元符年间，进士及第。北宋末年，任河北西路提点刑狱。金兵入侵，弃官南奔。1128 年春，出任济南知府。

同年冬天，金国劝降刘豫。在金人诱惑下，他杀掉部将关胜，不顾百姓反对，献城降金。金国封他为京东西、淮南等路安抚使，管辖山东、河北不少州府。

建炎四年（1130），刘豫真想过把皇帝瘾，就乞求金国让他当皇帝。金国觉得反正是宠物，叫什么都一样，就封他“大齐皇帝”（史家称“伪齐”），建都大名（今属河北），控制范围大致在黄河以南到南宋边界，后来陕西也划入其中。

伪齐政权依照金国的统治方法，推荐土豪当寨长，寨里五户一保，双丁者出战，单丁者巡夜。每调发一人，同保四家备齐衣物、粮草，官府概不耗费。

伪齐为了配合金兵，组建了傀儡签军 12 军。伪齐军首先攻占襄阳等地，1134 年被岳飞部收复。同年，伪齐军在五万金兵协助下，渡过淮河，攻击南宋。南宋将士奋力抵抗，金兵败退。伪齐军见势不妙，丢弃辎重，连夜逃跑。1136 年，伪齐 30 万民兵，分三路入侵南宋。金兵袖手旁观。宋军在藕塘关打败伪齐军。有的伪齐军士兵写好姓名籍贯就自缢身亡了。刘豫因此声名狼藉。

伪齐推行“什一税法”，就是把百姓十分之一的收入纳税。此外，还有多如牛毛的杂税。伪齐统治下的人民生活极其痛苦，民怨沸腾，危机四伏。

绍兴七年（1137）十一月十八日，金兵谎称南下攻宋，进入汴京（今河南开封），突然把刘豫父子擒获。接着宣布废掉刘豫帝号，改封蜀王，随后又改封曹王，迫令刘氏父子迁居临潢（今内蒙古巴林左旗东南波罗城），聊度余生。

伪齐政权存在八年。金国认为它没啥价值了，所以卸磨杀驴是必然结果。

八 字 军

靖康之难后，金兵占领黄河以北大片区域，但大宋子民不满异族统治，他们纷纷组织义军，抗击金兵，企盼收复沦陷河山。

建炎元年（1127）九月，宋将都统制王彦率岳飞等11名将领与7000名士兵，北渡黄河，激战一天，收复了新乡（今属河南）。金兵以为是宋军主力，就集结数万兵力围攻。此时，宋军各部均已退守，王彦部成了孤军，只好突围。形势严峻，几名裨将带兵逃走，岳飞也因抗金策略和方法不同而离去。王彦转战几十里，进入共城（今河南辉县）西山，然后派心腹联络河东、河北的各路豪杰，共同抗金。

金国十分惧怕王彦，就重金悬赏买他的人头。为了防止意外，王彦夜里经常换着地方睡觉。部下为他抗金的一片赤心所感动，就在脸上刺了“赤心报国、誓杀金贼”八个字（也有说“誓竭心力、不负赵王”），以示追随王彦，忠于宋廷。“八字军”的名声由此传播开来，河东、河北各路豪杰纷纷响应，傅选、孟德、焦文通等十九寨义军都来归附，队伍扩大到十几万人，控制范围绵亘太行山方圆数百里。

建炎二年（1128），王彦拟率八字军北取太原（今属山西），但此时宋廷正向金国乞和，不准出兵，因此只好作罢。王彦率八字军一万多人投奔宗泽，协防东京（今河南开封）。其余八字军大部仍留在太行山，坚持抗金斗争。

建炎三年（1129），王彦领导的八字军配合川陕宋军与金兵作战，屡获胜绩。绍兴元年（1131），在平定南宋叛军和对伪齐军作战中，八字军破桑仲，败李忠，擒郭振，收复秦州（今甘肃天水）等地。1133年，金兵进攻饶凤关（今陕西石泉西），八字军配合宋将吴玠扼守要隘，顽强守卫六昼夜，重创敌人。趁金兵北撤，八字军又打败伪齐周贵部，收复了金州（今陕西安康）。

1137年，八字军由宋将刘琦接管，王彦到地方任职。

八字军起于义军，后转为官军，是南宋初期战功卓著的抗金队伍。

黄天荡之战

1129年秋天，金兵主帅兀术（完颜宗弼）率兵南下，渡过长江，追击赵构，企图彻底消灭南宋。赵构吓得屁滚尿流，赶紧逃到海上避难。

金兵孤军深入，到处遭到汉人反抗。五个月后，大肆掳掠，匆匆北撤。

这时，宋军浙西制置使韩世忠得到消息。他一面下令在秀州（今浙江嘉兴）张灯结彩，大闹元宵；一面暗率八千兵马紧急奔赴镇江（今属江苏），在长江中的焦山屯兵，准备截击北撤金兵。

金兵沿长江北上，却遇到韩世忠部阻击。兀术不以为然，区区几千宋军对我的十万大军，简直是以卵击石。双方约定在长江上决战。韩世忠夫人梁红玉亲自擂鼓指挥，宋军奋不顾身，连续打退金兵进攻。

金兵遭受重创，兀术始料未及。他不得不变换手法，恳求韩世忠放他一条生路，他愿归还在江南掠夺的所有财物，并赠送名马作为谢礼。韩世忠一口回绝，双方只能兵戎相见。

宋军在江北，金兵在江南，双方且战且走。金兵不熟悉地理，被宋军逼入黄天荡。这是个死巷，易进难出。金兵面临绝境。恰在这时，有汉奸向兀术献计，金兵一夜之间掘通湮塞已久的老鹳河故道30里。这个故道连通秦淮河。金兵通过秦淮河，绕出黄天荡，再入长江，撤向建康（今江苏南京）。

金兵撤向建康途中，遭到岳飞部阻击，只好调回头继续北渡长江。韩世忠部沿江北堵击。宋军多用形体高大的海舰，并在上面安装了许多用铁链联结的大铁钩。健壮水兵钩住金兵船舷，使劲一拽，敌船就会倾覆江底。这一招又让金兵尝尽苦头，十万人马死伤过半。

这时，又有人给兀术出主意，让他利用无风的日子突围。没有风，宋军的海舰就没有动力，也就失去了速度优势。这招果然奏效，金兵终于绝处逢生。

金兵虽然成功突围，但宋军以绝对劣势阻击敌人48天，令金兵胆战心惊，以后再也不敢轻易南顾。此战也大大提振了南宋军民的抗金信心。

和尚原之战

吴玠（1093—1139），字晋卿，宋代德顺军陇干（今甘肃静宁）人。

吴玠少年时，性格沉毅，懂兵法，善骑射。北宋末年入伍从军，在与西夏的征战中屡建功勋，后被提升为泾原路副总管。

1130年，金兵大举入侵南宋，江淮形势吃紧。张浚受命出任川陕宣抚处置使，意在陕西地区牵制金兵，以减轻东南压力。他听说吴玠和兄弟吴璘智勇双全，就十分器重他俩，任命吴玠当了统制。

五路宋军与金兵在陕西富平会战。但因指挥不力，反被金兵打败。

富平之战后，吴玠受命都统制。他收拾残部，和兄弟吴璘扼守大散关以东的和尚原。这里是进入四川和汉中的重要关口，地理位置十分重要。

1131年，金将没立率部队从凤翔出发；另一路金兵由乌鲁折合率领，从大散关北上，企图两路夹击，拿下和尚原。吴玠只有区区几千士卒，实力太过悬殊。有人建议退守汉中，但吴玠认为和尚原都是山谷，金国骑兵难以发挥威力，以少胜多是有把握的。没立所部被吴璘部击退，金兵两路会师的美梦成了泡影。吴玠利用有利地势，向乌鲁折合部轮番攻击。金兵舍骑步战，吃尽了苦头。金兵败退时，又遇大风急雨“照顾”，真是祸不单行。首战告捷，宋军士气大振。

宋军欢欣鼓舞，金兵却愁云惨淡。金兵统帅兀术亲率十万大军，架浮桥，过渭水，从宝鸡（今属陕西）结连珠营，垒石为城，与吴玠夹涧对峙。

吴玠组织劲弓硬弩，轮番射击，并暗派奇兵，袭击敌人背后，断其粮道。激战三天，饥肠辘辘的金兵只好退却。哪料吴玠早在神坌一地设下埋伏。饥饿的金兵吃到的竟是宋军刀枪。兀术身中两箭，吓得魂不附体，刮了胡子，狼狈逃窜。宋军俘虏金兵一万多人，缴获的器甲不计其数。

和尚原之战使金兵遭受惨败。宋军以少胜多，重创金兵主力，扭转了富平战败的颓势，支援了江淮一带的抗金战斗，被列入南宋中兴“十三处战功”。

仙人关之战

吴璘（1102—1167），字唐卿，宋代德顺军陇干（今甘肃静宁）人。他是吴玠的胞弟。在南宋抗金斗争中，兄弟俩保卫秦陇，屏障巴蜀，功不可没。

吴璘年少时，喜欢骑马射箭。从军后，跟随兄长吴玠攻城拔寨，屡立战功，兄弟俩合力指挥的和尚原保卫战，给了金兵沉重打击。

1132年，任升川陕宣抚司都统制的吴玠，觉得和尚原远离后方，补给困难，不易长期坚守，就率主力退屯仙人关；而吴璘则领兵驻守七方关（今甘肃康县东北），互成犄角。

吴璘写信给吴玠，说仙人关前面不宜布阵，要在后面构筑防线，才能阻挡来犯的敌人。吴玠觉得言之有理，就立刻在仙人关西侧构筑第二隘，取名“杀金坪”。

1134年2月，金兵统帅兀术和金将撒离合果然集结十万人马，进攻仙人关，企图打通进入川蜀的道路。金兵自仙人关以北的铁山凿崖开道，循岭东下，进至关前，扎营40座，与宋军对垒。吴玠部只有一万多人，力量悬殊。

吴璘接到吴玠的命令，率部自七方关倍道驰援。转战七昼夜，才突破重围，与吴玠部会师。

金兵立炮数十座攻击宋军。宋军以弓矢、炮石合力抵御，金兵屡攻不克。兀术又命树起300多架云梯，猛攻宋营；宋军以炮石、撞竿毁其云梯，又用长枪刺杀敌人。金兵久攻不下，就分成两阵，企图东西合击宋军。吴璘奉命率军在两阵间往复冲杀。大量杀伤金兵后，宋军退守杀金坪。

有宋将请求放弃阵地，选择别处防守，但吴璘坚决反对。他确信金兵很快就顶不住了，鼓励大家咬紧牙关坚持下去。

几天后，金兵果然损失惨重，败下阵来。宋军乘胜反击，接连收复秦（今甘肃天水）、凤（今陕西凤县东北）、陇（今陕西陇县）等州。

仙人关之战后，金兵与宋军隔渭水对峙，很久不敢偷窥蜀川。此战对巩固南宋半壁江山至关重要，因此被列为南宋中兴“十三处战功”之一。

顺昌之战

刘琦（1098—1162），字信叔，宋代秦州成纪（今甘肃静宁）人。

刘琦出身将门。年少时，随父亲刘仲武征战。一次，军营门口放着一个盛满水的大缸。刘琦一箭射中大缸。拔出箭矢后，水涌如注。他又射一箭，恰好把原来的箭孔塞住。人们无不叹服他精湛的射技。

宋高宗继位后，刘琦任岷州知州、陇右都护。同西夏军队作战，多有胜绩，令西夏人畏惧。西夏小孩啼哭，大人就吓唬说“再哭刘琦就来了”。

1133 年，刘琦被召回临安（今浙江杭州）任职。翌年，单独指挥一支军队。

1140 年，宋金第一次议和后，刘琦被任命为东京（今河南开封）副留守，率部赴任。途中得到消息，金人撕毁合约南下侵宋。赶到顺昌（今安徽阜阳）时，获知金兵主帅兀术已占领东京。顺昌知府陈规告诉他，这里还有几万斛米。刘琦坚定地说，只要有粮就能防守。

顺昌城外，颍水流过。刘琦命令凿沉所有船只，表示了破釜沉舟的决心。所带家属都安置在寺庙中，四周堆满柴草。他说如果城池失守，就从我家首先放火，不让一户人家落入金人之手。军民人心大振，誓与金兵决一死战。

坚壁清野之后，刘琦就在顺昌城下设好埋伏，活捉金兵游骑千户黑二，获取了情报。当晚组织敢死队，袭击金兵大营，消灭很多敌人。

三万金兵兵临城下。刘琦已在城边筑下羊马垣，并在垣上打洞为门，宋军隐身其后，金兵放箭伤不着。宋军却用强弓硬弩从城墙或垣门射击，杀死不少敌人。金兵退却，宋军趁势追击，金兵掉河溺死者不计其数。

兀术怒不可遏，亲率十万大军增援，并在顺昌城下颍水岸边安营扎寨。

刘琦表面按兵不动，暗地里却在颍水上游投毒，金兵多数中毒。宋军列阵出战，前排士兵手持长柄斧和长把标枪。金兵骑兵出击。宋军先砍马腿，再刺敌人，把所谓的“铁浮屠”和“拐子马”骑兵打得落花流水。

此战遏制金兵南侵势头，稳定了局面，是南宋中兴“十三处战功”之一。

岳飞抗金

岳飞（1103—1142），字鹏举，宋代河北西路相州汤阴（今河南汤阴县）人。他出身农民家庭，自幼好学，文武双全，是南宋著名的抗金英雄。

北宋末年，岳飞投军，参加抗金斗争。他从士兵干起，屡立战功，30 岁就成了守卫长江中游的主帅。他一生念念不忘的是北伐中原，“还我河山”。

岳飞一生参加大小战斗 200 多次，几乎无一败绩。他率领的部队不但作战勇敢，而且纪律严明，被称为“岳家军”。军队的口号是“冻死不拆屋，饿死不掳掠”。

1130 年金兵在长江遭受宋军韩世忠部打击，严重受挫。5 月，岳飞奉朝廷诏令，陈兵牛头山，大破金兵，收复了华东重镇建康（今江苏南京）。

1134 年，岳飞奉命北伐，向伪齐政权发动攻击。仅用两三个月时间，就收复了襄阳六郡，是南宋政权建立以来首次收复大片土地。因此，年仅 32 岁的岳飞被封为节度使，掌兵十万，成为最年轻的南宋大将。

1140 年，金兵统帅兀术亲率精锐骑兵 15000 人，向岳家军指挥中心郾城（今属河南）发动进攻。金兵重铠骑兵“铁浮屠”正面进攻，另以骑兵作两翼，号称“拐子马”，配合作战。岳飞之子岳云率轻骑兵突入敌阵，往来冲杀。步兵手持麻扎刀和大斧，上砍敌兵，下断马腿，杀得铁浮屠不能发挥作用。双方从下午激战到天黑，金兵大败。兀术狼狈逃窜，岳家军乘胜追击。此时，黄河两岸许多义兵都打着岳家军的旗号对金作战；其他各路宋军也转入了局部反攻，抗金形势一派大好。金兵惊呼：“撼山易，撼岳家军难。”

岳飞根据中原战场的大好形势，上书宋高宗，提出全线进攻收复失地的主张，而宋高宗却令各路宋军班师。接着又连发十二道金牌，强令岳飞退兵。就这样，宋军北伐成果被宋高宗和奸相秦桧一伙儿断送了。南宋军民欲哭无泪。

宋军班师后，岳飞被授予枢密副使，后赋闲江州。不久，宋金“绍兴和议”达成，39 岁的岳飞却以“莫须有”的罪名被捕入狱，惨遭杀害。

可怜一代民族英雄竟死得如此悲惨，千百年来人们为之愤愤不平。

绍兴和议

1140年，完颜宗弼也就是兀术，成为金国军队的唯一主帅。他率领全国最精锐的部队大举南侵。

各路宋军奋起抗击。在顺昌（今安徽阜阳），宋将刘琦率军数破金兵铁骑，迫使敌人狼狈逃遁，转入战略防御；在郾城和颍昌（两地均属今河南），岳家军大破金兵主力，接着又收复郑州、洛阳（两地均属今河南）多地；在川陕，宋将吴璘取得德顺军（今甘肃静宁）战役的胜利，连续收复德顺军及其附近州县。宋军节节胜利。岳飞激动地对部下说："直抵黄龙府，与诸君痛饮耳。"

然而，就在一派大好形势下，宋高宗却突然下令班师。为逼岳飞退兵，竟连下十二道金牌。

抗金将领岳飞、韩世忠、张俊都封了枢密使和枢密副使，实际交了兵权。

绍兴十一年（1141）十月，宋高宗派魏良臣赴金国，提出议和要求。十一月，金国使臣就同魏良臣来到南宋。当月，"绍兴和议"就出笼了。要点是：宋奉表称臣于金，金册封宋皇帝；宋每年向金纳银25万两、绢25万匹；宋金东以淮河、西以大散关为界；宋割唐（今河南唐河）、邓（今河南邓县）二州及商（今陕西商县）、秦（今甘肃天水）二州之半给金；金帝生辰及元旦，宋须派使朝贺。很明显，宋已降为金的附属国。

和议达成不久，在绍兴十一年的除夕夜（1142年1月27日），宋高宗和宰相秦桧就以"莫须有"的罪名杀害了岳飞与其子岳云、部将张宪。绍兴十二年（1142）正月，南宋使臣就带着正式函照，从临安（今浙江杭州）出发，到金国五国城（今黑龙江依兰县），迎接宋高宗生母韦太皇后偕宋徽宗灵柩回宋，八月回到临安。

提到绍兴和议，人们历来都会指斥宋高宗和秦桧软弱无能、屈膝求和、苟且偷安。其实这里恐怕还有不能写在和议里的重要内容，金宋两国以杀害岳飞和迎回韦氏为条件，作了肮脏交易。

岳飞昭雪

南宋绍兴十一年的除夕夜（1142 年 1 月 27 日），岳飞在临安（今浙江杭州）被赐死，他的长子岳云和部将张宪被处斩。岳飞拒绝自诬。他袒露背上年轻时的刺字“精忠报国”，连主审官都为之动容。他只在供状上留下八个绝笔字：“天日昭昭，天日昭昭。”

岳飞被捕入狱后，已经赋闲在家的抗金名将韩世忠当面质问宰相秦桧，岳飞到底犯了什么罪。秦桧说“莫须有”。足见这是一起刻意制造的冤案。

岳飞遇害后，狱卒隗顺冒险把他的遗体背出临安城，偷偷埋葬在钱塘门外九曲丛祠旁。临终时，他把这个秘密告诉了自己的儿子。

多年来，人们指责宋高宗和秦桧狼狈为奸、沆瀣一气，制造了这起千古冤案。但对他们制造冤案的原因，似乎见仁见智。

岳飞的冤案拖了 21 年。1162 年宋孝宗即位后，岳飞的冤案才得以平反。朝廷以 500 贯钱的高价悬赏索求岳飞遗体。隗顺的儿子说出实情，岳飞以“孤义”（即一品礼）改葬在杭州西湖畔的栖霞岭下。宋孝宗召见岳飞三子岳霖说：“卿家纪律、用兵之法，张（俊）、韩（世忠）远不及。卿家冤枉，朕悉知，天下共知其冤。”1178 年，宋孝宗下诏复追岳飞、岳云官爵，追谥岳飞为“武穆”。宋宁宗时追封岳飞为鄂王；同时削去秦桧的王爵，改谥号为“谬丑”。宋理宗时又改岳飞谥号为“忠武”。

千百年来，人们为了纪念岳飞，在全国各地修建了许多岳王庙。其中，杭州的最为著名，它是庙墓一体的建筑群。宋代以来多次修缮。1979 年，又按南宋建筑风格整修，使岳王庙更加庄严肃穆。岳飞塑像戎装持剑，端坐在大殿上。塑像上方悬挂的匾额上，刻着他的手书：“还我河山。”墓道阶下，跪着四尊铸铁像。他们是秦桧与其妻王氏，还有主审岳飞的万俟卨和诬陷岳飞的张俊。岳飞墓阙后重门旁有石刻楹联：“青山有幸埋忠骨，白铁无辜铸佞臣。”

孙中山先生说：“岳飞魂是中华民族精神代表，也就是民族魂。”

奸相秦桧

秦桧（1095—1155），字会之，江宁（今江苏南京）人，南宋主和派代表人物，官居宰相。死后被称为奸相，和唐朝李林甫、明朝严嵩同为一丘之貉。

1115年，秦桧进士及第，步入仕途。靖康元年，曾坚决反对割地求和。靖康之难，随宋徽宗、宋钦宗一道被金国掳往东北。

1130年，秦桧随金兵主帅挞懒进攻山阳（今江苏淮安）时，携带家眷离开金营，返回临安（今浙江杭州）。秦桧返宋后，自称杀了监视自己的金兵才逃回来。南宋群臣多有怀疑，而宰相范尹竭力保荐。后来获得宋高宗信任，当上礼部尚书。随后两度拜相，前后执政19年。

秦桧返宋后，一反常态，赔款割地、屈膝求和的事都由他操办。宋金签订的绍兴和议，使南宋皇帝俯首称臣，丧权辱国。

绍兴和议签订前，南宋朝廷把正在抗金前线的岳飞、韩世忠、张俊等重要将领召回京城，并剥夺了兵权。秦桧还指使谏官万俟卨弹劾岳飞，把岳飞及儿子岳云、部将张宪逮捕入狱，以“莫须有”的罪名杀害。

绍兴八年（1138），秦桧二度拜相，权倾朝野。顺我者昌，逆我者亡。1146年，天上出现彗星，宋高宗诏命百官直言劝谏。张浚上疏国家形势严峻，要早作准备。秦桧听了不顺耳，立刻削去他的兵权，贬到连州。这张浚可不是一般的人，他当过右宰相，是朝廷重臣。张浚尚且如此，别人可想而知。

秦桧卖官鬻爵，开门纳贿，他的财产超过朝廷，真是富可敌国。

秦桧死后51年，宋宁宗追夺他的王爵，改谥号为“谬丑”。人们在他的坟头便溺，以图快意。后人把他和妻子王氏等人铸成铁人，跪在杭州岳王庙。

后世有人说秦桧是金国奸细，还有人说他矫诏杀了岳飞，但都缺乏证据。在南宋前期，宋高宗掌握最高权力，秦桧充其量只是一只狗。

近年来，传闻发掘了宋墓，发现了秦桧的“政治遗嘱”，现正在分析整理。如果真是这样，或许能揭开一点历史秘密。

蒙夏战争

成吉思汗建立大蒙古国后，确定的首要目标是征服宿敌金国。但金是大国，一口吞下谈何容易。因此他制定了征服西夏，孤立金国，进而各个击破的策略。

早在大蒙古国成立之前，成吉思汗就征讨过西夏，洗劫了一些边界城镇。

1206 年，大蒙古国成立。翌年发动了第二次征夏战争。在进攻斡罗孩城（今内蒙古乌拉特后旗西境）时，遭到西夏军队抗击而以失败告终。

第三次征夏，蒙古军队终于拿下斡罗孩城，并包围都城中兴府。夏襄宗无奈。在答应赔款和接受蒙古“附蒙伐金”的条件后，蒙古国才同意求和。蒙古人这一招又阴又狠，硬逼着西夏去攻打自己的盟友。一打十年，两败俱伤，蒙古国却坐收渔利。

1217 年，成吉思汗又以西夏拒绝协助他西征为借口，第四次讨伐。这时，西夏朝野上下才看出了蒙古国的野心。夏献宗决定再次使用“联金抗蒙”的策略。他想联合蒙古国周边的国家，等蒙古大军西征的时候趁机攻击它。

1224 年，蒙古大军西征。西夏盼望已久的机会终于出现了。但留守的蒙将发现了西夏的意图，先发制人，拿下西夏银州，捕获了西夏大将塔海。这一招使西夏计划化作泡影。第二年，成吉思汗西征归来，也入侵西夏沙州，兴师问罪。西夏只好求和，并满足蒙古国的要求。

1226 年，成吉思汗第六次入侵西夏，理由是它违犯了和约。他拿下黑水城，击败位于贺兰山的西夏大将阿沙敢不，到达垂浑山。另一路蒙古军先后拿下甘州、沙州和肃州。夏献宗忧虑而死，南平王李睍继位，史称夏末帝。接着，蒙古军又占领应理、夏州、西宁等地，只剩中兴府没有失陷。1227 年，夏末帝出城投降，在中国西北边陲统治了 190 年的西夏王朝灭亡了。投降的夏末帝也难逃活命，还是被蒙古国杀害了。

蒙古国灭掉西夏，剪除了金国一翼，金国重蹈西夏覆辙已为期不远了。

蒙金战争

金国在灭掉辽朝和北宋之后，成为中国北方富庶而强大的政权，人口近5000万，军队超过百万。

金国对蒙古人长期推行残酷的民族压迫政策。金熙宗时，成吉思汗的先祖俺巴孩汗被金人以反叛罪钉在“木驴”上处死。金世宗时，不仅要蒙古人纳贡，还每隔三年派兵向北剿杀，叫做“减丁”。为防备蒙古人报复，还修了三千多里长的界壕，叫“金长城”。

1206年，蒙古乞颜部落首领铁木真建立大蒙古国，自称成吉思汗，组建了一支强大的、善于野战和远程奔袭的骑兵部队。但金是大国，蒙古军队不占上风。

成吉思汗为征服金国做了长期准备。蒙古军队多次征伐西夏，先迫使其臣服，又最终消灭，剪除金国一翼；招纳为金国守界壕的汪古惕部，使阴山以北成为反金基地；利用商人、使节刺探情报，麻痹敌人等等。

1211年至1214年间，成吉思汗亲率蒙古军在野狐岭、河堡两地大败金兵。接着，又夺取居庸关，破袭紫荆关，攻克涿州，占领中都（今北京），迫使金国迁都汴京（今河南开封）。

1217年至1225年，成吉思汗先后封木华黎为太师、国王，率兵伐金。木华黎父子招降纳叛，占领了辽西、河北、山东、陕西大面积土地。

1227年，成吉思汗灭掉西夏后去世。他的儿子窝阔台继承汗位。之后蒙金战争进入实质性阶段。1231年，蒙古军分三路进攻金国，拟合围汴京。第二年正月，西路军统帅拖雷在钧州（今河南禹州）西南的三山峰一带设伏。蒙古军引诱金兵主力进入伏击圈，重创金兵。随后，又放开一面。饥寒交迫的金兵向钧州方向逃跑，再遭蒙古军伏击，15万精锐损失殆尽。

1234年，宋蒙联军攻破蔡州（今河南汝阳），金哀宗自缢，金国灭亡了。

当时曾有人说：“金朝如海，蒙古如一掬细沙。”然而，双方斗争的结果却是一掬细沙填平了大海。

蒙古帝国西征

从1219年至1260年的40多年间，蒙古帝国发动了三次西征。

1219年至1225年，成吉思汗第一次西征。1218年，蒙古国的一支商队在花剌子模国的边境遭到洗劫，成了战争的导火线。第二年秋天，成吉思汗亲率20万大军讨伐花剌子模国。摩诃末国王抵挡不住，一气逃窜到里海的一个孤岛上。不久，病死了。他的儿子札兰丁继承了汗位。札兰丁先后逃往申河（今印度河）与外高加索。成吉思汗接连攻下不花剌（今乌兹别克斯坦布哈拉）和撒麻耳干（今乌兹别克斯坦撒马尔罕）。成吉思汗的三个儿子术赤、察合台、窝阔台合力攻克玉龙杰赤（今土库曼斯坦乌尔根奇）。随后术赤率本部兵马进入额尔齐斯河地区的斡儿朵，大败斡罗斯与钦察联军，攻入斡罗斯境内。1222年，成吉思汗的小儿子拖雷攻占呼罗珊后，与父亲及察合台、窝阔台两位兄长会师。随后他们又会合术赤，返回蒙古本土。成吉思汗父子首次西征用了6年时间。

1235年至1243年，术赤次子拔都统率蒙古军对伏尔加河以西各国进行了为期八年的军事征讨。1236年，蒙古军集结于伏尔加河中游，并迅即征服不理阿尔等国。以后，接连攻下钦察、也烈赞、莫斯科、弗拉基米尔城、破乞（今乌克兰基辅）。1240年，又攻入波兰、匈牙利，并攻掠了马茶（今匈牙利布达佩斯）。1243年，拔都在伏尔加河下游筑萨莱城为都城，建立钦察汗国，统治其占领地区。

1252年至1260年，由拖雷之子旭烈兀统率蒙古军进行了征服波斯的战争。1256年，旭烈兀攻灭木剌夷国（位于今伊朗马赞德省）。此后两年，攻陷报达（今伊拉克巴格达），灭掉黑衣大食王国。1259年，占领叙利亚。此后，在阿姆西河以西建立伊利汗国。

成吉思汗祖孙三代进行了长达22年的西征。在此过程中，推行野蛮的屠杀和掠夺政策，给被征服国家的人民带来深重的灾难。

崖山海战

崖山位于今广东省江门市新会区南约 50 公里的崖门镇。它西面是汤瓶山。两山相对，南伸入海，像半掩的两扇门，所以又称崖门。

宋祥兴二年（1279）正月至三月十九日，南宋军队和元朝军队在这里进行了一场大规模的海战，史称“崖山海战”，也称“崖门战役”。

1276 年，元军直逼南宋都城临安（今浙江杭州），年仅五岁的宋恭帝投降了。

宋度宗的杨淑妃带着自己的两个幼儿仓皇出逃，在金华和大臣陆秀夫、张世杰、文天祥等人会合。元军穷追不舍。南宋君臣一行逃到福州，立刚满七岁的赵昰当皇帝，史称宋端宗。

1277 年，福州沦陷，南宋流亡朝廷又南奔广东。途中，宋端宗落水染病而死，七岁的弟弟赵昺继位。他们辗转来到崖山，打算在这里建立反元基地。

宋祥兴二年正月，元军汉将张弘范率军赶到崖山，对南宋朝廷三面包围。

宋将张世杰苦思破敌之策，有幕僚建议应该先占领海湾出口，保护西撤路线。但张世杰为了防止士兵逃亡，不听建议，并下令将千艘战船用大绳索连贯在海湾内，把小皇帝的“龙舟”围在中间。元军水师封锁海面，陆军断绝宋军汲水砍柴的道路。宋军吃干粮，饮海水，呕吐不止。元军用布遮掩埋下伏兵的船楼，冒着矢雨，接近宋船，大败宋军。张世杰见大势已去，率十余条大船保护杨太后突围出去。

陆秀夫见突围无望，就背着年仅八岁的赵昺投海自杀。随行的十万多军民也相继跳海。第二天，海面上浮起十万多具死尸，场面尤为惨烈。元军发现了小皇帝的遗体。小孩子眉清目秀，身穿龙袍，头戴皇冠，身上还挂着玉玺。

噩耗传来，杨太后赴海自尽。张世杰在大风雨中不幸溺卒于平章山下。

崖山海战标志着南宋残余势力彻底灭亡，蒙元最终统一了中国。从此，中国第一次整体被游牧民族征服，所以就有了“崖山之后无中华”的说法。

王小波李顺起义

四川号称“天府之国”，但自唐末五代以来，一直为封建割据势力所把持。唐末黄巢起义虽然声势浩大，但没有荡及到这里。统治这里的豪强大地主没有受到农民武装暴力的打击，农民与地主的阶级矛盾尤其尖锐。

四川有大量的“旁户”。所谓旁户就是地位低下的依附农民。他们没有土地，只能依附豪强地主。他们除了交纳地租，还要承担官府的赋税和徭役。旁户占到地区总户数的 70% 以上，边远地区甚至达到 80% 以上。

北宋政权建立后，在这里设立“博买务”，对布帛、茶叶等实行垄断贸易，致使茶农破产、家庭手工业凋敝，为本已尖锐的阶级矛盾火上加油。

993 年，四川大旱，饥荒突现。在天灾人祸的共同作用下，以王小波、李顺为首的农民起义终于火山爆发了。

王小波宣称：“吾疾贫富不均，今为汝均之。”王小波揭竿而起，旁户们纷纷响应，首先攻克青城县。接着攻占彭山，杀了县令，队伍发展到一万多人。此后，又转战邛州（今四川邛崃）、蜀州（今四川崇州）。在江源（今四川崇州东南）激战中，王小波中箭牺牲。之后，妻弟李顺接替了他的领袖位置。起义军攻占成都（今属四川），建立大蜀政权，队伍发展到几十万人。东至巫峡，西抵剑门，控制了许多州县。第二年 4 月，北宋政权派兵征讨，一路从剑门攻入，另一路从夔门攻入。起义军与官兵在成都展开激战。5 月 6 日，成都失陷，李顺遇害。起义军余部仍在四川各地坚持斗争两年之久。

这次起义虽然时间不长，却猛烈荡涤了四川地区的豪强势力。作为起义军主力的旁户，大都挣脱人身隶属关系的锁链，获得自由。北宋政权被迫让步，取消了“博买务”。生产关系的变革在一定程度上促进了生产力的发展。

王小波、李顺起义第一次明确提出“均贫富”的口号。这是中国农民战争发展到新的历史阶段的重要标志。它虽然还没有直接接触到封建土地所有制这个根本问题，但已把矛头指向了不平等的分配制度。

宋江起义

北宋末年，朝政腐败，对外献币求和，对内恣意搜刮，农民遭受繁重的赋税盘剥，生存条件十分艰难。

朝廷为了解决财政困难，宣布将梁山泊方圆八百里水域全部收为“公有”，规定百姓凡入湖捕鱼、采藕、割蒲，都要依照船只大小课以重税。若有违规犯禁者，则以盗贼论处。生活在这里的老百姓世世代代靠湖吃湖。课以重税就是打破他们的饭碗。贫苦百姓被逼上绝路，长期积压在他们胸中的不满终于像火山一样爆发出来了。在宋江等36人领导下，他们铤而走险，武装割据梁山泊，凭借易守难攻的地形，阻杀前来镇压的官兵。到宣和元年（1119），这支农民起义队伍打出旗号，公开和官府作对。

这支农民军起义后，就离开梁山泊，攻打河朔地区（泛指今黄河下游南北两岸），转战于濮（今山东甄城北）、单（今山东单县）、齐（今山东济南）、青（今山东青州市）、沂（今山东临沂）、海（今江苏连云港）、楚（今江苏淮安）等州。他们惩治贪官，劫富济贫，声势日盛，数万官兵都不敢和他们正面对抗。此时，亳州知州侯蒙上书宋徽宗，认为宋江等人有过人之才，建议朝廷招安，让他们去对付南方起义的方腊。宋徽宗采纳了这个意见，但农民起义军不买账，招安计谋化作泡影。

1121年，宋江起义军攻取淮阳军（今江苏邳州市西），然后由沭阳（今属江苏）乘船进抵海州（今江苏连云港）。海州知州张叔夜探听到起义军动向，就招募一千多名敢死士设下埋伏，然后派轻兵诱战。起义军登岸后遭到伏击，宋江等人战败被俘，战船也被焚烧，起义就此被镇压下去了。

宋江起义虽然失败了，但其影响却深深植根于人民群众。至今，山东郓城、梁山一带还流传着儿歌：“去时三十六，来时十八双。若是少一人，誓死不还乡。”

宋江起义规模不大，时间不长，但坊间流传说他们有108个头领，替天行道，声势浩大；打击官兵，所向无敌。其实这都是《水浒传》渲染的结果。

方腊起义

自澶渊之盟以来，北宋每年都向辽和西夏输送大量币帛。这些沉重的负担都转嫁到老百姓头上，他们实在不堪重负。

1105 年，宋徽宗为修建延福宫、万寿山等大型宫苑，命宠臣朱勔在苏州成立应奉局，专门搜刮民间奇花异石及其他珍奇物品。所获物品，每十船为一纲，称“花石纲”，越海渡江，经淮水、汴水运往京师。沿途少不了破民房，毁桥梁，凿城郭，甚至截用漕船、商船承担运输，东南地区和运河沿岸的百姓和商家饱受骚扰，怨声载道。

当时，睦州青溪县（今浙江淳安）有个叫方腊的人，又名方十三，是个漆园主。他利用秘密流行于当地的摩尼教，组织了贫苦农民和私贩盐茶的商人，有好几万。宣和二年（1120）秋，他在县境内的帮源洞誓师，以“诛朱勔”为号召，发动起义。他自称“圣公”，年号永乐，建立了政权。

当年末，方腊起义军首战息坑（今浙江淳安境内）告捷，继而攻取县城，又连克睦（今浙江建德梅城）、歙（今安徽歙县）、婺（今浙江金华）、衢（今浙江衢州）、处（今浙江丽水）、杭（今浙江杭州）等六州 52 县。各地农民纷纷响应，参加起义军的项背相望，队伍迅速发展到近百万人。

方腊起义骤然兴起，切断了朝廷经济命脉，宋徽宗一伙惊恐万状。他一面罢免朱勔，撤销应奉局，停运花石纲；一面派 15 万大军南下，镇压起义军。宣和三年（1121）二月，官兵围攻杭州。方腊率起义军苦战，但终因粮尽援绝，被迫撤出。各路起义军也先后在各地失利。方腊退守帮源洞，与官兵对抗，七万义军壮烈牺牲。方腊被俘后，押解汴京（今河南开封）就义。起义军余部在吕师囊等人领导下继续坚持战斗，直到宣和四年（1122）三月才被镇压下去。

北有宋江，南有方腊，两支起义军遥相呼应，给了北宋王朝不小的震动。坊间流传宋江招安后，去南方平定方腊。但根据史料记载，方腊先于宋江被北宋朝廷镇压，所以他不可能去平定方腊，这同样是《水浒传》虚构造成的。

钟相杨幺起义

北宋末年，洞庭湖畔的武陵（今湖南常德）有一个叫钟相的人。他以行医为名，利用宗教组织农民，宣传“等贵贱、均贫富”的主张，自称“有神灵与天通，能救人疾患”，因此深得百姓拥护，被称为“老爷”“天大圣”。20多年来，逐渐形成以他家乡为中心的根据地。

靖康二年（1127）春天，他组织300人的义军，由其子带领，北上勤王。

靖康之变，堂堂的北宋官兵被金兵击溃。宋将孔彦舟的乱兵在湖湘地区骚扰掠夺，无恶不作，比金兵还金兵。钟相聚众起义，首先抗击这些溃兵游寇。接着，他们喊出“等贵贱、均贫富”的口号，破州县，烧官府，杀贪官，洞庭湖畔19个县的老百姓纷纷响应。起义不久，孔彦舟受朝廷派遣率部前来镇压。别看他打金兵是孬种，镇压农民起义军却是高手。他派奸细打入起义军内部，把钟相活捉并杀害了。

钟相死后，杨幺接过他的领袖职务，带领几十万义军，在茫茫洞庭湖上继续与官兵周旋。起义军坚持兵农合一，平时种田打渔，战时操刀打仗。

1133年，宋将王躞率五万官兵进剿洞庭湖。他企图两面夹击，一举歼灭起义军。杨幺识破阴谋，将计就计。上游牵制，下游突袭，大破官兵。下游取胜后，迅速回师，再败官兵。7月，王躞再剿义军。杨幺趁湖水暴涨，率船队出湖反击，全歼木寨（今湖南常德东）官兵，王躞败逃。官兵连吃七场败仗，朝廷恐惧不已。多次招安，杨幺也不买账。

宋廷无奈，只好调岳飞部去征讨。从1133年到1135年，岳飞封锁沿湖四周江河要津，并对各寨义军采用分化瓦解的策略，终于俘获并处死杨幺，结束了这场历时六年的农民起义。

宋廷在镇压起义的同时被迫作出让步，免收湖畔百姓三年的租税杂钱。传统的史学观给岳飞镇压农民起义记上“污点”。但客观地看，当时这支起义军牵制了大量官兵。金兵压境，南宋政府不可能任其泛滥。

耿京起义

1161年，金主完颜亮率军南侵，一路烧杀抢掠。中原百姓不堪侵凌，纷纷组织义军，与金兵对抗。

济南农民耿京、李铁枪等人揭竿而起，高举反金大旗。当地百姓纷纷响应，起义队伍迅速扩大，很快攻克了莱芜、泰安等地。不久，蔡州（今河南汝南）贾瑞举旗造反，率部加入耿京队伍；辛弃疾也聚集两千多人，前来汇合，起义队伍发展到数十万人。河北大名的王友直起兵造反，表示愿意接受耿京领导。耿京自称天平军节度使，节制各路起义军，一时声势浩大，令金人头疼不已。

1162年，耿京率部收复了东平。此时，恰逢金兵进攻南宋两淮，就派辛弃疾和贾瑞奉表南下，和南宋朝廷商量归顺事宜。宋高宗嘉许起义军忠义，并任命耿京为天平军节度使，知东平府兼节制京东、河北路起义兵马。同时，起义军被朝廷补官的还有近200人。

然而就在辛弃疾等人南下的时候，金国诱降了耿京部将张安国。他贪图赏赐，就勾结另一部将，闯进营帐，把毫无戒备的耿京杀害了。他不仅投降金国，还拉走了一些抗金队伍。

南下归来的辛弃疾义愤填膺，发誓要铲除叛徒，为耿京报仇。他听说张安国正在济州（今山东济宁），就带领50名勇士从海州（今江苏连云港）策马奔去。

张安国正在济州府设宴请客，听说辛弃疾来了，就有点心虚，但还是让他们进来了。辛弃疾一行闯进宴席，看到张安国喝酒作乐的样子，气得眼都红了。他们不由分说，就七手八脚把张安国结结实实捆绑起来，拉出衙门。等济州士兵们赶来的时候，已经把他缚在马上了。

济州士兵看到辛弃疾威严的神色，没人敢吱声。倒是辛弃疾义正辞严地给他们上起课来。当即就有上万人表示愿意跟着辛弃疾参加抗金斗争。

辛弃疾带领义军，押着叛徒，投奔南宋。张安国被朝廷判了死刑。

耿京起义是抗金斗争。虽然经历曲折，但这支抗金力量还是保存下来了。

包拯执法

“包龙图打坐在开封府。”这句京剧《铡美案》中的唱词，人们耳熟能详。“包龙图”就是包拯（999—1062），北宋庐州合肥（今安徽合肥）人。因为被封为龙图阁直学士，所以人们也称他包龙图。

包拯进士及第，步入仕途。从县令干起，累迁监察御史、河北路都转运使、龙图阁直学士、御史中丞、三司使和开封府尹等要职。

任地方官时，他善于体察民情，兴利除弊，因而颇有政绩。任转运使时，访问贫困冶铁户，豁免了他们所欠的官铁，鼓励他们发展生产。

人们称道包拯断案如神，执法公正。他当县令时，一户农人家的牛被割了舌头，农人要求破案。包拯沉思良久，让他宰牛卖肉。农人遵嘱而为。有人就来状告农人宰牛。包拯当即扣留告状人。一查，果然是罪犯。原来包拯判断这是一起报复案。私自宰牛属犯法行为。报复者见宰了牛，必然报官追究。

包拯任庐州知州时，他的亲朋故友仗势欺人。恰有他的从舅犯了法，包拯在公堂上将其依法责挞。从此这伙人屏息收敛，再不敢胡作非为了。

人们赞许包拯执法不阿，不畏权贵。他一生弹劾了许多贪官污吏，包括宰相宋庠、舒王赵元祐的女婿都没有放过。影响最大的莫过于王逵。此人数任转运使，巧立名目，盘剥百姓，激起民变；尔后派兵镇压，酷刑迫害，民愤极大。王逵深受宋仁宗器重，又和宰相关系密切，后台很硬。包拯连续七次弹劾，并和皇帝当面争辩，终于拿下王逵。此事震动朝野。

东京（今河南开封）有许多皇亲国戚、达官显贵，素难治理。包拯任开封府尹时，京城常闹水患。查来查去，才知道是权贵们在惠民河河道上修建楼台、花园、水榭，堵塞了河道。包拯毅然下令，把违章建筑一律拆除。

包拯在枢密院视事时暴病死亡。噩耗传出，京师吏民悲痛万分。

人们憎恶黑暗，敬仰包拯。因此千百年来以他为题材的文学作品数不胜数。文艺作品中的包拯是人们追求的偶像。在人们心中，他就是神。

沈括和《梦溪笔谈》

北宋时期，在浙江钱塘县出现了一个集政治、军事、科学于一身的人物，他就是沈括。这人称得上是中国历史上的奇才。

沈括（1031—1095）出身于官宦家庭，自幼勤奋好学。14岁后，随父宦游各地，接触社会，观察自然，开阔视野，增长知识。

32岁时，沈括进士及第，步入仕途。他受命巡察，开仓赈灾；兴修水利，修治荒田；监造兵器，扩充军备；出使辽国，不辱使命。由于政绩突出，沈括屡受提拔，官至翰林学士、三司使等职。王安石变法失败后，他也被弹劾贬职。

1080年，沈括任延州知州，兼任鄜延路经略安抚使，抵御西夏。到任后，他召集边民子弟展开骑马射箭活动，选拔精锐充实部队，使军威大振。翌年10月，藩部数万人来犯。沈括虚张声势，以数千人击败来犯之敌，并趁势攻下敌寨，俘获男女万人、牛羊三万头。同年11月，沈括用同样战术，兵不血刃，拿下浮图、吴堡、义合多地。1082年，沈括采用声东击西战术，攻取西夏金汤、葭芦。沈括的军旅生涯虽然只有两年多，却取得了出人意料的战果。

沈括的杰出贡献在于科学。数学方面，他创立隙积术和会圆术。物理方面，发现地磁的南北极与地理的南北极存在磁偏角，比欧洲早400多年；阐述凹凸镜成像原理；研究共振规律等等，不胜枚举。

晚年，沈括隐居梦溪园，撰写了《梦溪笔谈》。这是一部综合性笔记体著作，包括《笔谈》《补笔谈》和《续笔谈》三部分，共30卷，凡609条。书中的自然科学部分总结了古代，特别是北宋时期的科学成就，内容涉及天文、数学、物理、化学、生物等科学，价值非凡；社会科学部分对西北和北方的军事利害、典制礼仪，以及旧赋役制度的弊害等，都有详实的记载。

现在这部书能见到的最早版本是1305年的，收藏于中国国家图书馆。

《梦溪笔谈》具有世界性影响。英国科学史家李约瑟评价沈括是中国整部科学史中最卓越的人物，是中国科学史上的坐标。

活字印刷术

唐代，我国已广泛使用雕版印刷术。这种方法是在一定厚度的平滑的木板上，用薄而近乎透明的书稿正面和木板相贴，字就成了反体，笔画清晰可辨。雕刻工人用刻刀把版面没有字迹的部分削去，就成了字体突出的阳文。印刷的时候，在凸起的字体上涂好墨汁，然后把纸覆盖在它上面，轻轻拂拭纸背，字迹就留在纸上了。

雕版印刷术对文化传播起了很大作用，但也存在着明显的缺点，刻板费工费料，书版存放不便，错别字不易更正等等。

北宋平民发明家毕昇总结前人雕版印刷的经验，经过反复实践，在庆历年间制成胶泥活字，实现排版印刷，完成了印刷史上的一项重大革命。

毕昇用胶泥做成一个个规格一致的毛坯，在一端刻上反体单字，字划突起的高度和铜钱厚度一样，用火烧硬。常用字各有几个到几十个不等，以备同一版内重复使用；事先没有准备的生僻字，随时制造；按韵分类，以便检字。排版时，用一块带框的铁板作底托，上面敷一层松脂、蜡和纸灰混合制成的药剂；把胶泥字检出来，一个个排进框内。排满一框就成一版。用火烘烤，等药剂稍融，就用平板把字面压平；药剂冷却凝固后，就成版型。印刷的时候，只要在字面上着墨覆纸，加一定的压力就行了。印刷既完，加热固定药剂，轻轻一抖，活字就还原了。如果连续印刷，可用两个版面。一个印刷，另一个排字，交替使用，效率更高。

毕昇发明的活字印刷术不仅节省了大量的人力物力，而且大大提高了印刷的速度和质量，是雕版印刷术不可比拟的。

继毕昇之后，13 世纪末韩国发明了铜活字；1440 年，德国人约翰内斯·古腾堡发明了铅活字。活字印刷术的普遍使用，对世界文化传播作用巨大。

当今世界，印刷技术日新月异，铅字印刷也已成为历史，但毕昇发明的活字印刷术的历史功绩实在不可埋没。

司马光和《资治通鉴》

司马光（1019—1086），陕州夏县（今山西夏县）人，历仕仁宗、英宗、神宗、哲宗，可谓北宋“四朝元老”。他为人温良谦恭，刚正不阿；做事勤奋认真，刻苦用功。死后追赠太师、温国公。

司马光自幼聪敏好学。七岁时，就能熟练地背诵《左传》，并能把200多年的历史梗概讲述得一清二楚。

司马光从小遇事冷静。有一次，他和伙伴们捉迷藏。一个孩子不小心掉到盛满水的大缸里，眼看就没命了。别的孩子哭喊着找大人求救。司马光急中生智，从地上捡起一块石头，“砰”地一声砸向大缸。缸破水流，小孩得救了。这就是坊间流传的司马光砸缸的故事。

司马光20岁时中了进士，进入官场。开始在地方任职，后来奉诏进京，任殿中丞，成为专职史官，开始史学研究。此后，他又在多地任职，直至宋仁宗晚年，才返回朝廷。

司马光比王安石大两岁，两人原本志趣相投。但王安石变法后，两人政见相左，争辩不断。后来，司马光退居洛阳，主持编撰《资治通鉴》。

宋神宗死后，司马光受到重用，出任宰相。他主政后，把王安石推行的新法大部分废除。正如王安石变法遭受攻击一样，司马光废法也饱受责难。

司马光用15年时间主编了《资治通鉴》。这是中国最大的一部编年史。全书294卷、300多万字，上起战国初期（公元前403），下迄五代末年（959），记录了1362年的史实。作者依据时代先后，以年月为经、史实为纬，顺序记写；对重大事件的前因后果，以及各方面的关联都交代得清清楚楚，使读者对历史进程一目了然。

后人对此书给予很高评价。近代著名学者梁启超说：“司马温公《通鉴》，亦天地一大文也。其结构之宏伟，其取材之丰赡，使后世欲著通史者，势不能不据以为蓝本，而至今卒未有能逾之者焉。温公亦伟人哉！”

唐宋八大家

“唐宋八大家”是唐宋时期以散文著称的八位文学家的合称。唐朝有韩愈、柳宗元，宋朝有欧阳修、苏洵、苏轼、苏辙、王安石和曾巩。

明初，朱右把这八位文学家的散文编成《六先生文集》（苏氏三人为一家），从此有了八大家的称呼；明末，茅坤把以上八人散文编辑为《唐宋八大家文钞》。于是，唐宋八大家就约定俗成了。

唐宋八大家是主持唐宋古文运动的中心人物，他们主张学习先秦两汉的散文语言，反对六朝以来讲究排偶、辞藻、音律和典故的骈文。

韩愈是河南河阳（今河南孟州市）人，他被誉为唐宋八大家之首。他的《杂说》《师说》和《进学解》等都被后人推崇。

柳宗元是蒲州（今山西永济市）人。他的代表作有《封建论》。《捕蛇者说》《黔之驴》和《至小丘西小石潭记》至今被选入中学语文课本。

欧阳修是吉州永丰（今江西吉安市永丰县）人，宋代最早开创一代文风的文坛领袖。代表作有《新五代史·伶官传序》《醉翁亭记》和《秋声赋》。

苏洵是眉州眉山（今四川眉山市）人。在他的教诲与影响下，苏轼、苏辙两个儿子都成为文学家，真是劳苦功高。他的《六国论》为人称道。

苏轼，号东坡居士，是公认的中国文学史上最杰出的文学巨匠之一。他的《前赤壁赋》和《后赤壁赋》骈散并用，情景兼备，是优美的散文诗。

苏辙19岁时进士及第，曾官至尚书右丞。他擅长论说文，代表作是《历代论》。书信杂文更是信手拈来，述理缜密，《上枢密韩太尉书》最具代表性。

王安石是临川（今江西抚州临川区）人。宋神宗时两度拜相，变法图强。他留下《答司马谏议书》《游褒禅山记》和《伤仲永》等名篇。

曾巩是建昌军南丰（今江西抚州南丰县）人。他主张先道而后文。他的散文自然淳朴，不过分追求文采。他的作品有《寄欧阳舍人书》《上蔡学士书》等。

在唐宋660多年的历史中，只出了八位公认的大散文家，真可谓凤毛麟角。

范仲淹和《岳阳楼记》

范仲淹（989—1052），北宋吴县（今江苏苏州）人。他 26 岁进士及第，步入仕途，是北宋著名的思想家、政治家、军事家和文学家。

庆历三年（1043），宋仁宗为了改变积贫积弱的现状，任命范仲淹为参知政事，还任命韩琦、富弼和欧阳修等人为枢密副使和谏官，责成他们在政治上有所更张，以“兴致太平”。

在范仲淹的领导下，轰动一时的改革开始了，史称庆历新政。主要有三个方面、十条内容。一是澄清吏治。它包括明黜陟（严明官吏升降），抑侥幸（限制官僚滥进），精贡举（严密科举取士），择长官（慎选地方长官），均公田（重新规定官员职田）。二是富国强兵。它包括厚农桑（重视农业生产），减徭役，修武备（整治军备）。三是厉行法治。它包括重命令（严肃对待和慎重发布朝廷命令），推恩信（落实朝廷的惠政和信义）。

庆历新政触动了官僚贵族的利益，因而遭到他们的强烈反对。有人甚至诬陷这几位改革领导人已结为朋党，这下可就戳到了皇帝的痛处。第二年后半年，就把他们排斥出中央，新政也就随之夭折了。

1046 年，范仲淹的好友滕子京在任巴陵郡守期间，重修了岳阳楼，请他写纪念文章。滕子京是遭人诬陷贬官的。范仲淹欣然写了《岳阳楼记》。他首先写了登岳阳楼所见：“予观夫巴陵胜状，在洞庭一湖。衔远山，吞长江，浩浩汤汤，横无际涯；朝晖夕阴，气象万千。”接着笔锋一转，写“迁客骚人”的“览物之情”。作者在列举了悲喜两种情境后，笔调突然激扬，推出了更高的思想境界，那就是“不以物喜，不以己悲”。再接着作者试图以自己“先天下之忧而忧，后天下之乐而乐”的济世情怀和乐观精神感染老友。这篇文章将自然界的晦明变化、风雨阴晴和“迁客骚人”的“览物之情”结合起来写，扩大了视野和境界。

岳阳楼并不高大，但有了范仲淹的《岳阳楼记》，竟成了江南名楼。

苏轼的诗歌创作

苏轼（1037—1101），号东坡居士，世称苏东坡，北宋眉州眉山（今四川眉山市）人。北宋著名的诗人、文学家、书法家和画家。

苏轼 21 岁就考中进士，但仕途老走背运。他既批评王安石领导的变法运动，又指责司马光为首的保守势力，到头来两大政敌集团都不容纳他。43 岁时，苏轼任湖州知州。他写给宋神宗的《湖州谢表》加了诗人感情，因此被斥讽刺政府、对皇帝不忠，朝廷发出一片倒苏之声，这就是所谓的“乌台诗案”。苏轼大祸临头，幸亏宋太祖赵匡胤在位时有过不杀士大夫的规定，再加上王安石出手相助，才算保了小命。

别看苏轼在政治上不顺畅，但在文学艺术上却是一颗耀眼的巨星。

苏轼的诗作保存下来的有 4000 多首。他的诗反映的内容较为丰富，而山水诗更着重于自然美的再现，脍炙人口，流传广远。且举一例。“黑云翻墨未遮山，白雨跳珠乱入船。卷地风来忽吹散，望湖楼下水如天。”（《六月二十七日望湖楼醉书》其一）“水光潋滟晴方好，山色空蒙雨亦奇。欲把西湖比西子，淡妆浓抹总相宜。”（《饮湖上初晴后雨》其一）这两首诗都写杭州西湖的风云变幻，前者由云而雨，忽又转晴；后者初晴又雨。诗人迅速捕捉一时所见，似乎不大经意就点染成新鲜的形象。

再举一例。“竹外桃花三两枝，春江水暖鸭先知。蒌蒿满地芦芽短，正是河豚欲上时。”（《惠崇春江晚景》其二）“荷尽已无擎雨盖，菊残犹有傲霜枝。一年好景君须记，正是橙黄橘绿时。”（《赠刘景文》）一写冬去春来，一写秋冬之交，都十分贴切地抓住自然景物因季节转换而出现的新特征，给人以生意盎然的情趣。

苏轼有的诗歌形象并不那么鲜明饱满,但它在人们司空见惯的事物中突然揭示出哲理。《题西林壁》正是这样：“横看成岭侧成峰，远近高低各不同。不识庐山真面目，只缘身在此山中。”读来心里豁然开朗，品味无穷。虽说哲理，但并不枯燥乏味。

苏轼诗歌的成就超越了同时代诗人，他也成为宋代最受欢迎的诗人之一。

苏轼和宋词

在中国文学史上，人们总是把唐诗、宋词、元杂剧相提并论，津津乐道，可见宋词的地位非比一般。殊不知它是费了一番周折才坐上这把交椅的。

词作为一种新兴的诗体起源于唐代。它最初是适应古代乐曲歌唱而产生的，也就是所谓的“依声填词”。起初在民间，后来文人也创作。晚唐时，词作愈发变得内容狭窄、感情苍白，竟成了歌台舞榭、樽前花下的消闲品。女人娇娆柔情的相思以及充满脂香粉气的糜烂生活成为主要内容。形式上则极力追求藻饰，充斥着华丽香艳的辞句。晚唐诗人温庭筠和其后出现的“花间词派”是这股创作倾向的代表。五代时期，南唐小王国的封建统治者尽情地享受着酣歌醉舞的生活，中主李璟、后主李煜以及宰相冯延巳等人写了不少词作。

自问世以来，词一直被视为“小道”，不登大雅之堂。到了北宋，苏轼首先在理论上破除诗尊词卑的观念。他认为诗词同源，本属一体，两者虽有形式上的差别，但艺术本质和表现功能应该一致的。

为了使词的美学品位真正能和诗并驾齐驱，苏轼提出词须“自是一家”的创作主张。他把扩大词的表现功能，作为改革词体的主要方向。把传统的女性化的柔情之作拓展为男性化的豪情之作，把传统的只表现爱情的作品转变为表现性情的作品。

“以诗为词”的手法是苏轼改革词风的主要武器。他把诗的表现手法移植到词中，其中比较成功的有使用题序和典故两个方面。从本质上说，苏轼“以诗为词”就是要突破音乐对词体的制约和束缚,把词从音乐的附属品变为一种独立的抒情诗作。苏轼作词虽然也遵守音律规范,但又不为它约束。他现存的362首词中,有相当数量的作品体现出变化自如、多姿多彩和奔放豪迈的风格。读“大江东去”，读“明月几时有”，高亢激昂，令人心驰神往。

苏轼从理论和实践上转变了词风，确立了宋词在中国文学史上的地位；他豪放的词风开一代先河，为词的发展开辟了广阔的途径。

千古才女李清照

李清照（1084—1155），号易安居士，生于北宋齐州（今山东济南历下）。她能文善诗，而词尤为突出，是婉约派的代表人物之一。

李清照的父亲李格非出身进士，官居礼部员外郎，母亲也很有文学修养。李清照从小生活在这样的家庭里，耳濡目染，受益良多。

少年时代，李清照跟随父亲在汴京（今河南开封）生活，年纪轻轻就写出了一首《如梦令》："昨夜雨疏风骤，浓睡不消残酒。试问卷帘人，却道'海棠依旧'。'知否？知否？应是绿肥红瘦'。"此词一出，立刻轰动京师。

李清照 18 岁时，和 21 岁的太学生赵明诚在汴京成婚。赵明诚热衷于金石图书收藏，李清照夫唱妇随，小两口把心思都花在这上面了。

这一时期，李清照词的主要内容局限于对爱情的要求和对大自然的喜爱上。她在《醉花阴》中写道："莫道不消魂，帘卷西风，人比黄花瘦。"以黄花来比人的瘦，在形象上富有创造性；用瘦来说明长时间相思的痛苦，不说破情，而情愈深。这一时期的词反映生活面是狭窄的，但艺术上却匠心独运，出奇制胜。

金兵入侵，李清照夫妇渡淮南奔。赵明诚接受了湖州太守的任命，但赴任途中中暑去世。从此，李清照只身漂泊在杭州、越州（今浙江绍兴）、台州和金华一带，过着难民生活。南奔之初，她带了 15 车图书器物，但几乎都失散了。

南奔后，李清照写了不少诗词，或者借古喻今，批评南宋当局屈膝投降；或者抒发伤时念旧和怀乡悼亡的思想情感。《声声慢》通过"寻寻觅觅，冷冷清清，凄凄惨惨戚戚"一大串叠词，表达了自己难以克制、无法形容的"愁"。这一时期的词作反映生活比较宽泛，已超越了婉约派词人的范围。词风也由早年的清丽明快变为凄凉低沉。

在男尊女卑的封建社会，特别是程朱理学猖獗的宋代，像李清照这样才华横溢的女子真是凤毛麟角，难怪有人称她是"千古第一才女"。

岳飞和《满江红》

岳飞（1103—1142），宋代河北西路相州汤阴（今河南汤阴）人。

岳飞虽然出身农民家庭，但从小受到良好的教育，加之勤奋好学，因此文武双全，成为南宋一代儒将。他不仅书法酣畅淋漓，龙飞凤舞，还有不少诗词留于后世。这些诗词大多收录在他孙子岳珂编撰的《鄂国金佗稡编·鄂王家集》中。《满江红·怒发冲冠》就是其中的一首。

我们不妨再把这首词重温一遍：怒发冲冠，凭栏处、潇潇雨歇。抬望眼，仰天长啸，壮怀激烈。三十年功名尘与土，八千里路云和月。莫等闲、白了少年头，空悲切。　　靖康耻，犹未雪，臣子恨，何时灭！驾长车踏破，贺兰山缺。壮志饥餐胡虏肉，笑谈渴饮匈奴血。待从头、收拾旧山河，朝天阙。

这是岳飞用自己的生命和热血谱写的一首爱国词篇。词的开篇从外貌到动作再到心理活动层层描写，突出了一个顶天立地的热血男儿的自我形象。他披星戴月，转战千里，建立了一些功名，但这些都像尘土一样微不足道。他自勉自励，要趁年轻干出一番事业。词的后半阙，恣意抒发了报仇雪恨、收复国土的雄心壮志。

读这首词，不由得周身热血沸腾，情绪激昂，真想大声呐喊出来。

有人怀疑这首词不是岳飞所作。乍听似乎有些道理。他出身行伍，又忙于戎马生涯，有能力和时间写词吗？仔细一想，其实多余。他自幼读书，文学功底深厚，加上火热的军旅生活和昂扬的抗金斗志，写出好词自然顺理成章。毛泽东日理万机，指挥千军万马，可他写出了多少气壮山河的瑰丽诗词！

也许真是后人所作，署了岳飞的名。如果真是这样，那就意味着人家尊重他，崇拜他。既然如此，我们就不必为考据作者劳神费力了。

其实这首词出自何人之手已不重要。重要的是它的确是一首爱国词作，是中华文艺百花苑中不可多得的奇葩。

爱国诗人陆游

陆游（1125—1210），号放翁，越州山阴（今浙江绍兴）人，南宋文学家、史学家，著名的爱国诗人。现存诗歌 9300 多首，多半属爱国诗篇。

陆游出生的第二年，就发生了靖康之变，他懵懵懂懂跟着父亲从汴京（今河南开封）逃回老家。陆父是主战派官员。他谈到国事，常常泪流满面，气得吃不下饭。这在陆游稚嫩的心田里埋下了抗敌御侮的种子。

1153 年，陆游赴京参加进士考试。虽然考了第一，但奸相秦桧作祟，在复试名单中把他划掉了。五年后，秦桧作古，他才有机会走上仕途。

然而陆游并不安分守己，他不是上疏北伐就是以诗歌鼓吹收复失地，因此常常受到主和派挤兑，一次次被贬职罢官。《游山西村》就是罢官赋闲时所作。其中“山重水复疑无路，柳暗花明又一村”已是人们耳熟能详的名句。

1171 年，陆游亲临抗金前线，由此丰富了他的诗歌创作题材。

1172 年，陆游入川任职。几年间，他写了许多诗篇。在《三月十七日夜醉中作》发出了“逆胡未灭心未平，孤剑床头铿有声”的呐喊；《关山月》则借守边士兵的口吻，痛斥了统治者屈膝投降的政策。

此后，陆游又到江西、福建等地任职。他念念不忘的还是恢复中原，写出了《书愤》等名篇。1192 年，赋闲在家的陆游老人写了“三万里河东入海，五千仞岳上摩天。遗民泪尽胡尘里，南望王师又一年”（《秋夜将晓出篱门迎凉有感》），又写了“僵卧孤村不自哀，尚思为国戍轮台。夜阑卧听风吹雨，铁马冰河入梦来”（《十一月四日风雨大作》）。读来感人肺腑。

1210 年，86 岁高龄的陆游在忧愤中去世。弥留之际，他留下绝笔诗《示儿》：“死去元知万事空，但悲不见九州同。王师北定中原日，家祭无忘告乃翁。”

慷慨激昂是陆游诗歌的主旋律，但也夹杂着愤懑和无奈。

周恩来评价说：“宋诗陆游第一。”还说“他是个有骨气的爱国诗人”。

辛弃疾和他的词作

辛弃疾（1140—1207），字幼安，号稼轩，济南府历城县（今山东济南历城区）人。南宋著名的豪放派词人，与北宋苏轼并称“苏辛”。

辛弃疾出生时，家乡已沦陷金人之手。他的祖父没有忘记自己是大宋子民，从小教育他寻找机会，报“君父不共戴天之愤”。

1161年，金兵大举南侵，后方的汉族人民趁机起义反抗。21岁的辛弃疾聚集两千多人，参加了由耿京领导的一支声势浩大的起义军。他奉命南下，联络归顺南宋朝廷事宜。返回途中，听到耿京被叛徒张安国杀害、义军已经溃散的消息。他怒不可遏，带领50多名骑士冲过几万人的金营，居然把叛徒抓回来，还押解到建康（今江苏南京），交给南宋朝廷处决。他的惊人之举令南宋君臣目瞪口呆。他被任命为江阴签判，开始了南宋的仕宦生涯。

任职后，辛弃疾向朝廷写了不少北伐抗金建议，但都石沉大海，而只让他当地方官。这与他的理想大相径庭，他感到莫大的压抑和苦闷。

辛弃疾虽然很有才干，但以他的追求和性格，在苟且偷安的南宋难以立足，41岁就被弹劾罢官了。以后虽有短暂任用，但大多闲居乡下。

1207年秋天，68岁的辛弃疾离开人世。临终时还大喊：“杀贼！杀贼！”

辛弃疾以词著称，现存600多首。抗金复国是词作的主旋律，其中不乏英雄失路的悲叹和壮士闲置的愤懑，具有鲜明的时代特色。30岁时所作的《水龙吟·登建康赏心亭》最能代表他“江南游子”的心声：“把吴钩看了，阑干拍遍，无人会，登临意。”66岁时，依然老当益壮、矢志不渝，在《永遇乐·京口北固亭怀古》中发出同样感慨：“凭谁问，廉颇老矣，尚能饭否？”辛弃疾还以细腻的笔触描绘江南农村的田园风光和世俗风情。《西江月·明月别枝惊鹊》和《清平乐·茅檐低小》等，比比皆是。

辛词题材广泛，风格沉雄豪迈又不乏细腻柔媚。辛弃疾在苏轼词的基础上，大大开拓了词的思想境界，提高了词的文学地位。

金元大家元好问

元好问（1190—1257），字裕之，号遗山，太原秀荣（今山西忻州市）人，金末元初著名的文学家、史学家和诗人。他出身封建士大夫家庭，从小受到良好教育，七岁就能写诗，被誉为神童。

成年后，元好问进士及第，进入官场，官至行尚书省右司员外郎。金亡后，无意做官。50 岁那年，隐居故里，游历交友，潜心著述，成为“北方文雄”。

元好问博学多才。他留下 380 多首词，为金代之最。他的词既有“苏辛”的豪放，又不乏婉转柔美。

元好问还留下 1300 多首诗，而真正奠定他文学史地位的，是金亡前后的“丧乱诗”。这些诗篇广泛而深刻地反映了国破家亡的现实，具有诗史意义。这些诗的艺术概括力和表达的真挚凄切的情感也是罕见的。

他的《岐阳三首•其二》写道：“百二关河草不横，十年戎马暗秦京。岐阳西望无来信，陇水东流闻哭声。野蔓有情萦战骨，残阳何意照空城。从谁细向苍苍问，争遣蚩尤作五兵？”这首诗描写了岐阳之战的惨状，控诉了蒙古军队的杀戮罪行。

再如《癸巳五月三日北渡三首》：“道旁僵卧满累囚，过去旃车似水流。红粉哭随回鹘马，为谁一步一回头？”“随营木佛贱于柴，大乐编钟满市排。虏掠几何君莫问，大船浑载汴京来。”“白骨纵横似乱麻，几年桑梓变龙沙。只知河朔生灵尽，破屋疏烟却数家。”蒙古兵俘虏奴隶，洗劫财物，造成凄凉景象，字字渗透血泪，含蓄中饱含愤怒。

元好问的《论诗三十首》，以七言绝句点评诗人流派，再现杜甫风范。

金亡后，元好问致力于金代史料收集，编辑金诗总集《中州集》，不但填补了中国文学史的空白，也为后人编撰金史、元史提供了大量的第一手资料。

清代文学家、史学家赵翼在《题遗山诗》中说：“国家不幸诗家幸，赋到沧桑句便工。”正是山河破碎，诗人忧患，才成就了这些旷世之作。

抗元诗人文天祥

文天祥（1236—1283），江西吉州庐陵（今江西吉安市）人，南宋政治家、文学家、诗人，更是抗元英雄，与陆秀夫、张世杰并称为“宋末三杰”。

文天祥 20 岁考中状元，步入仕途。但因直言进谏，在官场上起起伏伏。

1275 年，元朝军队南侵，长江上游告急，宋廷诏令天下勤王。时任赣州知州的文天祥捧着诏书痛哭流涕，召集英雄豪杰一万多人。朝廷命他以江南西路提刑安抚使的名义率部入卫京师。朋友劝阻他说，以你的乌合之众和元军作战，无异于群羊和猛虎相斗。文天祥说我知道是这么回事，但我想用自己的行动感召天下忠臣义士，那样国家就有希望了。

1276 年，文天祥以右丞相兼枢密使身份到元军中谈判，被拘捕了。他趁夜逃脱，回到温州。此后，率兵转战于江西、福建等地，收复了许多州县。

1278 年，文天祥在五岭坡战败被俘。元将张弘范要他写信劝降宋将张世杰。他欣然写了《过零丁洋》：“辛苦遭逢起一经，干戈寥落四周星。山河破碎风飘絮，身世浮沉雨打萍。惶恐滩头说惶恐，零丁洋里叹零丁。人生自古谁无死？留取丹心照汗青。”祥兴二年（1279）三月十九日，宋朝在崖山海战中灭亡。张弘范劝文天祥降元，将不失宰相位。文天祥挥泪拒绝。张弘范被他的忠义气节感动，派人护送他到大都（今北京）。

元世祖忽必烈敬佩文天祥的气节和才华，想招降他，但他就是不答应。文天祥在大都囚禁三年，多位降元宋臣提议以加入道士的名义释放他，元世祖也有此意，但降元宋将留梦炎找借口，把事情搅黄了。

1283 年 1 月 9 日，文天祥在大都被处斩，年仅 47 岁。刑前，向南跪拜，从容不迫。

文天祥的诗篇收集在《文山诗集》《指南录》《后指南录》和《正气歌》里。

文天祥虽然死了，但他的“人生自古谁无死，留取丹心照汗青”却成了千古名言。此后，多少仁人志士就是吟唱着这句诗从容就义的。

张择端和《清明上河图》

北宋时期，我国出现了一个著名画家，名叫张择端。他的生卒年月不详，只知道是琅玡东武（今山东诸城）人。

宋徽宗时，张择端在翰林图画院供职，专工界画宫室。他的画作大都失传，现存的《清明上河图》可以看作是他的代表作。

清明节游汴河是北宋都城汴京（今河南开封）的民间风俗，就像今天的节日集会。作者以此为题材，创作了风俗画《清明上河图》，生动记录了汴京的城市面貌和社会各阶层人民的生活状况。它既是汴京当时繁荣的见证，也透露了武备废弛、消防缺失和税务沉重等消极信息，因此说它是忧患意识的“盛世危图”。

《清明上河图》大致分为京郊春光、汴河场景和城内街市三部分。

郊外，恬静的农村鸡鸭成群，娶亲的队伍欢天喜地，一溜骆驼远道而来，五头毛驴负重累累，码头工人装卸货物忙得不亦乐乎。

汴河上横跨着宏大的木质拱桥。桥面车水马龙，熙熙攘攘。河里船只往来，首尾相接，或纤夫拖拉，或船夫摇橹，一片繁忙景象。

街市上，以高大的城楼为中心，两边的屋宇鳞次栉比，茶坊、酒肆、肉铺、庙宇一应俱全；男女老幼、士农工商、三教九流摩肩接踵，川流不息；招揽生意，看相算命，酒楼狂饮，应有尽有。

画面中还可以看到，城墙上没有一个守兵，城防机构开了商铺；望火楼人去楼空，楼下兵营已改作饭馆；收税太重，引发官民激烈争吵。

《清明上河图》长 528.7 厘米、宽 25.2 厘米，仅画中人物，有人细数达 1695 个。画卷规模如此宏大，但结构严谨，繁而不乱，长而不冗，段落分明。

《清明上河图》大手笔与精细手笔相结合，抓住人物、景物、场面和情节的本质特征，描绘得面面俱到、细致入微，令人叹为观止。

《清明上河图》是举世闻名的风俗画卷。千百年来摹仿者甚多，现存竟有 30 多幅。但经专家鉴定，只有现存于北京故宫博物院的这幅才是原作。

第六部分

元朝

元朝统一中国

元朝的前身是成吉思汗于1206年建立的大蒙古国。

1227年，蒙古国灭掉西夏。1234年，蒙古国联合南宋，灭掉金国，完全占领了中国华北地区。1253年，蒙古国又灭掉大理，拓宽西南疆域。

蒙古国还发动了三次西征，铁骑称霸欧亚大陆。

1259年，蒙古国蒙哥大汗在征伐南宋的战争中暴病而死。领有汉地的四弟忽必烈与受漠北贵族拥护的七弟阿里不哥为争夺汗位而发生战争。经过四年争斗，忽必烈获胜。但由于忽必烈的“行汉法”主张明显违背了蒙古传统，因此蒙古的四个汗国先后脱离了他，直到元成宗时期，才承认元帝为大汗。

1271年，忽必烈取《易经》“大哉乾元”之意，改国号为“大元”，登上帝位，史称元世祖，定都大都（今北京市）。1368年，元顺帝北逃，元朝灭亡。自忽必烈登基，元朝历时98年。

忽必烈稳定政局之后，就南下伐宋。元军首先攻取了长江重镇樊城、襄阳。接着，元军水师顺长江而下，以势如破竹之势，于1276年攻陷南宋都城临安（今浙江杭州），1279年在崖山海战中消灭南宋残余势力，完全统一了中国。

元朝承袭大蒙古国的主要领土。经过多次扩展后，在1311年元武宗时疆域达到最大。东起日本海，西至天山，北包贝加尔湖，南抵南海，东南含今澎湖列岛与台湾岛，西南逾今青藏高原和缅甸北部，西北接准格尔盆地及额尔齐斯河，东北达外兴安岭（包括库页岛）、鄂霍次克海，面积1400万平方公里。史书称：东尽辽左西极流沙，北逾阴山南越海表，汉唐极盛之时不及也。至正元年（1341），全国人口约9千万。

元朝的藩属国有高丽、缅甸、安南、占城以及钦察汗国、察哈台汗国和伊利汗国等国家。

元朝的统一，结束了中国自唐末藩镇割据以来南北对峙、多政权并存的分裂和战乱局面，推动了多民族国家的巩固和发展。

用兵西南诸国

元朝建立后，继续奉行对外侵略扩张的政策，地处中国西南的安南、占城和缅甸成了它的猎物。

安南就是现在越南的北部地区。忽必烈称帝后，安南国被迫称臣入贡，接受元朝册封。1283 年，元朝要进攻占城（今越南中南部），让安南国提供粮草，但国王陈日烜死活不干。第二年，元朝镇南王脱欢和大将军李恒借道安南讨伐占城，仍要安南国提供粮草。陈日烜不但拒不从命，还令从兄兴道王陈峻陈兵国界，进行抵抗。陈日烜还调集军队，派出战船，协助陈峻。元军六路进攻，陈峻败逃。元军缚筏为桥，渡过富良江。另一路元军由广州入海，进攻占城。北上后与脱欢会合，力量大增。安南军看看不是对手，丢弃舟楫甲杖，藏进深山老林。

元军虽然获胜，但频繁转战，疲惫不堪；再加暑疫流行，死伤严重。安南军时聚时散，充分利用地形，把游击战玩得有声有色。元军撤退时，安南军又趁机追袭，给以沉重打击。

1289 年，脱欢再次征讨安南。元军迫近安南都城，陈日烜又逃到海上躲起来。天气转热，军粮不济，元军只好无功而返。安南军如法炮制，追袭元军，连脱欢也受了伤。

元初，朝廷曾两次遣使诏缅甸蒲甘王朝归附元朝，但没有如愿。

1277 年 10 月，云南行省遣云南诸路宣慰使都元帅纳速剌丁率军 3800 人征讨缅甸，兵至江头城（今缅甸伊格瓦底江与瑞丽江汇合处以北的杰沙），招降 300 余寨，后因炎热难当而返回。

1283 年，元军分路进军缅甸，攻破江头城，杀死万余人。

1287 年和 1299 年，元朝都派少量军队进入缅甸，缅方没有抵抗，表示愿意归附纳贡。

元军入侵安南、占城、缅甸，杀戮抢掠，给当地人民带来很大灾难。

韩山童刘福通起义

元朝末年，蒙古贵族集团穷奢极欲，肆意挥霍；蒙汉地主阶级巧立名目，残酷剥削；水旱灾害和饥荒瘟疫一起袭来，人民群众生活在水深火热之中，阶级矛盾和民族矛盾异常尖锐。

这一时期，北方白莲教领袖韩山童（今河北永年人）和刘福通（今安徽阜阳人）利用白莲教组织了许多人。他们积蓄力量，伺机反元。

元至正十一年（1351），元朝政府为解决财政危机，滥发纸币，造成物价上涨，人心浮动。韩山童、刘福通看到机会来了，就加紧准备。他们宣传“弥勒佛下生”“明王出世”，鼓舞人们战胜黑暗，争取光明。同时，又利用汉民族的情绪，鼓吹韩山童是宋徽宗的八世孙，是明王，该当中国的人主。他们还做了个独眼石人，偷偷埋在即将开挖的黄陵冈（今山东曹县东南）黄河故道。然后传播民谣：“石人一只眼，挑动黄河天下反。”过了一段时间，独眼石人果然挖出来了。消息传开，人心躁动。

当年五月，韩、刘两人在颍上县聚集教徒三千多人准备起义。不料消息走漏，官兵赶来捕杀了韩山童。刘福通保护韩山童的儿子韩林儿奋力突围，并带领教徒攻下颍州城（今安徽阜阳）。起义队伍迅速壮大，接连攻下亳州（今安徽亳州市）、项城（今河南沈丘）、朱皋（今河南固始西北）、罗山、罗阳（今河南正阳）、确山、汝宁（今河南汝南）、息州（今河南息县）、光州（今河南潢川）等地。

至正十五年（1355）正月，刘福通等迎立韩林儿为帝，称小明王，建都亳州，国号大宋。至正十七年（1357），大宋军分路北征。刘福通率主力攻克汴梁（今河南开封），随后迁都到这里。

韩山童、刘福通领导的起义军用红巾裹头，举红旗为号，所以称“红巾军”。在这次起义的影响下，徐寿辉、彭莹玉和郭子兴等人也都打着红巾军的旗号在各地起义。红巾军成了元末农民起义军的代名词，红巾裹头成了元末农民起义的靓丽风景线。

徐寿辉彭莹玉起义

徐寿辉，元末罗田（今属湖北）人。他原来以贩卖土布为生，身材魁梧，为人正直，见义勇为，在群众中享有很高威望，具有领袖气质。

彭莹玉，元末袁州（今江西宜春市袁州区）人。他以行医为名，传布白莲教，培植反元势力，被教徒奉为“彭祖师”。

至正十一年（1351）五月，刘福通在颍州（今安徽阜阳）起义后，徐寿辉认为机会来了，就和彭莹玉等人策划，于同年八月在大别山主峰所在的多云山庄发动起义。起义军也是裹红巾，打红旗，史家称他们是“南派红巾军”。

徐寿辉部一举攻克罗田县城，接着连取蕲州（今湖北蕲春）、黄州，并在蕲水（今湖北浠水）建立天完政权。“大”上加“一”为“天”，“元”上加“宀”是“完”，“天完”表示压倒“大元”。徐寿辉被拥为皇帝，彭莹玉任军师。

天完政权建立后，提出了“摧富益贫”的口号，得到广大贫苦农民的拥护，队伍很快发展到几十万人。徐寿辉派两路大军分别向江西、湖南挺进。红巾军纪律严明，不杀不淫，深得民心，队伍扩展到百万之众。他们纵横驰骋在大江南北，控制了湖北、湖南、浙江和福建的广大地区。当时的民谣说：“满城都是火，官府到处躲；城里无一人，红军府上坐。”

至正十三年（1353），元统治者调集几省军队围剿徐寿辉部，重要领导人彭莹玉牺牲，这一路红巾军转入低潮。两年后，天完政权复振，这路红巾军大举反攻，再次攻取湖广、江西很多地区，天完政权也迁都到湖北汉阳。此时天完政权出现了严重内讧。至正十七年（1357），丞相倪文俊架空徐寿辉，并企图杀徐降元。事情败露后，倪文俊被部下陈友谅杀死，陈友谅趁机控制了天完政权。至正二十年（1360），逐渐掌握实权的陈友谅野心膨胀，他杀害徐寿辉，自己当起了皇帝。

徐寿辉创建天完政权，曾拥兵百万。十年间，他领导的这路红巾军纵横大江南北，震撼大半个中国，对推翻元朝统治起到巨大作用。

朱元璋起义

朱元璋（1328—1398），原名朱重八，元朝濠州钟离（今安徽凤阳东）人。他出生在一个贫苦农民家庭，没钱读书，从小就给地主放牛。

那年月，濠州（今安徽凤阳）自然灾害频发，朱元璋的父母在贫困和疾病中死去。17 岁的朱元璋为了活命，投奔皇觉寺，剃度为僧。不久，寺里也无粮可吃，只好罢粥散僧，各自云游。可怜的朱元璋只当了 50 天小行童，就开始流浪了。

朱元璋流浪了三年。这期间，他增加了社会知识，铸就了坚毅、果敢的性格，但也养成了残忍、猜忌的另一面。

至正十二年（1352）正月，定远（今属安徽）土豪郭子兴联合孙德崖等人举兵起义，并攻下濠州，25 岁的朱元璋投奔了他们领导的红巾军。

朱元璋精明能干，又很会处事。打仗时奋不顾身，缴获的战利品全部上缴元帅；得了赏赐，又说功劳是大家的，要分给大家。朱元璋威信很高，郭子兴把他视为心腹，凡事总要与他商量。郭家有个养女，是至交马公的女儿。郭子兴见朱元璋是个人才，就把马氏嫁给他。这就是后来的马皇后。

濠州的红巾军将领矛盾重重。朱元璋心里明白，只有依靠自己的努力才能开创局面。于是他回到故乡，招募了少年伙伴徐达、周德兴、郭英等 700 多人。此后，又南略定远，招降纳叛，拉起了几万人的队伍。他的队伍纪律严明，深得人心。郭子兴病逝后，朱元璋实际上成了这支部队的主帅。

朱元璋听取徽州谋士朱升的策略，“高筑墙，广积粮，缓称王”，秘密而迅速地扩展自己的实力。占领集庆（今江苏南京）后，把它改称为应天府。

此时，红巾军分裂，各派相互攻伐。1363 年，朱元璋在鄱阳湖水战中消灭陈友谅；1367 年，又发动平江战役，消灭张士诚，控制了江南大部。

1367 年，朱元璋发布《谕中原檄》，派大军北伐中原。1368 年 8 月，大军逼近大都（今北京），元顺帝带领后妃和皇太子逃奔蒙古草原，元朝灭亡了。

高邮之战

元至正十三年（1353）春，盐贩出身的张士诚在泰州起义，率盐丁举起抗元大旗。起初，元朝廷以为是乌合之众，并没有放在心上。谁料他攻城略地，越干越大。第二年正月，又在高邮（今属江苏）建立大周国，自己称起了“诚王”。元朝廷见势不妙，先后命湖广行省和浙江行省出兵镇压，但都以失败告终。张士诚趁势扩大地盘，牢牢控制运河，扼住了元朝粮食等物资北运大都（今北京）的通道。

虽然张士诚的反元斗争有声有色，但其他各地的红巾军在元朝正规军和地主武装的攻击下，都节节败退，转入了低潮。

眼看各地红巾军的势头被打压下去了，元朝廷就赶紧把矛头指向江浙地区的张士诚部。他在那里把控着元朝的经济命脉，可了不得。

至正十四年（1354）九月，元顺帝钦命右丞相脱脱亲自挂帅征讨张士诚。脱脱调集 40 万军队，号称百万，浩浩荡荡杀奔高邮。

面对元朝大军的疯狂进攻，张士诚部遭到前所未有的重创，只能孤军困守高邮。城外，脱脱指挥元军夜以继日地攻打；城内，张士诚率部拼命抵抗，双方反复拉锯。旷日持久的战事使起义军内部产生分歧，一些将领主张降元，或许能获得一线生机；张士诚却竭力反对，他认为此时降元无疑是自掘坟墓。

然而，就在起义军生死存亡之际，出现了预想不到的情况，元军后院“起火”了。脱脱朝中政敌哈麻唆使监察御史弹劾脱脱，说他出师劳而无功。耳软心活的元顺帝听了谗言，削去脱脱兵权，而由河南行省左丞相太不花等接管军事。诏令所至，元军大乱。张士诚率领仅剩的几千盐丁起义军杀出城来，号称百万的元军竟然顷刻间土崩瓦解了。

高邮之战是个转折点。它使孤军奋战的张士诚部绝处逢生，使各地转入低潮的红巾军起死回生。人们依稀地看到元朝的气数尽了。

鄱阳湖之战

元至正二十年（1360），陈友谅杀害徐寿辉，在江州（今江西九江）建都，自称汉王。他控制了长江上安庆、九江和武昌三个重镇，势力强大。

至正十六年（1356），朱元璋攻下集庆（今江苏南京），改称应天府，建立了战略基地。此后几年，又攻占苏南、皖南、赣北和浙江部分地区。他东接张士诚，西连陈友谅，彼此争夺是不可避免的。事实上他和陈友谅多次交过手，后者胜少败多。

至正二十三年（1363）二月。张士诚部围攻刘福通、小明王。朱元璋北上安丰救援小明王。陈友谅见有机可乘，立即率领水陆大军60万人围攻洪都（今江西南昌），并占领吉安、临江、无为等地。洪都北通长江，军事地位十分重要。

陈军动用各种攻城器械，从四面进攻洪都。朱元璋的侄儿朱文正率军浴血奋战，严防死守。

朱元璋返回应天府后，分析形势，认为消灭陈友谅的机会到了。于是他一面命令朱文正继续坚守，一面部署歼灭陈友谅的作战计划。

七月初六，朱元璋率水军20万人，驰援洪都。他首先派兵守住所有湖口，切断陈友谅回归长江之路，形成关门打狗之势；然后亲率水师，进入鄱阳湖。

陈友谅从洪都撤兵，出鄱阳湖迎战朱元璋。战斗的前两日，双方互有胜负，呈胶着状态。第三天，朱元璋采纳部将建议，使用火攻战术。他选择勇敢士卒分驾七艘渔船，船上装满火药柴薪，迫及敌舰，顺风放火。这一仗烧毁陈军巨舰上百艘，伤亡士卒过半，连陈友谅的两个兄弟也烧死了。

经过一个多月的对峙，陈友谅军粮殆尽，只能孤注一掷，冒死突围。但朱元璋早已封锁了所有湖口，任凭陈军如何挣扎，就是打不开生路。恰在这时，陈友谅又中了流箭，一命呜呼。陈军残部五万余人全部投降。

这场水战，历时37天，朱军伤亡不大，而陈军全军覆没。战后不久，朱元璋乘势攻下武昌，接着陈友谅的地盘就全部落在朱元璋手里了。

朱
陳

元开三河

元朝建立后，开通济州河、会通河和通惠河。这三道河都是大运河的一部分。

元朝建立后，以大都（今北京）为政治中心，而经济中心却在江南。大批的粮食等物资由那里供给，千里迢迢，运输压力太大了。

由于黄河改道和战争影响，作为南北运输大动脉的大运河，中段“肠梗阻”，失去了漕运功能。1280 年，元朝政府责成尚膳院知事阿八赤主持开凿了济州河。这项工程不大，也没有达到预期目的。

1281 年，元朝政府又责成奥鲁赤重新疏浚和修建济州河。这段运河北引泗水，并汇洸水、汶水作为水源，从济州（今山东济宁）向西北，到达须城县安山（今山东东平西南），连通大清河，全长 150 多里。

1287 年，太史院令史边源和寿张县县尹韩仲晖向朝廷建议，开凿南起须城县安山，经寿张西北至东昌（今山东聊城），再向西北至临清（今属山东），连接御河的运河。朝议后，委派漕运副使马之贞与边源等人实地考察。路线图确定后，委派断事官忙速儿与吏部尚书、兵部尚书负责工程指挥。至元二十六年（1289）正月动工，半年告竣，全长 250 里。元世祖十分高兴，赐名“会通河”。会通河实际是济州河的延伸，所以济州河也就通称会通河了。

1292 年，在水利专家、都水监郭守敬主持下，又开凿了通惠河。这道河自大都昌平县白浮村引神山泉水，西折南转，经双塔、榆河，引一亩、玉泉诸水（在今北京昌平境内），经大都西门入城，环汇于积水潭，然后出文明门（今崇文门），向东至通州高丽庄入白河，全长 164 里。1293 年河成。元世祖忽必烈过积水潭，见舳舻蔽水，蔚为壮观，就赐名“通惠河”。这道河的开通，把大都和通州用水网连接起来。

“三河”开通后，大运河成为大都至余杭（今浙江杭州）的直线运河，比原先缩短了 1800 多里，人们开始称它京杭大运河。这不仅解决了南粮北调的难题，而且对政治、经济、文化和国防都大有裨益。

科学家郭守敬

郭守敬（1231—1316），字若思，顺德府邢台（今河北邢台县）人。元朝著名的天文学家、数学家和水利专家。

郭守敬的祖父是金元之际一位颇有名望的学者。郭守敬从小师从祖父，熟知天文、算学，擅长水利技术。

1262 年，因左丞相张文谦推荐，郭守敬受到元世祖忽必烈召见。他陈述了水利建议六条，元世祖十分欣赏，当即任命他为提举诸路河渠。次年，又升任为副河渠使。1264 年，郭守敬随中书丞相赴西夏治水。由于多年战争，那里水利设施破坏严重，久负盛名的“塞北江南”满目疮痍。郭守敬沿黄河两岸勘察地势水情，走访百姓，绘制地图，并提出在疏浚旧渠的基础上增开新渠和渠首建闸的方案。此后不到一年，就修复了长达 400 多里的唐徕渠和 250 多里的汉延渠，使万顷农田得以灌溉。

1292 年至 1293 年，郭守敬主持开凿长达 164 里的通惠河，完成了京杭大运河最北端的工程，使大都（今北京）和通州水网相连，航运畅通。

郭守敬改制和重新制造了简仪等十几种天文仪器。从 1276 年起，他主持开展了全国范围内的天文测量。全国派出监侯官 14 人，分别在 27 个地方进行天文观测，后世称“四海测验”。郭守敬从上都（今内蒙古多伦）开始，历经河南，转抵南海，跋涉数千里，亲自参加了这一路的观测。经过四年努力，制定出《授时历》，这是当时世界上最先进的一种历法。它推算出一个回归年为 365.2425 天，即 365 天 5 小时 49 分 12 秒，与地球公转的实际误差仅有 26 秒钟，和现在世界上通用的《格里高利历》（俗称阳历）的周期一样，但比后者早 300 多年。为了缅怀这位天文学家的功绩，1970 年国际天文学会把月球上的一座环形山命名为“郭守敬环形山”。

1316 年，86 岁高龄的郭守敬与世长辞了，但是他为中国乃至世界做出的贡献却不可磨灭。

元　　曲

元曲是盛行于元代的一种文艺形式，它包括杂剧和散曲。杂剧属于戏曲，散曲属于诗歌，两者属于不同的文艺体裁；但也有相同之处，它们都采用北曲为演唱形式。

这里说的杂剧是用于表演的剧本，写各种角色的唱词、道白、动作等等。四折一楔子是常用的结构形式，“一人主唱”是常用的表演方式。

元代关汉卿、马致远、郑光祖、白朴并称为“元曲四大家”。其中，关汉卿居首，他的杂剧代表作有《窦娥冤》《救风尘》《望江亭》《拜月亭》《鲁斋郎》《单刀会》和《调风月》。马致远的代表作是《汉宫秋》和《青衫泪》。郑光祖的代表作是《倩女离魂》。白朴的代表作是《墙头马上》。

在元杂剧中，又有四大悲剧和四大爱情剧之说。前者是关汉卿的《窦娥冤》、白朴的《梧桐雨》、马致远的《汉宫秋》和季君祥的《赵氏孤儿》。后者是关汉卿的《拜月亭》、王实甫的《西厢记》、白朴的《墙头马上》和郑光祖的《倩女离魂》。

散曲和词相近，但也有差别。语言上，词典雅含蓄，而散曲通俗活泼；格律上，词要求严格，而散曲就自然些。

散曲又有小令和散套两种。马致远的小令《天净沙·秋思》写道：“枯藤老树昏鸦，小桥流水人家，古道西风瘦马。夕阳西下，断肠人在天涯。”作者以凝炼的语言通过一幅秋郊夕照图的描绘，准确而委婉地刻画出旅人漂泊的心境。

关汉卿的《南吕一枝花·不伏老》是一首带有自述心志性质的散套。它用本色、生动、诙谐的语言，以大胆而夸张的笔调，描写了作者的浪漫生活和多才多艺，倾诉了一泻无余的感情，显示了狂放高傲的个性，表现了顽强、乐观和热爱生活的性格。

元杂剧百花盛开，创作丰盛，剧本流传至今还有160多部。它反映社会生活的广度和深度是前所未有的，它的表现形式是观众喜闻乐见的。正因为如此，元曲（主要是杂剧）能与唐诗、宋词、明清小说在中国文学史上比肩而立。

关汉卿和《窦娥冤》

关汉卿是金末元初人。元代知识分子在十类人中排名第九，就是常说的“臭老九”。也许是地位低下的原因，堂堂一代大师历史上竟然连籍贯和生卒年月都说不清。不过，对他的创作还是有记载的。他编过 67 部杂剧，流传至今的有 18 部。《窦娥冤》是他的代表作。

《窦娥冤》取材于东汉，写窦娥被无赖诬陷，又被官府错判斩刑的冤屈故事。楚州贫儒窦天章因无钱赴京赶考，无奈之下把幼女窦娥卖给蔡婆家当童养媳。两年后，窦夫去世，婆媳相依为命。蔡婆外出讨债时被张驴儿父子相救，父子俩趁机住进蔡家。张驴儿是个流氓。他胁迫婆媳俩与他父子俩成亲，但被窦娥拒绝。张驴儿见她不从，就想毒死蔡婆，嫁祸窦娥，逼其就范，不料竟误杀了父亲。张驴儿诬告窦娥杀人。太守桃杌严刑逼供婆媳二人。窦娥为救蔡婆自认杀人，被判斩刑。临刑前，窦娥指天发誓，死后将血溅白练、六月降雪、大旱三年，以明己冤。死后果然应验。三年后，窦天章任廉访使来到楚州，重审此案，为窦娥申冤。

窦娥的悲剧在当时具有普遍意义。在元初动荡的社会里，人民生活贫困，面临倾家荡产、卖儿卖女的威胁；流氓横行霸道，谋财害命；官吏昏庸无能，见钱眼开。黑暗的社会就浓缩在剧情里。

在绑赴法场的路上，窦娥对世界的主宰者天和地发出强烈的呵斥：“有日月朝暮悬，有鬼神掌着生死权。天地也，只合把清浊分辨，可怎生糊突了盗跖、颜渊！为善的受贫穷更命短，造恶的享富贵又寿延。天地也，做得个怕硬欺软，却原来也这般顺水推船。地也，你不分好歹何为地！天也，你错勘贤愚枉做天！哎，只落得两泪涟涟。”对天地的呵斥，也就是对黑暗的元代社会的呵斥。作者的反抗精神跃然纸上。

1958 年，关汉卿被世界和平大会理事会确定为世界文化名人。《窦娥冤》被称为中国十大古典悲剧之一，全国有 86 个剧种改编、演出过。

王实甫和《西厢记》

王实甫（约1260—1316），元代大都（今北京）人，著名杂剧作家。据记载，他创作杂剧14部，全存的只有《丽春堂》《破窑记》和《西厢记》。

唐代元稹写过《莺莺传》，金代董解元写过《西厢记诸宫调》。在这两部作品的影响下，王实甫创作了《西厢记》。

前朝相国死了，夫人郑氏携小女莺莺护送灵柩回家乡安葬，途中暂住普救寺。崔莺莺年方十九，容貌俊俏，才华过人。父亲在世时，已把她许配给郑尚书的儿子郑恒。

西洛张生赴京赶考，路过普救寺，住下来欣赏寺院景致，无意中见到莺莺，为其深深吸引。

夜深人静，月朗风清。张生在后花园偷看莺莺烧香，随即吟诗。莺莺附和。两人一见钟情，心生爱慕。

叛贼孙飞虎兵围普救寺，限三日内交出莺莺做他的“压寨夫人”。众人束手无策。老夫人当众许诺，谁能退去贼兵，就把小姐许配给他。张生先用缓兵之计稳住孙飞虎，然后请征西大元帅杜确打退贼兵。

老夫人变卦。她以莺莺已许配他人为由，让张生和莺莺结为兄妹。老夫人棒打鸳鸯，两个年轻人的相恋转入“地下”。老夫人有所觉察，逼丫环红娘说出实情。红娘指出老夫人言而无信，犯了大错。老夫人只好同意，但又提出苛刻要求，张生必须考取功名才能取莺莺为妻。张生状元及第，如愿以偿。

王实甫的《西厢记》正面提出了“愿天下有情人都成了眷属”的主张，具有更鲜明的反封建礼教和封建婚姻制度的主题。

这部《西厢记》突破元杂剧的常用结构，用5本21折5个楔子的宏大篇幅来表现一个完整的故事，引起巨大反响。这部《西厢记》曲词华艳优美，富于诗的意境，在古典戏曲中实属罕见。清人金圣叹把它评为第六才子书，与《庄子》《离骚》《史记》《杜工部集》和《水浒传》并驾齐驱。

第七部分

明朝

大明王朝

朱元璋起义后，接手郭子兴的队伍，听取徽州谋士朱升的建议，“高筑墙，广积粮，缓称王”，秘密而迅速地扩张自己的实力。接着消灭陈友谅，征服张士诚，控制了江南大部。朱元璋北上伐元的时机到了。

1367年，朱元璋对北伐作出精心部署。先取山东，拆除屏障；次进河南，切断羽翼；再取潼关，占据门槛；然后进军大都（今北京），将不战而胜。元朝既灭，进军山西、陕北、关中、甘肃，席卷而下。朱元璋再三申明军纪，北伐不是攻城略地，而是推翻蒙元暴政，解除人民痛苦。

北伐的同时，朱元璋还发布《谕中原檄》。文告中提出了“驱逐胡虏，恢复中华，立纲陈纪，救济斯民”的纲领。中原地区的汉民族对元朝的统治早已深恶痛绝，这个檄文无异于火上加油。檄文还表示，对于蒙古人和色目人愿为新皇朝臣民的，与中原汉族一视同仁。这无疑是缓和民族矛盾，建立统一战线。

北伐按计划行动。徐达、常遇春率25万大军，迅速攻下山东诸郡，然后西进河南，攻取汴梁（今河南开封），占领潼关。至正二十八年（1368）八月，明军直逼大都，元顺帝带着后妃和皇太子仓皇逃奔漠北。至此，统治中原长达98年的元朝贵族集团被赶出中原，元朝灭亡了。

就在明军北伐之际，朱元璋于至正二十八年正月改应天府为南京，在此建立了大明帝国，史称明太祖，年号洪武。从1368年到1644年，明朝延续277年。

占领大都后，各路明军继续出击。1371年平定四川。1382年进军云南。次年攻破大理，西南基本统一。1387年进攻辽东，元朝残将纳哈出投降。至此，除漠北草原和新疆外，全国基本上光复了。

明朝的疆域和元朝相近，东北到鄂霍次克海和外兴安岭以北及鄂嫩河一带，北接大漠，西北至今哈密一带，西南含今西藏、云南，南包南海诸岛，东及大海（包括台湾及附近岛屿）。

朱元璋勤政廉政

朱元璋是中国历史上最勤政的皇帝之一。从登基到去世，几乎没有休息过一天。他在遗诏中说："三十有一年，忧危积心，日勤不怠。"据史料记载，从洪武十八年（1385）九月十四日至二十一日，八天内他批阅内外诸司奏札 1660 件，处理国事 3391 件，平均每天批阅奏札 200 多件、处理国事 400 多件。工作量之大，令人难以想象。

朱元璋的节俭在历代皇帝中极为罕见。南京修建宫室。他只求坚固耐用，不求奇巧华丽，还让人在墙上画了许多历史故事，以提醒自己。他的早饭只用蔬菜，外加一道豆腐。他用的床没有镶金龙，和中等人家的没啥两样。给他造车子和轿子，按规定该用金子的地方，他都用铜来代替。主管官员说用不了很多黄金，朱元璋却说我不是吝啬这点黄金，而是提倡节俭，自己应该率先垂范。洪武三年（1370）的一天，朱元璋拿出一块被单让大臣们传着看。大家一看，原来是用小片丝绸拼接而成的百衲单。朱元璋说："这都是做衣服剩下的边角料，用它做成被单，可比扔了好啊。"群臣听了个个面色凝重，大气儿不敢出。

功成名就后，大臣们难免产生一些骄纵风气，看来也属正常。可是，从社会最底层上来的朱元璋深深知道这意味着什么。

一天，他下旨请文武群臣为皇后祝寿。大臣们暗自喜欢，这肯定是一醉方休的快乐时光。可是他们做梦也没有想到，宴会仅有四菜一汤：第一道是炒萝卜，第二道是炒韭菜，第三道是两大碗青菜，最后是葱花豆腐汤。朱元璋逐一点赞："萝卜上了街，药店无买卖；韭菜青又青，长治久安定人心；两碗青菜一样香，两袖清风喜洋洋；小葱豆腐青又白，公正廉洁如日月。"群臣恍然大悟。接着朱元璋当众宣布，今后大家请客最多四菜一汤。

朱元璋是中国历史上唯一的贫民出身的皇帝。他能干到这个份儿上，自有过人之处，坚持勤政廉政恐怕也是其中的原因吧。

朱元璋杀戮功臣

明洪武三年（1370），明太祖朱元璋论功行赏，大封功臣。其中李善长、徐达、常遇春、李文忠、冯胜和邓愈等六人封为公爵，汤和、廖永忠和朱亮祖等28人封为侯爵。除了爵位，还有高官厚禄。李善长任左丞相，徐达任右丞相，李文忠任大都督（军队一把手）。这34人拥有佃农38194户，人均1123户。朱元璋还和他们不少人结成亲戚关系。此外，朱元璋还颁发给他们铁券，可以多次免死。

免死铁券成了功臣们腐化变质的催化剂。他们恃强凌弱，霸占土地；吃喝嫖赌，奸淫妇女；偷税漏税，贪污受贿，各种犯罪活动迅速蔓延滋长开来。

正当功臣们春风得意、忘乎所以的时候，朱元璋却举起了杀戮的屠刀。空印案、胡惟庸案、郭桓案，一波接一波地肃杀，被整官员近十万人。德庆侯廖永忠的免死铁券成了第一张空头支票。1375年，朱元璋把他杀掉，理由是私穿绣有龙凤图案的衣服，罪同篡国夺权。接着永嘉侯朱亮祖父子被活活鞭死，罪名是诬陷并处斩了番禺知县。朱元璋的侄儿朱文正，在当年的鄱阳湖之战中立下大功。但建国后，他骄纵不法，罪恶累累。朱元璋亲自到江西把他逮捕，幽禁在安徽。李文忠是朱元璋的外甥，南征北战，屡建功勋。因为他批评皇帝依赖宦官、苛刻官员，被毒死了（有说病死）。徐达忠厚老实，是开国第一功臣。他背上长了恶性肿瘤。据说这病最怕吃鹅肉，可是朱元璋偏偏送来蒸鹅。徐达含泪吃下，一命呜呼。徐达背疮是事实，但吃鹅一事仅是传说。

此后，又有周德兴、叶昇、谢成、傅友德、王弼、冯胜等人先后被杀。除了汤和等人幸免于难，开国功臣活下来的没有几个。

朱元璋为何对开国功臣大开杀戒？一般认为太子朱标生性柔弱，而跟他打天下的功臣个个身手不凡，他生怕自己死后宋朝陈桥驿兵变的历史重演，才下此狠手。有学者认为朱元璋杀戮开国功臣，远没有那么邪乎。有的功臣居功自傲、作奸犯科，本来该杀；还因朱元璋性格暴戾，杀人过当，所以后人演绎，夸大其词。这种分析不无道理。

汤和全身而退

朱元璋当了皇帝，就大开杀戒，和他一起打天下的文臣武将被杀了不少，能活下来的没有几个，而汤和就是其中之一。

汤和比朱元璋大三岁，论年龄当是大哥。朱元璋早年参加红巾军是汤和相邀的，论理还是朱元璋参加革命的启蒙者哩。

朱元璋是接手了郭子兴的队伍才起家的。当时有些将领不服气，而汤和却在关键时刻率先承认朱元璋的领导地位，力挺他当老大。

此后，汤和跟随朱元璋打天下，南征北战几十年，可谓劳苦功高。

洪武三年，与汤和条件差不多的都封了公爵，而朱元璋却找茬子，只封他侯爵。汤和不发牢骚，不怨天尤人，继续兢兢业业、如履薄冰地伺候皇上，还向皇上作了深刻而诚恳的自我检讨。几年后，他又进封为信国公。

在别人看来，汤和算是风光无限了，而他却向朱元璋递了辞呈。他心平气和地说自己年事已高，不能像以前那样为国出力了，想解甲归田，安度晚年。朱元璋听了很高兴，当即表示同意，并在老家为他修造房屋，让他衣锦还乡。

汤和回家后低调做人，从不以功臣自居，而且管束子孙家奴，遵纪守法，善待邻居。除此之外，他每天喝酒下棋，游山玩水，从不结交地方官吏和乡绅，不谈论国事，给人只图享受、不管闲事的印象。

汤和活到70岁，当时已算高龄。死后追封东瓯王，备极哀荣。

汤和之所以能善终，是因为他头脑冷静，善于分析。他与朱元璋相处几十年，对其知根知底，别看从前风雨同舟，一旦登上皇位可就是伴君如伴虎了。朱元璋执政后，最顾忌的是大权旁落。与其借故释权，莫如急流勇退、主动交权。他做对了。既然解甲归田，那就吃喝玩乐，不谈国事。他明白，此刻锦衣卫有多少只眼睛盯着呢，稍有疏忽，就会招惹麻烦。他又做对了。

《明史》说汤和"沉敏多智数"，看来绝非溢美之辞。正是他的机警和自律，才保全了自己和家族。总结他的经验，具有通鉴价值。

朱元璋重典治贪腐

朱元璋出身贫苦，从小饱受元朝贪官污吏的敲诈勒索，因此对贪污腐化深恶痛绝。元朝末年，他又目睹了统治阶级穷奢极欲而亡国的事实，感触良多。

面对复杂的形势，朱元璋登基后在全国范围内掀起了“反贪官”运动，矛头直指从中央到地方的贪官污吏。

明初颁布的《大明律》并没有收到预期的效果。于是，朱元璋就规定了更为严酷的法令和惩治手段。当时规定，凡贪污 60 两银子的官员格杀勿论；从中央到地方，不管涉及到谁，一查到底，严惩不贷。

他首先拿自己身边的“高干”开刀。从洪武十五年到二十五年，大的贪污案就处理了九起。其中郭桓案和空印案影响巨大，诛杀官员有七八万人。

其次是用酷刑处置贪官。除了挑筋、断指和削膝盖外，还发明了“剥皮萱草法”。在各府、州、县的衙门左边，别立一庙，作为剥人皮的场所，称作“皮场庙”。将处死的官员剥皮后，在皮囊内填充稻草和石灰，放在公堂桌座旁边，以警示后继官员不可重蹈覆辙。

朱元璋对自己培养的官员也决不姑息迁就。洪武十九年，他派大批进士和国子监监生到基层勘察水灾，结果有 141 人接受宴请并收受银钞和土特产品。朱元璋下令斩杀他们时，自己连连叹气。

朱元璋还编定了整肃贪官的教材——《大诰》和《醒贪简要录》。前本书是他亲自审讯和判决的一些贪官案例。后本书是各级官员的俸禄和计算方法。官员读书为自律，百姓读书可监督。

朱元璋允许百姓上访。不但如此，他还在皇宫午门外特设“鸣冤鼓”。百姓若有冤情在地方讨不到公道，可上京击鼓，直接告御状。

朱元璋执政 31 年，多次大规模肃贪，杀掉十多万人。以现在的观点看，确实太过残忍，但在当时的确收到了强烈震慑的效果。

空 印 案

明朝初期，各布政使司、府、州、县每年都要派官员去户部结算谷物和军需等账务。去的官员要携带地方的财政收支账目和所有钱物数目。各地与户部的数字必须完全相符。稍有差错就会驳回来重造账册，并加盖原衙门官印。各地送交户部的物品，由于路途遥远，实发数和实收数肯定会有误差。因误差再返回原地重造账册，会耽误很多时间。因此，元代以来前往户部结算的官员都备有事先盖好印信的空白账册，以备随时填写。这种空白账册盖有骑缝印，不能另作它用。明初沿袭元代做法，中央也没有明令禁止。

朱元璋获知此事大为震怒，他认为其中必定有诈，是官员相互勾结的欺君重罪。于是，他下令将户部尚书和各地衙门主印长官全部处死，副职以下杖一百并发配远方充军。

这并非大案，但皇帝盛怒之下，百官噤若寒蝉，连丞相、御史都不敢劝谏。

其时天上出现星相变化，皇帝下诏求直言。浙江宁海人郑士利给皇帝写了长信。信中说这种空印账册只为方便，不会造成危害；空印做法沿袭已久，本朝也未明令禁止，这样治罪难以服人；这批官员是国家多年培养出来的人才，如此杀戮太过可惜。谏书送出后，他哭了好几天，预感将要大祸临头，但又觉得真能救活几百人，死了也值得。果然，皇帝看到谏书龙颜大怒，郑士利被罚江浦劳役，空印案的罪犯也大多没有幸免。

这个案子发生的时间说法不一，或说洪武九年，或说洪武十五年。前者似乎准确些。到底株连了多少人，众说纷纭。我国当代著名历史学家吴晗认为，连同郭桓案，两案株连七八万人。

空印案的涉案人员究竟贪污了多少钱财？看不到。按法律的行话就是没有证据。好像朱元璋定罪的依据不是证据，而仅仅是行为方式。这不禁使人想起《水浒传》里孟州牢城营的杀威棒，意在“杀威”。

郭桓案

明洪武十八年（1385）三月，御史余敏、丁廷举告发户部侍郎郭桓勾结北平承宣布政使司李彧、提刑按察使司赵全德等人有贪污行为。主要事实有：一、私吞太平、镇江等府的赋税，减少朝廷税收；二、私吞浙西秋粮，浙西秋粮本应上缴450万石，实际上缴200多万石，其余的被贪污了；三、征收赋税时，巧立名目，收取水脚钱、口食钱、库子钱、神佛钱等等，中饱私囊。郭桓团伙总共贪污钱粮折合粮食2400多万石，寄存在全国各地。

朱元璋看到案情后，深有感触地说："古往今来，贪赃枉法大有人在，但是搞得这么过分的，实在不多。"他对付官员的手段，历来就是一个字"杀"。于是，派右审刑官吴庸主审此案。窟窿越捅越大，不仅牵连12个布政使司，牵连礼部尚书赵瑁、刑部尚书王惠迪、兵部侍郎王志、工部侍郎麦至德等高官，还牵连到各省地方官和许多富裕农户。最后结论是总案值折合粮食2400万石，但怕老百姓不敢相信，就定在700万石。

朱元璋怒不可遏。他下令将六部侍郎以下都处死刑，涉案官员统统处理，以致六部尚书成了光杆司令，地方官吏死在狱中的有好几万人。为了追获赃粮，向许多小富农户开了刀，中等以上家庭破产的不计其数。由此，又引发了骚乱。为了平息民怨，朱元璋又下令处死吴庸，找了替罪羊。

郭桓贪污案应该不是假的，但案值是需要分析的。案值折合粮食2400万石，可是个天文数字，要知道这相当于明朝政府一年征收的公粮。在天子眼皮底下竟敢如此肆无忌惮，真是令人不可思议。再说历来的贪污案都是小范围的、神不知鬼不觉地进行的。郭桓上连六部，下挂江浙，同伙数万，阵营庞大，这有可能吗？于是，人们就有了"扩大化"的质疑。

朱元璋重典肃贪的初衷是好的，即使有点矫枉过正也说得过去，但打击面过宽，使不少官员蒙受不白之冤，就让原定目标大打折扣。

胡惟庸之狱

胡惟庸是定远（今属安徽）人。1355年，他归附朱元璋，从元帅府奏差干起，历任主簿、知县、通判、太常寺卿、中书省参知政事。

明洪武六年（1373），胡惟庸当了右丞相。四年后，升任左丞相。

胡惟庸任相期间，遍植朋党，不遗余力地打击异己，使淮西朋党集团的势力不断膨胀。浙江青田人刘基（字伯温）曾辅助朱元璋打天下，立下汗马功劳。洪武三年（1370），他仅被封为诚意伯，岁禄只有240石，和韩国公李善长年禄4000石相比，少得可怜。分封的第二年，刘基就告老还乡了。但是，因为他先前曾对朱元璋说过胡惟庸不宜入相的话，所以深受后者嫉恨，连这点岁禄也革去了。洪武八年（1375）刘基生病，胡惟庸派医生前去看望。刘基吃了医生的药，就一命归西了。人们自然会怀疑药里做了手脚。

比培植朋党、排斥异己更为严重的是胡惟庸过于独断专行。许多生杀黜陟的大事，他都擅自处理。这让权力欲极强的朱元璋深感丞相专权、皇权旁落。

胡惟庸任相七年，朱元璋不动声色。在胡惟庸看来，我的势力越大，你朱元璋越不敢把我怎样。他显然把老虎看成了病猫。

洪武十三年（1380）正月，胡惟庸说他旧宅院的井里涌出醴泉，请朱元璋观赏。朱元璋欣然前往。他走到了西华门时，太监云奇紧拉马缰，用手指向胡家。朱元璋感到事态严重，立即返回。他登上宫城，发现胡家尘土飞扬，像是藏有士兵。朱元璋大怒，他处死胡惟庸，宣布废除丞相制度，由皇帝直管六部。

此后，朱元璋穷追不舍，十年间诛杀了韩国公李善长、吉安侯陆仲亨等不少元勋宿将，株连死者三万多人。随后，朱元璋作《昭示奸党录》布告天下。

据史家考证，并没有太监拉马缰阻止朱元璋入胡家这回事，云奇更是捏造的人物。胡惟庸是否谋反，不少史学家持否定态度。所谓的胡惟庸谋反可能只是一个借口，其目的是废除秦汉以来的丞相制度，强化皇权。

蓝玉之狱

如果说朱元璋制造胡惟庸案主要针对文臣的；那么，从 1393 年制造蓝玉案开始，就主要是针对武将了。

蓝玉是安徽定远人，开平王常遇春的小舅子。当初，他在常遇春麾下，谋略过人，作战勇敢，是常胜将军。常遇春多次在朱元璋面前夸奖过他。

常遇春死后，蓝玉统率大军，屡立战功。洪武二十年（1387），蓝玉以征虏右副将军身份随大将军冯胜征讨元朝残将纳合出，驻扎通州。他听说元军屯扎在庆州，就趁着大雪，带领轻骑兵袭击元军，杀了平章果来，还生擒了他的儿子不兰溪。成功招降纳合出后，明朝收复了辽东地区。适逢冯胜有罪，朱元璋授蓝玉为大将军，移兵蓟州。

洪武二十一年，蓝玉奉命率领 15 万大军讨伐北元。明军深入漠北腹地，到达捕鱼儿海（今贝尔湖），大败北元，使它彻底失去了威胁明朝的能力。

朱元璋待他十分优厚，封他为凉国公。他把女儿嫁给蜀王，攀了皇亲。

战功卓著，地位尊贵，又是皇亲国戚，蓝玉飘飘然起来。他养了很多家奴，这些人狗仗人势，为非作歹。他强占民田，还赶走前来调查的御史。他超越权限，擅自任免军官。他北伐还师，夜扣喜峰关，开门稍迟，竟纵兵毁关而入。更不能容忍的是他对自己的地位还不能满足，质问皇上为什么不封他为太师。忘乎所以的蓝玉为自己酿好了苦酒。

北元平定了，太子死了，皇孙还小，蓝玉的苦酒该喝了。

洪武二十六年，锦衣卫指挥使蒋瓛告发蓝玉谋反。蓝玉下狱后牵出同伙。朱元璋借机杀戮，一公、二伯、十三侯遭灭族之灾，牵连被杀 15000 余人。也许朱元璋念及蓝玉是亲家，没有凌迟处死，剥下人皮，留了全尸。

蓝玉狂妄不法是有真凭的，但谋反却无实据。可是欲加之罪，何患无辞？

朱元璋借蓝玉案铲除了武将对皇权的潜在威胁，把军权控制在自己手中。

洪武之治

明初，朱元璋重典肃贪，尤其是空印案和郭桓案最为严厉。虽有明显的扩大化错误，但的确遏制了腐败现象的蔓延滋长。

朱元璋还通过胡惟庸案和蓝玉案，把军政大权掌握在自己手中。

元末明初，战事频仍，灾荒不断，经济崩溃，人口锐减。面对哀魂遍野的凄凉局面，朱元璋说天下初定，百姓财力困难，对他们就像刚会飞的小鸟不可拔羽、才种的小树不能摇根一样，让他们休养生息、尽快富裕起来。

明初，中央派人到全国各地清查户口，丈量土地。把民田绘制成鱼鳞状图册，注明户主姓名、田亩方圆和四周界至。政府根据图册征赋。民田亩征粮食三升三合，官田五升三合，官田民田岁赋都薄。

明初，朝廷通令全国，所有奴婢一律释放为良民；各府、州、县只能有一座寺院，40岁以下妇女禁当尼姑，20岁以上男子出家须经父母和官方一致同意。这些措施的落实，挖掘了大量劳动力。

明初，政府还大力推行军屯和民屯，意在激励农业生产。

明初，大规模兴修水利。广西灵渠、四川都江堰得到修复。到洪武二十八年，累计开塘堰40987处，浚河4162处，修陂渠堤岸5048处。

明初，以棉纺、制瓷、矿冶和造船为主的手工业发展迅速。景德镇瓷器产量高，质量好。开办官营铁矿13所，可以冶铁炼钢。造船业也居世界前列。

到洪武二十六年（1393），全国户数1605万，人口6045万，垦地面积达850万顷。经过努力，洪武年间终于出现了百姓富足、国库充裕的局面。

明初，天下设立社学，每50家一所。社学招收8至15岁民间儿童入学。中央设科取士，开启仕途。这些措施提升了文化教育水平。

洪武年间被称为“洪武之治”。但有学者认为朱元璋废除丞相制，破坏国家的管理秩序，以致靖难之役无力应付，因此洪武之治的客观性理当存疑。

靖难之役

明洪武三十一年（1398）闰五月，明太祖朱元璋死了，他的皇孙朱允炆即位，史称明惠帝，年号建文。

朱元璋在世时，把 25 个子孙封为藩王，分驻北部边境和各战略要地，想通过他们来屏藩皇室。这些藩王在自己的封地建王府，养军队，握有实权。

眼见得藩王势力日益膨胀，明惠帝就和兵部尚书齐泰、太常卿黄子澄商量削藩之策。他们决定先弱后强，先找有问题的下手，然后各个击破。

建文元年（1399），明惠帝首先废周王为庶人。接着，拘代王于大同，囚齐王于京师，逼湘王自焚。与此同时，在北平（今北京）周围及城内部署兵力。又以边防为名把燕王朱棣的护卫精兵调往塞外，准备对他下手。

朱棣明白，如此下去在劫难逃。于是他一边争取时间，一边进行战争准备。建文元年七月，朱棣诱杀了前来执行逮捕任务的大臣，起兵造反。

当时朱棣只据北平一隅，兵力单薄，与朝廷实力有天壤之别。他首先控制北平，然后扫清北平四周，聚拢了几万兵力。朱棣是以“靖难”为名起兵的。“靖难”就是消除灾难，名义上是清除皇帝身边的奸臣。

战役开始后，皇亲国戚分成两派。一派支持明惠帝，一派支持燕王。朝廷调集各路军队，号称百万，但无将可用，只好起用幸存的老将耿炳文。耿炳文战败，又派李景龙统军。朱棣兵力约 30 万，兵力虽弱，但他以北平为基地，灵活机动，与明军在河北、山东一带拉锯，双方呈胶着状态。

建文四年（1402），朱棣接到密报，得知京城（今南京）兵力空虚，就派兵冒险绕过山东，半年后攻陷京城。

朱棣军队攻入京城后，宫中大火冲天，明惠帝下落不明。一说自焚而死；另说由地道出亡，落发为僧，云游天下，至今成为明史上一大悬案。

靖难之役后，朱棣登上皇帝宝座，称明太宗，后改称明成祖。

历史也证明，朱元璋设计的国家制度和杀戮功臣的行径，终于酿成大祸。

明成祖迁都北京

明成祖登基后，将北平改称北京。不久，他迁都那里。

从 1406 年到 1420 年，明朝政府征集了全国优秀工匠和百万民工，在北京建造皇宫和皇城。工程的总设计者是江苏吴县人蒯祥。

工程总体布局以皇宫为中心，以正阳门—午门—钟楼为轴线。

皇宫是用高 12 米，长 3400 米的宫墙围成的长方形城池，占地面积 72 万多平方米。皇宫外有 52 米宽的护城河环绕，看上去就是一座森严壁垒的城堡。皇宫全是木结构，青白石底座、黄琉璃瓦顶，并饰以金碧辉煌的彩画。

皇宫有四个门。正门叫午门，东门叫东华门，西门叫西华门，北门叫玄武门（清康熙年间，改称神武门）。北门面对的景山是皇宫屏障。

皇宫的四个角都有精巧玲珑的角楼，高 27.5 米，十字屋脊，三重檐迭出，四面亮山，多角交错，结构绮丽。

皇宫内的建筑面积为 15.5 万平方米。三大殿由南而北顺序排列。南面是太和殿，也称奉天殿，俗称金銮殿，建筑面积 2377 平方米。它是皇宫内体量最大、等级最高的建筑物，也是皇帝举行大典的地方。中和殿也称华盖殿、中极殿，位于太和殿之后，建筑面积 580 平方米。它是皇帝举行大典前稍事休息和演习礼仪的地方。保和殿也称谨身殿、建极殿，建筑面积 1240 平方米。它是除夕夜皇帝赐宴外藩王公的场所，也是科举考试进行殿试的地方。

当时的皇宫叫紫禁城，现在叫故宫博物院了。皇宫四周是住宅和商业区，周长 9 公里的皇城围绕着它们。皇城外是京城，周长 22.5 公里。天安门原来叫承天门，是 1421 年建成的。明末被焚毁了，1651 年由清朝重建。

永乐十九年（1421）正月 ，明朝正式迁都北京。对于迁都，明成祖有深层次的考虑。北京是他当燕王时的封地，也是他的发祥地，他在这里的人脉远比南京发达；再则，把政治中心和军事中心结合北移，有利于对付北元残余势力，巩固北部边防。

明成祖远征漠北

明永乐年间，漠北的蒙古贵族内部相互残杀，分裂成鞑靼、瓦剌和兀良哈三部。鞑靼部聚集在贝加尔湖以南地区。瓦剌部居住在今内蒙古西部和准格尔盆地一带。兀良哈部生活在老哈河（今内蒙古东部）和辽河流域一带。

明成祖沿袭了明初对蒙古贵族的政策，一方面与之修好，封给王位，赐予金银、布帛，争取相安无事；另一方面，积极防御，随时准备打击来犯的敌人。

然而，鞑靼部自视强大，竟然杀死明朝使臣，没事找事。明成祖忍无可忍，于1410年亲率50万大军，进攻鞑靼部。明军在斡难河（今鄂嫩河）大败鞑靼可汗本雅失里。随即移师，在静虏镇（今贝加尔湖东南），又打败鞑靼部太师阿鲁台。此后，鞑靼部表示臣服于明朝。

鞑靼部战败后，瓦剌部趁机发展起来。他的首领马哈木率部逼进漠南，伺机进攻明朝。1414年，明成祖又率50万大军在忽里忽失温（今蒙古乌兰巴托东）大败瓦剌。此役瓦剌遭受重创，往后老实了好多年。

按下葫芦浮起瓢。瓦剌战败，鞑靼又挺起来。它一改依附明朝的态度，不但侮辱、拘留明朝使节，还兴兵犯境，骚扰劫掠。1421年冬，竟围攻明朝北方重镇兴和，杀死指挥官王祥。鞑靼出尔反尔，令明成祖十分恼怒。1422年，他率师北伐。鞑靼部首领阿鲁台闻风逃遁。明军缴获大批辎重、牲畜。班师途中，顺便收拾了依附鞑靼的兀良哈部。

1423年，明成祖再次率师北伐。明军击败鞑靼西部军队，鞑靼王子也先土干率部众投降，明成祖封他为忠勇王。

1424年，明成祖又率军深入答兰纳木儿河（今黑龙江西境）。鞑靼阿鲁台部逃之夭夭。明军班师回朝途中，明成祖病死于榆木川（今内蒙古多伦西北）。

明成祖五次亲征，有力地打击了蒙古贵族势力，保障了北部边境的安宁，但明朝也耗费了大量的人力物力，甚至损失了一代枭雄朱棣。

土木之变

明初，蒙古族分裂成鞑靼、瓦剌和兀良哈三部。明正统年间，瓦剌部首领脱欢统一了鞑靼部和瓦剌部，立成吉思汗后裔脱脱不花为可汗，自任太师，掌握实权。脱欢死后，其子也先继位。他征服漠南各部，自认为有实力和明朝叫板。

1449 年夏天，瓦剌兵分四路，南犯明境。也先率主力，直击山西大同。

当朝的明英宗是个昏庸腐朽的主儿，国家军政大权旁落在宦官王振手里。

别看王振只是个宦官，职务不过是掌司礼监，权力却凌驾于百官之上。他卖官鬻爵，拉帮结伙，权倾朝野。英宗称他先生，公卿大臣呼他翁父，连大将军见他都得行跪拜礼。朝政混乱可见一斑。

瓦剌入侵，大同前线的坏消息不断传来。明英宗在王振的煽动和挟持下，准备御驾亲征。百官上疏劝阻，但英宗偏信王振，一意孤行。

7 月 16 日，英宗任命弟弟郕王朱祁钰镇守国都北京，自己亲率百余名官员和 50 万大军出发了。

同年 8 月，明军到达大同，镇守太监报告说也先已主动北撤，目的为引诱明军深入。王振却坚持北进。后来听说前线惨败，就慌忙撤退。王振本想让英宗退兵时经过他的家乡蔚州（今河北蔚县），以显示“驾幸其第”的威风；但又怕行军损坏他的田园庄稼，所以多次变更行军路线，延误了撤军时间。疲惫不堪的明军退到土木堡（今河北怀来境内）时，被瓦剌追兵包围。

土木堡没水，明军将士干渴难忍。瓦剌假意遣使议和，并主动撤离。王振下令移营就水，明军一哄而起。瓦剌军乘势攻击，明军死伤惨重，随行官员只有少数侥幸逃生。愤怒的护卫将军樊忠用大铁锤砸死王振。英宗见突围无望，索性跳下马来，盘腿而坐，束手就擒。

土木堡之变也称土木之变。这次事变，英宗沦为瓦剌的阶下囚，受了奇耻大辱；明军遭受重创，北京门户洞开，标志着大明朝由盛转衰。

于谦保卫北京

1449年8月，土木之变发生，50万明军土崩瓦解，连英宗也当了瓦剌的俘虏。朝廷无主，京师兵马不多，北京城里人心惶惶。

皇太后宣布郕王朱祁钰监国，就是代理皇帝职权。皇太后和郕王召集群臣商量对策，大家七嘴八舌。许有贞说，天象显示京城将遭大难，不如逃到南方暂避。兵部侍郎于谦义正辞严地说，京城是国家的根本；如果朝廷撤出，大势就完了，南宋的教训不能忘记。

于谦的主张得到众多大臣的认同。皇太后让他担任兵部尚书，负责保卫北京。

于谦是钱塘（今浙江杭州）人。进士出身，奉公廉洁，官声很好。

关键时刻，于谦毅然挑起保卫北京的重任。他一面抓紧调兵遣将，加强京城和附近关口的防御；一面整顿内部，搜捕瓦剌奸细。

瓦剌挟持英宗当人质，不断骚扰边境。看来京城没有皇帝不好办。经于谦等人恳请，太后立郕王为帝，史称明代宗，遥尊英宗为太上皇。

11月，瓦剌以送还英宗为名，兵临城下，在北京西直门外扎下营寨。

于谦分派将领带兵出城，在九门外摆开阵势。他亲自带领一支人马守在德胜门外。他命令城里守将关闭所有城门，以表示有进无退的决心。将士们被他勇敢坚定的精神所感动，士气高涨。在老百姓的支持下，激战五天，重挫瓦剌。此时，各地明军陆续开赴北京勤王。瓦剌军遭受严重损失，又怕明军截断归路，于是就挟持英宗，带领残兵败将撤退了。于谦等英宗去远了，又用火炮送行，把一些瓦剌兵送上西天。

北京保卫战取得胜利，代宗论功行赏。于谦的住房简陋，只能遮风避雨。代宗要给他造一所府第，但他推辞了。

谁料明英宗复辟后，竟以谋反罪把于谦杀害了。人们愤愤不平，纷纷传诵他年轻时写的《石灰吟》："千锤万凿出深山，烈火焚烧若等闲。粉身碎骨浑不怕，要留清白在人间。"这首诗正是于谦一生的写照。

夺门之变

土木之变，明英宗被瓦剌俘虏，兵部尚书于谦等人拥立朱祁钰为明代宗。

战后，明与瓦剌议和。瓦剌觉得英宗已是无用之人，就同意把他放回来。英宗回京后，代宗不愿让位，就把他软禁在南宫，严密看管起来。接着，代宗废掉太子朱见深（英宗长子），改封沂王，另立自己的儿子朱见济为太子。

天顺元年（1457）正月，代宗病重。他把武清侯石亨召至病榻前，殷殷嘱咐。石亨嘴上答应得爽快，肚子里却另外打起小算盘。他找到前府右都督张軏和宦官曹吉祥，说代宗已经不行了，咱要为自己谋条后路。三人密谋后，决定把赌注押在太上皇英宗身上。拥立英宗复辟，三人都有不世之功，定能飞黄腾达。石亨、张軏又找副都御史许友贞商量。三人一拍即合，决定立刻动手。

其实，正月十六白天，兵部尚书于谦和吏部尚书王文等人就和各位大臣商量好，决定上奏代宗复立沂王为太子。奏疏写成后，已是日薄西山。大家决定次日早朝上奏代宗。然而就在这天晚上，出人意料的事情发生了。

当晚半夜，乌云密布。石亨率千余人马，从长安门进入皇城，直扑南宫。

石亨一行赶到南宫，宫门坚固难开。数十人把巨木悬在绳上，合力撞门。门没撞开，反倒把宫墙震了个大洞。于是，众人从墙洞鱼贯而入。

英宗以为是弟弟代宗派人来杀自己，顿时惊慌失措。谁料众人一齐俯伏，口呼万岁，英宗这才缓过神来。

此时，乌云散尽，月明星稀。众人情绪高涨，簇拥着英宗的轿子进了皇宫，让他坐在太和殿的宝座上。

天亮，众臣早朝。没想到端坐在朝堂之上的竟是英宗，不禁面面相觑。

英宗复辟后，代宗被废为郕王，不久死去。石亨等一批复辟功臣加官进爵，而于谦、王文等忠臣却以谋反罪被杀害了。

英宗复辟也称夺门之变。此后，明朝政权陷入混乱，统治危机与日俱增。

严嵩专权

严嵩（1481—1567），江西分宜人，明弘治年间进士。

严嵩考中进士后，因病退官回乡。受地方官的嘱托，编修了袁州府志。

十年后，严嵩复官。当时，礼部尚书夏言是明世宗的宠臣。严嵩和夏言是同乡。严嵩看中机会，就拼命巴结夏言，因此官场步步登高，当上南京吏部尚书。

嘉靖十五年（1536），严嵩任礼部尚书。明世宗看重礼乐制定，和严嵩接触频繁。严嵩鞍前马后地伺候，受到皇帝好感，兼任大学士，进入内阁。

内阁首辅夏言反对世宗沉迷道教，渐渐不受世宗喜欢。严嵩就使用各种手段挤兑夏言。先是怂恿世宗，罢黜夏言；接着制造谣言，说夏言诽谤皇上，借世宗之手杀掉夏言。夏言一死，严嵩就顺理成章当了内阁首辅。

世宗沉迷道教，严嵩投其所好。当时明王朝的太仓收入每年只有白银 200 万两，而严嵩为世宗修建的斋宫和秘殿，每年花费都在 200 万两以上。

严嵩大权在握，就排斥异己。原甘肃总兵仇鸾和严嵩父子沆瀣一气，官加太子太保。后来，他向皇帝密疏，揭发严嵩父子。严嵩探得真相，就指使锦衣卫都督陆柄向皇帝报告仇鸾的不轨行为。仇鸾印信被收，忧惧而死。朝臣沈炼上疏，罗列严嵩十大罪状，结果被削职为民、谪发塞外。恰逢白莲教徒被捕。严嵩授意在白莲教徒名单上添加沈炼，就莫名其妙地把他杀掉了。

在严嵩执政的 20 年里，卖官鬻爵成风，各种官职都明码标价。七品州判售银 300 两，六品通判 500 两，武官中指挥 300 两、都指挥 700 两，不胜枚举。

嘉靖四十一年，严嵩被革职。籍没家产黄金 3 万多两，白银 200 多万两，珍宝无数。

《明史》把严嵩列为明代六大奸臣之一，诸多文艺作品更加深了他的丑恶印象。但有的学者认为严嵩具有忠君爱民、知人善用的一面，而且政绩卓著，他实际籍没的家产远没有人们说的那么邪乎。

海瑞当官

海瑞（1514—1587），明代海南琼山（今海南海口）人。1549年，他乡试中举，当了官办教师。稍后从政，从知县干起到右佥都御史（正三品）。

嘉靖四十一年（1562），海瑞出任淳安知县。他看到这里“富豪享三四百亩之产，而户无分厘之税；贫者户无一粒之收，虚出百十亩税差”的“不均之事”，决定重新清丈土地，规定赋税负担。这样，淳安农民的负担有所减轻，不少逃亡农户回到故乡。在任之时，恰逢都御史鄢懋卿巡视盐政。这个钦差大臣是内阁首辅严嵩的党羽。所到之处，勒索受贿无数。可是路过淳安，连吃饭都十分简单。海瑞还高声宣称县衙狭小，不能容纳众多车马。鄢懋卿憋了一肚子火，可他知道海瑞这个人，别看官小，却是个不怕事的主儿，也只好忍气吞声了。

明世宗晚年不理朝政。百官明哲保身，不敢劝谏。可是身为户部小官的海瑞却呈上《治安疏》，批评皇上迷信巫术，生活奢华，不理朝政。世宗见到上疏，犹如当头一棒，气得大叫：“快把他逮起来，别让他跑了！”太监告诉皇上，这个海瑞早有傻名，听说已经买好棺材，哪里会跑。世宗又反复读了他的奏疏，觉得言之有理。不过，还是把他关进了监狱。关是关了，但没了下文。明穆宗继位后，关了几个月的海瑞放了出来，还被提拔使用。

隆庆三年（1569），海瑞升任右佥都御史，外放应天（今江苏南京）巡抚。听说海瑞到任，有些屁股不干净的官员自动辞职溜了，有些显赫权贵把原本红漆大门改漆成黑色的。海瑞到任后，兴利除害，整修吴淞江、白茆河，通流入海；夺回豪强兼并的土地，归还原主。他调任时，平民百姓呼号哭泣。

万历十五年（1587），海瑞死在应天任上。他没有儿子，也没有存款，大伙儿凑钱办丧事。海瑞死讯传出，应天百姓为此罢市。他的灵柩回到家乡，穿白衣戴白帽的人站满岸边，自发哭祭的人群延绵百里。朝廷谥号“忠介”。

几百年来，海瑞清廉、刚正的形象深深印在人们心中，人们称他“海青天”。

张居正改革

张居正（1525—1582），明代湖广江陵（今属湖北荆州）人。明朝后期的政治家、改革家。

张居正 5 岁开始识字，12 岁中秀才，16 岁中举人，算是神童了。23 岁考中进士，进入官场。以后多次升迁，明神宗继位后任内阁首辅。

明神宗登基时只有 10 岁，还是个小屁孩，所以军政大事都由张居正拍板。这个时期，明朝已经严重衰落。面对封建统治难以维系的局面，张居正从政治、经济和军事各方面，进行了旨在富国强兵的改革。

改革的第一步就是实行“考成法”，整顿吏治。从六部到各级衙门，层层考试。由此裁汰了一批因循守旧的官员，提高了各级衙门的办事效率。

军事上，重用名将戚继光镇守蓟门（今河北迁西县北），李成梁镇守辽宁（今辽宁辽阳），王崇古镇守北部边疆；同时与蒙古人互市往来，保持安定局面。

接着，在全国范围内清丈田地。经过三年清丈，到 1580 年，全国查实征粮田地 7013976 顷，比 1571 年增加了 2336026 顷。

在清丈土地的基础上，又改革赋税制度，推行“一条鞭法”。主要内容是把原先按照户、丁派役改为按照粮、丁派役；然后再与夏秋两税和其他杂税合编一条；税粮、差役一律改为征银；差役由政府出银雇人充当。一条鞭法改变了当时极端混乱、严重不均的赋税制度；减轻了农民的不合理负担，特别是取消了苛重的力差，使农民有较多时间从事农业生产。

张居正十年改革取得意想不到的效果。财政状况大有好转，国库存银六七百万两；太仓存粮 1300 多万石，够全国使用十年。

张居正改革的最大亮点是一条鞭法。它上承唐代两税法，下启清代摊丁入亩制，是中国赋税制度上的重大改革。

张居正的改革使奄奄一息的明王朝回光返照。但因改革伤及贵族利益，所以随着他的离世，他推行的改革也就曲终人散了。

抗倭斗争

明朝时，中国人称日本海盗是倭寇，就和上世纪我们称日本入侵者是日寇差不多。

14世纪初叶，日本进入南北分裂时期，封建诸侯割据，相互攻战，争权夺利。在战争中失利的一些南朝封建主，就组织武士、商人和浪人，到中国沿海武装走私，烧杀抢掠，沿海百姓深受其害。

明初，政府筑海上16城防备倭寇，取得一些成效。嘉靖年间，倭寇猖獗。他们与中国海盗相互勾结，狼狈为奸，作恶多端。反观明朝，政治日益腐败，沿海武备废弛。几十个人的小股倭寇都敢深入内地千余里，杀人越货，肆无忌惮。官兵就像病猫，见了老鼠都觳觫。

面对这种状况，中国人民自发组织抗击倭寇。嘉靖三十一年（1552）倭寇入侵南汇县（今属上海浦东新区），闵电等募集千人抗击。同年，倭寇进犯松江（今上海市西南），营州商人孙镗捐资助军饷，并同敌人白刃格斗，直至壮烈牺牲。嘉靖三十四年（1555），由汉、苗、壮、瑶等族人民组成的抗倭军队，在爱国将领张经的指挥下，于王江泾（今浙江嘉兴北），大破倭寇，斩敌两千，取得嘉靖年间抗倭斗争的重大胜利。嘉靖三十七年（1558），倭寇进犯福建长乐。城崩20多丈，数千居民自动列栅拒战，严防死守，最终击败倭寇。长江下游沙岛上的沙兵，南汇的盐丁，都纷纷组织起来，共同对付入侵的倭寇。

明世宗时，胡宗宪出任直浙总督。他坐镇东南，全力主持抗倭斗争。明朝爱国将领谭纶、戚继光、俞大猷和刘显等人在东南沿海屡败倭寇。戚继光在浙江义乌招募矿工和农民组成“戚家军”，在人民群众配合下，于嘉靖四十年（1561）平定浙江倭寇。随后奉命入闽，和福建总兵俞大猷、广东总兵刘显并肩作战，平定了福建倭寇。之后，俞大猷在广东海丰附近重创倭寇，平定广东。至此，为害200多年的倭寇终于彻底平息了。

抗倭斗争的胜利，彰显国威，提振民族士气，保护了人民群众的利益。

戚继光抗倭

在抗击倭寇的斗争中，明朝涌现出一批爱国将领，戚继光就是他们的代表人物。

戚继光（1528—1587），山东登州（今山东蓬莱）人，祖籍河南卫辉（一说祖籍安徽定远），生于山东济宁。

嘉靖三十四年（1555），戚继光调往浙江抗倭前线，任参将，后升任总兵。他看到卫所的正规军毫无战斗力，就恳请获准，招募义乌矿工和农民，组织了一支3000多人的新军。他教育新军杀贼保民，并进行严格的军事训练。他还教士兵们排演自己独创的“鸳鸯阵”。这种阵法以12个人为一战斗单位，灵活机动，适于狭窄地形。新军英勇善战，被誉为“戚家军”。

嘉靖四十年（1561），数千倭寇侵犯台州等地。戚家军九战九捷，取得决定性胜利。卢镗、牛天赐也在宁波、温州大败倭寇。浙东倭寇被全部扫除。

嘉靖四十一年（1562），倭寇大举进犯福建，福建告急。戚家军进入福建，攻下横屿，斩敌2600人。接着又乘胜攻取牛田，捣毁敌人巢穴。倭寇逃往兴化。戚家军乘胜追击，连夜作战，克敌60营，斩首无数。戚家军回师福清，又歼灭登陆倭寇200人。盘踞在福建的倭寇遭到重创。

戚家军返回浙江后，福建倭寇卷土重来。戚家军奉命再入福建，与福建总兵俞大猷、广东总兵刘显三路合击倭寇巢穴平海卫。戚家军为中军，担任正面进攻；刘显、俞大猷分别为左、右军，两翼策应。三路明军围困敌人，并借风火攻。此战仅用四五个钟头，就歼敌2000多人，解救被俘男女3000多人，取得大捷。第二年，戚家军又相继在仙游、同安王仓坪、漳浦蔡丕岭和福宁等地大败倭寇，和俞大猷一道扫清了福建境内的敌人。

戚继光率部在浙江、福建、广东三省转战十年，作战近百次，无一败绩。

晚年，戚继光被罢官，在家郁郁而终。当时，家徒四壁，穷困至极，令人唏嘘。然而，名将仙逝，英名千古。

贼

反矿监税使斗争

明神宗年间，由于长年边境战争，加上前后两百年修筑长城，国家财力已严重消耗。明神宗修建定陵耗银800多万两，相当于全国两年的田赋收入。这更是雪上加霜，使国家财政入不敷出，濒临崩溃。

明朝的税收本来是由户部主办的。可是明神宗看看财政亏空无法弥补，就派出大批宦官，充当“矿监”“税使”，不择手段，搜刮商民财产。

这些矿监、税使仗凭有皇帝老子撑腰，敲诈勒索，无恶不作。他们征税的名目增加了许多，像天津的店铺税，东南沿海的盐税，浙江、广东、福建等省的海外贸易税，成都的茶税、盐税，重庆的木税，长江的船税，荆州（今属湖北）的店税，宝坻（今属天津）的鱼税、苇草税等等，多如牛毛，没完没了。他们只要随手向某个商店一指，说它漏税，这个商店就是赔光老本也清偿不了。有的矿监、税使竟然下令大规模挖掘坟墓寻找金银，手段下流，令人发指。

自古以来，物极必反。矿监、税使的横征暴敛，引起了城市居民的激烈反抗。1599年，宦官陈奉到荆州征税，遭到数千商民围攻。他见势不妙，又窜到武昌征税。武昌市民万余人包围卫署，声言必杀陈奉。陈奉逃入楚王府避难，而随行的16名爪牙被市民抓获，扔进了长江。

1601年，税使孙隆在苏州勒索商税，大批手工业工人失业。葛贤领导纺织印染工2000多人举行暴动，孙隆逃跑，他的爪牙和税官多人被杀。

1602年，江西景德镇爆发了陶瓷工人反对税使潘相的斗争。他们烧毁御窑，赶走潘相。

1603年，矿监王朝到京郊门头沟煤矿征税，大批矿工涌入京城游行示威。

1606年，云南矿工万余人暴动，杀死矿监杨荣及其爪牙200多人。

此外，广东、福建、陕西和辽东等地也爆发了这一类的城市民变。这些斗争在不同程度上打击了封建统治，显示了市民力量的增长。

东 林 党

明朝万历时期，政治黑暗、军事衰败、财政拮据，横征暴敛愈益加重，人民群众的反抗行动此伏彼起。

面对这种国事日非的形势，一些知识分子官员发出了改革弊政的呼声。

1604年，被明朝廷革职的官员顾宪成修复了家乡无锡的东林书院，与顾允成、高攀龙等人发起组织东林大会，规定每月在这里举办一次小会，每年举办一到两次大会。东林学派把读书、讲学和关心国事联系在一起，吸引了许多有志之士。一些在职官员，也和他们遥相呼应。他们“讽议朝政，裁量人物”，实际上形成了舆论中心。反对派把他们统称为东林党，其实它不是真正意义上的政党，倒有点像“文化大革命”时期的派性组织。

与东林党相对立的，是以籍贯划分的官僚们的“党”，有齐党、楚党、浙党等等。这些党与以魏忠贤为首的宦官相勾结，被东林党斥为“阉党”。

明末党争是围绕明神宗的继承人展开的。神宗皇后无子，王恭妃生皇长子朱常洛，而神宗宠信的郑贵妃生了皇三子朱常洵。神宗想立朱常洵为太子，其他派别态度暧昧，而东林党人坚决主张立朱常洛为太子。按照祖制，应当“有嫡立嫡，无嫡立长”。此事拖了很久，还是立了朱常洛为太子。

明末，相继发生了梃击案、红丸案和移宫案。东林党指责是郑贵妃策划的，目的是谋害太子，夺取皇位。三案案情迷离，不了了之。

明神宗派大批宦官担任矿监、税使，到各地征收商税，东林党人坚决反对。

东林党人虽然取得一些胜利，但总起来看是受压抑的。特别是魏忠贤当权时期，东林党人遭受打击，杨涟、左光斗等著名人物都被杀害。

传统的史学观认为东林党人为了国家利益指斥时弊，其勇敢、耿直、刚毅的品格值得敬仰。然而也有学者对东林党有所指责。他们认为东林党党同伐异，长于内争，短于治国；迫使朝廷取消工商税，国家税源单一依赖农业，加重农民负担，直接导致了农民起义，有亡国罪责。

魏忠贤专权

魏忠贤（1568—1627），明朝北直隶肃宁（今河北沧州肃宁县）人。

魏忠贤年少时，家境贫寒。他目不识丁，整日和恶少们混迹街头，沉溺酒色。赌博大输，自阉为宦。入宫后，竟和熹宗乳母客氏私通起来。

明熹宗即位后，魏忠贤当上司礼监秉笔太监。魏忠贤残忍，客氏狠毒，两人狼狈为奸，在朝中胡作非为。魏忠贤在宫中武装太监上万人，出入都穿甲衣。朝臣有弹劾魏忠贤者，不是被贬，就是遭逐。他假传圣旨，把杨涟、左光斗等大臣投入监狱，拷打致死；把李宗延等 50 余人，撤职驱逐。就连皇后、嫔妃也纷纷遭殃，以致熹宗连子嗣也没有。

魏忠贤掌控东厂，四出为害。外戚李承恩被诬盗窃，判了死罪。中书吴怀贤因击掌赞叹杨涟奏书，被杀害抄家。赋闲官员也难逃厄运。高攀龙投水自尽，周顺昌等人死在狱中。民间偶有言语触犯魏忠贤，就被抓捕治罪，甚至剥皮、割舌，以致路人相遇只能以目传神，不敢交谈。

短短几年，魏忠贤掌握了朝政大权。宦官 30 余人，做左右拥护；文臣崔呈秀等五人主谋议，称“五虎”；武将田尔耕等五人主杀戮，称“五彪”。

为了讨好魏忠贤，他的党羽争相为他立祠颂德，一些商贾小人、市井无赖也纷纷效法。

魏忠贤出行乘坐文轩，羽帘青盖，四马如飞，随从过万。士大夫夹道伏拜，欢呼九千岁。看上去，俨然是皇帝架势，以致人们“只知有忠贤，而不知有皇上”。

熹宗驾崩，思宗继位。思宗熟知魏忠贤罪恶，但他深加戒备，隐忍不言。待时机成熟，思宗把魏忠贤拿下，发配安徽凤阳。途中，魏忠贤得到要逮捕他回京的消息，就上吊自杀了。他一死，党羽们自然树倒猢狲散了。

魏忠贤如此飞扬跋扈，看似奇怪，其实不怪。明熹宗 15 岁继位，懵懵懂懂坐上龙椅，比傻子强不了多少。魏忠贤糊弄住他，就控制了国家政权。

袁崇焕督师蓟辽

袁崇焕（1584—1630），明朝广东东莞人。

万历年间，袁崇焕考中进士，当了县令。天启二年（1622），他到兵部任职。此后，他独自到山海关外考察地形。不久，被破格提拔为兵备佥事，督察指挥关外军队。

负责巡视边塞的大学士孙承宗赏识袁崇焕，让他驻守山海关外的宁远。

天启六年（1626），努尔哈赤率后金军西过辽河，发起宁远之战。袁崇焕孤军迎敌。他写下血书，与各位将领盟誓，以死守城。后金军举着盾牌，开凿城墙。袁崇焕命令用葡萄牙制造的红衣大炮轰击敌人。后金军损失惨重，只得撤退。此战获胜后，袁崇焕被提升为右佥都御史。

天启七年（1627），皇太极率后金军包围锦州，进攻宁远。袁崇焕率领将士登上宁远城楼防守，用大炮远距离轰击。宁远城外，明军与后金军短兵相接，浴血奋战。后金军被迫撤出宁远，强攻锦州，但仍无法取胜。明军取得宁锦大捷。

宁锦之战后，魏忠贤作祟，不认可袁崇焕的功劳。袁崇焕愤然辞职回乡。

明思宗即位后，铲除魏忠贤，袁崇焕重新出山，任兵部尚书，督师蓟辽。

左都督毛文龙镇守皮岛，对后金军有一定牵制作用。崇祯二年（1629）五月，袁崇焕以毛文龙违法乱纪，用尚方宝剑将其斩杀，此举为别人留下口实。

同年十一月，后金军绕道蒙古，突破长城喜峰口，进攻北京。袁崇焕从山海关回师驰援，解了京师之围。这本是立功之举，却被魏忠贤余党以擅杀毛文龙和放后金军入关两项罪名弹劾。皇太极施用离间计，说袁崇焕和后金早有秘密约定。崇祯皇帝信以为真，将袁崇焕逮捕入狱。第二年八月，凌迟处死，竟剐了3543刀，创下中国凌迟刀数之最。可怜的袁崇焕，剐得只剩下一颗头颅。

后人对袁崇焕争论不休。有人说他是“卖国贼”，有人说他“妄杀”毛文龙，但更多人称他是民族英雄。他曾经的敌人、清乾隆皇帝首先为他平反。毛泽东称他是“明末爱国领袖”。

锦 衣 卫

锦衣卫是明朝的“土特产”。它的全称是锦衣卫亲军指挥使司，是极其重要的军事单位。早在明朝建立之前，身为吴王的朱元璋就设立了拱卫司。朱元璋称帝后，把它改称为亲军都尉府，统辖仪鸾司，掌管皇帝的仪仗和侍卫。洪武十五年（1382），朱元璋设立锦衣卫，用它取代亲军都尉府与仪鸾司。由此可见，锦衣卫在设立之初，所扮演的角色就是皇帝的仪仗队和贴身卫队，地位非比一般。

明朝的军队组织分为卫、所两级。一般的卫管辖五个所，定员五千多人，约相当现在的一个师。锦衣卫竟管辖17个所，在册人数上过六万，比现在的集团军还大。一般卫的指挥使为正三品，而锦衣卫指挥使往往由皇帝的亲信武将担任，官阶最高的有过正一品。

锦衣卫的衙门靠近皇城正门，位于核心地段。

锦衣卫除了仪仗、侍卫之外，还负责刑事侦缉。它直接听命于皇帝，可以逮捕任何人，包括皇亲国戚，并进行不公开的审讯。因为锦衣卫的主要监督对象是当官的，所以官员们对它的恐惧是不言而喻的。

锦衣卫对官员的监督面面俱到，无孔不入。一天早朝，朱元璋问宋濂前一天在家喝酒了没有，请了哪些人。宋濂一一回答。朱元璋听后满意地说：“果然没有骗我。”宋濂担任学士，并非要职，而且只在家中小聚，没有要人参加，但这也难逃锦衣卫的“法眼”。

锦衣卫地位特殊，权势极大。他们非法凌辱、虐待囚徒的行为触目惊心，引起了朝野上下的强烈不满。洪武二十年（1387），朱元璋下令焚毁锦衣卫刑具，废除其刑事职能。谁料朱棣登基后，又恢复了锦衣卫的所有权力。明宪宗时，锦衣卫下属的北镇抚司成为皇帝直辖的司法机构，权力达到极致。

锦衣卫制度贯穿整个明朝。因为它拥有特权，无形中胡作非为、贪赃枉法，造成了社会的极大混乱。有人说这个制度是明朝灭亡的间接原因之一。

东　厂

朱棣发动靖难之役，用武力推翻明惠帝，登上皇位。当时社会上对他登基的合法性质疑纷起，朝中许多大臣对新政权并不十分支持，他觉得还是宦官比较可靠。于是迁都北京后，除了恢复锦衣卫，又设立了由宦官掌控的东缉事厂，简称东厂。

东厂的头儿称东厂掌印太监，也称厂主或督主，是宦官中仅次于司礼监掌印太监的二号人物。下设掌班、领班、司房 40 多人，都从锦衣卫调入。具体负责侦缉的是役长和番役。役长相当于小队长，又叫“档头”，有 100 多号。番役俗称番子。役长领导若干番役。这些人也是从锦衣卫中挑选出来的精干分子。

东厂的职能是监视政府官员、社会名流和学者等各种政治力量，包括锦衣卫也是监视对象。它由皇帝直接领导，只对皇帝负责。对于地位较低的监视对象，可以直接逮捕、审讯；对于地位较高的监视对象，得到皇帝授权，也能逮捕、审讯。起初，东厂只负责侦缉、抓捕，审理是锦衣卫的事；到了明末，东厂也有了自己的监狱，可以自行审理。

东厂侦缉范围很广，朝廷会审大案，锦衣卫拷问重犯，东厂都派人听审；朝廷各个衙门都有东厂人员坐班，以监视官员的一举一动。东厂的侦缉范围不仅在京城，甚至扩大到全国，连穷乡僻壤也会有它的触角。

起初，东厂与锦衣卫是平级关系，后来成了上下级关系，堂堂的锦衣卫指挥使见了东厂厂主都得下跪叩头。

设立东厂原本是镇压政治上的反对力量，以强化皇权，但在实际过程中背离了初衷。厂主为了向皇帝邀功或者满足自己的私利，拼命制造大案、冤案，陷害、诬杀正直大臣；番役则罗织罪名，诬赖良民，从中敲诈勒索。

东厂凌驾于刑部、都察院和大理寺三个司法机关之上，是法外施法的特务机关。它开了宦官干政的头，严重扰乱了明朝的社会秩序。

西厂和内行厂

明朝成化十二年（1476），北京城出现了“妖狐夜出”的神秘案件。接着，妖道李子龙以旁门左道蛊惑人心。他甚至深入内宫，到万岁山等处察看。李子龙的真正意图并不清楚，但锦衣卫以弑君之罪把他捕杀了。

明宪宗只有 20 岁。他得知这些消息后疑神疑鬼，总觉得京城危机四伏，很不安宁。他很想了解宫外臣民的动向，就让宦官汪直从锦衣卫中挑选一些人，化装成老百姓，出宫打探。汪直借此机会到处捕风捉影，搜罗了不少“秘密消息”。宪宗听了十分满意，就让他继续干下去。

乔装老百姓的侦缉难成气候，宪宗就于 1477 年组建了西缉事厂，简称西厂，并让汪直当了提督。西厂人员从锦衣卫中选拔，极度扩充，势力超过东厂。

西厂组建后，汪直为了升官发财，拼命构陷大案要案。办案数量、速度和牵扯人员都远远超过锦衣卫和东厂。对官员一旦怀疑，不经皇帝同意，就逮捕、审讯，把案子搞大。对一般百姓，只要发现言行不慎，就以妖言罪重处。

西厂出笼仅五个月，就弄得朝野上下人心惶惶。群臣集体上书，痛陈西厂危害，宪宗只好下令撤销西厂，遣散人员。

没有西厂的日子宪宗总觉得不安全。过了一个月，就恢复了西厂，汪直又牛了起来。此后五年，他办了许多“大案”。俗话说物极必反。汪直的极度膨胀引起了皇帝的警觉。于是西厂又被解散，汪直也调出京城，在失意中一命呜呼了。

武宗继位后，西厂死灰复燃。此时，东厂和西厂虽然都由太监刘瑾统管，但双方争权夺利，相互拆台。为了改变这种状况，刘瑾又组建了一个内办事厂，简称内行厂，由本人直接统领。它的侦缉范围更大，甚至包括了锦衣卫和东厂、西厂，用刑也尤为酷烈。此时，连同锦衣卫，刘瑾统管着四个特务组织。以致厂卫合势，天下为之骚动。

刘瑾倒台后，武宗下令撤销西厂和内行厂。这两个短命产品从此消失了。

特务组织严密控制，官员明哲保身，国家也就失去了活力。

明末农民起义

明朝末年，失去土地的农民越来越多，而赋税和徭役却有增无减。陕北连年大旱，饥民们吃光树皮草根，实在活不下去了。1627 年，白水县农民王二带领饥民，杀死澄城知县张斗耀，揭开了明末农民大起义的序幕。

1628 年，王嘉胤、高迎祥等人先后在陕北起义。1629 年李自成起义后投奔了高迎祥。1630 年 ，张献忠在延安起义。起义队伍风起云涌，但各自为政。

面对农民大起义的局势，明朝政府在招抚无望的情况下，集中兵力进行围剿。各部起义军被迫转入山西、河南，流动作战。

1635 年，明廷企图调集优势兵力，合围起义军。各部起义军首领在河南荥阳商讨对策。李自成提出联合作战、分兵迎击的主张被大家认可。随后，高迎祥、李自成、张献忠率部东进，在元宵节占领凤阳，烧毁皇家祖坟。

高迎祥牺牲后，李自成接任。起义军逐渐形成李自成、张献忠两支主力。

1638 年，李自成在潼关战败，率 17 人突围进入商洛山。张献忠在河南南阳兵败负伤，被迫“受抚”，退居湖北谷城。起义形势跌入低谷。

起义开头的十年，起义军处于反围剿、求生存的艰难境地。

清兵大举入侵，明军全力应对。这给了农民起义军起死回生的机遇。1639 年，张献忠从谷城反叛，西入四川。1643 年，又攻陷武昌。1640 年，李自成由四川转回河南，明确提出“均田”“免赋”和“平买平卖”的革命口号，队伍迅速壮大。经过新蔡、襄城、朱仙镇、郏县、襄阳五场战斗，控制了河南全境。此时，革命形势发生质变，农民起义军转入战略反攻。

1644 年，李自成在西安建立大顺国。随后攻占北京，崇祯皇帝吊死在煤山（今北京景山），明朝灭亡了。明朝辽东总兵吴三桂勾引清兵入关。李自成在北京匆忙完成登基大典后，撤回西安。次年在湖北通山县九宫山遇难。同年张献忠在成都称帝，建立大西国。1646 年，他在凤凰山（今属四川西充县）迎战清兵，中箭身亡。

李自成、张献忠牺牲后，起义军余部继续坚持战斗，前后延续 37 年之久。

李自成起义

李自成（1606—1645），陕西米脂县人。少时当过牧童。1629 年投明军。同年，因为欠饷，他杀死参军，投奔了高迎祥领导的陕北农民起义军。

1635 年，面对官兵围剿，起义军 13 家、72 营首领在河南荥阳商量对策。李自成提出分兵定向、四路出击的战略方针得到大家认同。他和张献忠随高迎祥率兵东进，攻下安徽凤阳，烧了朱家祖坟，干下惊天动地的事儿。

1636 年，高迎祥牺牲，李自成继任闯王，在渭南（今属陕西）坚持战斗。

1638 年，李自成在潼关战败，他率领刘宗敏等 17 人突围，进入商洛山。李自成是坚强的人。他学习知识，休整队伍，组织群众，自信能东山再起。

1640 年，李自成在四川巴西（今四川绵阳）鱼腹山被官军包围。他突破重围，进入河南。此时，当地连年灾荒，民变纷起。李自成听从谋士李严的建议，提出“均田”“免赋”和“平买平卖”等革命口号，受到广大农民的热烈拥护，队伍迅速扩大到百万之众，成为起义军中的主力。1641 年，他攻破洛阳，杀死福王，开仓济贫。之后，经过新蔡、襄城、朱仙镇、郏县、襄阳五战，控制了河南全境。

1643 年，李自成在襄阳建立农民政权，称新顺王。同年 10 月，攻破潼关，占领西安，拥有秦、陇全境和晋西山区，成为全盛时期。

1644 年，李自成在西安建立大顺政权。接着攻下北京，崇祯皇帝自缢，明朝灭亡。但关键时刻犯了一系列致命错误。他对东北满清掉以轻心，没有很好争取镇守山海关的明朝总兵吴三桂，起义官兵腐化堕落、军队纪律松弛等等。

吴三桂勾引清兵入关。李自成在北京匆忙完成登基大典后，撤出北京。途中又听信天佑阁学士牛金星谗言，杀害了具有政治眼光的谋士李严，使军心涣散。

1645 年，清兵攻陷潼关。李自成南奔，在湖北省通山县九宫山遇难。

李自成功败垂成，令人叹息。然而他不屈不挠的斗志，平易近人的作风和卓尔不群的才华令人钦佩。总结他失败的教训，对后人有许多启迪。

闖

张献忠起义

张献忠（1606—1646），明末陕西定边人。少年时读过书，成年后在明军当兵。1630年，他在家乡聚集十八寨农民起义，自称“八大王”。

1635年，河南荥阳大会后，张献忠和李自成随同高迎祥率东路军攻占明中都凤阳，烧毁皇家祖坟。此后，他分兵南下，横扫长江以北地区。

张献忠算是游击高手。1636年至1637年间，他在湖北、河南、陕西间往来穿梭，弄得官军丈二和尚摸不着头脑，围剿不成，反而处处挨打。

1638年，张献忠部在河南南阳被官军打败，自己也负了伤，部队只好退居谷城（今属湖北）。在官军的强大攻势下，张献忠为保存实力，就接受了兵部尚书熊文灿的“招抚”。但“招抚”后，他拒绝改编和调遣，也不接受官衔。他休整军队，屯集粮草，打造兵器，训练士卒，伺机而动。张献忠金蝉脱壳，玩得够精。

一年后，张献忠果然东山再起。他在房县以西的罗猴山张网布阵，大败官兵。崇祯皇帝一怒之下，把熊文灿处斩。按现在说法就是他犯了渎职罪。

1640年，张献忠进入四川途中被官兵包围，面临险境。他重贿明将左良玉，网开一面，使兵部尚书杨嗣昌的围剿计划化为泡影。

1641年，张献忠转战四川各地，取得主动。他在开县黄陵大败官兵后，突然调头向东，以一昼夜300里的速度赶到湖北襄阳。攻陷城池，杀死襄王，还抄获王府银15万两赈济饥民。可怜的杨嗣昌，自知罪责难逃，寻了短见。

1643年，张献忠攻克武昌，建立大西政权，当了大西王，还把楚王扔进长江喂了鱼。第二年，他再度率部入川，攻破成都，杀死蜀王，当上大西国的皇帝。

大西政权在四川存在了三年。1646年冬天，清兵进攻四川。张献忠拒绝投降，亲自率兵在凤凰山（今四川西充县境内）迎敌，中箭而死。

有的史书把张献忠称为农民起义领袖，与李自成相提并论；而有的学者认为他杀人放火，作恶多端，是历史罪人。

郑和下西洋

郑和（1371—1433），原名马和，云南昆阳（今云南晋宁）人。

10 岁时，马和被明军掠走，阉为太监。14 岁入燕王府。朱棣见他聪明伶俐，就让他从师学习，很快就成了知识渊博的人。他跟随朱棣参加靖难之役，出生入死，具备丰富的实战经验。他出使暹罗（泰国旧称）、日本，具有卓越的外交才能。朱棣赏识，赐姓郑，从此他就叫郑和了。

1405 年至 1433 年，郑和率领庞大的船队七下西洋。最后一次病死途中。

郑和下西洋的船队累计 240 多艘。船分五种类型。一类叫宝船，最大的长 151.8 米，宽 61.6 米，载重 800 吨，可容纳上千人，是当时世界上最大的船只。其他类型有马船、粮船、坐船和战船。郑和每次下西洋的人数在 27000 以上。郑和是老大，官职称钦差正使总兵太监（正四品）。随行人员分工细密，有负责航海的、贸易的和后勤保障的，还有更多的是负责安全和军事行动的。因此，他的船队被称为“特混舰队”。

郑和船队由太仓刘家港（今江苏太仓浏河镇）南下，到达福建长乐的太平港，然后从那里伺机出海。船队远航西太平洋和印度洋，前后拜访 30 多个国家，最远到达红海沿岸和非洲东海岸。

郑和船队规模之大，军事力量之强，但出海从不挑起战争，他们的主要意图是宣扬大明威德，炫耀国家富强。明成祖自以为是天下君主，因此船队所到各地，首先向国王或酋长宣读诏书，举行隆重的册封典礼，赏赐宝物，还帮助他们调解纷争、和睦相处。通过这些活动，招徕各国称臣纳贡。果然朝贡者络绎不绝，累计超过 60 个国家。其次是增加贸易。船队带去大批丝绸、茶叶、瓷器，并从海外换回香料、宝石和珍禽猛兽等等。

郑和的航海之举比哥伦布、达•伽马等航海家早半个多世纪，堪称“大航海时代”的先驱。然而，令人遗憾的是欧洲航海家开辟航线后，欧洲的海上贸易骤然兴起，而中国却在郑和去世后戛然而止。

潘季驯治河

潘季驯（1521—1595），明朝湖州府（今浙江湖州市）人，官至太子太保、工部尚书兼右都御史。27 年间，四次出任总理河道都御史。

在中国历史上，治河专家都把治理黄河作为主要目标。但他们的立足点几乎都是分水势杀河势，忽视了黄河多泥多沙的特点。

潘季驯首任治河总理时，一次次栉风沐雨，沿黄河踏勘。他终于明白黄河平时沙占六成，雨季达八成。如果分流，水势变缓，大量泥沙就会沉积下来抬高河床。黄河成了地上河，水患就必然会出现。

在调查研究的基础上，他决定使用束水攻沙法治河。在宽阔的河床上修筑缕堤，缩窄洪水期的河床，加快主槽河水流速，提高水流挟沙能力。缕堤既成，束水攻沙果然见效。但遇到特大洪水，有限的河床难以容纳，又会造成决堤淤沙。于是又在缕堤外修筑遥堤，以拦洪防溃。双重堤防较好地解决了攻沙和防洪的矛盾。

黄河、淮河、运河交汇的清口，常常被淤塞。潘季驯提出修筑高家堰大堤，把淮河水蓄在洪泽湖中，约束淮河清水经清口注入黄河，以达到冲刷清口淤泥和下游入海河槽的目的。

为了保护遥堤，潘季驯又在遥堤和缕堤之间修筑了格堤。大水退后，格堤的水返回河槽，却把泥沙留在高处。泥沙留下是有利的，既可巩固堤防，又能增加耕地，一举多得。于是他下令在黄河南岸从徐州房村到宿迁峰山的遥、缕两堤之间，修了七道格堤。据测算，一次大水就能淤积泥沙 700 万立方米。如果两岸同时进行，淤积量就能增加一倍。后来，他又在一些河段主动开掘缕堤，引沙淤滩，同样获得成功。

从单一缕堤束水攻沙；到遥缕二堤配合，防洪攻沙；再到蓄清刷浑，以水治水；最后修筑格堤，引沙淤滩，潘季驯很好地完成了治理黄河的四部曲。

潘季驯治河的理论和实践深刻地影响了后人，他被誉为“世界水利泰斗”。

李时珍和《本草纲目》

李时珍（1518—1593），字东璧，自号濒湖山人，今湖北蕲春县人，明代著名医药学家。去世后，被敕封“文林郎”。

李时珍出身中医世家。14岁考中秀才。后随父学医，名声日盛。嘉靖三十八年（1559），赴京任太医院判。在京一年间，他经常出入于太医院的药房和御药库，认真仔细地比较和鉴别各地药材，看到了平时难得一见的药物标本；还饱览皇家珍藏的典籍，开阔了眼界，增长了知识。

李时珍辞职回乡后，坐堂行医。在长期的行医过程中，他发现古代本草书中存在不少错误，最让人头疼的是药名混杂，弄不清药物的形状和生长情况。比如远志，南北朝的陶弘景和宋朝的马志描述得大相径庭。再如蕲州产的白花蛇是剧毒蛇，有医治风痺、惊搐和癣癞的功用，但并没有多少医家真正见到过。知情人告诉他，蛇贩子卖的蕲州白花蛇大多是以假乱真的。药物事关人命。如此混杂，如此以假充真，怎么得了？医生的良知促成他写一部中医药书，以正本清源。

李时珍认识到读万卷书固然重要，但行万里路更不能少。他深入武当山、庐山、茅山、牛首山，行及湖广、安徽、江西、河南、河北，拜访渔人、樵夫、农民、药工和捕蛇者，收集了大量药物标本和处方，参考历代医书900多种，弄清了许多疑难问题。他在捕蛇人的帮助下，登上龙峰山，亲眼目睹了蕲州白花蛇，还观看了捕蛇和炮制的全过程，因而对蕲州白花蛇有了简明而准确的记载。

经过27年的努力，李时珍终于完成了192万字的巨著《本草纲目》。他在这部医书里，重新审查并收纳了前人所收药物1518种，新增药物374种，共计1892种。他对药物的名称、形态、性质、功能和制作方法都详细记述，并绘制成图。此后，又经十年修改，才于万历二十五年（1597）刊行。

《本草纲目》是我国当时最完整、最系统、最科学的医药学巨著，被誉为“东方医药巨典”。

红顶科学家徐光启

当代人把既当官又经商的人称为“红顶商人”。明代的徐光启既当官又搞科研，我们不妨把他称为“红顶科学家”。

徐光启（1562—1633），明代松江府上海县（今上海市）人。他年轻时，家境一般。43 岁考中进士后，进入官场。应该说仕途还算顺利，他被擢升为礼部尚书兼文渊阁大学士，入阁并担任次辅，算是大官儿了。

徐光启从政期间，撰写了各种条令和法典。在军事建设上提出“求精”“责实”。他认为一旦求精，就有深谋远虑的人相互学习，并且坚持不懈；一旦责成事实，就有忠君爱国之士为国家尽心考虑。

这位先生虽然身居高位，可似乎对科学技术更感兴趣。

在天文历法方面，他主要编译了《崇祯历书》。历书中，他引进了圆形地球的概念，明晰地介绍了地球的经度和纬度。

在数学方面，徐光启与意大利学者利玛窦共同翻译了《几何原本》。他们首先把几何作为数学分科提了出来，极大地影响了中国原有的数学学习和研究的习惯，改变了中国数学的发展方向。

徐光启更大的贡献在于农业。他关于农业方面的著作很多，有《农政全书》《甘薯疏》《农遗杂疏》《农书草稿》和《泰西水法》等等。他不仅著书立说，更能理论联系实际，进行科学实验。甘薯原产国外，后来引进中国，只在福建沿海少量种植。徐光启把它引进上海试种获得成功，此后又扩大到全国多地。我们今天吃着甜甜的甘薯，可不能忘记了这位引进它的前辈。

徐光启编纂了 50 万字的《农政全书》。这部著作保存了历代农业科学资料，反映了当代深耕细作的农业生产技术。作者对农耕工具、农业技术、土壤、水利、施肥、选种、播种、果木嫁接和种桑养蚕等都有详细记录，而且又贯穿了他治国治民的“农政思想”。他去世六年后，这部书由门人修订付印。

后人给徐光启很高评价。当代学者余秋雨说他是“上海文明的肇始者”。

地理学家徐霞客

徐弘祖（1587—1641），号霞客，明朝南直隶静音（今江苏江阴）人。

徐霞客从小博览群书，尤其喜好历史、地理和游记、探险类书籍。他家是江阴富户，但祖上几代都不当官。受其影响，他不求功名利禄，一心向往名山大川。

徐霞客的母亲知书达理，勤俭持家，乐善好施。她鼓励儿子成就志向。

22 岁起，徐霞客开始游历生活。他徒步跋涉，足迹所至相当于现在的 19 个省（市）。他去的地方多是穷乡僻壤，或是人迹罕至的边疆地区。他不避风雨，不怕虎狼，与长风为伍，和云雾结伴，以野果充饥，用山泉解渴，多次与死神擦肩而过。临终时，手里还握着两块考察带回家来的石头。

徐霞客游历并非单纯寻奇访胜，重要的是探索大自然奥秘，寻找其规律。

建溪和宁洋溪分别发源于黎岭和马岭。他发现两山海拔相同，可是建溪水流缓而宁洋溪水流急。仔细分析，前者流程长而后者流程短。由此得出结论，流程越短，流速越快。

长江的源头到底在哪里？一般认为在岷江。徐霞客通过实地考察，认为金沙江比岷江长 1000 多里，应当是长江源头。直到 1978 年，我国才确定长江的正源是金沙江上游的沱沱河。事实证明徐霞客当时的判断是正确的。

徐霞客用三年时间考察我国西南地区的石灰岩地貌。他冒着生命危险，先后钻进 100 多个石灰岩溶洞，探求真相。他对桂林七星岩 15 个溶洞的记载，和今天专家实地勘测大体相符。他去世后一个世纪，欧洲人才开始考察这类地貌。

徐霞客对火山、温泉等地热现象，对植物随纬度和海拔变化的现象都有认真的考察和研究。对各地农业、手工业、交通状况、名胜古迹和风土人情都有记述。

徐霞客写了 240 万字的游记，可惜大都失散。后人把幸存的手稿整理出版，取名《徐霞客游记》，这是一部融科学与文学为一体的奇书。

后人缅怀徐霞客。国务院把《徐霞客游记》的开篇日（5 月 19 日）定为“中国旅游日”。以他的名字命名的“徐霞客”号保障舰，是“辽宁”号航母的保姆。

宋应星和《天工开物》

宋应星（1587—约 1666），江西奉新人，明末著名科学家。

宋应星自幼聪明强记，几岁就能作诗，有过目不忘之才。他熟读经史及诸子百家，对天文学、物理学、农学、医学及工艺制造学都饶有兴趣。

宋应星中举后，两次会试失败，就放弃了科举之路。他先是在县里当官办教师，后步入仕途，当到知府。明朝灭亡后，不愿附清，挂冠归里。

宋应星推崇宋代哲学家张载的关学，从中接受了唯物主义自然观。他还有朴素辩证法思想，认为万事万物都在不断运动变化中。在朴素的唯物论和辩证法思想指导下，他的科学技术研究取得卓越成就。

宋应星任教期间，把中国几千年来的农业生产和手工业生产方面的知识进行概括，使它们系统化、条理化，然后著述成《天工开物》。

《天工开物》书名的意思是自然界为人工技巧开发出物质财富。这部书共三卷18 篇，详细叙述了各种农作物和手工业原料的种类、产地、生产技术和工艺装备，以及一些生产组织经验，既有大量确凿的数据，还绘制了 123 幅插图。

上卷记载了谷物豆麻的栽培和加工方法，蚕丝棉苎的纺织和染色技术，以及制盐、制糖工艺。中卷包括砖瓦、陶瓷的制作，车船的建造，金属的铸锻，煤炭、石灰、硫磺和白矾的开采和烧制，以及榨油、造纸方法等。下卷记述金属矿物的开采和冶炼，兵器的制造，颜料、曲酒的生产，以及珠玉的开采和加工等。

《天工开物》注意从一般现象中发现本质，在自然科学理论上取得突破。作者研究了土壤、气候和栽培方法对作物品种变化的影响，又注意到不同品种蚕蛾杂交引起变异的情况，说明通过人为作用可以改变动植物的品种特性，为人工培育新品种提出理论依据。

《天工开物》是世界上第一部关于农业和手工业的综合性著作，被欧洲学者称为“中国 17 世纪的工艺百科全书”。

永乐大典

明朝永乐年间，编纂了一部宏伟巨著，就是《永乐大典》。

永乐元年（1403），明成祖命谢缙等人编纂一部百科全书，并就书的内容和编纂宗旨作了布置。谢缙等人召集147人，动手编纂。第二年书稿写成，取名《文献集成》。明成祖看后，觉得不完善。永乐三年，谢缙等人组织重修，朝野上下动用了2169人。

永乐五年，书稿写成。明成祖十分满意，命名《永乐大典》，并亲自作序。接着清抄书稿，到第二年冬天正式成书。全书22937卷、11095册、3.7亿字。

这部巨著汇集了先秦至明初的8000多种古典书籍，除了著名的经史子集，还有哲学、文学、历史、地理、宗教、医卜等各类著作，包罗万象，是当时中国历史上最大的百科全书，比著名的《不列颠百科全书》早300多年。

《永乐大典》采用兼收并取方式，保持书籍原始内容，是珍贵的文化遗产。

《永乐大典》的文字用毛笔以楷书写成，缮写工整。山川地形以白描手法绘制，形态逼真。封面用多层宣纸硬裱，最外面用黄绢连脑包过，典雅庄重。书叶采用雪白、厚实的树皮纸，有淡淡的香气。这是举世罕见的珍品。

《永乐大典》成书后，收藏在南京文渊阁，后转藏于北京故宫的文渊阁。

明世宗对《永乐大典》情有独钟。嘉靖三十六年，皇宫大火几乎危及文渊阁。大火之后，他心有余悸，决定重新抄录一部。抄录以“对本抄写”的方法进行，耗时六年得以完成。人们习惯上称它副本，而把永乐年间成书的称为正本。

明末清初，正本神秘失踪了。有的说毁于宫中大火，有的说被李自成军队焚烧，还有的说随明世宗葬入永陵。这成为中国书籍史上的最大疑团。

现在我们能看到的《永乐大典》仅是副本。由于清末八国联军入侵、义和团围攻外国驻华使馆和官员偷盗等原因，现存的《永乐大典》残本约有400册，而且散落在全世界八个国家和地区的300多家单位。

《永乐大典》正本如果真的藏在永陵，人们或许能在今后见到它的芳容。

施耐庵和《水浒传》

施耐庵（1296—1371），扬州府兴化（今江苏兴化）人。元至顺年间进士。据传曾应张士诚邀请，参加元末农民起义。后愤然离去，隐居著书。

北宋末年以来，宋江等人起义的事迹广泛流传，产生了大量的话本和杂剧。在此基础上，施耐庵以惊人的艺术才能，写成了《水浒传》。据学者研究，罗贯中是他的学生。有说他俩共同创作，也有说罗贯中只是取了书名。

《水浒传》流传的版本很多，现在流行的是一百回本。

《水浒传》是北宋末年农民起义的历史画卷。它艺术地再现了一次农民革命发生、发展和失败的过程。以高俅为代表的贪官污吏，织成了一张大网。在他们的压迫下，林冲、鲁智深、杨志、李逵、宋江等各路好汉走投无路，纷纷逼上梁山，“替天行道”。在宋江领导下，大败官兵，又让许多好汉走上梁山，实现了108人的大聚义。此后，受朝廷招安，奉命出征，以悲剧收场。

《水浒传》揭露了农民起义的根本原因是官逼民反。其中最有代表性的人物是林冲。他本是八十万禁军教头，有漂亮妻子，过着安逸平静的生活。但就是这样的人物，竟被高俅一步步逼上梁山。林冲尚且如此，其他人更是不言而喻。《水浒传》揭示了农民起义失败的原因。他们没有认识到造成社会黑暗的根本人物是皇帝，所以只反贪官不反皇帝，终归失败。

《水浒传》是宏伟巨著，仅一百回本就有87万多字。如此规模，结构文章就颇显匠心。作者叙述了一个又一个故事。这些故事相对独立，而它们之间又有一条官逼民反的线索相串联。故事人物相互认识，携手并肩，走向聚义。

《水浒传》通过人物自身的行动和语言，塑造了众多鲜明的典型形象。

《水浒传》的语言以北方口语为基础，经过加工，明快而洗练。

《水浒传》是中国历史上第一部用白话写成的章回体长篇小说，被誉为古典小说四大名著之一，对后世的政治、军事、文化都产生了巨大影响。

罗贯中和《三国演义》

罗贯中（约 1333—1400），元末明初山西太原人。有关他的资料不多，据说曾参加元末农民起义，在张士诚部下当幕客。《三国演义》是他根据陈寿《三国志》和裴松之为这部史书做的注解，以及民间传说和自己的生活经验，创作而成的历史小说，正所谓“七分实事，三分虚构”。

《三国演义》成于明初，流传至今版本颇多。现在流行的是经过清初毛宗岗父子修改过的一百二十回本，全书 72 万多字。

小说艺术地再现了东汉末年群雄割据和魏、蜀、吴三个政治集团之间的政治和军事斗争，大体分为黄巾之乱、董卓之乱、群雄逐鹿、三国鼎立和三国归晋五大部分。

小说有明显的拥刘反曹倾向。把刘备美化成为人忠厚、爱戴子民的正统王道，而把曹操丑化成“挟天子以令诸侯”、篡权谋逆的乱臣贼子。

小说描写了一系列战役，如官渡之战、赤壁之战、夷陵之战等等。不但描写气势磅礴的战斗场面，而且叙述了双方力量、彼此谋略、各自运筹，浓重而厚实。

小说中有名有姓的人物 1191 个，重点人物 400 多个，个个面容鲜活。通过三顾茅庐、赤壁之战、七擒孟获和空城计等一系列情节，把诸葛亮刻画成智慧的化身。通过桃园结义、温酒斩华雄、千里走单骑、刮骨疗毒等情节塑造了关羽英勇忠义的性格特征。而怒打督邮、长坂桥头、义释严颜则展现出张飞看似鲁莽、其实粗中有细的个性。

《三国演义》是现实主义力作，但不乏浪漫主义色彩，尤其是夸张手法。张飞在长坂桥头大喝三声，竟使夏侯杰肝胆俱裂。堂堂周瑜能被诸葛亮活活气死。

至于人物描写、细节描写和环境烘托这些小说笔法，随处可见。

采用民族喜闻乐见的章回体和半文半白的浅近文字，易读好记，流传久远。

《三国演义》是我国第一部长篇历史小说。自问世以来，取材于它的各类文艺作品铺天盖地。它的巨大影响力，使艺术的真实盖过了历史的真实。

吴承恩和《西游记》

吴承恩（约1500—1581），明代淮安山阳（今江苏淮安）人。他性敏多慧，博极群书。从小喜好神奇的故事传说，私下偷读野言稗史，攒了一肚子的神话和传说。

唐太宗时，年轻的僧人玄奘只身到天竺（今印度）取经，历时17年，行程几万里。这个惊人之举引来各种神话传说，经宋、元几百年发酵，愈发丰富。

吴承恩是最后一个集大成者。他在民间传说，以及平话和杂剧的基础上，进行艺术加工，创作了一百回本的《西游记》。据他所言，他创作神话小说目的就是折射现实社会，表达自己的爱憎情绪。

《西游记》前七回，重点写大闹天宫。通过这个情节反映封建社会人民的反抗斗争。在孙悟空面前，十万天兵望风而逃，天宫摇摇欲坠，玉皇大帝不得不向外求援。这些虚构和幻想的情节是以现实中的农民起义为基础的。

从第十三回起，作者用浩大的篇幅写唐僧师徒四人西天取经。他们同各种妖魔鬼怪作斗争，历经九九八十一难，费去一十四个春秋，终于取得真经。它告诉人们只有百折不挠，战胜困难，才能成就事业，实现美好理想。

《西游记》也存在着消极方面，诸如宿命论、因果报应和佛法无边思想。

《西游记》塑造的人物形象，最光辉的是孙悟空。他智勇双全，是理想的叛逆者。猪八戒性格憨厚，但贪图安逸，好沾小便宜，是喜剧人物。

《西游记》是伟大的浪漫主义长篇小说。它以神魔为主要描写对象，为读者创造了一个幻想的世界。幽默诙谐的语言妙趣横生。

《西游记》是80多万字的巨篇，其结构独具匠心。它把相对独立的许多故事，连缀成一个有机的整体。最典型的莫过于第四十九回，老鼋驮师徒过通天河提出要求，就留下伏笔，引出九九八十一难的最后一难，前呼后应，浑然一体。

《西游记》塑造的形象妇孺皆知。后世以它为蓝本，进行了无数的再创作。

剧作家汤显祖

汤显祖（1550—1616），明代临川（今江西抚州临川区）人。他出身书香门第，34岁中进士。早年任明朝南京礼部主事，因上疏被贬。后来到浙江遂昌做知县，官声颇佳，但仍招致上司非议，免职回家。从此，隐居写作。

汤显祖是明代出色的文学家。诗作有《玉茗堂文集》，小说有《续虞初新志》。他更是著名的剧作家。他的剧作《牡丹亭》《紫钗记》《南柯记》和《邯郸记》都与“梦”有关，所以也被称为“临川四梦”，而《牡丹亭》最为驰名，是他的代表作。

《牡丹亭》是55出的戏剧。南宋南安太守杜宝之女杜丽娘，年方二八，才貌双全，情窦初开。她在睡梦中见到一位书生，手持半枝垂柳，前来求爱，两人在牡丹亭畔幽会。杜丽娘从此愁闷消瘦，相思而死。应她生前要求，葬在后花园的梅树下，并修建了“梅花庵观”。丫环春香把她的自画像藏在太湖石底。三年后，岭南才子柳梦梅赴京应试，借宿观中，在太湖石下拣到杜丽娘的自画像，谁料竟是自己的梦中佳人。杜丽娘魂游后花园，和柳梦梅再度幽会。柳梦梅掘墓开棺，杜丽娘起死回生，两人结为夫妻。

明朝统治阶级大力推崇程朱理学，极力表彰妇女贞节，从肉体到精神对妇女进行严重摧残。《牡丹亭》赞扬个性解放，无疑是对封建礼教的强烈背叛，有重大的现实意义。

《牡丹亭》的艺术特色主要在于浓厚的浪漫主义色彩。作品始终贯穿着积极浪漫主义精神，作者以奔放的热情、夸张的手法，描绘了柳梦梅、杜丽娘出生入死的爱情。它的艺术特色还表现在作者独特的艺术构思、文采和抒情手法。“惊梦”那一出更是创造了一个迷人的戏剧场面，显示了作者惊人的艺术才能和技巧。

后人对《牡丹亭》评价很高。有的说它的出现使《西厢记》减色。著名剧作家田汉提出汤显祖与莎士比亚旗鼓相当，杜丽娘与朱丽叶不相上下。

山西洪洞大槐树

“问我祖先在何处？山西洪洞大槐树。祖先故居叫什么？大槐树下老鹳窝。”这首耳熟能详的民谣，牵出一段悲壮的移民史实。

元朝末年，农民起义持续17年之久，主战场就在黄河中下游和黄淮平原一带。除了兵祸，水、旱、蝗、疫也频频造访。据史料记载，元末的水旱灾害，山东19次、河南17次、河北15次、两淮8次，造成人吃人的惨景。

天灾人祸使上述地区人口锐减。明洪武十四年（1381），山东、河南两省人口都不达200万。反观山西，情况好很多。战事波及少，风调雨顺，百姓生活安定，人丁兴旺。当年全省人口400多万，超过山东、河南两省总和。

朱元璋登基后，决定从山西移民。洪洞县是山西人口最多的县。县城北20里有个广济寺。寺院附近有棵“树身数围，荫遮数亩”的汉槐。晚秋时节，槐叶凋落，树桠上的老鹳窝十分醒目。官府在寺里设局驻员，强行把老百姓集中在大槐树下，用绳子拴成串，由武装官兵押往各地。可怜的百姓，谁舍得离开故土？他们噙着热泪，一步一回头，瞅着大槐树，望着老鹳窝，直到消失在视线里。

为期三年的靖难之役，又使河北、河南、山东和江苏地区遭受灾难，人口再减。因此，明成祖登基后继续从山西移民。

明初半个世纪，朝廷从山西组织的大规模移民有18次，移民总数超过100万。他们主要迁往河北、河南、山东、安徽、江苏、北京和湖北等地，少数迁往陕西、甘肃、宁夏。他们到了新的地方，就和当地居民共同开荒种地，发展经济，繁衍子孙，创造着中华文明。

悠悠六百载，当年的汉槐已不复存在，而同根滋生的第三代槐树依然枝繁叶茂，充满活力。

每年清明节前后，山西洪洞县都要举办为期十天的寻根祭祖节。届时数以万计的移民后裔云集在大槐树下，表达着深深的思根念祖情怀。

第八部分

清朝

清军入关

明万历十四年（1586），明朝袭封女真族建洲部落首领努尔哈赤为指挥使。1616年，他统一女真各部落，在赫图阿拉（今辽宁新宾西）建立后金，割据辽东。两年后，公开反明。1619年，后金兵在萨尔浒之战击溃明军，努尔哈赤正式称汗。1625年，后金迁都沈阳，称盛京。努尔哈赤死后，皇太极继位。1636年，他改国号大清，称清太宗。女真族改为满州族，习惯上也称满人或满清。现在称满族了。

清国看到明朝危机日益严重，就有了灭亡明朝、吞并中原的野心。他们入侵山海关内，掳人掠财，制造混乱；招降纳叛，利用明朝官僚出谋划策做准备。

李自成攻陷北京，引起各方震惊，他们都在筹划自己的未来。明朝降臣范文程分析李自成的致命失误，鼓动清国入主中原。明朝驻山海关的总兵吴三桂，经过犹豫，最终决定倒向清国。为对抗李自成进攻，他向清国乞求援兵。清国摄政王多尔衮老谋深算，欲擒故纵。为了彻底降服吴三桂，就拒绝了他的请求。直到吴三桂剃发称臣，多尔衮才同意他归降，并答应出兵救援。

1644年5月28日，李自成率20万大军与吴三桂在山海关激战。当时清国只有七万骑兵，精明的多尔衮当然不肯轻易动用自己的看家部队，而只作壁上观。李、吴酣战，双方伤亡惨重。在吴军被包围的危急关头，清国精骑猝然出击。李自成部队抵挡不住，败下阵来。

山海关战败后，李自成放弃北京，撤向西安。同年6月6日，清兵以吴三桂开道，进入山海关。随即顺治皇帝迁都北京，标志着明清易代完成。

此后，清朝主要利用明朝的降将降兵，武力镇压各地反抗群众，平定李自成、张献忠余部，消灭南明政权，前后用了将近40年时间。

清初疆域辽阔。东临太平洋，西跨葱岭，南含南海诸岛，北接西伯利亚，东北至黑龙江以北的外兴安岭和库页岛，西北到巴尔喀什湖北岸，东南包台湾及附属岛屿钓鱼岛、赤尾屿等，西南抵喜马拉雅山至野人山一线。

1911年辛亥革命推翻清王朝，结束帝制。从入关算起，清朝历经268年。

史可法抗清

史可法（1601—1645），明朝河南开封祥符县（今河南开封）人。

崇祯元年（1628），史可法考中进士，进入官场。时值陕北农民大起义爆发，作为朝臣的史可法，积极参与镇压农民起义军，官也升至南京兵部尚书。

崇祯皇帝吊死煤山（今北京景山），明廷内部暗流涌动。凤阳总督马士英与已罢官的阮大铖暗中策划，立福王朱由崧为新君。1644 年 5 月，福王在南京即位，建元“弘光”，为南明政权开了头。史可法任礼部尚书兼东阁大学士，马士英也同时入阁。

此时，淮河以南国土都在南明政权控制之中，至少还有半壁江山。李自成、张献忠也有相当兵力。在民族矛盾上升为主要矛盾的时候，如果他们联合抗清，或许是另外一种结局，但历史不能假设。南明掌权的马士英、阮大铖之流鼠目寸光，除了争权夺利没有别的本事。到头来，只能被清朝各个击破。

史可法改任兵部尚书后，就到前线督师。朝中大权都落在马士英、阮大铖一伙手中。长江北岸由刘泽清、高杰、刘良佐和黄得功四总兵分区镇守。四将明争暗斗，积怨很深。史可法竭力调和，但收效不大。据守武昌的明将左良玉则以“清君侧”为名，挥师东下。清军还没来，南明自己就乱成一锅粥了。

史可法名为督师，实际无师可督。清摄政王多尔衮劝降史可法，被严词拒绝。

清军大兵压境，多路明军不战而降。史可法退至扬州，誓死守城，无奈兵力十分单薄。1645 年农历四月二十四日，清军用红衣大炮轰破扬州城。史可法拔剑自刎，被众将拦住。史可法高呼：“我就是史督师。”史可法被俘，拒降而死。

清军攻陷扬州后，以不听招降为由，疯狂屠杀。一连十天，杀人 80 多万，几百年的繁华都市变成一片废墟，这就是史上臭名昭著的“扬州十日”。大热天，尸骨堆积如山，臭气熏天。史可法的遗体没有找到。一年后，他的义子在扬州梅花岭给他建了衣冠冢。

史可法只是南明弘光时期才担当重任，也没有什么大的建树。人们看重的是他宁死不屈的民族气节。

郑成功抗清

郑成功（1624—1662），福建泉州南安人，南明抗清名将。

1644 年崇祯皇帝缢死煤山（今北京景山）后，明朝遗臣在南京拥立福王登基，第二年改元“弘光”。当年，清兵南下攻占南京，福王被俘，弘光政权就灭亡了。

郑成功的父亲郑芝龙任明朝都督同知（官阶从一品）。他手握重兵，在福州拥戴唐王称帝，改元“隆武”。

隆武帝非常欣赏郑成功的才华，并赐姓给他，所以人称国姓爷。从隆武二年起，郑成功多次率军在福建、江西与清兵作战。

郑芝龙不顾郑成功等人的反对，投降了清国，而郑成功则率领父亲旧部在东南沿海继续抗清，成为南明后期的主要军事力量之一。

隆武政权灭亡后，郑成功改奉南明永历政权。几年间，他占据厦门、金门，建立根据地；发动潮州、漳州、澄海等战斗，取得一定胜利。

清廷多次以高官厚禄招抚郑成功，但他并无诚意。此间，占据云贵的李定国曾与郑成功联系，从东西两面合击广东，把南明地盘连接起来。郑成功正与清廷谈判，延误了约期，错过了一个大好机会。

1659 年，郑成功同南明兵部尚书张煌言率 17 万水陆大军，北伐南京。郑成功由崇明进入长江，连克瓜州、镇江，并包围了南京。张煌言溯江而上，扼制芜湖，攻占皖南 24 个县。一时间，郑、张呼应，江南震动。但就在此时，郑成功中了清兵的缓兵之计，招致失败，只好退回厦门。张煌言在皖南孤立无援，只得放弃所占城池，败走浙东。南京之战是郑成功军旅生涯中最重要的一段，然而一招不慎，全盘皆输，使反清大业遭受致命挫折。

1660 年，郑成功在福建海门港（今龙海东）歼灭清将达素水师 40000 余人，取得一场胜利，使郑成功部声望有所提振。

北伐南京失败后，郑成功部元气大伤，南明抗清力量日渐衰弱。在中国大陆上，清朝大局已定。于是，他决定收复台湾，开辟海上反清根据地。

李定国抗清

李定国出生于明末陕北贫苦农民家庭。10岁时参加张献忠起义军，17岁就独立率领两万人的部队。他做事有度，作战勇敢，有“小尉迟”之称。

1644年，张献忠建立大西政权，年仅23岁的李定国被封为安西将军。

1646年，张献忠在四川凤凰山战死，所部溃散。此时，李定国与孙可望等四将在危难中收集残部，迅速南下转移，保存了有生力量。

李定国等在云南平息土司沙定洲之乱，受到各族人民欢迎，军队扩大到20万人。接着平定贵州，组建大西军，建立起以云贵为中心的反清基地。

1652年，走投无路的南明永历政权同大西军建立了联合抗清阵线，大西军尊桂王为帝。同年，孔有德和吴三桂两路大军夹攻永历政权。李定国、刘文秀分两路出击，与清军主力正面交锋。李定国率8万步骑和50头战象从南路进攻。所部攻入桂林，孔有德中箭自焚。接着，又进军湖南、广东、广西、江西，收回方圆三千里的土地，取得湘桂大捷。清廷大为震惊，又派敬谨王尼堪率15万精兵扑来。李定国在湖南衡州伏击清军，他手举大刀，把尼堪一劈两半。清军败逃，李定国又取得衡州大捷。与此同时，刘文秀率北路军在四川大败吴三桂，东南沿海的抗清力量也开始反攻，由此形成了第二次抗清高潮。

就在抗清斗争取得重大胜利的时候，孙可望嫉妒李定国的赫赫战功，在别人的挑唆下发动内战，削弱了自身实力。孙可望也因众叛亲离而投降清廷。

1659年，吴三桂攻下昆明，李定国掩护永历帝出逃缅甸。吴三桂部气势汹汹地追来。李定国在磨盘山设下埋伏，准备把敌人装进布袋。因奸细告密，伏击意图暴露，南明军只好出伏与清军短兵相接。清军损失惨重，不敢再追。

1661年，吴三桂把永历帝引渡回国。第二年，李定国在42岁生日那天突然发病，接着又传来永历帝被绞杀的消息。悲愤交加，他在勐腊去世。

李定国的民族气节和军事才华一直受到人们称赞。晚清革命党人蔡锷就以他为榜样，鞭策自己。至今云南人仍把李定国看作“滇中脊梁”。

李来亨抗清

李来亨是明末陕西清涧县（一说米脂县）人。他出生时正赶上大灾荒，父母在饥饿中死去，他被李自成的侄儿李过收养，长大后参加了起义军。

1645 年 5 月，李自成在湖北通山县九宫山遇害后，他的高夫人与李自成部下李过、高一功等人做出重大决策，同南明政权合作，共同反抗清朝。

1651 年（一说 1648 年），高必正、党守素、李来亨率部由贵州进入四川。途中遭遇伏击，众将遇难，只有李来亨力战得脱，南明抗清大业岌岌可危。

沧海横流方显英雄本色。困难时刻，李来亨继续高举抗清大旗，带领所部几万人，经过多次血战，进入川鄂边境，同先期到达这里的郝摇旗等部会师，并联合当地其他反清武装，组成夔东十三军。他们在湖北省兴山县境内方圆 150 里的茅麓山上，建立抗清根据地。高山顶上，密林深处，修筑了许多山寨、炮台、战壕、古道、桥梁和瞭望台，准备长期斗争。

1658 年，夔东十三军在李来亨带领下，两次围攻重庆，牵制敌人，有力地支援了张献忠余部李定国的抗清斗争。

1662 年冬，清廷集中川、楚、秦三省兵力，围攻夔东十三军。次年春，攻入茅麓山。李来亨诱敌深入险境，杀敌上万，会同郝摇旗部挫败敌人围攻。

1664 年，清廷又集中十万人马，在靖西将军穆里玛指挥下，围攻茅麓山。李来亨奋起反击，火炮、檑木、滚石都派上用场，清兵纷纷坠崖落涧，清将贺布索、苏尔马均被打死。清兵被迫改变策略，封锁山下所有出口，企图困死夔东十三军。相持数月，山上物资消耗殆尽。李来亨两次组织突围，但终因寡不敌众而告败。清廷派明朝叛徒李有实前来招降。李来亨处死叛徒，表示与清朝势不两立。8 月 4 日，山上弹尽粮绝。李来亨把剩余的一点财物分给大家，让他们分头突围。然后，他与妻儿举家自焚而死。

以李自成余部为主体的夔东十三军坚持斗争 20 年。它的失败，标志着大陆上公开反清复明的星火熄灭了，华夏族被打断脊梁昏睡的历史开始了。

智擒鳌拜

鳌拜出身后金将门。年轻时，他跟随清太宗皇太极南征北战，屡建功勋。入关后，奉命追击农民起义军。他以战功封公爵，号称“满洲第一勇士”。

1661年，年仅24岁的顺治皇帝死了，三子玄烨继位，就是康熙皇帝。玄烨只有八岁，相当于现在小学二年级的年龄。为了辅助小皇帝，顺治皇帝临崩前安排索尼、遏必隆、苏克萨哈和鳌拜四人为辅政大臣。索尼年老病多，疏于管事。苏克萨哈曾依附多尔衮，威信不高。遏必隆为人庸懦，常常附和鳌拜。鳌拜虽然位居第四，但资格老，军功高，渐渐霸道起来，甚至凌驾于皇帝之上。

户部尚书苏纳海、直隶总督朱昌祚、巡抚王登联违拗鳌拜与白旗换地的要求，拨地迟疑。鳌拜竟违背康熙本意，矫旨把三位大臣处死，强行换地。

康熙六年（1667）六月，索尼临终前上书康熙，让他仿效顺治帝亲政。七月，康熙亲政。十天后，苏克萨哈请求解除自己的辅臣职务，到遵化为顺治帝守陵。如果这样，遏必隆和鳌拜也应辞职。苏克萨哈捅到了鳌拜的痛处。鳌拜就罗织了苏克萨哈的24项罪名，提出将其凌迟、灭族。康熙十分不快。但此时鳌拜势盛，不忍不行。苏克萨哈被处以绞刑并灭族。此后，鳌拜更加肆无忌惮。

不久，康熙挑选了一批身强力壮的亲贵子弟，在宫中和他们练习布库游戏。这种游戏有点像今天的摔跤。鳌拜见了暗自高兴。小屁孩，玩你的吧。

康熙八年（1669），康熙把鳌拜的亲信派往各地，离开京城；又用自己的亲信掌握了京师的卫戍权。五月的一天，康熙召鳌拜入宫觐见。鳌拜刚进宫，康熙一声令下，那些玩布库的少年一拥而上，把他掀翻在地，束手就擒。

原来康熙擒鳌拜是有预谋的。玩布库可以掩人耳目，实在是高招。

接着，朝议鳌拜有30条罪状。按律当死，但念及鳌拜年久资深，屡立战功，康熙还是放他一马，只判了监禁。时间不长，这小子就死在狱中了。

鳌拜叫板皇帝，忘乎所以，祸出必然；康熙轻取鳌拜，稳固皇权，心智过人。

撤除三藩

清军入关后，自身实力有限，就利用明朝降将消灭农民起义军，平定南明政权。为了收买和利用他们，就诱以高官厚禄，功劳大的封王。吴三桂封平西王，世代镇守云南，兼辖贵州。耿仲明封靖南王，世代镇守福建。他死后，孙子耿精忠袭任。尚可喜封平南王，世代镇守广东。

吴三桂、耿精忠、尚可喜三股势力合称“三藩”。他们在自己镇守的地区权力很大，拥有自己的军队、财政和实际统治权，已经形成割据势力。三藩中吴三桂势力最大。他疯狂聚敛财富，制造武器，操练士卒，购买蒙古马，暗存硝磺等违禁物品。种种迹象表明他已图谋不轨。三藩年俸饷银2000万两，占到全国财赋的一半，压得朝廷喘不过气来。

康熙帝为三藩事挠头。他把“三藩”写成条幅挂在宫柱上，朝思暮想。

康熙十二年(1673)三月，平南王尚可喜上书朝廷，请求告老还乡，留其子尚之信继续镇守广东。朝廷合议后，康熙下诏，同意告老还乡，同时撤藩。吴三桂和耿精忠得到消息，先后上书，请求撤藩。他俩本意是投石问路，试探朝廷态度，没想到康熙当即拍板，同意撤藩，事情竟然弄假成真了。

朝廷随即派员到三地商榷移藩事宜。吴三桂表面拜诏，暗里策划造反。

同年十一月，吴三桂打着反清复明的旗号在云南叛乱。叛军一度取胜，占领湖南不少地盘，他还当上了“大周”国皇帝。耿精忠、尚之信跟着起哄。广西、四川、陕西的汉族督抚拥兵呼应。康熙皇帝迅速部署，重点打击吴三桂，而对其余两藩和反叛的督抚则分化瓦解。此时的清王朝已今非昔比，它可以调动全国兵力。清军首先击溃吴三桂部，耿精忠、尚之信见势不妙当了孙子。康熙十七年，吴三桂病死，其孙吴世璠继位。康熙二十年(1681)，清军三路围攻昆明，吴世璠自杀。这场历时八年、波及十省的叛乱终于被平定了。

三藩之乱结束后，清王朝实现了真正意义上的统一，并开始走向强盛时期。年轻的康熙赢得空前威望，开启了自己辉煌的帝王生涯。

平定噶尔丹

明末清初，蒙古族分为漠南、漠北喀尔喀和漠西厄鲁特三大部。后者又分为准噶尔、和硕特、土尔扈特和杜尔伯特四部，其中准噶尔势力最强。

康熙初年，准噶尔上层封建主争权夺利，相互内斗。康熙十年（1671），噶尔丹获胜，自立为准噶尔汗。以后，他吞并厄鲁特各部，控制了天山南北。

得势的噶尔丹勾结沙俄，企图利用它提供武器并牵制清朝政府，自己践行“东进政策”，摆脱清王朝，建立一个独立的大蒙古帝国。

康熙二十七年（1688），噶尔丹出兵击败漠北喀尔喀诸部。喀尔喀部的宗教首领大喇嘛哲布尊丹巴率领部民，南逃到苏尼特部。蒙古属于清朝，蒙古人都是清朝臣民。康熙帝敕令噶尔丹罢兵，而他利令智昏，欲罢不能。

康熙二十九年（1690）二月，噶尔丹率两万骑兵冒险进入乌珠穆沁盆地，来到清王朝眼皮底下，摆出一副与清军决战的架势。

面对噶尔丹咄咄逼人的气势，康熙帝决定御驾亲征。此时，噶尔丹屯兵乌兰布通（今内蒙古翁牛特旗西南），距北京仅 700 里。康熙帝运筹帷幄。八月初一日，裕亲王福全率军发起进攻。连战三日，大败噶尔丹，他只带千余士卒逃脱。

乌兰布通战后，康熙帝增强了张家口、大同等边境重镇的兵力；还召集蒙古 49 旗王公贵族盟会，使喀尔喀部族彻底臣服清朝，为消灭噶尔丹布好大网。

康熙三十五年（1696），康熙帝二次亲征。五月，清将费扬古在昭莫多（今蒙国乌兰巴托以南的宗莫德）大败噶尔丹，他只带数十骑落荒而逃。

康熙三十六年（1697）二月，康熙帝亲自到宁夏征讨噶尔丹。此时的噶尔丹随从不过百人，住无帐篷，吃无粮食；树敌太多，走投无路。不过噶尔丹还是硬撑着不投降。三月，噶尔丹暴病死亡（一说服毒自尽）。消息传来，正在黄河大堤上视察的康熙皇帝当即跪倒，拜天谢地。

噶尔丹戎马生涯几十年，也算得上是我国北方草原上叱咤风云的人物。但在如日中天的清王朝面前，在睿智的康熙大帝面前，他就微不足道了。

雅克萨之战

明末清初之际，沙俄势力向我国黑龙江流域渗透，在黑龙江北岸修建雅克萨和尼布楚两城。他们无视我国主权，绑架勒索当地居民，甚至杀食达斡尔人。

从后金到清朝，清朝政府忙于国内战事，无暇顾及沙俄挑衅。清朝政府虽然多次抗议、警告，但沙俄侵略者依然我行我素。

平定“三藩”的第二年，康熙帝出山海关东巡，了解边事。此后，他确定了侦察敌情、修建驿站、建造战船、武力驱逐沙俄的战略部署。

康熙二十四年（1685）二月，康熙帝下令由都统彭春、副都统郎谈和黑龙江将军萨布素统军3000余人，水陆两路攻取雅克萨。五月二十日，清军抵达雅克萨城下，向敌人发出通牒。沙俄头目托尔布津凭借巢穴坚固，又有3门火炮、300支鸟枪和450名士兵，拒不从命。二十五日黎明，清军发炮轰击，敌人伤亡惨重，托尔布津被迫投降。经彭春同意，沙俄撤至尼布楚。清军捣毁雅克萨城。

沙俄见清军撤离，立刻卷土重来。他们从莫斯科调来600士兵，增援尼布楚，再次盘踞雅克萨。清政府给予坚决回击。康熙二十五年（1686）七月，清军2000多人再抵雅克萨。托尔布津拒绝投降。八月，清军大炮轰城，托尔布津中弹身亡。接着，清军在雅克萨东、南、北三面掘壕，在城西河上派战船巡逻，把沙俄侵略军团团围困起来。

沙俄侵略军原有826人，活着的只剩下66人。沙俄实在没招了，只得向清廷请求撤围，还答应遣使议定边界。清军撤围后，“大鼻子”逃回尼布楚。

康熙二十八年（1689），双方鉴定了《中俄尼布楚条约》，确定中俄两国东段边界，以额尔古纳河、格尔必齐河沿外兴安岭至海为界。河、岭以南的土地属中国，河、岭以北的土地属俄国。拆毁雅克萨据点，撤走沙俄殖民者。

签订《中俄尼布楚条约》，清政府做了一定的让步，失去了外兴安岭以北的小部分领土和以尼布楚为中心的蒙古东北部地区。不过条约签订后，清东北边境在一个半世纪里基本上保持了安宁状态。

康乾盛世

从1681年平定“三藩”，到1796年白莲教起义，史家把这115年的时间段称为康乾盛世，又称康雍乾盛世、康雍乾之治或康乾之治。

这一个多世纪，国内安宁，边事平静，人口增长迅速。据统计，1722年全国人口突破1.5亿；而到1790年就突破3亿，是有史以来最多的。1759年，清军平定天山南路，继承了准噶尔汗国边界，其疆域辽阔超过历代。

康乾盛世后期，生产总值达到世界的三分之一。国库储备充足，最高年份达到8千万两白银。康乾两朝五次全免农业钱粮，合款近3亿两白银。规模之大，是历代没有过的。老百姓负担轻了，造反的就少了。

这一个多世纪，农业生产持续发展，耕地面积不断扩大。1661年全国耕地面积为5.26亿亩，乾隆帝去世时达到10.5亿亩。种植方法也有很大进步，南方普遍推广多熟种植。老百姓吃饱了，社会就稳定了。

康熙中期以后，手工业得到恢复和发展。江南纺织工业发达，苏州“益美”字号生产的布匹，具有品牌效应，销路很广。乾隆时，全国的陶瓷产地有40多处。最著名的景德镇，单民窑就有二三百区，从业人员几十万。制糖业在台湾、福建、广东、四川很兴旺，除内销各省，还出口日本、吕宋。矿冶业发达。云南铜矿有300多家，铜的年产量最高达到1467万斤（合3700多吨）。

外交方面，清朝沿袭了汉族王朝的天下观。这一时期，向它朝贡的国家有20多个。大清王朝真可谓威风八面。

从历史纵向发展来看，这一百多年疆域辽阔，国家安宁，人口增加，经济发展，人民生活得到改善，应该是一个盛世，但也是中国封建社会的回光返照。

史学界有人对康乾盛世持有异议。他们认为汉唐盛世政治环境宽松，精神昂然进取，而康雍乾三代以“文字狱”为代表，残酷禁锢人们的思想。这三代君主虽然英明，干了不少大事，但妄自尊大，闭关锁国，拒绝接受新生事物，严重制约了中国社会的进步。

虎门销烟

林则徐(1785—1850),清福建省侯官(今福州市区)人。26岁考中进士,进入官场。由于为官清廉,政绩突出,因此一路提升,官至一品封疆大吏。

因为长期在地方任职,所以林则徐对鸦片之害深恶痛绝,积极主张禁烟。

1838年11月,道光皇帝任命林则徐为钦差大臣,到广东查禁鸦片。林则徐到任后,会同两广总督邓廷桢、广东水师提督关天培等人筹划禁烟。他们通过调查,掌握了中国贪官和外国烟商的大量情况。在此基础上,林则徐命令外国鸦片贩子限期交出鸦片,并具结保证,今后永不夹带鸦片;否则,一经查出,“货即没官,人即正法”。收缴鸦片就是割鸦片贩子的肉,他们当然要负隅顽抗。林则徐严正声明:“若鸦片一日不绝,本大人一日不回,誓与此事相始终,断无中止之理。”林则徐态度十分强硬,鸦片贩子实在抗不过去,只好把鸦片交出来。

林则徐收缴鸦片2.2万多箱,合计237.6万多斤,都堆积在广州虎门海滩上。1839年6月3日,林则徐当众下令销毁。在海滩上已挖好池子,前设涵洞,后通水沟。池中蓄有卤水,把鸦片投入其中浸泡,再加石灰焚化,退潮时开放涵洞排入大海。销烟前后进行了23天。林则徐下令一些外国商人和传教士到现场观看。前来观看的群众络绎不绝,无不拍手称快;而外国人面色凝重,神情紧张。

道光皇帝看到广州禁烟的举动欣喜万分,称赞是“大快人心事”。可是当英国军舰抵达天津时,他就乱了方寸。反对禁烟的琦善趁机点火煽风,把全部责任推到林则徐身上。林则徐大胆陈述禁烟理由,道光帝竟指斥是一派胡言。堂堂大清皇帝翻脸不认人。

1840年9月29日,道光帝下旨将林则徐降为四品官阶;不久,又革去四品官阶,发配新疆伊犁。

林则徐被谪戍伊犁了,但英国人并没有停止鸦片输入,反而变本加厉了。

林
NO

鸦片战争

从乾隆末年起，清朝统治江河日下，而欧美的资本主义却迅速发展。尤其是领头羊英国，用大机器代替了工场手工业，原料和产品都急需找到市场。

偌大的中国市场是英国首先紧盯的目标。然而中国生产的茶叶、丝绸和瓷器在欧美市场很受欢迎，而英国出口的羊毛、呢绒等工业制品却不对中国人的口味。此外，清政府还要征收 20% 的关税。这让英国人大为恼火。

为了改变贸易不利局面，英国人采取卑劣手段，向中国大量走私鸦片。鸦片俗称大烟或烟土，还有人叫“福寿膏”。它是从罂粟中提取、加工的毒品。长期吸食，可使人丧失免疫功能，极易染上疾病；过量吸食，还可能急性中毒或死亡。吸食鸦片摧残国民身心健康，又引起了大量的白银外流。

面对鸦片危害，清廷统治集团中一部分人力主禁烟，而另一部分人却反对禁烟。道光皇帝像墙头草，一会儿倒向严禁派，一会儿又倒向弛禁派。

1838 年，道光皇帝任命湖广总督林则徐为钦差大臣，到广东查禁鸦片。1839 年 6 月，他在广州虎门海滩销毁两万多箱鸦片，还下令禁止英国的一切贸易。

1840 年 6 月，根据英国国会授权，由海军少将乔治·懿律率领的 47 艘舰船和 4000 多名士兵来到中国海面，鸦片战争的腥风血雨开始了。

他们首先封锁广州、厦门等多处海口，接着进攻定海（今浙江舟山），进抵天津。道光帝慑于兵威，改变禁烟主意。10 月，将林则徐、邓廷桢革职，派琦善出任两广总督，和英国人谈判。1841 年 1 月 7 日，英军突然攻占虎门炮台，打死打伤清军 700 多人。接着又占领香港岛。1 月 27 日，清廷对英宣战，道光帝派皇侄奕山到广州主持战事。奕山初获小胜，继而大败。8 月，英军接连攻陷厦门、定海、镇海（今属宁波）、乍浦（今浙江平湖），经吴淞口直逼南京。1842 年 8 月 29 日，清廷与英国签订《南京条约》，鸦片战争才算结束。

尽管清军爱国将领关天培、葛云飞、陈化成以身殉国，尽管浙江黑水党、广州三元里人民英勇反抗，但都没有改变鸦片战争失败的结局。

南京条约

1842年8月4日，英国海军百艘战舰载着9000名军人，沿长江西进，陈列在南京下关江面。他们在钟山上架起大炮，摆好攻城的架势。

道光皇帝接到报告，急得抓耳挠腮，他既恨林则徐挑起事端，更骂琦善、奕山一伙饭桶，八旗绿营堂堂20万大清朝军队连两万洋鬼子都惹不起。急归急，事还得办。军机大臣、文华殿大学士穆彰阿的数学学得“精”。他说征讨蛮夷也得破费钱财，还不如把钱财送给洋鬼子，息事宁人。

遵照皇上指示，钦差大臣、两江总督耆英带人去南京和英国人谈判。他们在静海寺谈了四次。说是谈判，其实是英国人的霸王条款，不听也得听。

8月29日，耆英和英方全权代表璞鼎查在英军旗舰“汉华丽”号（又译作“皋华丽”号或“康华丽”号）上签署了《南京条约》，共13条。主要内容有：割让香港岛给英国；向英国赔款2100万银元；开放广州、福州、厦门、宁波、上海五处通商口岸，准许英国在这里派驻领事；英商进出口关税，须两国商定；允许英商与华商自由贸易；为英国侵略服务的汉奸，全部免罪；中英民间诉讼，英商归英国自理。

《南京条约》签订的第二年，还是这个耆英，又和英国人签订了《五口通商章程》和《五口通商附粘善后条款》。这两个条约是《南京条约》的附件。通过附件，英国人又攫取了领事裁判权和片面“最惠国待遇”等许多特权。

美国和法国看到英国捞了很多好处，急得眼红。他们也向清政府张牙舞爪要好处。道光皇帝破罐破摔，还是让耆英给洋人当好人，又于1844年先后签订了中美《望厦条约》和中法《黄埔条约》。通过这两个条约，美法两国享有英国的一切权利，允许他们建教堂，修医院，扩大领事裁判权，美国兵船还可以自由出入通商口岸。

《南京条约》及其后续条约，使中国主权遭到严重破坏；自给自足的封建经济逐步解体，开启了半殖民地半封建社会。《南京条约》是中国近代史上的第一个不平等条约，它也标志着中国近代史的开始。

第二次鸦片战争

英国发动鸦片战争，捞到太多的好处。但上升时期的资本主义胃口很大，永远没有填饱的时候。1856 年 10 月至 1860 年 11 月，英法联军又发动对中国的侵略战争，获得更多特权，史称第二次鸦片战争。

英国是“领头狼”，它制造“亚罗”号事件，于 1856 年 10 月 23 日武装进犯广州，挑起第二次鸦片战争。翌年，英国照会法、美、俄三国，提议联合出兵，迫使清政府作出更大让步。四国一拍即合。同年 12 月 29 日，英法联军攻陷广州，俘虏了两广总督叶名琛，广东巡抚柏贵投降。侵略军在广州建立了伪政权。

1858 年 5 月，英法联军攻陷大沽口炮台，逼近天津，扬言进犯北京。清政府派人求和，在天津分别和英法两国签订了《天津条约》。美俄两国借口“调停有功”，在此之前已和清政府签订了《天津条约》。沙俄更加阴险，早在 5 月还以武力胁迫清朝黑龙江将军奕山签订了《瑷珲条约》，图谋侵占我国东北领土。

1859 年 6 月，英法借口到北京与清政府交换《天津条约》批准书，率舰队到达大沽口。清政府以大沽口设防为由，指定各国公使由北塘登陆到北京换约，并不得携带武器。英法联军拒不从命，突然进攻大沽口炮台。清守军奋起抵抗，重创敌人，英法联军败退。

1860 年，英法增兵，扩大对华侵略。4 月攻占舟山，随后攻陷大连湾和烟台，又陈师大沽口外。8 月先后攻占北塘、大沽、天津。接着自天津沿河北上，直逼北京。9 月 22 日，咸丰皇帝仓皇逃亡热河（今河北承德）避暑山庄，而留下恭亲王奕䜣与侵略军议和。10 月 6 日侵略军首先攻占圆明园，劫掠焚烧。接着占领安定门，控制北京，大肆烧杀抢掠。奕䜣分别与英、法签订了《续增条约》亦即《北京条约》。俄国佬跟着英法捞好处，借口“调停有功”，也签订了《北京条约》。侵略者得到暂时的满足，撤出北京，第二次鸦片战争才算结束。

经过这场战争，外国侵略者获得更多好处，也加速了中国社会半殖民地的进程。

大沽口之战

大沽口是海河入海口。这里的河面宽约 500 米，水深约 5 米，溯河上行约 60 公里就是华北重镇天津，再上就是北京。大沽口既是天津的门户，也是北京的门户。

大沽口是军事要塞。1840 年至 1841 年，清政府重建两岸炮台，并增制火炮，配备兵员。在清王朝眼里，大沽口的防御应当是固若金汤的。

第二次鸦片战争期间，清军和英法联军在这里进行了三次战斗。

1858 年 4 月，英法联军 2700 多人，分乘 26 艘舰船到达大沽口外。他们向清政府提出一大串无理要求。咸丰皇帝害怕打仗，就派直隶总督谭廷襄为钦差大臣去谈判。英法联军挑剔他的资格，拒绝谈判。5 月 20 日，他们突然向清政府下达最后通牒，限两小时内交出大沽口炮台。上午 10 时，就悍然发动进攻。守台将士英勇回击，打死打伤敌人数十名，击伤敌舰 3 艘。但因谭廷襄等高级官员率先逃跑，以致军心动摇，炮台失陷。清政府被迫与列强签订了《天津条约》。

1859 年，英法美三国以交换《天津条约》批准书为借口，率士兵 2000 多人，乘舰船 21 艘，于 6 月 20 日又来到大沽口。英法拒绝清政府北塘登陆换约的通知，蛮横坚持经海河入京换约。25 日，侵略军故伎重演，向大沽口炮台发动突然袭击。但此时的炮台经过重新装备，防务能力已今非昔比。钦差大臣僧格林沁指挥清军英勇反击，激战一昼夜，打死打伤敌人 460 多名，击沉击毁敌舰 10 艘，英舰队司令贺布受伤，敌舰竖白旗逃窜了。这真是一场难得的胜利。

1860 年 8 月，英法联军出动大批军舰和陆战队员，在防务空虚的北塘登陆，然后向北炮台和石缝炮台发起攻击。直隶提督乐善率军奋起反抗，激战一天，守台将士全部壮烈牺牲。僧格林沁见大势已去，下令全军撤退，大沽口炮台失陷了。此后，英法联军占领天津，攻入北京，逼迫清政府签订了《北京条约》。

在和清政府打交道的过程中，外国侵略者摸透了它欺软怕硬的脾气，只要动真格的，清政府就会做驯顺的绵羊。

天津条约

1858年5月20日，英法联军仅用两个钟头就攻陷大沽口炮台，随后沿海河直逼天津。咸丰皇帝吓得尿了裤子，即刻派大学士桂良和吏部尚书花沙纳为钦差大臣赶到天津，和英国全权代表额尔金谈判。6月26日，双方签订了《天津条约》。

这份条约共56款。条约规定：英国公使常驻北京，在各通商口岸设立领事；增开牛庄（后改营口）、登州（后改烟台）、台湾（后选定台南）、淡水、潮州（后改汕头）、琼州、汉口、九江、南京、镇江十处为通商口岸；传教士可以到内地自由传教，中国官员不得“刻待禁阻”；英国人可以到中国内地游历、通商；英国商船有权在长江一带各口岸自由往来；英国军舰驶入中国口岸，中国官员须“妥为照料”；英国人在通商口岸“听便居住”，可租地建房，可设立医院、教堂、坟茔等；英国享有领事裁判权，中英人民争讼事件由英国领事会同中国官员审断，英国人犯罪都由英国惩办；中国赔偿英国军费白银400万两；英国在中国享受最惠国待遇。

中英《天津条约》签订的第二天，这两个钦差大臣又与法国全权代表葛罗签订了《天津条约》。除了索赔白银200万两，其他内容与中英条约相同。

俄、美两国技高一筹。他们打着“调停”的旗号，先于英、法两国签订了《天津条约》。6月18日，桂良和花沙纳与美国驻华公使威廉在天津海光寺签订了《天津条约》。虽然早签几天，但一个“一体均沾”享有了所有特权。6月13日，这两位钦差大臣也在这里和俄国驻华公使普提雅廷签订了《天津条约》。它的内容与中英条约几乎一样，但加了“两国派人秉公查勘未定国界”，这就为沙俄在“勘界”名义下进一步掠夺中国领土埋下祸根。

英、法、俄、美四国与清政府分别签订《天津条约》后，得到了暂时的满足。于是他们打着得胜鼓，撤出大沽口。按照约定，第二年来北京换约。

咸丰皇帝用巨大的代价换来北京暂时的太平，殊不知这正是饮鸩止渴。

火烧圆明园

圆明园位于北京西北郊，由圆明园、长春园和绮春园组成，所以也叫圆明三园。在圆明园东、西、南三面还有许多小园，如众星捧月般地环绕着它。

圆明园占地面积 346.6 万多平方米（约 5200 亩），建筑面积 20 多万平方米，景点 150 多个，有“万园之园”的美誉。

圆明园始建于 1709 年。最初由康熙帝赐给四皇子胤禛。胤禛即位后在南园增建了正大光明殿、勤政殿和内阁、六部、军机处诸值房。乾隆时期进行了局部增建、改建，还新建了长春园，并入了绮春园。至此，圆明园的格局基本形成。嘉庆、道光年间，也有改建和装饰。

圆明园继承了中国三千多年的优秀造园传统，既有宫廷建筑的雍容华贵，又有江南园林的委婉多姿，同时还吸收了欧式园林的精华，被法国著名作家维克多•雨果誉为“理想与艺术的典范”。

清朝前期，历代皇帝每年盛夏都要到圆明园避暑兼处理军政事务，因此圆明园也称“夏宫”，成为著名的皇家园林。

1860 年 10 月 6 日傍晚，英法联军闯入圆明园。第二天早晨，当他们看到无数珍奇异宝后，就开始疯狂抢劫。他们究竟抢了多少，可能永远无法说清。据清室资料记载，园内陈列和库存的各式钟表共 441 件，劫后幸存的只剩下一件无法搬动的大钟。当时英国《泰晤士报》称：“据统计，被劫掠和破坏的财产总价值 600 万磅。”事实上，他们抢走和破坏的物件有很大一部分是无价之宝，它们的价值如何能估算出来？

因为掠夺财物，英法联军相互殴打，甚至发生械斗，简直就是一群疯子。

10 月 28 日，3500 名英国侵略军又冲进圆明园，纵火焚烧。大火烧了三天三夜，烟云笼罩北京，久久不散，举世无双的圆明园就在大火中面目全非了。

火烧圆明园是人们的习惯说法。其实，焚烧的范围比这大得多，还有万寿山、玉泉山、香山、清漪园、畅春园、静明园和静宜园等等。

北京条约

1860 年 8 月，英法联军攻克大沽口炮台后，沿海河北上，占领天津。接着继续溯河而上，直指清都北京。

9 月 21 日，清将僧格林沁、胜保和瑞麟带领三万清兵在北京通县进行阻击。清兵伤亡过半，败下阵来。9 月 22 日，咸丰皇帝带着皇后、嫔妃和皇子仓皇逃往热河（今承德）避暑山庄，而把国家大事托付给弟弟即恭亲王奕䜣全权处理。

英法联军在北京烧杀抢掠，无恶不作，还逼迫清政府接受不平等条约。

1860 年 10 月 24 日和 10 月 25 日，奕䜣在北京礼部大堂分别与英、法两国交换了《天津条约》，又新签了《北京条约》。

在中英《北京条约》中，清政府割让九龙半岛；增开天津为商埠；把《天津条约》中的赔款白银由 400 万两增加到 800 万两；允许外国传教士在中国租买土地，兴建教堂；准许招募华工，出洋劳作。

中法《北京条约》与中英《北京条约》大同小异。清政府同意开放大连为商埠，归还以前没收的天主教财产。另外，把《天津条约》中的赔款白银由 200 万两增加到 800 万两，和英国一样多。

《北京条约》签订后，英法两国揣着满肚子高兴，离开了北京。此时，沙俄代表伊格那季耶夫粉墨登场，他声称调停有功，也逼着清政府签订了《北京条约》。条约中，清政府承认 1858 年签订的《瑷珲条约》有效，割占了我国黑龙江以北、外兴安岭以南和乌苏里江以东的大片国土，共 100 多万平方公里；对中俄西段疆界作了原则规定，成为日后《中俄勘分西北界约记》的基础；开放张家口、库伦和喀什噶尔为商埠，并在后两处设立领事馆。

《北京条约》是《天津条约》的补充和扩大。它不仅承认了《天津条约》有效，还让以英法为首的西方资本主义国家攫取了更多的权益。尤其是允许华工出洋劳作，使掠卖华工由秘密走向公开。所有这些，都进一步加深了中国社会半殖民地的程度。

沙俄坐收渔利

中俄《尼布楚条约》签订后，沙俄并不死心。它念念不忘侵吞中国黑龙江地区，夺取通往太平洋的出海口。鸦片战争后，沙俄见机会来了，就加紧侵略活动。1849 年至 1853 年，沙俄武装人员侵入黑龙江下游，建立侵略据点。随后在东西伯利亚总督穆拉维约夫的指挥下，大批侵略军闯入黑龙江，对中上游北岸和下游两岸实行军事占领。

1857 年 12 月，英法联军攻陷广州，沙俄决定趁火打劫。第二年 5 月 20 日，英法联军进攻大沽口炮台，天津告急。5 月 22 日，穆拉维约夫迫不及待，在两艘炮舰护送下，来到瑷珲城。他与清廷黑龙江将军奕山会谈，声称自己为“助华防英”而来。为了双方的利益，中俄必须沿黑龙江、乌苏里江划界。奕山不接受，双方争吵激烈。此后，又进行多次谈判，但都没有结果。穆拉维约夫急不可耐，连夜在炮舰上鸣枪放炮。奕山一听枪炮声就哆嗦，便与穆拉维约夫签订了《瑷珲条约》。该条约议定黑龙江以北、外兴安岭以南 60 多万平方公里的中国领土归俄国；乌苏里江以东约 40 万平方公里的中国领土，中俄共管；中国内河黑龙江和乌苏里江，只允许中俄两国船只航行。奕山没有授权，清政府也不批准，并且还处分了奕山。这样，《瑷珲条约》还是一纸空文。

第二次鸦片战争，沙俄以调停有功，逼迫清政府签订《北京条约》，不仅认可了《瑷珲条约》，还把乌苏里江以东的中国领土，也让沙俄独吞了。

1864 年 10 月，沙俄又逼迫清政府签订《中俄勘分西北界约记》，割占了我国西北边疆 44 万平方公里的领土。

1881 年，沙俄通过《伊犁条约》和其后的五个勘界议定书，又割让了我国领土 7 万多平方公里。

人们常把沙俄比作北极熊。这熊看似笨重，其实大大地狡猾。它兵不血刃，却坐收渔利，仅用巧言令色和威胁恐吓，竟割去我国 150 多万平方公里的领土。真不知道康熙大帝的在天之灵对皇孙们的辉煌业绩有何感想。

太平天国

洪秀全出生于广东花县（今广东广州）。他早年参加了四次科举考试，但都名落孙山。一气之下，抛开孔孟之书，改奉上帝。1844 年，创立“拜上帝会”。此后，他和冯云山到广西传教，发展教徒，这些教徒多是贫苦农民和矿工。

1851 年 1 月 11 日，洪秀全领导一万多教徒在广西桂平县金田村起义，建立太平天国，他被尊为天王。同年秋，洪秀全在广西永安州（今蒙山县）分封诸王。杨秀清为东王，萧朝贵为西王，冯云山为南王，韦昌辉为北王，石达开为翼王，东王节制诸王。

1853 年 3 月 19 日，太平军攻克江宁（今南京），改称天京，定为国都，正式建立了与清朝相对峙的太平天国农民政权。

太平天国建都后，于当年 5 月派林凤祥、李开芳率师北伐，但因孤军深入而失败。另一路太平军溯长江西征，先后攻下安庆、九江、武昌，扩大了战果。

太平天国建都之际，清军在天京孝卫陵和扬州城外，分别建立“江南大营”和“江北大营”，对天京形成夹攻之势。1856 年，太平军拔掉两营，解除威胁。

正当太平天国兴盛的时候，东王却滋长了野心。洪秀全暗中指使北王铲除东王。韦昌辉杀死东王及部属两万多人，酿成“天京事变”。为了平息事态，洪秀全又杀掉韦昌辉。翼王负气出走。这次事变是太平天国由盛而衰的转折点。

天京事变后，清军趁机重建江南大营和江北大营。1858 年，忠王李秀成和英王陈玉成合力攻破江北大营。1860 年，两人又联合其他将领拿下江南大营。

曾国藩的湘军和李鸿章的淮军是镇压太平天国的主要武装力量，外国侵略者也把枪口对准太平天国。中外反动势力勾结一气，太平天国岌岌可危。1862 年 5 月，陈玉成因叛徒出卖而被俘，慷慨就义，年仅 26 岁。

1864 年 6 月 1 日，洪秀全病逝。7 月 19 日天京失守，李秀成突围被俘而死。

太平天国历时 14 年，席卷大半个中国。它猛烈冲击封建统治，坚决抗击资本主义武装侵略，用血与火为中国近代史写下壮烈篇章。

太平军北伐西征

太平天国定都后，就于当年5月派林凤祥、李开芳与吉文元、朱锡锟率部两万多人，兴师北伐，矛头直指北京。北伐军出安徽，进河南，转山西，经太行，东入直隶。10月末，部队抵达天津杨柳青。清廷重兵阻击，北伐军驻守待援。

翌年3月，北伐军南撤阜城，吉文元不幸牺牲。5月，退至东光连镇。太平军北上增援失败。李开芳率精骑南下接应援军，被困高唐（今属山东聊城）。林凤祥困守连镇，以劣势兵力与清军对峙。清军攻陷连镇后，林凤祥身负重伤被俘。清廷严刑逼供，林凤祥只留下一份403字的供词。他在北京西市被凌迟处死。行刑时毫无惧色，“刀所及处，眼光犹视之，终未尝出一声”，时年31岁。李开芳从高唐突围至冯官屯（今属山东茌平）时被俘，也被清廷凌迟处死。

林凤祥、李开芳壮烈牺牲，北伐军全军覆没，令人扼腕叹息。究其原因，孤军深入犯了兵家大忌，这实在是太平天国高层领导所犯的低级错误。

与北伐同时，太平军胡以晃等将领督战船一千余艘，溯长江西征。西征军首克安庆，继而由湖口进入南昌。清军拼命抵抗，南昌久攻不下。此时，翼王石达开到安庆主持战事。西征军历时三年，与清军反复拉锯，终于控制了武汉、九江、安庆三大重镇，占领了皖赣和鄂东大部分地区，稳定了长江上游的局势。

天京事变后，武汉和九江先后易手，曾国藩又率湘军主力进犯安庆。太平军进行第二次西征。1860年9月，西征军分别由李秀成和陈玉成统领，沿长江南北两岸西进，以期在武汉会师。翌年3月，陈玉成率北路军迫近武昌（今湖北鄂州市），但李秀成未能如期到达。4月，湘军猛攻安庆，陈玉成率部回援。同年6月，李秀成才率南路军逼近武汉。如果他与黄州驻军赖文光部南北夹攻，克复武汉也有可能。但李秀成重苏浙、轻皖鄂的思想作怪，他召集了鄂南起义群众后，就退回江西。这样，会师武汉以救安庆的计划落空，留下了严重的后遗症。

一次北伐，两次西征，结局各不相同。虽说胜败乃兵家常事，但关键性的成败却决定着大局的走势。

江北大营和江南大营

1853年3月，太平天国定都天京（今江苏南京）后，随即渡过长江，占领了江北重镇扬州。钦差大臣琦善率万余清兵在扬州城下扎营，号称“江北大营”。12月，江北大营进攻扬州。太平军掩护扬州百姓撤回天京，只给清兵留下一座空城。第二年8月，琦善病死，江宁将军托阿明继任。他率军攻克太平军浦口营垒，并多次进犯瓜洲，搅得天京不得安宁。

1856年春，东王杨秀清坐镇指挥，燕王秦日纲率太平军解围镇江后，乘胜北上，于4月上旬击溃江北大营，再克扬州，并解瓜洲之围。清朝皇上大怒，把托阿明等人革职。德兴阿接任钦差大臣，夺回扬州。

天京事变后，清廷看机会来了，就派总兵武庆配合江南提督张国梁连克浦口、江浦，德兴阿乘势夺取仪征、三汊河，重建了江北大营。1858年9月，太平天国英王陈玉成和忠王李秀成率军攻克浦口，歼敌万余，彻底摧毁江北大营。接着乘胜再克仪征、扬州。德兴阿逃到邵伯，也难逃革职厄运。从此，清廷不在江北置帅，江北军务由江南大营和春节制。

1853年3月，太平军占领天京的时候，清钦差大臣向荣率军17000人尾随而至。他不敢和太平军正面交锋，只在城东的孝卫陵扎下营垒，称“江南大营”。向荣利用此营，夺取天京外围据点，与江北大营遥相呼应，钳制太平军东进。1856年春，燕王秦日纲率太平军击溃江北大营后，回师江南，与多路太平军合力攻破江南大营。向荣忧愤而死，和春继任。

天京事变后，和春重整溃军，于1857年12月重建江南大营。1860年2月，江南提督张国梁攻陷浦口、九伏洲，对天京构成合围之势。太平军采用围魏救赵之策，先由李秀成率军奇袭杭州牵引江南大营兵力出动，然后迅速回师，于5月上旬会合各路太平军端掉江南大营。张国梁退守镇江，在丹阳溺水而死。和春逃到苏州浒墅关自杀。此后，清兵没有再建江南大营。

“两营”前后存续七年多。太平军和清兵为此反复争夺，都付出了沉重代价。

天京事变

1856 年太平军攻陷清军“江北大营”和“江南大营”后，出现了前所未有的大好形势。此时，东王杨秀清暴露出篡夺最高领导权的野心。他原本是“二把手”，被封为“九千岁”。但他假托“天父下凡”，逼迫洪秀全封他“万岁”。

杨秀清犯了大忌。这事儿洪秀全是肯定不能放过的。他密令北王韦昌辉铲除东王。1856 年 9 月 2 日，韦昌辉和燕王秦日纲突袭东王府，杨秀清及其家属和部属两万余人倒在血泊中。一时间，天京（今江苏南京）笼罩在腥风血雨之中。

翼王石达开返回天京后，看到这番惨景，痛斥韦昌辉滥杀无辜，两人不欢而散。石达开预感情况不妙，连夜逃离天京。之后，洪秀全又密令韦昌辉杀害翼王所部和家属。

石达开逃到安徽，兴兵靖难。他上书天王，请杀北王以平民愤。洪秀全为形势所迫，下诏诛杀北王韦昌辉和燕王秦日纲，以平息事态。11 月，石达开奉诏返回天京，被尊“义王”，合朝举荐他主持朝政。洪秀全碍于众人意见，只好同意。石达开从大局出发，只追究负有屠杀罪责的首恶而不株连部属，就是北王的亲族也得到保护和重用。由于石达开采取了正确的补救措施，天京迅速安定下来。

石达开主持朝政后，声望迅速提升，洪秀全又顾忌起来。他不让石达开涉及军权，还产生了谋害之意。为了避免内讧，石达开率几千人离开天京，前往安庆。

石达开走后，洪秀全看到形势恶化，就遣使请石达开回天京。石达开表示不再回来，他会以“通军主将”的身份继续为太平天国作战。此后，石达开率部转战于闽、浙、赣等省，牵制清军，缓解了天京和安徽的军事压力。

直至 1863 年 5 月石达开在大渡河全军覆灭，他再也没有回过天京。

杨秀清忘乎所以，图谋不轨，咎由自取。韦昌辉心狠手辣，滥杀无辜，罪孽深重。洪秀全心胸狭隘，处置失当，自毁长城。天京事变也称“杨韦内讧”。这次事变使两王被杀、一王远走，两万多将士倒在自己人的屠刀下；这次事变使太平天国元气大伤，由兴盛迅速转向衰败，为后人留下许多思考。

捻　军

捻军，原称捻党，也称捻子，是太平天国时期北方重要的农民起义军。捻党起源于清初，原本是淮河两岸以劳苦大众为主体的秘密结社。起初，他们往往以数十人或数百人为一股，称为“一捻”，抗粮、抗差、吃大户，劫富济贫，没有统一的组织和政治斗争方向。

1851 年，河南南阳等地捻党揭竿而起。1852 年，安徽亳州著名捻党首领张洛行和龚得树在蒙城雉河集（今安徽涡阳县城）聚众起义。同年 11 月，永城冯金标等 18 人各自结捻党起义，共同拥戴张洛行为总首领。1855 年 8 月，各路捻党首领在雉河集会盟，公推张洛行为盟主，建立“大汉”政权。这次会盟标志着捻党由分散趋于统一，政治上有了明确的反清目的。从此，捻党被称为捻军，声势大震，成为北方武装抗清的主力。

捻军名义上接受太平天国领导，实际上独立行动。不过，它们有许多配合。

1859 年，捻军叛降事件迭起，龚得树等人牺牲。1863 年，张洛行被俘殉难。

天京失陷后，太平天国遵王赖文光部投入捻军，捻军继任首领张宗禹推举他担任首领，联合抗清。他们组建了一支十余万人的骑兵队伍。第二年，他们在山东曹州（今山东菏泽）伏击清将僧格林沁，一举歼灭该部 11000 余人，缴获战马数千匹，僧格林沁等人被杀。僧格林沁的骑兵是大清朝的精锐。它的覆灭使清廷大受震惊，急调湘军和淮军剿灭捻军。

1866 年，赖文光觉得捻军势力单薄，就命张宗禹率部分捻军入陕，以联合西北回民起义军，称为“西捻军”。赖文光率剩余捻军驰骋中原，称“东捻军”。

1867 年，东捻军在山东寿光以南陷敌重围，主力被歼。翌年 1 月，赖文光率残部南下，在扬州兵败牺牲。西捻军闻讯，回师驰援。同年 8 月在山东茌平南被清军击溃，张宗禹不知去向。至此，捻军归于失败。

捻军和天平天国遥相呼应，坚持斗争近 17 年，累计歼灭清军十余万人。但由于没有建立巩固的根据地，军事上实行流寇主义，难免以失败告终。

上海小刀会起义

小刀会是福建厦门的民间秘密团体，属于天地会支派，后来传到上海一带。

1852年，在太平天国起义的推动下，上海人民的反清斗争出现了高潮。青浦县天地会首领周立春率领白鹤江一带农民发动武装抗粮斗争。他们冲入县衙，活捉了知县。第二年，徐耀领导嘉定县千余人，冲进县城，驱逐知县。同年，周立春又领导第二次嘉定起义，并占领了县城。

1853年9月，刘丽川、潘启亮等人在上海县领导小刀会起义。他们占据县城，击毙知县，还活捉了苏松太道。起义几天之内，队伍发展到万人。接着迅速向四郊扩展，占领了宝山、南汇、川沙和青浦等县城，一度还攻克太仓。

小刀会起义当天，就建立了“大明国”革命政权，刘丽川还以大明国统理政教招讨大元帅的名义发出安民告示，痛斥清朝腐败，告诫市民各安常业。旋即，刘丽川公开宣布，起义军奉行太平天国的法令。他还明确告知各国领事，小刀会是太平天国的部属。刘丽川上书天王洪秀全，表示愿意归附太平天国。东王杨秀清写了檄文，欢迎刘丽川“率众归来”。驻守镇江的太平军将领罗大纲还在仪征码头制造皮篷小船600只，准备去上海接应小刀会。但因受到清军江南大营和江北大营的围困，接应计划未能实现。尽管如此，小刀会一直尊奉洪秀全为领袖。

小刀会占领上海，长江关税陷于停顿，漕粮海运受到影响，于是清政府急忙抽调兵力，进行镇压。英法美等国侵略者公然支持清政府。清廷以共同管理中国海关为代价，勾结外国侵略者在上海县城北门外修了一堵墙，隔断城内起义军和外界的联系，小刀会失去了食品和军需品的供应。

英法美侵略军伙同清军多次向县城发动进攻。小刀会打死打伤清军2000多人、法军40多人。但终因众寡悬殊，弹尽粮绝，于1855年2月7日弃城突围。刘丽川等人壮烈牺牲，潘启亮率领部分起义军加入了太平军。

上海小刀会起义，只坚持了17个月，规模也不大，却狠狠打击了中外反动势力。

左宗棠收复新疆

左宗棠（1812—1885），湖南湘阴人。他镇压太平天国革命和西北回民起义，为清王朝立下汗马功劳，官至陕甘总督、东阁大学士和军机大臣。

1864年，受太平天国和陕甘回变的影响，新疆豪强并起，形成割据局面。1865年，被中国人称“中亚屠夫”的中亚浩罕汗国军官阿古柏，在英俄怂恿下，进入我国新疆，建立哲德沙尔汗国，侵占了南疆和北疆部分地区。

清廷讨论新疆形势。时任陕甘总督的左宗棠旗帜鲜明，就是必须坚决收复。

左宗棠提出“精兵缓进、速战速决”的战略。“精兵缓进”就是组织精兵，做好准备。“速战速决”就是力争一年半左右全胜收兵。作战步骤是先北后南，渐次展开。清廷认可他的方案，并任命他为钦差大臣，督办陕甘军务。

之后，左宗棠在兰州建立“兰州制造局”，为西征军修造枪炮。他还从广东、浙江调来专家和熟练工人，到兰州充实力量，帮助制造先进武器。

1873年，左宗棠命张曜驻军哈密，兴修水利，屯田积谷，建立前沿阵地。

1875年，清廷任命左宗棠为钦差大臣，节制三军，择机出塞，收复新疆。

1876年4月，左宗棠坐镇肃州（今甘肃酒泉），指挥西征。全军近八万人，开赴前线的有两万多。

大军行经沙漠，人畜饮水困难。左宗棠分兵两路，分别由刘锦棠和金顺率领，每千人一队，隔日一拨。部队行程1700里，5月在哈密胜利会合。

从同年9月起，西征军接连攻下乌鲁木齐和玛纳斯城，荡平北路。入冬休整。

第二年3月，西征军转战南疆，先后收复达坂城、托克逊城和吐鲁番。阿古柏见大势已去，在库尔勒服毒自杀。同年8月，西征军先收复南疆东四城，即喀喇沙尔（今焉耆）、库车、阿克苏和乌什；接着又收复南疆西四城，即喀什、英吉沙、叶尔羌与和田。阿古柏的长子胡里与二号首领白彦虎逃亡俄国。至此，阿古柏之乱平息，清政府收复了除伊犁以外的新疆领土。

左宗棠用一年多时间，收复新疆，避免了祖国领土的分裂，功不可没。

中俄伊犁条约

1871年，俄国趁阿古柏入侵新疆之际，派兵侵占了我国伊犁。其后，清廷多次交涉，但俄方拒不撤兵。俄驻华公使还玩弄外交辞令，声称占领伊犁是为了“安定边疆秩序”。待清廷肃清嘉峪关外，收复乌鲁木齐和玛纳斯各城后，当即交还。此时，沙俄在与土耳其的战争中伤了元气，因此说话没有以前那样气粗，委婉了许多。

1877年末，清军果然肃清阿古柏，收复了除伊犁以外的新疆各地。

1878年6月，清廷命崇厚赴俄谈判收复伊犁事宜。第二年10月，他在沙俄威胁下，擅自签订了《里瓦吉亚条约》及其相关子约。条约签订后，国内舆论哗然。清廷也认为这个条约“流弊甚大”，于是把崇厚革职下狱了。

1880年2月，清廷指派曾纪泽为钦差大臣，到达圣彼得堡，与俄方重新谈判。与此同时，左宗棠坐镇哈密，指挥三路大军，矛头对准伊犁。他还把自己的棺材由肃州（今甘肃酒泉）运到哈密，以示收复伊犁的决心。左宗棠的做法为曾纪泽谈判增添了获胜的砝码。

俄方终于做出让步。1881年2月，双方签订了《中俄伊犁条约》及相关子约。与先前条约相比，争回了伊犁南境特克斯河流域的中国领土；增设领事馆由七处减为两处，即肃州和吐鲁番；原定两条陆路通商路线，只保留科布多经归化、张家口至天津的一条；取消松花江水路通商；俄商在新疆贸易由“免税”改为“暂不纳税”；赔款额由500万卢布增至900万卢布（合白银509万两）。

沙俄依据这个条约及以后的几个勘界议定书，一共割占了我国塔城东北和伊犁、喀什噶尔以西7万多平方公里领土，还讹诈了500多万两白银，因此说这也是一个不平等条约。尽管如此，中国还是收回了伊犁九城和特克斯河流域两万多平方公里的领土。条约签订后，左宗棠表示满意。美国报纸和英法外交官评论说，这是奇迹，沙俄竟把吞进口里的肥肉吐出来了。

弱国无外交。腐败无能的清政府能取得这样的结果，也算心安理得了。

黑旗军援越抗法

太平天国起义后，全国民变此伏彼起。1857 年，广西钦州贫民刘永福参加了当地农民起义。1865 年，他带领 200 多人加入吴亚忠为首的天地会起义军。此时，太平天国失败，清军腾出手来加紧围剿广西农民起义军。刘永福建议吴亚忠把军队转移到越北山区，凭借天险与清军周旋，但遭到拒绝。

于是，刘永福与吴亚忠分道扬镳，独树一帜。他率领部下在安德北帝庙前举行祭旗仪式，以七星黑旗为军旗，所以军队被称为“黑旗军”。

刘永福率黑旗军进入越南保胜（今越南老街）一带，开辟山林，组织耕牧。几年后，部队扩充到 2000 多人。

1873 年，法国侵略军进犯河内北部的北圻。黑旗军应越南政府邀请前往抗击，歼敌数百人，击毙法军头目安邺，迫使法军退出。不久，越南政府任命刘永福为三宣副提督，驻军宣光、山西、兴化三省，扼守红河上游。

1882 年 4 月，法国侵略军进攻越北，窥视我国云南。刘永福率黑旗军抗敌。两军在河内西面的纸桥相遇。刘永福明白法军武器先进，就采用伏击战重创敌人。此战被称为第一次纸桥大捷。

1883 年 5 月，法国侵略军再次入侵，先后占领河内和南定，越南政府再邀黑旗军参战。两军在河内城西的纸桥再次决战。黑旗军歼敌 126 名，还打死了法军头目李维业。此战被称为第二次纸桥大捷。此战过后，刘永福被晋升为三宣提督，加封义勇男爵。法军受挫后并不甘心失败。他们调兵遣将，继续反扑。黑旗军在河内附近的怀德和丹凤抗击敌人，不断取得胜利。

1884 年中法战争爆发，清廷授予刘永福“记名提督”衔。他率部取得临洮之战的胜利，配合清将冯子材取得镇南关大捷，使越北进入全线反击。

中法战争结束后，刘永福率黑旗军 3000 余人回国。后来，他奉命戍守台湾。

刘永福英勇抗击外国侵略者，保卫祖国领土，受到人们的景仰。著名文学家田汉在赞颂他的诗歌中，留下“南越崇宏有故枝，渊翁风骨自雄奇”的句子。

中法战争

第二次鸦片战争期间，法国以武力侵占越南南部六省。1881 年，又逼迫越南签订《顺化条约》，取得“保护权”，企图以越南为基地，打开中国西南大门。

1883 年 12 月至 1885 年 4 月，法国发动针对中国的战争，史称中法战争。

1883 年 12 月，法军首先进攻越南山西，驻守的清军节节败退。不到五个月，法军就侵占了红河三角洲。1884 年 5 月 11 日，清廷北洋大臣李鸿章和法国代表福禄诺签订了《中法会议简明条约》，承认法国对越南的“保护权”，屈辱求和。

条约签订后，法国侵略者并不满足，他们在我国东南地区频频制造事端，图谋挑起战争。法军舰队进犯台湾基隆，袭击福建水师，炮轰马尾船厂。中国军民奋起反抗，取得一定胜利。

与此同时，中法之间的陆上战斗仍在激烈进行，法军已逼近中越边界。清廷任命年近七旬的冯子材为广西关外军务帮办，主持前线战事。他得到法军将要进犯镇南关的消息，就在隘口抢筑了一条横跨东西两岭、底宽一丈、高七尺，长三里的石头墙。墙外深掘堑壕，构成较为完备的防御阵地。1885 年 3 月 23 日，盘踞谅山的法军倾巢而动，扑向镇南关。他们依仗优势火力，迫近石墙。冯子材身先士卒，率领将士冲出墙外，奋勇拼搏，大败敌人。接着，冯子材指挥清军乘胜追击，连破文渊、谅山，把法军赶到郎甲以南，法军东部统帅尼格里也受了重伤。镇南关大捷使清军转败为胜。法军大败的消息传到巴黎，法国举国震惊。法国总理茹费里引咎辞职，内阁倒台。

同年 6 月，清政府却主张“乘胜即收”，与法国签订了《中法会订越南条约》，承认法国对越南的“保护权”，同意开放中越陆路边界的贸易，法国解除对台湾和北海的封锁。

中法战争清政府取得罕见的胜利。但在军事取胜的前提下，还接受不平等条约，令法国政府大感意外。国人评论说，中法战争“法国不胜而胜，吾国不败而败”。摇摇欲坠的大清国只要不赔款割地就是万幸，哪有底气要求于人？

郑成功收复台湾

台湾是中国第一大岛，属于热带和亚热带气候，资源丰富多元。台湾自古以来就是中国领土，但1624年被荷兰人侵占了。

1660年3月，盘踞在台湾的荷兰东印度公司判断郑成功将要收复台湾，就配备了4艘舰船和1500人的军队，还有洋枪洋炮。

郑成功（1624—1662），福建泉州人，南明政权重要的抗清将领。

1661年农历二月，郑成功在金门举行隆重的渡海誓师仪式。同月二十三日，他亲率将士25000人，分乘战船几百艘，自金门料罗湾扬帆启程，向东挺进。

第二天，部队穿过台湾海峡，到达澎湖列岛。郑成功安排四将留守，自己率大军继续东征。二十七日，海面突然刮起暴风，部队只好返回澎湖。

根据调查，必须利用每月初一或十六的大潮，战船才能进入台湾鹿耳门港。当月三十日，郑成功果断下令强渡。部队同风浪搏击了半夜，四月初一日拂晓到达鹿耳门港外，开始登陆。

荷兰人把军队集中在台湾（今台南市安平区）和赤嵌（今台南市中西区）的两座城堡内，封锁了宜于行船的南航道。郑军趁涨潮之际，出其不意，进入不宜行船的鹿耳门（北航道）。随即，一路登上北尾线，控制鹿耳门并牵制敌舰；另一路驶入台江，在禾寮港登陆。看到郑军登陆，躲在城堡里的一百多名荷兰兵冲了过来。郑军打死一个领头的，其余的都抱头鼠窜了。接着，荷兰人又调来一艘“赫克托”号大军舰，企图阻止郑军继续登陆。郑成功沉着镇定，指挥60艘战船把它团团围住。火炮齐鸣，赫克托号沉没了。其余三艘荷兰船见势不妙，掉头逃跑了。

台湾同胞听说郑军到来，有的贡献货车帮运输，有的提水端茶来慰问。

郑军成功登陆后，切断赤嵌城堡的水源，敌人不战自乱，三日后缴械投降。台湾城堡的荷兰人困守待援。郑军围困八个月后，发起强攻。1662年2月6日，荷兰人终于签字投降，撤出台湾，结束了长达38年的殖民统治。

郑成功从荷兰侵略者手中收复了宝岛台湾，是当之无愧的民族英雄。

施琅平定台湾

施琅（1621—1696），清福建泉州府晋江县（今福建晋江市）人。相貌英俊，招人喜欢。少年时不爱读书，只好习武。

施琅早年是明将郑芝龙的部将，1646 年随郑降清。不久，又加入郑成功的抗清义旅，成为他的得力助手。施琅擅自杀害郑成功的亲随，触怒了郑。郑成功杀死施琅的父亲和兄弟。施琅从厦门逃回内地，再次降清。1661 年，郑成功收复了台湾。

1662 年，施琅出任福建水师提督。他上疏朝廷，提出平定台湾，谁料竟被辅政大臣鳌拜一口否定。非但如此，他还被裁去职务，调回京师。

施琅回京 13 年。期间，他密切注视福建沿海动向，坚信定能如愿以偿。

1682 年，清廷终于决定施琅复职，重任福建水师提督，致力平定台湾事宜。

施琅显然是最合适的平台主将。他从小生活在海边，精通航海；对海洋气候、地理了如指掌；通晓兵法，海战经验尤其丰富；熟悉郑氏集团，便于争取。

到任后，施琅整理战船，训练士兵，夜以继日地进行着平台准备工作。

1683 年 6 月 14 日，施琅与福建提督姚启圣率水军从福建铜山（今福建东山岛）扬帆启程，乘西南季风，穿越台湾海峡，夺取八罩岛，占据季风、洋流有利位置。

6 月 16 日，施琅首战失利。接着调整部署，兵分四路出击。18 日，攻占虎井、桶盘两岛，扫清外围。22 日早发起总攻，激战九小时，占领了澎湖岛。

在大兵压境的形势下，施琅向台湾郑氏集团发出招抚信号。此时，台湾当权的是郑成功的孙子延平郡王郑克塽。他看到大势已去，就接受了招抚。

施琅入台后，对郑氏三代经营台湾给予高度评价，还主动祭拜郑成功，泣不成声。施琅心胸宽广，令郑军官兵和台湾百姓深受感动。

根据施琅上疏，清廷决定在台湾设府县管理，隶属福建省，并屯兵戍守。

多少年来，人们肯定郑成功是民族英雄，而对施琅却少有提及。因为他是降清明将，打败的又是明朝遗老。但客观来看，施琅平定台湾，使宝岛统一于中国，无疑也是壮举。

台湾建省

台湾位于我国东南沿海的大陆架上，面积约 3.6 万平方公里，是我国第一大岛。远古时代，台湾和大陆是连在一起的。几百万年前，由于地壳运动，部分陆地下沉，海水流入，形成海峡，台湾岛才与大陆分离。

台湾有文字记载的历史可以追溯到 230 年。三国时期，吴王孙权派将军卫温、诸葛直率领一支庞大的船队到达台湾（时称夷州）。此后，大陆和台湾一直保持着密切往来。

清初，在台湾置府，下辖三县，隶属于福建省。1875 年台湾分设二府八县。

近代以来，西方列强不断入侵中国，台湾成为“南洋之枢纽”“七省之藩篱”。清政府治理台湾，由“防内变”为主改为“防御外侵”为主。1874 年，清廷采纳钦差大臣沈葆桢的建议，饬令福建巡抚冬春驻台湾，夏秋驻福州。事实上，由于海峡阻隔，或者公务缠身，两头兼顾难以周全。1876 年，福建巡抚丁日昌因无法按期到达台湾，就奏请朝廷另派重臣，常驻台湾，改设“台湾巡抚”。

1884 年 6 月，刘铭传加封巡抚衔，赴台督办政务和防务。同年 7 月 16 日，抵达基隆港。到任第二天，他就巡视要塞，加强防务，仿佛如临大敌。

事实果然如此。同年 8 月 4 日，法国舰队就光顾基隆了。刘铭传带领军民多次击败法国侵略军，台湾总算有惊无险，逃过劫难。

1885 年 10 月 12 日，台湾正式建省，刘铭传就任首位巡抚。省会暂定台北，下设 3 府 1 州 5 厅 11 县。他在任期间，修建铁路，开办煤矿，创办电讯，改革邮政，发展航运，重视教育，促进贸易，使台湾近代工商业有了长足的进步，防务也日益巩固。他被尊称为“台湾洋务运动之父”和“台湾近代化之父”。

1891 年，刘铭传辞职，乘船离开他苦心经营七年之久的宝岛台湾。

《马关条约》签订的消息传来，刘铭传痛心疾首。1896 年 1 月，吐血而死。

刘铭传是安徽合肥人，淮军干将。传统史学观认为他是镇压太平天国和捻军的刽子手，而当今史学界又评价他为台湾近代化建设做出不可磨灭的贡献。

洋务运动

13世纪至19世纪，西方资本主义体系已经初步形成。在两次鸦片战争和镇压太平天国的战争中，外国侵略军的坚船利炮显示出巨大威力。虽然太平天国被扑灭后，国内暂时稳定了，但清朝当权者中一些头脑比较清楚的人，如奕䜣、曾国藩、李鸿章、左宗棠等，仍然没有消除危机感，他们打出“自强”“求富”的旗帜，提倡学习西方技术，开办军工厂，生产新式武器，建立新式军队。接着，又提倡兴办民用工矿业和运输业。史学界把这个行动称为“洋务运动”，也称“同光新政”或“自强新政”。

1861年辛酉政变后，慈禧太后成为权力核心。她对洋务运动采取扶植态度。

洋务运动前期，在李鸿章等人主持下，江南制造局、金陵制造局、福州船政局和天津机械局等一批大型近代化军事工业企业相继问世。短短几年，中国就具备了铸铁、炼钢以及机器生产军工产品的能力，用国产的大炮、枪械、弹药、水雷和蒸汽轮船装备军队。北洋水师是最大的成果。尽管在甲午战争中失败了，但它毕竟是中国可以威慑海洋的军事力量，在世界海军史上占据一席之地。

洋务运动后期，兴办了一批民用工业企业。1872年，李鸿章在上海建立轮船招商局。这是洋务派创办的第一个民用工业企业。开办三年，就为清政府挣回1300多万两银子，还打破了外国航运公司垄断的局面。1880年，左宗棠创办的兰州织呢局，成为中国近代纺织工业的鼻祖。湖广总督张之洞在湖北兴办汉阳铁厂和湖北织布官局等新式企业，为洋务运动后期发力。

洋务派还开办了许多新式学校。1862年，奕䜣首创京师同文馆。此后还有天津北洋水师学堂、福州船政学堂和上海机械学堂等许多学校问世。

从1872年至1886年间，中国还向欧美派出多批留学生，学习先进技术。

1894年，中国在甲午战争中失败，标志着洋务运动的终结，但这一运动符合历史发展潮流。它在客观上推动了中国生产力的发展，促进了中国民族资本主义的产生与发展，也助推了中国教育和国防的近代化。

北洋水师

北洋水师也称北洋海军，它是晚清洋务运动的产物。

1875年，经过朝议，光绪帝特命北洋大臣李鸿章创设北洋水师。1888年12月17日，北洋水师在山东威海的刘公岛正式成军。当时，北洋水师共有战舰25艘、辅助舰50艘、运输船30艘，官兵4000多人。按照当年《美国海军年鉴》的排名，北洋水师的实力是世界第九、东亚第一。

北洋水师的主力战舰“定远”号和“镇远”号是德国制造的铁甲舰，排水量都是7335吨，是舰队中最大的。定远号担任旗舰。“来远”号和“经远”号是德国制造的同一规格的装甲防护巡洋舰，排水量2900吨。“致远”号和“靖远”号是英国制造的同一规格的穹甲防护巡洋舰，排水量2300吨，功率7500马力，航速18级，火炮25门，其功率、航速和火炮数量均为舰队之首。

北洋舰队的高级官员和主要战舰的管带（舰长）几乎都是福州船政学堂毕业的，并且到英国海军学院留学实习过。舰队一把手是水师提督丁汝昌。

北洋水师在天津设立海军营务处，在旅顺、威海和大沽口建有基地。

北洋水师聘请欧洲人当教官。英国人琅威里是一名优秀的教官。他对官兵要求极为严格，教习一丝不苟。因此军中有“不怕丁军门，就怕琅副将”的说法。

北洋水师筹办之初，清政府每年提供海军军费400万两白银，其中优先用于北洋水师建设。北洋水师组建后，清廷财政困难，海军军费大量缩减。北洋水师既无钱购置先进舰船，又无钱改造现有舰船。到甲午战争时，北洋水师除了火力仍在日本舰队之上，军舰的航速、火炮数量和射速，以及弹药积累等方面已经落后。

1894年9月中日甲午海战，北洋舰队失利，损失5艘战舰。随后退入威海卫，放弃黄海制海权。11月，日军水陆夹攻威海卫。第二年2月，北洋水师几乎全军覆灭。

曾经风光无限的北洋水师覆灭了。它覆灭的原因是多方面的，但腐朽的社会制度是最根本的。

甲午战争

1894 年，日本发动侵略中国和朝鲜的战争。这年是中国农历的甲午年，因此称为甲午战争。

1868 年，日本通过明治维新，开始走上资本主义道路。随着产业革命高潮的出现，急需向外扩张，因此制定了以侵略中国为中心的“大陆政策”。

1890 年后，日本大力发展海军和陆军。到甲午战争前夕，陆军组建常备兵 63000 人，预备兵 230000 人；海军拥有军舰 32 艘、鱼雷艇 24 艘，总排水量达 72000 吨。日本军舰不仅总排水量超过中国北洋水师，而且新添的战舰在航速、火炮数量和射速方面都明显优于北洋水师。

1894 年春，朝鲜东学党起义，朝鲜政府向清廷乞援。日本借机诱使清政府出兵。第三批清军在牙山登陆后，驻朝总数为 2465 人；而日本在朝兵力达 8000 多人，占绝对优势。此时，朝鲜政府和东学党达成和议，战事平息了。北洋大臣李鸿章既不撤兵，又不增援，举棋不定，给了日本可趁之机。直到 7 月中旬，清朝才开始派兵增援。而日本却扶植了亲日的朝鲜政府，命令其“委托”日军驱逐清军。

1894 年 7 月 25 日，日本不宣而战，在朝鲜牙山口外丰岛海面袭击了援朝的清军运兵船，并击沉中国租用的英国运兵商船“高升”号，致 700 多名官兵殉难。8 月 1 日，中日双方同时宣战，甲午战争走向公开。

丰岛海战失利后，清陆军退守平壤。9 月 15 日，日本陆军 10000 多人进攻平壤。清军顽抗，双方胶着。然而，在这节骨眼上，清军主帅叶志超竟下令全军撤退。15000 多人 6 天狂奔 500 里，一气逃过鸭绿江。日军迅速占领了朝鲜全境。

同年 9 月 17 日，北洋水师运送入朝援军返航时，在大东沟海面遭遇日本海军阻截。中日各有 12 艘军舰参战。激战 5 小时，双方损失都很严重。

大东沟海战后，李鸿章下令北洋舰队躲进威海卫港，放弃了黄海制海权。

10 月至 11 月间，日本陆军攻陷旅顺口，使威海卫门户洞开。1895 年 2 月 12 日，水师提都丁汝昌拒降自杀；17 日刘公岛陷落，北洋水师全军覆灭。

大东沟海战

大东沟海战也称中日甲午海战或黄海海战。它是中日甲午战争中双方海军主力在黄海大东沟海面进行的一场规模海战。

1894年9月16日，北洋水师主力在丁汝昌提督带领下，护送运兵船，抵达鸭绿江口的大东沟。第二天返航时，突然发现了跟踪的日本海军联合舰队。

上午12点5分，日本海军联合舰队第一游击队在先，本队在后，呈单纵队，迎面接近北洋水师。丁汝昌心里明白，来者不善，这一仗是躲不过去了。

北洋水师被迫应战。12点20分，北洋水师行进中由双纵阵改为横阵，旗舰“定远”号和“镇远”号居中，其余各舰在其左、右依次展开，呈楔形梯队。丁汝昌发出命令：各小队协同行动，始终以舰首向敌，各舰尽可能随同旗舰运动。

12点50分，双方舰队相距5300米，“定远”号首先开炮。日舰队第一游击队在距北洋水师5000米处左转，航向北洋水师右翼，和本队形成夹击阵势。

12点53分，日旗舰“松岛”号发炮还击。“定远”号主桅中弹，信号索具被损毁，正在督战的丁汝昌因飞桥震断而跌落负伤。此时，北洋水师失去指挥，各舰只能随“定远”号进退，处于各自为战的混乱局面。

开战不久，日舰“比睿”“赤城”遭受重创，而北洋小舰“超勇”和“扬威”分别被击沉和搁浅。北洋“致远”号遭受重创，弹药将尽。管带邓世昌下令鼓轮撞击日舰“吉野”号，准备同归于尽，但不幸被鱼雷击中而沉没，250名官兵绝大多数壮烈殉国。北洋“经远”号力战良久，中弹沉没。北洋“济远”号转舵逃跑，反把已经搁浅的“扬威”号撞沉了。北洋“广甲”号逃跑触礁。

“定远”号和“镇远”号是铁甲舰，火力强大。两舰力战，赢得主动。日舰不利，首先撤退。

这次海战持续了将近5个小时，北洋水师12艘舰艇损失5艘，死伤官兵千余人；日舰12艘，其中“松岛”等5艘遭受重创，死伤官兵600余人。

大东沟海战后，北洋大臣李鸿章下令舰队躲回威海卫，放弃了制海权。

马关条约

1895 年 2 月 17 日，刘公岛陷落的当天，日本侵略者就通过美国人给清政府捎话，如果想停战，就必须割地、赔款，否则免谈。

清政府害怕战争继续下去，决意求和。慈禧太后召直隶总督兼北洋大臣李鸿章进京，任命他为全权代表赴日议和。李鸿章入京后，慈禧太后却称病不见。李鸿章是坚决反对割地的。但他知道割地不可避免，就要求皇上“面谕训诲”。其实他是非要从光绪皇帝口中得到明确的割地授权，以免承担更多的指责。光绪皇帝无奈，只好照办了。

3 月 13 日，李鸿章带着美国顾问科士达，以及百余名随行人员到达日本马关，与日本首相伊藤博文和外务大臣陆奥宗光展开谈判。

谈判进行了三轮，日本方面态度极其蛮横，对李鸿章极尽羞辱之能事。他们狮子大开口，仅赔款就要 3 亿两白银。他们声称：如果条件不满足，他们正在中国进行的陆战就不停止。

恰在这时，李鸿章回住所途中遭到日本右翼人士小山丰太郎枪击，左眼下受了伤。日本政府大感意外，它担心由此引发国际舆论，不利谈判。于是天皇亲自选派高明医生和护士给李鸿章疗伤，并同意停战谈判。

1895 年 4 月 17 日，双方达成了《马关条约》。中国承认朝鲜独立；割让台湾岛及其附属岛屿、澎湖列岛与辽东半岛给日本；赔偿日本白银 2 亿两；开放沙市、重庆、杭州、苏州为通商口岸；允许日本在通商口岸开办工厂。

《马关条约》签订的消息传来，台湾人民悲恸欲绝。他们涌入省府，愤怒抗议，决心与驻台清军誓死守卫台湾，并与日军展开了持续数月的殊死斗争。

在京应试的举人群情激奋。康有为写了《上今上皇帝书》，强烈反对《马关条约》。1200 多人署名，18 省举人响应，全国舆论哗然，史称“公车上书”。

《马关条约》的签订使中国民族危机空前严重，半殖民地化程度大大加深；帝国主义列强在中国开设工厂，进行资本输出，掀起了瓜分中国的狂潮。

戊戌变法

《马关条约》签订后，以康有为、梁启超、严复、谭嗣同为代表的资产阶级维新派主张变法维新，救亡图存，振兴国家。他们提倡资产阶级新文化，变君主专制为君主立宪。他们积极从事变法的理论宣传和组织活动，先后在北京、上海、湖南等地建立强学会、时务学堂和南学会，创办报刊，印行书籍。

1897年，德国强占胶州湾，列强瓜分中国迫在眉睫。康有为再次上书光绪帝，痛陈变法的紧迫性。光绪帝对西方变法图强的情况早有了解，而且萌发了变法自强的念头。因此，他见到康有为上书，深受震动，表示“不甘做亡国之君”。

1898年6月11日，光绪帝颁布“明定国是诏”，宣布变法。这年是中国农历戊戌年，所以历史上称这次变法是“戊戌变法”。

光绪帝颁发的变法法令主要内容有：政治上，允许官民上书言事，改订律法，澄清吏治；经济上，奖励实业，改革财政；军事上，编练新兵，改习洋操；文化上，设立学堂和译书局，准许创办报馆和学会等等。这些变法措施有利于资本主义的发展，有利于西方科学知识的传播，也有利于资产阶级参与政事。

维新派所推行的改革，触犯了封建顽固派的利益。他们纷纷聚拢在慈禧太后的羽翼下，叽叽喳喳，要求报复。这样，政治改革终于演化成带血的斗争。9月21日，以心狠手辣闻名的慈禧太后发动政变，把光绪帝囚禁在瀛台，自己临朝听政，还下令搜捕维新派人士。康有为、梁启超分别逃往法国和日本，谭嗣同、杨锐、刘光第、林旭、杨深秀和康广仁被捕杀害。

慈禧太后政变后，除了保留京师大学堂（北京大学的前身），其余新政措施被一笔勾销。戊戌变法前后经历103天，所以历史上又称“百日维新”。

在中国面临列强瓜分的危机时刻，以康有为为代表的资产阶级维新派毅然奋起，为变法救亡奔走呼号，要求维护民族独立和发展资本主义，这是符合历史发展潮流的爱国行动。另一方面，人们也看到，在封建统治根深蒂固的中国，和平改良的道路行不通，革命才是唯一出路。

戊戌六君子

1898 年 9 月 21 日，慈禧太后政变夺权。9 月 28 日，就在北京宣武门外的菜市口，把谭嗣同、杨锐、刘光第、林旭、杨深秀和康广仁斩首，史称“戊戌六君子”。

乍一听，戊戌六君子似乎都是追随康有为变法的核心人物，其实并不见得。

谭嗣同、杨锐、刘光第、林旭是四品官阶的军机章京。事实上，相当于光绪帝变法领导组的成员，帮助皇帝收集信息，出谋划策，起草文件，发布命令等等。

杨锐 41 岁，刘光第 39 岁。他俩都是湖广总督张之洞的人，和康有为的变法主张不合，攻击康有为“多谬妄”，而且已经萌生了退隐的念头。

林旭 24 岁，他本是直隶总督兼北洋大臣荣禄的人。为了报答光绪帝的知遇之恩，向慈禧力谏保全光绪。慈禧大怒，把他掷入大牢。

康广仁是康有为的胞弟，31 岁。他只是办报纸。哥哥跑了，兄弟顶罪。

杨深秀 49 岁，时任山东道监察御史。他讲求变法，与康有为交往密切。他诘问慈禧太后为何罢黜光绪帝，要慈禧太后撤帘归政。这自然是飞蛾扑火。

真正算上康有为得力助手的只有 33 岁的谭嗣同了。宫中后党密谋政变，光绪帝传密诏，让康有为等设法相救。危急关头，谭于 9 月 18 日夜，到北京法华寺拜访直隶按察使袁世凯，请他看了光绪帝的衣带密诏，让他带天津新军，杀掉荣禄，回京勤王，在颐和园囚禁慈禧太后。袁世凯表面答应，但 20 日返津后即向荣禄告密，导致慈禧太后抢先动手，下了狠招。

政变发生时，谭嗣同本有机会脱身，但他执意不肯。他说：“各国变法，无不从流血而成，今中国未闻有因变法而流血者，此国之所以不昌也。有之，请自嗣同始。”被捕后，他镇定自若，在监狱墙壁上写了“我自横刀向天笑，去留肝胆两昆仑”。临行前，他面不改色，对围观的上万群众高呼：“有心杀贼，无力回天，死得其所，快哉！快哉！”看他的一生，不像保皇党，倒像清末革命党。

从政变夺权到六君子被斩，不过几天。可见慈禧太后并不在意以“罪行”定案，而是杀一儆百，释放信号。

义和团运动

《马关条约》签订后，中国人民的生活愈益贫困，而高鼻子蓝眼睛的传教士却在中国恣意兴建教堂，发展教徒，仗势作恶。中国到底怎么啦？老百姓直观地感觉到都是洋人惹的祸，因此他们本能地憎恶这些洋人。

百余年来，在华北地区活动着一个秘密的民间组织，叫义和拳。它的成员多是农民、手工业者和小商贩。《马关条约》出笼后，他们相率聚集在该团体下，习拳弄棒，宣传神道相助、刀枪不入，还冲击教堂，袭杀传教士，制造教案。

1898 年 10 月，山东冠县拳民打着“扶清灭洋”的旗帜，冲击教堂，遭到清军镇压，反帝怒火呼呼呼地燃遍直隶、山东两省。第二年下半年，义和拳改称义和团。1900 年，义和团运动在华北、东北风起云涌，北京、天津和保定的三角地带声势更为强大。当年 6 月，义和团进入北京城后，攻击对象由教堂、教会，扩大到洋人、教民，以至焚烧洋货、洋器，演化成盲目排外的激烈行为。

义和团运动的兴起，使西方列强大为恐慌，他们纷纷要求清政府剿灭义和团。1900 年 6 月初，英、法、日、俄、美、德、意、奥八国以保护使馆为名，派 400 名海军陆战队队员进入北京。随后，它们又组织了 2000 多人的联军，准备开赴北京，但未能得逞。6 月 11 日，日本驻华使馆书记生杉山彬被枪杀。6 月 20 日，德国驻华公使克林德开枪挑衅，被清军击毙。这更加剧了西方八国的愤怒。

一方面义和团运动迅猛发展，另一方面帝国主义要挟恐吓，使清政府首鼠两端，不知如何是好。经过激烈争论，清廷决定招抚义和团，并于 6 月 21 日公开对外宣战。当天，义和团和清军围困了东交民巷的外国使馆。

8 月 14 日，八国联军两万人攻进北京城。次日，慈禧太后和光绪皇帝仓皇出逃西安。途中，她下令剿灭“团匪”，并请侵略军“助剿”。内外敌人联合绞杀，义和团运动失败了。

义和团是松散的群众组织，其成员复杂，良莠不齐，愚昧、残暴和盲目排外是其明显的缺陷；但它沉重地打击了帝国主义，粉碎了它们瓜分中国的阴谋。

八国联军侵华

《马关条约》签订后，以华北为中心的义和团运动如火如荼，他们高举“扶清灭洋”旗帜，烧教堂，拆电线，毁铁路，还进攻租界区，令西方列强恐慌不已。

1900 年 6 月初，英、法、日、俄、美、德、意、奥八国以保护使馆为名，派遣 400 名海军陆战队队员进入北京。8 月 14 日，英国海军中将西摩尔统帅八国联军两万多人，攻进北京。次日凌晨，慈禧太后和光绪皇帝一伙仓皇逃奔西安。

八国联军占领北京后，烧杀抢掠，无恶不作。他们把西四北太平仓胡同的庄亲王府放火烧光，当场烧死 1800 人。法军路遇一群中国人，把他们赶进一条死胡同，用机关枪连续扫射 15 分钟，无一存活。日军对抓捕的中国人施以各种酷刑，试验一颗子弹到底能穿过几个人。据英国人记载，大屠杀后的北京到处是死人，无人掩埋，任凭野狗啃食。

八国联军侮辱妇女，任意蹂躏。他们把抓获的妇女赶到裱褙胡同，列屋而居，作为官妓，任这帮畜生随意奸宿。崇绮是同治皇后的父亲、户部尚书。他的妻子和女儿都被拘押到天坛，遭到数十人轮奸。回来后痛不欲生，全家自尽。

八国联军占领北京后，进行疯狂的抢劫。仅嵩祝寺一处，就掠走镀金铜佛 3000 余尊、锦绣制品 1400 件、铜器 4300 件。法军统帅佛尔雷一人抢得珍贵财物 40 箱。天主教主教樊国梁从一个官员家中抢走价值 100 万两白银的财物。八国联军抢走北京各衙署存款约 6000 万两白银。日军首先抢劫了内务府库存白银近 300 万两，还放火烧房，毁灭罪证。明朝的《永乐大典》副本和清朝的《四库全书》也被焚烧或抢掠。联军后任司令瓦德西供认，损失将永远无法查出。

八国联军占领北京后，继续攻城略地。10 月中旬，瓦德西率兵 3 万来华，攻占了东至山海关，西至娘子关，南至保定，北至张家口的广大地区。铁蹄所至，烧杀抢掠依旧，城市乡村一片废墟。沙俄乘机出兵 17 万，占领了我国东北三省。

八国联军累计出动战舰 56 艘、兵力 5 万多。日军各占四成，是侵略军主力。

1901 年 9 月 7 日，清廷与侵略军签订《辛丑条约》，八国联军才撤出北京。

辛丑条约

1901年9月7日，注定是中国人又一个耻辱的日子。这天，清庆亲王奕劻和直隶总督兼北洋大臣李鸿章代表清政府，在首都北京和英、法、日、俄、德、美、意、奥，以及比利时、西班牙与荷兰共11国，签订了丧权辱国的和约。这年是中国农历的辛丑年，所以这个和约称为《辛丑条约》。

《辛丑条约》共12款，附件19件。可谓款款割肉，件件带血。根据条约规定，中国赔款白银4.5亿两；将北京东交民巷划为使馆区，各国驻兵保护，中国人不准在区内居住；拆除天津大沽口及有碍北京至海通道的所有炮台；准许各国在北京至山海关铁路沿线的12个战略要地驻兵，天津周围20里内中国不得驻军；禁止中国进口军火和制造军火的原料，禁运期两年，还可延长；永远禁止中国人民成立和参加任何反帝组织，违者处死；清朝各级官吏在所辖境内，如果发生伤害外国人的事件或者违约行为，必须弹压惩办，否则即行革职，永不叙用；清朝政府惩办“首祸诸臣将”，分派王大臣赴德、日“谢罪”，并在德驻华公使克林德丧命之地建立牌坊，对死去的日本驻华使馆书记生杉山彬必须用“优荣之典”；改总理衙门为外务部，“班列六部之前”。

这个条约是1842年《南京条约》签订以来，最可恶的条约之一。当时，中国人口4.5亿，均到人头，每人就得赔一两白银。贫困的中国哪来这么多银子？洋人清楚，就限定39年还清，另加利息，本息相加成了9.82亿多两。为了保证还款，他们还规定以海关税、常关税和盐税作担保。这样又顺手牵羊控制了清政府的税收。他们不允许中国人在自家土地上居住，自己却在中国的土地上驻军。为了满足西方列强的胃口，清政府对附和义和团的官员或监禁，或流放，或处死，竟有百人之多。这样的大清国已经完全没有主权国家的味道了。

《辛丑条约》是帝国主义强加在中国人民身上的沉重枷锁，然而清政府竟恬不知耻地宣称要“量中华之物力，结与国之欢心”。可见，清廷为了保住自己的空架子，要心甘情愿地做西方列强的驯服工具了。

庚子赔款

1901年9月7日，清政府和西方11国签订了丧权辱国的《辛丑条约》，赔偿巨款。赔款是针对上年农历庚子年的，所以称作“庚子赔款”，简称庚款。

《辛丑条约》规定赔偿各国白银4.5亿两，实际远不止这些。中国没钱，须分39年还清，每年要加4%的利息，本息相加为9.82亿多两。因为赔款是从1902年开始支付的，所以还要加上1901年后半年的利息900万两。这笔利息自次年起分三年还清，利上滚利，又增加了100万两。1905年7月，列强以金价日涨、银价日落为借口，强令清政府把已经用白银偿付的赔款按金价折算，又补了800万两。除了中央，地方赔款还有2000万两。算下来，赔款总额在10亿两以上。列强狮子大开口，清政府虱子多了不咬人，要多少给多少。

列强们讨价还价，达成了分赃方案。沙俄拿大头，为13037多万两，占28.9%。

1904年，中国驻美国公使梁诚捕捉到美国国务卿海约翰“庚子赔案实属过多”的言论信息，就在美国国会议员中四处游说，要求退还不实赔款。1906年初，美国伊利诺伊大学校长爱德蒙•詹姆士送给美国总统西奥多•罗斯福备忘录，要求政府加速吸纳中国留学生。同年3月，传教士明恩溥谒见西奥多•罗斯福，建议退还部分庚款，用于中国教育。1908年，美国决定把庚款的半数（1196万美元）退还中国。此后，多国效仿，相继退回一些庚款。第一次世界大战爆发后，中国停止了对德、奥的赔偿。十月革命后，苏俄于1919年宣布放弃庚款。

1939年1月15日，中国国民政府财政部发布通告，从1902年到1938年的37年间，中国庚款的赔偿总额为57600多万两，约占赔偿总额的58%。

1909年6月，清政府利用退回的庚款在北京设立了游美学务处，这就是1928年正式成立的清华大学的雏形。从当年起，中国每年向美国派出留学生。著名学者胡适、语言学家赵元任、气象学家竺可桢等都是这些留学生中的佼佼者。

有人说美国退庚款搞教育是为了从思想上、文化上侵略中国。这也许是它的初衷，但客观上为中国培养了出类拔萃的人才，还促成了中国顶尖大学的问世。

海兰泡和江东六十四屯惨案

海兰泡是我国黑龙江北岸的一个村子，位于瑷珲县黑河镇对岸。1858 年，沙俄通过《瑷珲条约》将其割占，改名为布拉戈维申斯克。到 1900 年，这里居住的中国侨民将近 1.5 万人。他们主要从事商业，大商号近 240 家。

1900 年 7 月 15 日，灾难从天而降。沙俄军队封锁黑龙江，扣留全部船只，还逮捕城内和附近村庄的中国人，洗劫他们的住宅和商店，抵抗者立刻处死。

从 7 月 17 日至 21 日，沙俄军队将这里的中国居民赶到黑龙江边，刀刺、斧砍、炮击，进行野蛮屠杀，逼着他们投江。可怜的妇女们把婴儿抛在岸上，乞求饶孩子一命，灭绝人性的俄兵竟用刺刀把这些婴儿一个个割成碎片。

从 7 月 15 日至 21 日，沙俄杀害的中国居民有六七千人，只有少数人泅渡对岸，回到祖国。接着，沙俄开始清理现场。他们把堆积如山的尸体和气息尚存的活人，统统投入江流。江面上浮尸连片，像筏子一样顺流而去，江水被血染成红色。7 月 27 日，沙俄地方当局宣布，海兰泡的中国人被全部肃清了。

黑龙江与精奇里江汇合处往南，至孙吴县霍尔莫津屯对岸的 64 个村屯，习惯上称江东六十四屯。这里土地肥沃，富甲全省，世代居住着中国人。就是按照《瑷珲条约》规定，这里的中国居民不仅可以永远居住，而且中国也有永久管辖权。

然而，沙俄在血洗海兰泡的同时，又派军队扑向六十四屯，对这里的中国居民进行扫荡。他们劫掠财物，烧毁房屋，枪杀居民，还把没有来得及过江的人一同赶入黑龙江中。除少数人泅渡逃命外，七千多人被杀害。8 月 4 日，沙俄地方当局悍然宣布，江东六十四屯归俄国管辖。

海兰泡和江东六十四屯惨案发生后，沙俄振振有词，说什么东北义和团运动破坏了他们修筑的铁路，杀害了他们的铁路员工和妇女儿童，海兰泡和江东六十四屯大屠杀是它采取的报复措施。

以前，沙俄大多戴着“调停人”的面具，兵不血刃，捞取好处。海兰泡和江东六十四屯惨案，终于撕破面具，露出了本来的豺狼面目。

日俄战争

1900年8月，沙俄在伙同八国联军占领北京的同时，又派出十几万军队入侵我国东北三省。八国联军撤出北京后，占领东北三省的俄军却赖着不走，而且摆出一副独占中国并不惜一战的架势。

小日本早有吞并我国东北的图谋，这与沙俄形成水火之势。日本认为在俄国西伯利亚铁路尚未建成之前，对俄开战是最佳时机。

打着各自的如意算盘，美、英支持日本。日本发动战争的国际条件成熟了。

1904年2月6日，日本宣布与俄国断交。与此同时，派舰队秘密开赴黄海，准备袭击驻扎在旅顺口和朝鲜仁川的俄国海军。

2月8日午夜，开赴旅顺口的日本舰队近距离发射鱼雷，重创了俄太平洋舰队最好的三艘舰艇。日本不宣而战，拉开了日俄战争序幕。

在日俄双方争夺制海权的同时，日本多路陆军登陆辽东半岛，切断了俄旅顺守军与俄军后方的联系。日军三个集团军向北进攻，对辽阳俄军形成合围之势，相继取得辽阳、沙河两战的胜利。第三集团军向南进攻，于1905年元旦攻克旅顺口。之后，日军乘胜北上结集，在奉天（今辽宁沈阳）战役中又击败俄军。

同年5月27日，日本海军在对马海峡重创了远道驰援的俄波罗的海舰队。

这次日俄战争，日方参战兵力约110万，俄方约120万。日军虽然在战场上节节胜利，但人力财力消耗殆尽，元气大伤；俄国接连失利，国内正酝酿着革命，双方都不想再打下去了。在美国调停下，双方于1905年9月5日签订和约，俄军退守中国东北北部，朝鲜和中国东北南部则成为日本的势力范围。历时19个月的日俄战争终于结束了。

日俄战争期间，清政府宣布保持中立，还划出辽河以东为交战区。这次战争使大量中国平民伤亡，几十万人无家可归。

日俄两个强盗交战，战场竟在中国；堂堂大清国居然声言中立，岂非咄咄怪事！

孙中山和同盟会

孙中山，名文，号逸仙，1866 年出生于广东省香山县（今中山市）翠亨村的农民家庭，1925 年在北京病逝。根据他的遗愿，安葬在南京紫金山中山陵。

青少年时期，孙中山在兄长资助下，先后在美国檀香山、广东和香港等地系统接受西方近代教育。

孙中山从小崇尚洪秀全，憎恶满清。1892 年，他从香港西医书院毕业后，一面行医，一面接纳反清秘密会社，准备创建革命团体。

1894 年，孙中山在檀香山以“振兴中华”之意，创立了兴中会。此后十年，他在海外宣传革命主张，发展革命组织，为推翻满清王朝的统治辛劳奔波。

与此同时，国内外反清政治团体如雨后春笋，纷纷建立。1904 年，黄兴、宋教仁等人在长沙建立华兴会。同年，蔡元培等人在上海建立光复会。

1905 年 8 月，孙中山到日本与黄兴等人会晤，决定以兴中会、华兴会为基础，组建中国同盟会，简称同盟会。光复会部分成员和其他革命团体也一并加入。孙中山被推选为总理。他提出的“驱除鞑虏，恢复中华，创立民国，平均地权”的革命宗旨成为同盟会的政治纲领。同盟会总部设在日本东京，国内设东（上海）、西（重庆）、南（香港）、北（烟台）、中（汉口）五个支部。同盟会创办机关报《民报》。在它的发刊词中，孙中山首次提出包括民族、民权、民生的“三民主义”。

同盟会是资产阶级革命政党。它的成立，有力地促进了全国革命运动的发展。它宣传革命，组织民众，募集经费，批判改良派的君主立宪制，为辛亥革命的爆发作了充分准备。它还在华南各省多次发动武装起义。著名的镇南关起义、黄花岗起义，都沉重打击清王朝的统治，鼓舞了人民的斗志。

1911 年，同盟会推动的武昌起义推翻清朝统治，结束了两千多年的封建帝制，建立了中华民国。1912 年 1 月 1 日，孙中山宣誓就任中华民国临时大总统。

尽管孙中山担任临时大总统只有三个月，但他对中国革命的贡献是不可磨灭的。国民政府尊其为“中华民国国父”。中国共产党称他是“革命的先行者”。

镇南关起义

镇南关今称友谊关，始建于西汉。周边山峦重叠，谷深林密，易守难攻，是中国通往越南的重要关隘，素有“南疆要塞”之称。1887 年至 1892 年间，清边防提督苏元春，在这里修建镇南、镇中、镇北三座炮台，安装了德国制造的伯虏克大炮。

1907 年，孙中山任命同盟会会员黄明堂为中华民国镇南关都督，伺机起义。黄明堂与同盟会会员关仁甫等人在镇南关、凭祥一带活动，策反清军，发动群众，为起义做准备。

1907 年 12 月 1 日深夜，黄明堂、关仁甫率革命军百余人，携带快抢 42 支，从越南边境潜入镇南关附近埋伏。事先他们已与炮台清军达成默契。2 日黎明，革命军披蒙茸，拨钩藤，跨越断涧危崖，首先攻入镇北炮台。清军稍事抵抗，就相率投降。接着，革命军分兵进攻镇中和镇南炮台。守军有的响应起义，有的落荒而逃。下午两点，三座炮台都被拿下。

消息不胫而走。当地农民群众和散兵游勇纷纷前来投靠革命军，队伍迅速发展到四五百人。正在越南河内的孙中山，带领黄兴、胡汉民等人乘火车抵达镇南关。当晚，他们就登上镇北炮台。

第二天，清军对炮台发起攻击。孙中山亲自开炮轰击敌人。说来也怪，那炮弹竟然像长了眼睛一样，神奇地命中敌人。孙中山激奋地说：“反对清政府二十余年，此日始得亲自发炮击清军耳！”他还亲自为伤员包扎伤口，使军心大振。为了解决军需，孙中山、黄兴等人返回河内筹措，而让黄明堂坚守待援。

孙中山离开镇南关后，清军调集 4000 多人疯狂反扑。孙中山从河内运送的武器弹药在文登被法军扣留，镇南关革命军无法得到补给。革命军坚守炮台，与清军血战七个昼夜。为了保存革命力量，黄明堂放弃炮台，于 12 月 8 日率部突围，进入越南境内的燕子山。

敌众我寡，镇南关起义失败是必然的。不过，革命军损失不大，而清军却死伤 400 多人。尤其是孙中山首次亲临前线并开炮射击，给各族人民以巨大鼓舞。

黄花岗起义

同盟会成立后，在华南诸省多次发动武装起义，但都失败了。在失败阴霾的笼罩下，部分会员情绪低落，有人甚至转向暗杀活动，走极端道路。

1910年11月，孙中山在南海槟榔屿（今属马来西亚）召集一些主要负责人开会，目的是消除悲观情绪，振奋革命精神。会上还决定再次发动广州起义。

会后，孙中山到华侨中募集经费，并派人到日本购买武器。赵声、黄兴负责组织起义。赵黄二人回到香港组建统筹部，联络各方力量；在广州设立秘密机关38处，以同盟会员为骨干，组织800人为敢死队员；还派人到长江流域联络革命团体，以策应起义。起义军以赵声、黄兴为正副司令，计划分十路进攻广州，然后举兵北伐。

然而，天有不测风云。就在临近起义的前五天，革命党人温生才擅自枪杀清广州将军孚琦，打草惊蛇，引起两广总督张鸣岐的高度警惕，加强了戒备。海外订购的武器和募款也未如期到达，起义只好延期。黄兴秘密进入广州部署。不料运送枪械的人员叛变，秘密机关遭到破坏，形势十分危急。

1911年4月23日，起义军在广州设立总指挥部，把原定十路进攻改为四路进攻。

4月27日，黄兴率100多名敢死队员攻入总督府。他首先发难，连开三枪。张鸣岐越墙逃走。接着，黄兴分兵攻打督练公所等处，与大队清兵展开激烈巷战。因其他三路没有按时行动，黄兴只能孤军奋战。寡不敌众，起义军伤亡惨重。黄兴等人负伤后化装逃脱，喻培伦等人或壮烈牺牲，或被捕就义。

广州起义失败后，牺牲的战士血肉模糊，暴尸街头，惨不忍睹。同盟会会员潘达微冒险收敛了72具烈士遗骸，合葬在广州城东的红花岗。因“黄”字悲壮，就改“红花岗”为“黄花岗”，后人称“黄花岗七十二烈士”。多年后，查得这次死难烈士共86人，但习惯上人们仍然沿用旧称。

由于种种原因，冒险的广州起义失败了，革命党人的鲜血又一次抛洒在华南大地上。但半年之后，随着武昌起义的成功，革命烈士终于含笑九泉。

武昌起义

同盟会领导的华南多次起义失败后，部分革命党人决定把目标转向长江流域，准备以武汉为中心，在两湖地区发动武装起义。

同盟会在武汉的外围组织文学社和共进会，在湖北新军中展开宣传工作，发展革命力量，准备武装起义。

1911年9月，四川的保路运动达到白热化程度。清廷从湖北调部分新军入川镇压，湖北兵力减少了。革命党人决定利用这个机会，在武昌发动起义。

在同盟会中部支部的促进下，文学社和共进会于9月14日组成了统一的起义领导机构，推举文学社领导人蒋翊武为总指挥、共进会领导人孙武为参谋长。原定10月6日举事，但因准备不足而推迟了。

10月9日，孙武等人在汉口俄租界配置炸弹时不慎引爆。俄国巡捕闻风而动，搜去革命党人名册和起义文告等，起义机密泄露了。湖广总督瑞澄立即下令关闭武昌城门，捕杀革命党人。情急之下，革命党决定当晚发动起义。但因武昌城内戒备森严，无法联络，所以起义计划没有实现。

情况紧急，千钧一发。革命党人自动秘密串联，约定以枪声为号，在10日起义。当晚8时许，新军第八镇工程第八营首先发难，打响武昌起义的第一枪。他们夺取楚望台军械库，缴获步枪几万支、炮几十门、子弹几十万发。听到枪声，武昌城内外的起义士兵不约而同齐集楚望台，转眼间汇集成3000多人的队伍。10时半，起义军分路进攻湖广总督署和新军第八镇司令部等要害部门。总督瑞澄见势不妙，在总督署后墙上掏洞而出，从长江上坐船逃走。第八镇统制张彪负隅顽抗一阵后，也退出城外。经过一夜激战，武昌已控制在起义军手中。

汉阳、汉口的革命党人闻风响应，两日内光复两镇。起义军掌控武汉三镇后，宣告成立湖北军政府，推选原清军协统黎元洪为都督，改国号为中华民国。

武昌起义后，各地纷纷响应。不到两个月，全国24个省就有14个宣布独立，大清王朝面临土崩瓦解的局面。

慈禧太后

提起慈禧太后，一般人都会说她是专横跋扈、手段残忍的女强人。其实这只是她的一面。另一面，她是干练的政治家，支撑着大清国这条破船摇摆了47年。

慈禧太后的汉语名字是叶赫那拉•杏贞。17岁选秀入宫，被咸丰赐为兰贵人。19岁封懿嫔。21岁生下咸丰皇帝唯一的儿子载淳（即同治皇帝），被封为懿妃。

1860年9月，懿妃随咸丰皇帝逃往承德。第二年8月，咸丰帝病死。临终前，他任命怡亲王载垣、郑亲王端华，以及肃顺等八人为赞襄政务王大臣，也称顾命八大臣，辅佐同治帝。此时，懿妃已被尊为慈禧太后。

载淳即位，定年号“祺祥”。他年仅六岁，顾命大臣企图专权，而权力欲极强的慈禧太后非常不满。她和正在北京主持议和的恭亲王奕䜣勾结一起，密谋政变。咸丰梓棺回京时，慈禧让肃顺随灵柩殿后，而其余七名顾命大臣随她抄小路先行。肃顺是八大臣的核心。肃顺离开七人孤掌难鸣，七人离开肃顺群龙无首。

慈禧到京后，当即任命奕䜣为议政王，下令逮捕七大臣，又在密云途中拿下肃顺。接着判处载垣、端华自裁，肃顺斩立决，其余五人革职。史称“辛酉政变”。

政变后，载淳改年号为“同治”。慈禧太后和慈安太后两宫并尊，形成“两宫太后垂帘，亲王议政”的政治局面。实际上，大权都掌握在慈禧太后手中。同治年间，她重用曾国藩、左宗棠、李鸿章等汉族地主武装，在列强支持下，先后镇压了太平天国、捻军和西北少数民族起义，缓解了清王朝的统治危机；重用洋务派，发展工商业，使国家军事实力有所加强。

同治帝17岁时，两宫太后卷帘归政。1875年光绪皇帝即位后，两宫太后再次垂帘听政。1889年，慈禧太后归政光绪，但仍旧掌握实权。1898年，她发动政变，囚禁光绪帝，处死戊戌六君子。光绪年间，她支持左宗棠收复新疆；甲午战争后，接连赔款割地；废科举，办学堂，派留学，禁鸦片，实施了多项新政。

慈禧太后执政47年，毁誉参半。1908年，她死了，活了74岁。临终时她说：“此后，女人不可预闻国政。”这或许是对自己酸甜苦辣的政治生涯的反省。

八 旗 兵

八旗制度是后金大汗努尔哈赤创建的。初创时，具有行政、军事和生产多方面的职能。旗是行政单位，其适龄人员平时生产劳动，战时荷戈从征，有点像现在的新疆建设兵团。

1601 年初建时，只有红白黑三旗。1615 年，努尔哈赤又设为八旗，即正黄、镶黄、正白、镶白、正蓝、镶蓝、正红、镶红。其中前三旗为上三旗，是大汗或皇帝直接统帅的亲军；后五旗为下五旗，由满洲贵族统帅。

皇太极时，又增编蒙古八旗和汉八旗，它们分别编入满洲八旗中。这样八旗兵相当于集团军，下辖满洲师、蒙古师和汉师。

入关前，八旗兵不过十万人。别看人数不多，却个个骁勇善战。1619 年的萨尔浒之战，他们六万人就把十几万人的明军打得屁滚尿流。1644 年的一片石之战，他们神兵天降，大破李自成的一字长蛇阵，取得入关的关键性胜利。

清军入关时，满洲人口不足百万，占全国人口的比例不足百分之一。和明朝总兵力相比，八旗兵也占不到十分之一。入关后，八旗兵成了看家部队。他们的主要任务是卫戍京师、保卫要塞、督战其他部队。真正作战的队伍是由明军改编过来的绿营兵。

入关几十年后，这些养尊处优的八旗兵已经丧失了战斗力。就像人工饲养的老虎，失去了野性；也像病猫，见了老鼠都害怕。平定吴三桂，八旗头领竟无一人敢请缨出战。康熙帝督战的乌兰布通之战，身为二品官阶的正白旗副都统色格印临阵退却，借故中暑，睡在草上。回营后，还战栗不已。镇压白莲教，把京师八旗中最精锐的健锐营和火器营派往前线，但根本派不上用场。

到了清末，八旗兵更是弱不禁风，以致清廷镇压太平天国时，不得不依靠汉人的湘军和淮军。辛亥革命一声枪响，八旗兵也就灰飞烟灭了。

分析八旗兵存在的轨迹，我们可以看到艰苦的环境使它兴盛到顶峰，优裕的环境又使它衰败到谷底。“生于忧患，死于安乐”，这或许就是历史规律吧。

京张铁路

京张铁路是中国人自己设计和建造的我国第一条干线铁路。这条铁路起于北京丰台柳村，经居庸关、八达岭、沙城、宣化，至河北张家口，全长200公里。

清末，英、俄等国为争夺京张铁路的建筑权相持不下。在这种背景下，清政府决定自己投资修建。京张铁路建设难度之大，外国人根本不相信中国人有这样的能力。一家外国报纸竟然轻蔑地说，能修建这条铁路的中国人还没有出生呢。

清政府任命詹天佑为京张铁路建设总工程师。他出生于广东省广州府（今广东广州）。12岁留学美国。17岁考入耶鲁大学，主修铁路工程。回国后参与铁路建设，积累了一定经验。

修建这条铁路的确难度很大，尤其是南口至康庄段。这一段必须打通居庸关、五桂头、石佛寺和八达岭四条隧道，其中最长的八达岭隧道1092米。詹天佑创设了“竖井开凿法”。就是在隧道中间开凿两个竖井，然后由竖井向隧道两端相对开拓。这样就等于同时有了六个工作面，开拓速度大大加快。青龙桥一带坡度大，达到33‰。詹天佑顺着山势，设计了一种“人”字形线路。北上的列车到了南口就用两台机车，一台前面拉，一台后面推。过了青龙桥，列车朝东北方向前进；过了“人”字形线路的岔道口就倒过来，原先推的机车垃，原先拉的机车推，使列车折向西北。这样，火车爬山就容易了。

詹天佑亲自带着工程技术人员和工人在野外测绘。他常对他们说，我们的工作一定要精密，“大概”“差不多”这类说法不应出自工程技术人员之口。

詹天佑首先开通丰台至南口区段，及早运营，增加收入。全部工程从1905年9月4日开始到1909年10月2日运营，只用四年时间，比计划提前两年。由于决策正确，工程全部投资为700万两白银，比预算节省了29万两。

詹天佑被誉为“中国铁路之父”。1922年，青龙桥车站矗立起詹天佑铜像。人们乘车路过时，都注视着这尊铜像，不由得肃然起敬。

四库全书

1772年，安徽学政朱筠提议编辑失散的《永乐大典》。这也许勾起了乾隆皇帝的一番思量：我堂堂大清岂能拾人牙慧，何不标新立异，出部大作，也好让世人见识见识？

乾隆皇帝心比天高，决定编撰《四库全书》。这可是一件浩大的工程。翌年，他任命纪晓岚为总纂官，配备360名官员和学者，开始了这项工作。地方政府和民间藏家积极响应，七年间征集图书12237种。接着对图书进行整理，以确定应抄和应存对象。然后从全国选拔3800多人担任抄写工作。全书采用清一色的工整楷书，俨然一人所为。抄写后，经分校、复校，再由总裁抽阅定稿。历经八年，终于脱稿。前后抄写七部，共用了13个年头。

唐代以来，官方藏书分为经、史、子、集四个书库。这次编纂的丛书，基本上囊括了古代所有图书，因此书名定为《四库全书》。这部书收编了3500多种图书，分3.6万册、7.9万卷，约8亿字，规模比《永乐大典》大一倍多。

《四库全书》完成后，前四部分别贮于北京故宫文渊阁、辽宁沈阳文溯阁、北京圆明园文源阁和河北承德文津阁，就是所谓的“北四阁”。这四处专供皇家阅览。后三部分贮扬州文汇阁、镇江文宗阁和杭州文澜阁，就是所谓的“南三阁”。这三处准许一般士子阅览。

《四库全书》完成至今的两百年间，可谓饱经沧桑、命途多舛。不是八国联军火烧，就是太平天国战乱，如今只存三部半。北京故宫文渊阁的那部已被国民党转运至台湾，现藏于台湾故宫博物院。沈阳文溯阁那部现藏于甘肃省图书馆。承德文津阁那部调回中国国家图书馆。杭州文澜阁的那部残缺不全，现收藏在浙江省图书馆。

《四库全书》受到不同评价。有人说它囊括了清乾隆以前中国历史上的主要典籍，是中国文化史上的空前杰作；还有的说它篡改、销毁大量珍贵史料，是粉饰的焚书坑儒。见仁见智，这些说法都有道理。

吴敬梓和《儒林外史》

吴敬梓（1701—1754），字敏轩，号粒民，安徽全椒人。

安徽山清水秀，历史上一直是出才子的地方。吴敬梓就出身望族，曾祖父和祖父两代人，“科第仕宦多显者”，共有进士六名，其中榜眼、探花各一人。他的父亲是康熙年间的拔贡。吴敬梓考取秀才那年，父亲去世。他不善生计，挥金如土。不上十年，就把田园家产变卖完了。33 岁时，索性迁居南京，过着客寓生活。36 岁时，安徽巡抚举荐他到北京参加博学鸿词科考试，他托病不去。大概从这一年开始，他写作《儒林外史》。

《儒林外史》写的是明朝的事儿，其实明眼人一看就知道那是借古讽今。在“文字狱”盛行的清朝，作者采取自我保护的办法也是迫不得已。

《儒林外史》是长篇章回体小说，共 56 回。这部书描写了一群深受八股科举制度毒害的儒生形象，反映了当时世俗风气的严重败坏。周进为考中举人耗尽了毕生精力，胡子花白了还没有考中秀才。尽管吃了上顿没下顿，但还是念念不忘科举考试。《范进中举》是人们耳熟能详的篇章。中举前，范进家里穷得没米下锅，只好抱着老母鸡去集市上卖。得知自己中举，竟然乐极生悲，变成疯子。幸亏岳父胡屠夫的一个巴掌，才让他清醒过来。这时候，那些有头有脸的人物都对他刮目相看，范进立刻牛起来了。

《儒林外史》最突出的艺术特色是讽刺。它通过对种种不和谐、悖于人情、逆于常理的荒谬现象的揭露，注重描写人物的自吹自擂、大言不惭、自作聪明、弄巧成拙、自命清高和自相矛盾等丑态。它的结构也有特色。它是一部主角不断变化的长篇小说，或者说是由许多短篇小说交替而成的长篇小说。作者让众多的人物表现时代生活的某一个方面，把他们集合起来就反映了整个社会的生活面貌。

吴敬梓死后十多年，《儒林外史》才有幸刊行。他没有想到这部书代表了中国古典讽刺小说的高峰，也成为世界了解中国科举制度的窗口。

蒲松龄和《聊斋志异》

蒲松龄（1640—1715），字留仙，号柳泉，山东淄川（今山东淄博市淄川区）人。他出生在没落的地主家庭。到他父亲时，已家道中落。

蒲松龄 19 岁参加科举考试，县、府、道都取得第一名，受到山东学政的赞誉。以后，一边应试，一边做幕宾，更多的是给缙绅人家当家教。不知跟了什么鬼，乡试竟然屡试不中。72 岁才补了岁贡生，相当于举人副榜。

大约 40 岁时，蒲松龄完成了《聊斋志异》，简称《聊斋》，俗称《鬼狐传》。这是用文言文创作的短篇小说集，有 491 篇（另说 494 篇）之多。

《聊斋》题材广泛，内容丰富，涵盖了社会生活的方方面面。其中有价值有成就的作品，按主题可分为三个类型。

第一类作品尖锐地暴露了黑暗衰败的政治，无情地鞭挞了贪官污吏和土豪劣绅。《促织》《席方平》和《向杲》是其中的代表作。

第二类作品广泛地揭露和抨击了八股取士的科举制度的罪恶弊端。作者笔下的《司文郎》和《王子安》揭露得深刻，讽刺得辛辣。

第三类作品反映封建婚姻制度的不合理，表达了青年男女冲破樊笼、打碎桎梏的愿望和行动。《阿宝》《婴宁》等篇都有很强的表现力。

《聊斋》描绘鬼狐世界，造奇设幻，是一部浪漫主义文学作品。它的大多数作品属于短篇小说。作者用短小的形式、简练的文笔，表达重大内容。《胭脂》不过两千字，而《崂山道士》只有五百多字。《聊斋》接受了六朝志怪小说和唐传奇的影响，但写法上却有很大的发展和创新。作者选材和下笔，始终注意情节的曲折有味，并力求写法变化多端。

《聊斋》使短篇小说水平达到空前高度。郭沫若评价他：“写鬼写妖高人一等，刺贪刺虐入骨三分。”老舍说：“鬼狐有性格，笑骂成文章。”

《聊斋》写成后没钱印行。书稿沉睡 80 多年才刊刻行世。老先生哪会想到，三百年后这部书有 100 多家出版，取材于它的文艺作品竟有 160 多部。

曹雪芹和《红楼梦》

曹雪芹大约生活在 1715 年至 1763 年间，名霑，字梦阮，号雪芹，祖籍沈阳（一说辽阳）。有说他的先世原是汉人，但很早就加入了满洲正白旗内务府籍。从曾祖父到他父亲一代，世袭江宁织造，品级仅次于两江总督。康熙皇帝五次南巡，四次住在他家，可见与皇室关系非同寻常。

曹雪芹出生在南京，亲历了一段锦衣玉食、富贵风流的生活。14 岁时，因父亲犯事被削职抄家。于是，他随家人回到北京，靠卖字画和朋友接济为生，过得十分清苦。曹雪芹爱好广泛，对金石、诗书、绘画、园林、中医、织补、饮食等都有研究。巨大的生活落差，广泛的兴趣爱好，为他创作《红楼梦》准备了条件。

《红楼梦》又名《石头记》，是 120 回的章回体长篇小说。曹雪芹写到 80 回时，因病去世了。后 40 回则由高鹗补充。不过，文学界对此存有争议。

《红楼梦》以贾、史、王、薛四大家族的兴衰为背景，以贾府的家庭琐事、闺阁闲情为脉络，以贾宝玉、林黛玉、薛宝钗的爱情故事为主线，刻画了以贾宝玉和金陵十二钗为中心的正邪两赋有情人的人性美和悲剧美。通过家庭悲剧、女儿悲剧和主人公的人生悲剧，揭示出封建社会必然走向崩溃的历史命运。

《红楼梦》最突出的艺术成就，是“它像生活和自然本身那样丰富、复杂，而且天然浑成”，把生活写得逼真而有味道。它塑造了众多个性独特的人物形象，成为不朽的艺术典型。它的结构改变了传统小说情节和人物单线发展的特点，创造了一个宏大完整而又自然的艺术结构，使众多人物活动于同一空间和时间，而情节的推移也具有整体性。它的语言艺术成就达到了中国古典小说的高峰。作者往往只用三言两语，就可以勾画出个性鲜明的形象；典型形象的语言，都具有独特个性；诗词曲赋与小说叙事融为一体，能为塑造典型性格服务。

《红楼梦》自问世以来，发行量数以千万计。2014 年，英国《每日电讯报》发布“史上十佳亚洲小说”排名榜，《红楼梦》独占鳌头。

后记

小时候学历史，总是记不住；可是看小人书就不同了，只要看一遍就能把故事梗概记得一清二楚，而且还能滔滔不绝地给小朋友们讲来。后来读了一些通史，总觉得干巴乏味儿。中年以后，一看到洋洋洒洒的大块文章就头痛，一种本能的抗拒油然而生。

适逢家里有人上中学，所以我经常能接触到中学历史和语文课本。由此，萌生了一个念头：如果把历史知识和中学语文知识揉合起来，写一些短小的历史故事，也许能让读者事半功倍。基于这种考虑，我写了这些小故事。

文章写成后，一些朋友撺掇我出一本书。这反倒让我犹豫起来：这样的作品会不会耽误别人的时间？会不会贻笑大方？因此，我想交给一家正规出版社，让专业的编辑把把关。华文出版社接收我的稿子，解除了我的后顾之忧。

书稿写作过程中参阅了大量的著作和资料，从中汲取了丰富的营养，对它们的作者表示谢意。

书稿写作过程中，得到董武邦、刘铁牛、张允平、高泽锋、姚海芳、逯遥等诸多师长、同学、朋友和家人的关照，在此一并感谢。

书稿写成后，我的同窗好友、太原学院院长张瑞君教授写了序言，艺术家孙祥栋老先生为本书插图，青年教师刘巨文完成了除孔子、孟子之外的文化名人肖像图。对此，我不胜感激。

由于本人能力有限，书中难免出现错误，衷心希望读者批评指正。

编著者